딘 베이커가 쓴

# 가장 최근의 미국사
## 1980~2011

# 딘 베이커가 쓴 가장 최근의 미국사

지은이 | 딘 베이커
옮긴이 | 최성근
펴낸이 | 김성실
기획편집 | 최인수 · 여미숙 · 이정남
책임교정 | 김태현
마케팅 | 곽홍규 · 김남숙 · 이유진
편집디자인 | 하람 커뮤니케이션(02-322-5405)
제작 | 한영문화사

초판 1쇄 | 2012년 4월 10일 펴냄

펴낸곳 | 시대의창
출판등록 | 제10-1756호(1999. 5. 11.)
주소 | 121-816 서울시 마포구 동교동 연희로 19-1 (4층)
전화 | 편집부 (02) 335-6125, 영업부 (02) 335-6121
팩스 | (02) 325-5607
이메일 | sidaebooks@hanmail.net

ISBN 978-89-5940-235-9 (93940)

책값은 뒤표지에 있습니다.
잘못된 책은 바꾸어드립니다.

# 딘 베이커가 쓴
# 가장 최근의 미국사
## 1980~2011

딘 베이커 지음 | 최성근 옮김

시대의창

2006년 초 내가 이 책의 초판을 탈고했을 때 미국 경제는 대체로 건강하게 돌아가고 있는 듯 보였다. 일자리도 꽤 늘어났고 실업률도 감소하고 있었다. 2000~2002년 사이 바닥까지 폭락했던 주식시장은 거의 회복되어 주가는 다시 최고치로 상승하는 듯했다. 미국인들의 주택 구입이 증가하면서 주택 소유 비율도 최고로 높아졌다. 주택 가격이 유래 없이 상승했다는 사실 역시 다들 경제 회복의 청신호라고 여겼다.

이제는 모두가 다 아는 바지만, 당시 일부에서는 2006년의 주택 가격 상승이 좋은 소식이 아니라고 경고했다. 당시 미국의 주택 가격은 주택 시장의 수요공급 법칙에 의해 형성된 것이 아니라 엄청난 거품에 의해 상승하고 있었기 때문이다. 이러한 거품은 불과 몇 해 전 주식시장에 나타나 기록적인 주가수익률을 주도했었다.

거품은 반드시 꺼지기 마련이다. 주택 시장의 거품 붕괴가 미국 경제와 금융 분야에 엄청난 파장을 미칠 것이라는 것은 충분히 예측 가능한 일이었다. 주택 시장 거품은 과도한 주택 건설을 초래했다. 주택 시장의 거품이 최고 수준에 다다랐던 2005년 당시 주택 건설 부문이 미국 GDP에서 차지하는 비중은 6퍼센트가 넘었다. 하지만 이 수치는 주택 시장 거품이 붕괴된 2009년 말 2퍼센트 밑으로 하락했다. 이는 6천억 달러가 넘는 연간 생산액이 사라진 것과 마찬가지였다.

또한 소비도 급격하게 줄어들었는데, 주택 가격이 정점을 찍었던 2006년에서 2011년 말 사이에 주택 시장 거품으로 불어났던 7조 달러 이상의 자산이 사라졌기 때문이다. 거품으로 자산 가치가 올라갈 당시 미국의 저축률은 크게 감소했다. 하지만 수천만 명의 주택 소유자들이 자기 주택의 자산 가치가 사라졌다는 사실을 깨닫게 되자 2009년 상반기 들어 저축률이 회복되기 시작해 평균 수준을 넘어섰다. 이러한 저축률 증가는 연간 4천억 달러 이상의 가계 소비지출 감소를 의미하는 것이었다.

경기를 위축시킨 또 다른 원인에는 주택 시장 거품 형성 직후 불어난 상업 부동산 시장의 거품이 있었다. 이 역시 2008년 가을부터 붕괴되기 시작했다. 또한 경기침체로 세입이 부족해진 주정부와 지방정부는 긴축재정과 증세 정책을 펼 수밖에 없었다. 전체적으로 연간 수요 감소폭은 1조 2천 억 달러에서 1조 3천억 달러 선이었는데, 이는 미국 GDP의 8퍼센트가 넘는 액수였다. 이 같은 수요 감소는 대공황 이후 가장 가파른 감소세였다.

주택 시장 거품을 인지하고 있던 전문가들 사이에서 거품 붕괴는 완전히 예측 가능한 현상이었다. 하지만 불행하게도 대다수 경제학자들과 정책결정자들은 이를 알지 못했다.

주택 시장 거품 붕괴는 주요 금융기관의 도산으로 이어져 금융위기를 가져왔으며 거의 모든 금융기관의 생존을 위협했다. 주택 시장 거품 붕괴와 함께 금융위기가 발생할 것 또한 충분히 예상할 수 있었던 것이었다. 주택은 가장 부채가 많이 딸린 자산이기 마련이다. 보통 주택을 구매할 때는 주택 가격의 10~20퍼센트를 계약금으로 지불한다. 하지만 주택 시장 거품이 한창일 당시 주택 구매자들은 계약금도 없이, 대부분 변동금리 주택담보대출을 이용해 거품이 낀 가격의 집을 구매했다. 주택 가격이 떨어지고 주택담보대출의 이자율은 높아진다면 수많은 주택 소유자들이 채무를 감당할 수 없게 된다는 것은 기정사실이었다. 은행들이 자격이 되지 않는 많은 신청자에게 주택담보대출을 해주었다는 사실이 밝혀졌지만 그렇다고 나아질 건 없었다.

게다가 주택담보대출을 해준 은행들 자신조차 부채 비율이 상당히 높았다는 사실은 금융권의 위험 요소를 가중시켰다. 특히 증권거래위원회는 투자은행에 대한 부채 상한선을 완화하여 이들이 상업은행에 적용되는 기준보다 세 배 이상 높은 비율의 부채를 도입할 수 있도록 해줬다.

2008년 가을 금융위기가 최고조에 이르렀을 때 부시 행정부와 연방준비제도이사회Federal Reserve Board는 의회에 긴급 구제책을 요청했다. 미국 시민들의 거센 반대에도 불구하고 이 구제책은 추진되었다. 연방예금보험공사Federal Deposit Insurance Corporation가 지급보증을 하고 연방준비제도이사회가 지급한 수조 달러의 저리 대출금을 비롯한 긴급 구제책 덕분에 많은 은행들이 수월하게 위기를 모면할 수 있었다. 2009년 2/4분기 무렵에는 몇몇 대형 은행들이 다시 건실한 이윤 실적을 발표하기 시작했고, 기업 이윤에서 금융 분야가 차지하는 비중은 경기침체 이전에 기록했던 최고 수준을 상회하게 되었다.

금융 분야는 회복세를 보였지만 경제는 그렇지 않았다. 2010년 미국의 실업률은 10퍼센트를 넘어섰는데, 대공황 이후 미국이 두 자릿수 실업률을 보인 것은 이것이 두 번째였다. 이 수치가 더욱 심각한 것은, 과거에 비해 노동 인구의 평균연령이 높아진데다 전형적으로 실업률이 낮은 연령대에 노동 인구가 집중돼 있기 때문이다. 실업률이 2017년경까지는 정상 수준을 회복하기 어려울 것으로 보인다.

이미 수백만 명이 주택을 압류당했고, 계속해서 매년 1백만 명이 압류로 주택을 잃고 있다. 게다가 1천 2백만 명 이상의 주택 소유자들이 주택 가치보다 더 많은 부채를 끌어안고 있다. 또한 엄청난 수의 베이비붐 세대가 현재 축적해놓은 재산이 거의 없는 상태로 은퇴를 앞두고 있다. 이들이 가진 주택의 자산 가치는 주택 시장 거품 붕괴와 함께 사라졌고, 퇴직계좌의 한정된 자산 역시 시장의 침체와 함께 급락했다. 더욱이 미국 정부가 경기침체에서 비롯된 재정 악화를 만회하기 위해 긴축정책을 추진함에 따라 베이비붐 세대는 은퇴기에 사회보장제도와 노인의료보험 혜택이 축소되는 위험을 떠안게 되었다. 다시 말해, 미국민 다수의 앞날은 그리 밝아 보이지 않는다.

　놀랍게도 이러한 파탄을 초래한 당사자들은 손가락 하나 다치지 않고 이 상황을 피해나가는 듯하다. 월가의 은행들은 이전과 마찬가지로 막강한 권력을 누리고 있으며, 여전히 자신들의 이익을 증진하기 위한 정책을 입안하는 데 힘을 발휘하고 있다. 주택 시장 거품을 인지하지 못했던, 혹은 거품이 그토록 위험한 지경에 이르기까지 방관했던 정책결정자들 대부분은 여전히 높은 직위에 있다. 또한 8조 달러에 이르는 주택 시장 거품을 알아차리지 못했던 경제학자들이 아직도 경제학 담론을 좌지우지하고 있다. 이는 더 이상 경제 최강국 자리를 보전할 수 없게 된 세계정세에 미국이 적응해나가는 데 가장 커다란 걸림돌이 될 것이다.

딘 베이커

역사를 기술하는 일은 저자에게 끊임없는 판단을 요구한다. 여러 가지 사건 가운데서 저자는 어떤 일들이 중요한지, 그리고 그것들을 어떻게 엮어내야 할지 결정해야 한다. 또한 저자는 역사적 설명들의 정확성에 대한 자신의 평가에 기초해 그 사건들이 실제 어떻게 발생하게 되었는지 판단을 내려야 한다.

당연히 나 역시 이 책을 저술하면서 이러한 결정들을 내렸다. 나는 이 책을 통해 지난 사반세기 동안 미국 역사를 관통했던 주요 흐름을 가장 정확하게 기술하려고 노력했다. 레이건 대통령의 취임과 함께 미국은 2차 세계대전 이후 걸어왔던 노선을 바꿔 새로운 길로 나아가기 시작했다. 레이건 대통령이 당선되기 전까지 미국은 서유럽 국가들과 같은 복지 수준을 달성하기 위해 대다수 국민에게 적정 수준의 생활을 보장해줄 수 있는 제도적 지원 장치를 구축해가고 있었다. 이러한 지원을 위한 정부 정책에는 최저생계비 보장과 의료보험, 그리고 기타 기초생활지원 제도들이 포함되어 있었다. 그러나 정부가 이보다 더 중요하게 여겼던 것은 경제 전반의 생산력 증대를 통하여 노동자 대다수가 이익을 얻을 수 있도록 시장을 형성하는 일이었다.

하지만 이러한 경향은 1980년 로널드 레이건의 대통령 당선과 함께 반전되기 시작했다. 레이건 정부는 소득을 보장해주기 위한 정부 정책들을 대폭 축소하거나 철폐했다. 또한 미국의 대다수 노동자들에게 불리한 방식으로 시장 구조를 바꿔나갔다. 그 결과 1980년 이후 미국이 누린 막대한 생산이익에도 불구하고 대부분의 노동자들은 그 혜택을 거의 체감하지 못했다.

미국은 유럽의 복지국가들뿐 아니라 대부분의 부유한 국가들이 추구했던 노선과 크게 다른 방향으로 달리기 시작한 것이다. 복지국가의 원리를 둘러싼 첨예한 논쟁이 끊임없긴 하지만 미국 밖의 여러 국가에서는 생산성 증가에 따른 이익을 고르게 분배하는 제도적 장치들이 여전히 시행되고 있다.

이 책은 이 주제 외에도 여러 가지를 함께 다루고 있다. 기본적인 주제는 각 장의 첫머리에 정리하고 뒤에 구체적인 내용을 기술하였다. 지난 사반세기 동안 미국에서 일어난 사건들을 다른 시각으로 바라보는 독자들도 많을 것이다. 이 책이 그러한 판단의 자유를 가로막지만 않는다면 그것만으로도 의미가 있을 거라고 생각한다.

# 감사의 말

필요한 여러 가지 자료들과 1980년대에 대해 여러 의견을 주신 분들, 그리고 초고를 감수해주신 많은 분들께 감사드린다. 특별히 경제정책연구센터의 동료인 마크 와이스브롯Mark Weisbrot, 히더 보쉐이Heather Boushey, 존 슈미트John Schmitt, 데이비드 로즈닉David Rosnick, 다이안 슈워츠Diane Schwartz, 그리고 린 얼스킨Lynn Erskine의 도움이 매우 컸다. 자료 연구와 교열 작업을 도와준 헬렌 요르겐슨Helene Jorgensen과 캐서린 보겔Kathryn Bogel에게도 감사를 표한다. 그리고 글을 쓰는 동안 같이 있어주지 못한 나를 이해해준 헬렌Helene, 월넛Walnut, 펄튼Pulton에게 무척이나 고맙다는 말을 전한다.

제 1 장

# 방향 전환

## 미국의 이탈

2001년 11월, 140개국 대표들은 기후 변화에 관한 국제연합 규약의 교토의정서에 서명했다. 이는 전 세계 과학자들이 가장 큰 환경위협으로 지목한 지구온난화에 대처하기 위한 세계적 노력의 첫걸음이었다.

이 협정에는 유럽연합 전체 회원국과 일본, 러시아, 중국, 캐나다, 그리고 라틴아메리카의 거의 모든 국가가 참여했다. 하지만 의정서 서명 명단에서 미국의 이름은 찾아볼 수 없었다. 부시 대통령은 일찍이 교토의정서 협의 과정에 근본적으로 문제가 있다고 주장했으며 자신은 참관만 할 뿐 이 협정을 위한 대화에는 더 이상 참여하지 않겠다는 뜻을 밝혔다. 다른 나라들이 중대한 환경재앙에 대처하는 것을 미국은 가만히 지켜보기만 하겠다는 것이었다.

1980년의 미국이었다면 이러한 노선 차이를 보이지 않았을 것

1997년 12월, 교토에서 개최된 기후변화협약 제3차 당사국 총회.

이다. 그 당시 미국은 냉전 시대 우방과 긴밀한 관계를 이어가고 있었다. 우방들은 주요 국제 사안에 대해 미국의 결정을 따랐으며 미국은 우방 내에서 발생한 문제들에 깊은 관심을 기울였다. 1970년 대였다면 지구온난화처럼 세계적으로 중대한 사안을 미국 정부만 외면하는 상황은 상상도 못 했을 것이다. 교토의정서와 지구온난화 문제를 둘러싼 의견 차이는 1980년 이후 미국이 서구 민주주의 국가들과 얼마나 다른 길을 걸어왔는지 상징적으로 잘 보여주는 사례다.

지구온난화뿐 아니라 여러 사안에서 미국은 전통적 우방들과 의견을 달리했다. 2003년 이라크 침공은 미국이 2차 대전 이후의 동맹국들과 결별을 선언하는 신호탄이었다. 프랑스와 독일, 캐나다 등의 주요 동맹국들이 이때 미국에 등을 돌렸다. 남반구 국가와 무역협정을 체결하기 위해 전력을 다하던 부시 정부는 남아메리카에서 가장 경제력이 큰 두 국가, 아르헨티나와 브라질의 반대에 부딪혔다. 또한 전범 처벌부터 조세피난처 규제까지 수많은 국제 조약들에 대한 논의가 진전되고 있지만 미국은 참여를 꺼리고 있다. 미국은 2005년 현재 세계 최고의 군사력과 경제력을 갖추고 있긴 하지만 전통적 우방들과 다른 노선을 고수하며 점점 국제적 사안에서 고립되고 있다.

이러한 미국과 여타 선진국 사이의 의견 불일치는 미국 이외 선진국들의 자기주장이 점점 커지고 있음을 여실히 보여준다. 특히 소련에 대한 공포가 완전히 사라진 유럽 국가들은 점차 강해져가는 유럽연합의 영향력하에서 움직이고 있다. 한편으로 이러한 의견 불일치는 미국이 예전처럼 국제적 사안에 관심을 두지 않는다는 점을 반영하기도 한다. 2005년의 미국 정부는 주요한 국제적 사안들에 관해 우방들과 어느 정도 의견 일치를 이뤄야 할 필요를 느끼지 못하고 있다. 미국은 25년 전에는 상상도 할 수 없을 만큼 독자적인 행보를 보이고 있다.

미국의 국제적 지위 변동은 변화된 미국의 국내 상황을 반영한다. 미국은 항상 유럽이나 일본과는 매우 다른 방식으로 개발과 성장을 이뤄왔다. 하지만 오늘날 미국과 여타 선진국 간의 차이는 여러 면에서 1980년 당시와 비교할 수 없을 정도로 크다. 대공황 이후 미국은 유럽의 평균적 수준에는 미치지 못하지만 질적인 면에서는 다르지 않은 복지제도를 발전시켜 나갔다. 유럽의 복지국가들처럼 미국은 퇴직금제도를 거의 전면적으로 실시했다. 또한 직장을 잃은 노동자들을 위한 실업수당제도와 최빈가구에 기초생계비를 지원하는 소득보장제도를 운영했다.

또한 당시 미국은 복지국가 건설에 필요한 지출 규모를 더욱 늘려가고 있었다. 1980년에서 멀지 않은 과거였던 1960년대에는 노년층까지 의료보험의 혜택 범위를 확장시킨 노인의료보험Medicare과 전 연령대 저소득층을 위한 의료보장제도Medicaid가 중요한 사회보장제도로 확립되었다. 당시 많은 미국인들은 여타 선진국처럼 미국에서도 온 국민이 의료보험 혜택을 받게 될 날이 머지않았다고 보았다. 또한 1960년대부터 시작된 헤드 스타트 제도Head Start program는, 저소득 계층 아동만을 대상으로 실시되기는 했지만, 육아와 유아 교육에 대한 국가적 책임을 크게 확장시켰다. 1980년까지만 해도 점차 더 많은 계층이 이러한 혜택을 받게 될 것이라고 믿는 것은 자연스러운 일이었다.

하지만 이후 미국이 맞이한 사반세기는 이러한 예상을 완전히 빗나갔다. 복지가 증진된 부문도 일부 있었지만 이 시기에 시행된 공공정책 다수는 복지 혜택의 확대를 제한했고 심지어 기존 복지제도를 철회하는 경우도 많았다. 이러한 정책 변화는 정부의 사회복지제도에서만 나타난 것이 아니었다. 미국은 여러 부문에서 소득분포 상위층에 유리한 쪽으로 선회하기 시작했다.

지난 25년간 미국에서는 고소득 가구에 대한 세율 인하와 저소득 가구에 대한 정부 혜택 축소를 요구하는 정치 운동들이 몇 차례 성공을 거뒀다. 이 같은 변화가 대중의 관심을 끌었지만, 사실 이는 정부 정책의 광범위한 변환 중 일부에 불과했다. 이 시기 미국 정부의 정책은 중산층과 저소득층을 어렵게 하고 고소득층에게만 유리하게 돌아갔다. 이러한 미국의 정책 기조 변화는 무역 정책, 노사 관계 조정, 핵심 산업의 탈규제 등 여러 방면에 걸쳐 나타났다. 시장의 소득 분배에 대한 기본 원칙의 변화가 미국 사회에 미친 영향은 조세나 이주 정책의 변화가 초래한 결과보다 훨씬 컸다. 1980년의 미국과 2005년의 미국이 어떻게 다른지 파악하기 위해서는 먼저 기본 원칙의 변화를 이해하는 작업이 선행되어야 한다.

## 기본 원칙의 변화와 기울어지는 균형

1980년 이후 미국은 경제 정책 전반에서 변화를 보였는데, 모든 정책이 세전수입을 상향재분배하는 효과를 가져왔다. 이러한 변화는 무역 정책, 이민 정책, 노사 관계 조정 원칙, 거시경제 정책, 주요 산업에 대한 탈규제, 최저임금 등에 걸쳐 나타났다. 이 기간 동안 정부가 실행한 각 부문의 정책은 중저소득층 노동자의 교섭력을 약화시켰고, 자연스레 고소득층의 상대적 여건을 강화시켰다. 연이어 등장한 새 정책들은 엄청난 규모의 소득 상향재분배로 귀결되었다. 이 기간 동안 미국 내 상위 5퍼센트의 부유층에게 돌아간 국민소득은 3분의 1이 넘게 증가했다.[1] 반면 소득분포 하위 20퍼센트의 인구가 차지한 소득은 4분의 1 이상 감소했다.

이러한 정책들은 (소득의 상향재분배가 아니라) 경제 효율성 제고를 이유로 내세웠지만, 실제로 그러한 목표를 달성했는지에 대해서는 논란이 많다. 일단 이 기간 동안 정부가 특별히 주목할 만한 경제적 성과를 내지 못했다는 점을 언급할 필요가 있다. 2차 대전 이후 1980년까지의 GDP 평균 증가율은 3.7퍼센트였던 반면, 그 이후로는 연평균 3.1퍼센트 증가에 그쳤다.[2] 단위시간당 생산량 증가분으로 측정할 수 있는 생산성 증가 역시 둔화되어 1980년과 2005년 사이의 기간 동안 연평균 생산성 향상률은 2.1퍼센트를 기록했는데, 이는 2차 대전 종결시점부터 1980년까지의 평균 생산성 향상률인 2.4퍼센트에 못 미치는 수준이었다.[3] 이 기간에 시행된 새 경제 정책이 아니었다면 경제가 그보다 더 악화되었을 것이라는 주장도 제기될 수 있겠지만, 분명한 사실은 이 기간 동안 미


[1] L. Mishel, J. Bernstein, and Allegretto, *The State of Working America 2004/2005* (Ithaca, NY: Cornell University Press, 2005), table 1.12.

[2] Bureau of Economic Analysis, *2005 Annual Revision of the National Income and Product Accounts* (Washington, DC: U. S. Government Printing Office, 2005), table 1.1.6(Real Gross Domestic Product, Chained Dollars).

[3] 이 수치는 노동통계청Bureau of Labor Statistics이 비농업 분야 생산성을 측정한 것이다. 이 결과는 한 가지 중요한 측면을 간과하며 생산성 향상률의 저하를 축소해 보고하고 있다. 1947년부터 1980년까지의 기간과 달리 지난 사반세기 동안 미국은 컴퓨터와 소프트웨어 등 잦은 교체가 필요한 시설에 대한 투자비가 증가함에 따라 노후 설비를 교체하는 데 점점 더 많은 GDP를 할당해왔다. 노후 설비 교체가 경제를 위해 필수적인 사항이긴 하나 그것이 생활수준 향상으로 직결되는 것은 아니다. 감가상각비는 연간 약 0.3퍼센트포인트 증가했는데, 이는 지난 25년간의 생산성 향상률 최종치가 노동통계청이 제시한 수치인 2.1퍼센트보다 0.3퍼센트포인트가량 더 낮다는 것을 뜻한다. 이는 연간 생산성 향상률이 총 0.6퍼센트포인트 감소하였다는 것, 다시 말해 1980년 이후 생산성 향상률이 2.4퍼센트에서 1.8퍼센트로 낮아졌다는 것을 의미한다.

국이 경제 전반에 있어서 그 전보다 좋은 성적을 내지 못했다는 점이다.

또 한 가지 주목할 점은 경제 성장을 이루면서도 소득을 하향재분배할 수 있었던 정책들이 외면되었다는 사실이다. 이 점은 미국의 무역과 이민 정책에서 가장 분명하게 드러난다. 의사나 변호사 같은 고임금 직업군은 국제적 경쟁으로부터 많은 보호를 받았지만 그렇지 못한 경우에는 사정이 달랐다. (이 기간 동안 소득의 상향재분배를 이끈 메커니즘에 대해서는 이 장 뒤편의 보론에서 상세히 다룰 것이다.)

요약하자면, 이 시기 동안 미국 정부는 임금 소득을 상위 계층에 편중시키는 일련의 정책을 시행했다. 이는 수많은 노동자들에게 임금 삭감 압력을 가한 여러 정책들의 예측 가능한 결과였다. 이러한 정책들은 소득 하위 4분의 3에 해당하는 노동자들을 위한 여러 종류의 사회안전망을 해체했으며 이들을 가중되는 국제 경쟁 속으로 밀어 넣었다. 이는 흔히 경제 효율성 제고라는 명목으로 정당화되었지만 고소득 노동자들의 이익을 지켜주는 안전망 앞에서는 경제 효율성을 향한 추진력을 찾을 수 없었다. 이 같은 편향적 조치는 안전망을 상실한 노동자의 소득이 안전망이 유지되고 있는 노동자에게 재분배되는 결과를 낳았다.

그 결과 1980년부터 2005년까지 25년 동안 대다수 미국 국민은 경제적으로 크게 불안정해졌으며,[4] 이는 미국 국민의 생활과 정치적 태도에 영향을 미쳤다. 중요한 사실은 이러한 불안정성의 증대가 시장 활동에서 돌발적으로 발생한 것이 아니라 의도적인 정책의 결과로서 나타났다는 점이다.


## 미국과 기타 선진국: 1980년과 2005년

소득의 상향재분배와 정부의 재분배 정책 축소는 미국과 여타 선진국들과의 차이를 벌려나갔는데 이는 갖가지 지표를 통해 확인할 수 있다. 물론 미국만이 이 시기에 소득 상향재분배 정책을 추구한 것은 아니었다. 영국의 마거릿 대처Margaret Thatcher 총리를 비롯해 다른 여러 나라의 정치지도자들 역시 소득의 상향재분배 정책을 추구하고자 했다. 그러나 미국 밖에서는 이러한 기조에 반대하는 목소리가 더욱 높았다. 그 결과 미국 내의 소득 상향재분배와 그로 인한 효과는 다른 나라에 비해 훨씬 두드러지게 나타났다.


## 임금 불균형 양상

표 1-1은 지난 25년간 미국과 기타 선진국의 임금 불균형에 대한 단순 측정치다. 이 표는 정규직 노동자 중 임금분포 백분위 10에

---

4   대다수 미국 국민의 경제적 불안정성을 증가시킨 메커니즘에 대한 전면적인 분석
    은 다음을 참조. J. Hacker, *The Great Risk Shift: The New Economic Insecurity
    and What Can Be Don About It* (Oxford: Oxford University Press, 2005).

● 표 1-1  임금 불균형 양상: 임금 백분위 10에 대한 백분위 90의 비율

| 국가 | 1980~1984 | 1995~1999 |
|---|---|---|
| 호주 | 2.9 | 3.1* |
| 오스트리아 | 3.5 | 3.6*** |
| 벨기에 | 2.4* | 2.3*** |
| 덴마크 | 2.2 | 2.2 |
| 핀란드 | 2.5 | 2.4 |
| 프랑스 | 3.2 | 3.1 |
| 독일 | 2.9 | 2.9 |
| 이탈리아 | 2.3* | 2.4 |
| 일본 | 3.1 | 3.0 |
| 네덜란드 | 2.5 | 2.9 |
| 뉴질랜드 | 2.9 | 3.3 |
| 스웨덴 | 2.0 | 2.3** |
| 영국 | 3.1 | 3.4** |
| 미국 | 3.9 | 4.6** |
| 미국 외 국가 | 2.7 | 2.8 |

*   1985~1989년 자료
**  2000~2001년 자료
*** 1990~1994년 자료
출처: Organization for Economic Co-operation and Development, *OECD Employment Outlook 2004*, table 3.2.

해당하는 노동자의 임금 대비 임금분포 백분위 90에 해당하는 노동자의 임금 비율을 보여준다. 임금분포 백분위 90의 노동자는 임금분포 최상층에 가까우며 전체 노동자의 90퍼센트보다 많은 임금을 받고 오직 그보다 상위인 10퍼센트의 노동자보다 적은 임금을 받는다. 이와 반대로 임금분포 백분위 10의 노동자는 임금분포 최하층에 가까우며 전체 노동자의 10퍼센트보다 많은 임금을 받고 90퍼센트의 노동자보다 적은 임금을 받는다. 따라서 이 수치는

한 국가의 임금 불평등 정도를 요약해 보여주는 유용한 척도다.

표를 보면, 1980~1984년 동안 미국은 목록에 오른 국가들 중에서 가장 불평등한 임금분포를 보여주고 있다. 3.9대 1이라는 비율은 임금분포 백분위 90의 임금을 받는 노동자가 백분위 10에 해당하는 임금의 노동자보다 3.9배 많은 임금을 받는다는 것을 의미한다. 다시 말하면 1980년 임금분포 백분위 10의 노동자가 시간당 7달러의 임금을 받을 때 백분위 90의 임금을 받는 노동자는 그 3.9배인 27.3달러 이상을 받는다는 말이다. 미국 다음으로 높은 수치를 보인 국가는 3.5를 기록한 오스트리아다. 그리고 대부분 국가는 3에서 1 사이의 수치를 기록했으며 미국 외 기타 국가의 평균치는 2.7대 1로 나타났다.[5]

이후 다른 선진국의 임금 불평등지수는 거의 변하지 않은 반면 1980년대 초에 가장 불평등한 임금분포를 보였던 미국의 임금 격차는 오히려 더 커졌다. 2001년 조사에 따르면 임금분포 백분위 90의 노동자와 백분위 10 노동자의 임금 격차는 4.6대 1로 증가했다. 2001년에 임금분포 백분위 10의 노동자가 연간 1만 달러를 벌었다면 백분위 90의 노동자는 4만 6천 달러를 번 셈이다.

이렇게 심화된 미국의 임금 불평등 경향은 다른 선진국과 미국의 격차를 더욱 벌려 놓았다. 대부분 국가는 평균 0.1 정도의 수치

---

5   미국 외 국가들의 평균치는 실제와 약간 차이가 있을 수 있다. 국가별 수치의 평균이기 때문에 덴마크와 오스트리아같이 작은 국가와 이탈리아나 독일 같은 큰 국가 사이의 규모에 따른 중요도는 반영되지 않았다.

상승을 보여 이렇다 할 임금 불평등 경향의 변화가 없었다. 뉴질랜드나 영국 같은 국가에서는 임금 불평등지수가 상당히 증가했지만 여타 국가에서는 별 변화가 없었다. 오히려 프랑스나 일본에서는 그 수치가 소폭 감소하기도 했다. 해당 기간 동안 미국만큼 크게 임금 불평등이 심화된 나라는 없었다.

표 1-1에 나타난 수치만으로는 미국과 기타 선진국의 임금 불평등 정도의 차이를 드러내는 데 부족함이 있다. 실제로 백분위 90보다 더 높은 임금분포에 속하는 미국 노동자의 임금은 표에 나타난 수치보다 훨씬 급격하게 증가했다. 1979년과 2003년 사이에 임금분포 백분위 95에 해당하는 노동자의 시간당 임금은 31.1퍼센트 상승한 반면, 임금분포 백분위 90 노동자의 임금은 27.2퍼센트 상승했다.[6] 임금분포 최상층의 임금 상승분을 비교해볼 수 있는 다른 국가들의 통계자료가 없긴 하지만, 미국의 자료를 미루어볼 때 보다 광범위한 측정을 바탕으로 임금 불평등지수를 산출한다면 이 시기 동안 미국과 여타 선진국 사이의 임금 불평등 정도의 격차는 훨씬 더 크게 나타날 것이다.

## 노동조합 조직률

다른 선진국에 비해 미국의 노동조합(이하 노조)은 항상 힘이 훨씬

---

[6]  Mishel et al., *State of Working America 2004/2005*, table 1.6.

● 표 1-2 단체교섭 적용 범위의 변화: 단체교섭협약을 적용받는 노동자의 비율

| 국가 | 1980 | 2000 | 국가 | 1980 | 2000 |
|---|---|---|---|---|---|
| 호주 | 80 | 80 | 오스트리아 | 95 | 95 |
| 벨기에 | 90 | 90 | 캐나다 | 37 | 32 |
| 덴마크 | 70 | 80 | 핀란드 | 90 | 90 |
| 프랑스 | 80 | 90 | 독일 | 80 | 68 |
| 이탈리아 | 80 | 80 | 일본 | 25 | 15 |
| 네덜란드 | 70 | 80 | 뉴질랜드 | 60 | 25 |
| 노르웨이 | 70 | 70 | 스웨덴 | 80 | 90 |
| 영국 | 70 | 30 | 미국 | 26 | 14 |
| 미국 외 국가 | 71.8 | 67.7 | | | |

출처: Organization for Economic Co-operation and Development, *OECD Employment Outlook 2004*, table 3.3.

약한 편이었으나 1980년부터 2005년 사이에는 노조 교섭력의 차이가 더 크게 벌어졌다. 다른 선진국에서 노조는 노동자 대다수의 의견을 대표하며 경제의 중심적인 역할을 수행했다. 이 기간 동안 다른 국가의 정부도 노조의 힘을 억제하기 위해 노력했지만 미국만큼 성공적인 결과를 거둔 나라는 없었다.

표 1-2는 단체교섭협약의 적용을 받는 노동자의 비율을 각 나라별로 정리해놓은 것이다.[7] 이 표에서 1980년의 미국은 노동자의

--------------------------------------

[7] 미국 내에서는 노동조합원이 아니면서 단체교섭협약에 적용받는 경우가 거의 없다. 하지만 다른 선진국에서는 노동자 다수가 단체교섭협약의 적용을 받는다. 이것이 가능한 이유는 노조협약이 해당 산업 전체에 적용되기 때문이다. 직접 협상에 나선 노조 구성원이 없는 회사도 해당 산업에 속한다면 동일한 적용을 받는 것이다. 그렇기 때문에 노조의 힘을 파악할 때는 노동자의 노조 가입률보다 단체교섭협약 적용률을 측정하는 것이 더 정확하다.

단체교섭협약 적용률에 있어 최하위 일본보다 단 1퍼센트포인트 높은 수준을 나타내고 있다. 하지만 그마저 20년이 지난 2000년에는 거의 절반 수준인 14퍼센트로 감소했다. 이에 비해 대부분 국가들의 수치에는 거의 변화가 없었으며 일부 국가에서는 노동자의 단체교섭협약 적용률이 상승하기도 했다. (예외적으로 뉴질랜드와 영국에서는 단체교섭협약 적용률이 급격하게 줄어들었다.) 2000년 들어 미국은 일본보다 낮은 수치를 기록했는데, 이는 거의 변화를 보이지 않은 기타 선진국의 평균 수치에 비해 턱없이 낮은 수준이었다.

표에서 나타난 바와 같이 미국의 단체교섭협약 적용률이 극심하게 감소한 데에는 한 가지 중요한 요소가 자리하고 있다. 다른 국가와 달리 미국 내 노동자 다수는 어떠한 사유도 없이 언제든 해고당할 수 있는 '임의고용 employment at will' 계약을 맺고 있다.[8] 이와 달리 공공 부문 노동자와 노조협약의 적용을 받는 민간 부문 노동자는 정당한 사유에 의해서만 해고를 통보 받는다. 민간 부문 노동자의 노조 조직률이 전체 노동자 노조 조직률에 비해 크게 줄어들면서 임의고용 노동자의 비율은 노조 조직률의 감소세보다 더 큰 폭으로 증가했다.

1980년에는 공공 부문과 민간 부문의 노조협약 적용률이 엇비슷해서 민간 부문 노동자의 4분의 1가량이 노조협약의 적용을 받았다. 하지만 2004년에 민간 부문에서 노조협약을 적용받는 노동

---

[8]    고용주가 인종, 성별 등 법적으로 보호되는 특질을 근거로 해고하는 것은 불법이다.

자의 비율은 9퍼센트에도 미치지 못했다.[9] 이 기간 동안 공공 부문에서 노조협약의 적용을 받는 노동자의 비율은 18퍼센트를 약간 넘는 수준으로 거의 일정하게 유지되었지만, 임의 해고로부터 보호받을 수 있는 노동자의 비율은 1980년 약 39퍼센트에서 2005년 25퍼센트로 줄어들었다.

대부분의 고용주는 노동자를 임의로 해고하지 않을 것이며 특히 대체하기 힘든 전문기술을 가진 노동자라면 더욱 그럴 것이다. 하지만 노동자는 고용주의 심기를 건드리면 언제라도 해고당할 수 있다는 위험 속에서 지내는데 이는 노동자의 삶을 불안하게 하는 커다란 요인이다. 특히, 대개의 경우 고용주에 의해 의료보험이 제공되는 미국과 같은 나라에서는 더욱 그러하다. 노조협약의 보호를 받지 못하는 민간 부문 노동자는 고용주의 심기를 건드리면 가족을 부양할 직장과 의료보험을 동시에 잃게 된다는 점을 숙지하고 있다. 다른 선진국에서는 웬만해선 이 정도의 불안정성을 겪을 일이 없다.

## 비경제 지표로 본 복지 상황

지난 25년간 미국이 기타 선진국들과 다른 행보를 보인 분야는 경

---

[9]   Bureau of Labor Statistics, *Union Members in 2004* (Washington, DC: U.S. Government Printing Office, 2005), table 3, ftp://ftp.bls.gov/pub/news. release/union2.txt.

제 부문에만 국한되지 않는다. 갖가지 사회 지표들은 이 기간 동안 미국이 취한 독자적 행보를 잘 보여준다. 여기에서는 몇 가지 핵심 비경제 지표를 통해 미국의 복지 수준을 살펴볼 것이다.

## 범죄 및 투옥률

미국은 1980년에 이미 다른 선진국에 비해 월등히 높은 투옥률을 나타냈다. 그러나 그 차이는 더욱 심하게 벌어져 1980년에 50만 2천 건이었던 미국 내 투옥건수는 2004년에 208만 6천 건으로 네 배가 넘게 증가했다.[10] 이 기간에 수감자 수가 증가한 데에는 여러 원인들이 있지만 가장 중요한 요인은 강경한 법 집행이었다. 특히 미국은 마약 관련 범죄에 대해서 이전보다 강경한 태도를 보였다.[11] 1990년 중반부터 미국의 폭력 범죄율은 인구 구성의 변화와 경제 발전에 힘입어 크게 감소했다.[12] 하지만 이렇게 감소한 범죄율도 다른 선진국들에 비해서는 여전히 훨씬 높은 수준이었다.

표 1-3은 미국과 기타 선진국의 투옥률이다. 미국의 투옥률은

---

[10]  P. M. Harrison and A. J. Beck, *Prisoners in 2003*, Bureau of Justice Statistics Bulletin NCJ 205335 (Washington, DC: U. S. Department of Justice, Office of Justice Programs, 2004).

[11]  E. Bertram, *Drug War Politics* (Berkely, CA: University of California Press, 1996).

[12]  이 시기의 폭력 범죄율 추이에 대해서는 다음을 참조. The Bureau of Justice Statistics website http://www.ojp.usdoj.gov/bjs/glance/viort.htm. 또한 다음을 참조. E. Currie, *Crime and Punishment in America* (New York: Owl Books, 1998), J. Chambliss, *Power, Politics, and Crime* (Boulder, CO: Westview Press, 2000).

● 표 1-3  **투옥률: 미국과 기타 선진국(2003~2004)**

| 국가 | 10만 명당 수감자 수 | 국가 | 10만 명당 수감자 수 |
| --- | --- | --- | --- |
| 미국 | 726 | 뉴질랜드 | 166 |
| 영국 | 145 | 스페인 | 142 |
| 포르투갈 | 124 | 네덜란드 | 123 |
| 호주 | 121 | 캐나다 | 116 |
| 오스트리아 | 106 | 이탈리아 | 97 |
| 독일 | 96 | 프랑스 | 91 |
| 벨기에 | 88 | 아일랜드 | 85 |
| 그리스 | 82 | 스웨덴 | 81 |
| 덴마크 | 70 | 핀란드 | 66 |
| 노르웨이 | 65 | 일본 | 60 |

출처: International Centre for Prison Studies, Kings College, London. *Entire World, Prison Population Rates per 100,000 of the National Population.*
http://www.kcl.ac.uk/depsta/rel/icps/worldbrief/highest_to_lowest_rates.php.

두 번째로 투옥률이 높은 뉴질랜드에 비해서도 네 배 이상 높게 나타나 있다. 유럽 국가들과 비교하면 투옥률 차이는 훨씬 커진다. 미국의 투옥률은 그리스의 일곱 배이며 프랑스의 여덟 배, 그리고 덴마크, 핀란드, 노르웨이와는 열 배 이상의 차이를 보인다.

이러한 투옥률 차이는 미국의 수감제도가 기타 선진국과 질적으로 다른 역할을 수행하고 있다는 것을 의미한다. 미국에서는 어느 때건 성인 인구의 1퍼센트 이상이 감옥에 수감돼 있다. 수감자가 계속 교체된다는 점을 감안하면 상당수 미국 시민들이 인생의 일부를 수감 또는 보호관찰 상태로 보낸다고 볼 수 있다. 흑인의 경우가 더욱 그러한데, 이들은 전제 수감자의 40퍼센트를 차지하고 있다. 젊은 흑인 남성의 경우 대학에 진학하기보다는 감옥에서 시간을 보내게 될 가능성이 더 많다.

보호관찰이나 가석방을 통해 법원의 통제를 받는 사람의 수는 수감된 인구보다 두 배 이상 많다. 미국이 교정제도에 들이는 비용은 이미 GDP의 1퍼센트를 넘어섰으며 이는 대부분 선진국의 국방 예산을 웃도는 금액이다. 대개의 선진국에서 형사사법제도는 상대적으로 중요하지 않은 부분이지만 미국에서는 형사사법제도가 경제와 사회의 중요 요소로서 급격히 부상하고 있다. 기타 선진국과 구별되는 미국 형사사법제도의 또 다른 특성은 바로 사형제다. 유럽연합은 사형제를 유럽연합 헌장에서 금지하고 있으며 유럽연합 회원국이 되고자 하는 국가는 반드시 사형 금지 조항을 준수해야 한다. 이와 대조적으로 미국에서는 연방정부뿐 아니라 4분의 3 이상의 주들이 사형제를 채택하고 있다. 미국에서는 2004년에만 59명이 사형을 당했다.

미국과 유럽의 간극은 1980년과 2005년 사이에 더욱 크게 벌어졌다. 1980년까지만 해도 유럽에서도 프랑스를 비롯한 몇몇 국가들이 사형제를 채택하고 있었다. 그렇기 때문에 유럽 전역에서 사형제가 폐지된 것은 상당히 새로운 진전이었다. 미국도 1980년만 해도 사형 집행이 얼마나 빈번해질지는 불확실했다. 1973년 연방대법원은 사형이 너무 무절제하게 구형돼왔다는 이유로 기존 사형 관련 법령을 모두 파기했다. 이후 1976년 대법원은 새로운 사형 관련 법령을 승인했는데, 이 법령으로 인해 사형 집행이 9년 만에 재개되었다. 그럼에도 1980년 말까지 미국에서 집행된 사형은 단 세 건에 불과했다.

여러 주가 대법원 기준에 부합하는 법령을 통과시키고 죄수들의 상소가 점차 종결됨에 따라 미국의 사형 집행률은 점점 증가했다. 1999년 미국에서는 98건의 사형이 집행되었는데 이는 지난 반세기 동안 가장 많은 숫자였다.[13]

## 보건 지출과 혜택

1980년만 해도 미국의 보건의료제도는 비용과 혜택 면에서 다른 선진국과 크게 다르지 않았다. 평균기대수명은 기타 선진국들의 평균보다 약간 낮았지만 그래도 중위권에는 속해 있었다. 1980년 미국은 보건 지출에 기존보다 훨씬 많은 GDP를 할애했지만 다른 나라들에 비해 별달리 높은 수준은 아니었으며 상위권 국가의 지출에 견줄 정도는 아니었다.

2000년대 들어 미국은 보건비와 평균기대수명에서 1980년과 큰 차이를 보였다. 미국은 덴마크와 함께 최하위의 기대수명을 기록한 반면 보건 지출에는 가장 많은 GDP를 사용하였다. 표 1-4는 1980년과 2003년의 미국과 기타 선진국의 평균기대수명을 나타낸 것이다. 그리고 표 1-5는 이들 국가의 GDP 대비 보건 지출 비중을 나타내고 있다.

1980년 미국의 평균기대수명은 73.7세로 기타 선진국 평균인

---

13   Bureau of Justice Statistics, *Key Facts at a Glance: Executions* (Washington, DC: Bureau of Justice Statistics, 2005), http://www.ojp.usdoj.gov/bjs/glance/tables/exetab.htm.

● **표 1-4 평균기대수명: 미국과 기타 선진국**

| 국가 | 1980 | 2003 | 국가 | 1980 | 2003 |
|---|---|---|---|---|---|
| 호주 | 74.6 | 80.3 | 오스트리아 | 72.6 | 78.6 |
| 벨기에 | 73.4 | 78.1 | 캐나다 | 75.3 | 79.7 |
| 덴마크 | 74.3 | 77.2 | 핀란드 | 73.4 | 78.5 |
| 프랑스 | 74.3 | 79.4 | 독일 | 72.9 | 78.4 |
| 그리스 | 74.5 | 78.1 | 아일랜드 | 72.9 | 77.8 |
| 이탈리아 | 74.0 | 79.9 | 일본 | 76.1 | 81.8 |
| 네덜란드 | 75.9 | 78.6 | 뉴질랜드 | 73.2 | 78.7 |
| 노르웨이 | 75.8 | 79.5 | 포르투갈 | 71.5 | 77.3 |
| 스페인 | 75.6 | 80.5 | 스웨덴 | 75.8 | 80.2 |
| 영국 | 73.2 | 78.5 | **미국** | **73.7** | **77.2** |
| | | | **미국 외 국가** | **74.2** | **79.0** |

출처: Organization of Economic Co-operation and Development, *OECD Health Data 2005*, June 2005.

74.2세보다는 약간 낮게 나타났다. 하지만 73.2세를 기록한 영국과 뉴질랜드, 그리고 72.9세를 기록한 옛 서독보다는 높은 평균수명을 보여주었다. 그러나 2003년 자료에서 미국의 평균기대수명은 77.2세로 최하위를 기록한 반면, 미국 외 국가의 평균기대수명은 79세로 나타났다. 프랑스는 미국보다 2년 이상 많은 79.4세의 기대수명을 보였으며 스웨덴은 3년이 많은 80.2세, 그리고 일본은 4.6세가 많은 81.8세의 기대수명을 보였다. 이러한 기대수명의 변화는 이 기간 동안 미국의 보건의료제도가 다른 국가보다 상당히 부실하게 운영되었음을 드러내준다.

물론 모든 미국민이 부실한 의료 혜택을 받는 것은 아니다. 소득분포 상위에 있는 미국인들의 기대수명은 다른 선진국의 기대수

● 표 1-5  GDP 대비 총 보건 지출액: 미국과 기타 선진국

| 국가 | 1980 | 2003 | 국가 | 1980 | 2003 |
|---|---|---|---|---|---|
| 호주 | 7.0 | 9.3 | 오스트리아 | 7.4 | 7.6 |
| 벨기에 | 6.4 | 9.6 | 캐나다 | 7.1 | 9.9 |
| 덴마크 | 9.1 | 9.0 | 핀란드 | 6.4 | 7.4 |
| 프랑스 | 7.1 | 10.1 | 독일 | 8.7 | 11.1 |
| 그리스 | 6.6 | 9.9 | 아일랜드 | 8.4 | 7.3 |
| 이탈리아 | | 8.4 | 일본 | 6.5 | 7.9 |
| 룩셈부르크 | 5.9 | 6.1 | 네덜란드 | 7.5 | 9.8 |
| 뉴질랜드 | 5.9 | 8.1 | 노르웨이 | 7.0 | 10.3 |
| 포르투갈 | 5.6 | 9.6 | 스페인 | 5.4 | 7.7 |
| 스웨덴 | 9.1 | 9.2 | 영국 | 5.6 | 7.7 |
| **미국** | **8.7** | **15.0** | **미국 외 국가** | **7.0** | **8.8** |

정의: www.irdes.fr/ecosante/OCDE/411010.html.
국가별 자료 및 산출방식: www.irdes.fr/ecosante/OCDE/500.html.
출처: Organization for Economic Co-operation and Development, *OECD Health Data 2005*,
　　　June 2005.


명만큼이나 높다. 기대수명 차이의 대부분은 소득분포 하위 20퍼
센트에 속하는 저소득층에서 발생한다.[14]

　게다가 미국의 보건 지출은 기타 선진국보다 훨씬 높은 수준으
로 치솟았다. 1980년에도 미국의 GDP 대비 보건 지출 비중은 기
타 선진국 평균보다 높은 수준이었다. 스웨덴과 덴마크가 가장 높
은 수치를 기록했으며 옛 서독은 미국과 동일한 보건 지출 비중을
나타냈다. 하지만 2003년 미국의 보건 지출은 기타 선진국의 지출

---

[14]　D. Keating and C. Hertzman, eds., *Development Health and the Wealth of Nations: Social, Biological, and Dynamics* (New York: Guilford Press, 1999).

수준을 훌쩍 웃돌았다. 2003년 미국은 GDP의 15퍼센트를 보건 지출에 사용했는데, 이는 두 번째로 높은 수치를 기록한 독일보다도 4퍼센트포인트나 높은 수치였다. 또한 기타 선진국 평균에 비해서는 6.2퍼센트포인트나 높은 수치이기도 했다.

이 같은 보건 지출 증가는 미국 경제에 커다란 영향을 미쳤다. 미국과 기타 선진국과의 6.2퍼센트포인트 차이는 2005년 GDP 기준으로 계산했을 때 7750억 달러(1인당 2700달러)에 달하는 금액이다. 이는 미국 연간 국방비의 약 1.5배에 해당한다. 요컨대 이 기간 동안 미국의 보건의료는 중간 수준의 비용과 혜택에서 출발하여 높은 비용과 낮은 혜택으로 이동한 것이다.


## 학업성취도

1980년경의 국가별 학업성취도를 비교해놓은 자료는 마땅치 않지만, 확실한 사실은 근래 들어 미국이 여러 가지 학업성취도 평가에서 대개의 선진국보다 낮은 성적을 보였다는 점이다. 미국은 대학 졸업자 수 면에서는 여전히 높은 수준을 유지하고 있으나 전체 학생의 학업성취도는 선진국 중 거의 최하위다.

표 1-6은 미국 학생들과 다른 국가 학생들의 수학 및 과학 능력 평가 성적을 비교해놓은 자료다. 첫 번째 열은 각 선진국 15세 학생들의 수학 능력 순위를 보여준다. 두 번째 열은 8학년[15] 학생들의 과학 능력 순위를 나타내고 있다. 이 자료는 1999년도에 실시

---

[15] 우리나라의 중학교 2학년 정도다. ― 옮긴이

● 표 1-6  국가별 수학 및 과학 학습능력 비교(1999)

| 국가 | 수학 능력 | 국가 | 과학 능력 |
| --- | --- | --- | --- |
| 핀란드 | 544 | 헝가리 | 552 |
| 한국 | 542 | 일본 | 550 |
| 네덜란드 | 538 | 한국 | 549 |
| 일본 | 534 | 네덜란드 | 545 |
| 캐나다 | 532 | 호주 | 540 |
| 벨기에 | 529 | 체코 | 539 |
| 뉴질랜드 | 525 | 영국 | 538 |
| 호주 | 524 | 핀란드 | 535 |
| 체코 | 516 | 벨기에 | 535 |
| 덴마크 | 514 | 슬로바키아 | 535 |
| 프랑스 | 511 | 캐나다 | 533 |
| 스웨덴 | 509 | 러시아 | 529 |
| 오스트리아 | 506 | 불가리아 | 518 |
| 독일 | 503 | **미국** | **515** |
| 슬로바키아 | 498 | 뉴질랜드 | 510 |
| 노르웨이 | 495 | 이탈리아 | 493 |
| 폴란드 | 490 | | |
| 헝가리 | 490 | | |
| 스페인 | 485 | | |
| **미국** | **483** | | |
| 러시아 | 468 | | |
| 이탈리아 | 466 | | |

출처: The National Center for Education Statistics, Program for International Student
Assessment.
http://nces.ed.gov/surveys/international/IntlIndicators/index.asp?SectionNumber=3&S
ubSectionNumber=4&IndicatorNumber=40.

한 평가시험 성적을 바탕으로 작성되었다. 표에서 알 수 있듯이 미
국 학생들의 평가 결과는 수학과 과학 모두 대부분의 선진국보다

● 표 1-7  미국 대학 대비 해외 대학의 과학 및 공학 박사 학위 수여 비율

| 국가 | 1975 | 1989 | 2001 | 2003 | 2010 |
|---|---|---|---|---|---|
| 아시아 주요국 | 0.22 | 0.48 | 0.96 | | |
| 중국 | | 0.05 | 0.32 | 0.49 | 1.26 |
| 일본 | 0.11 | 0.16 | 0.29 | | |
| 유럽연합* | 0.93 | 1.22 | 1.54 | 1.62 | 1.92 |

* 2005년 이전의 유럽연합 가입국 15국 대상
출처: R. B. Freeman, "Does Globalization of the Scientific/Engineering Workforce Threaten U.S. Economic Leadership?" in *Innovation Policy and the Economy*, vol.6, ed. A. Jaffe, J. Lerner, and S. Stern. Cambridge, MA: MIT Press, 2006.

낮게 나타났다. 미국 학생들의 성적은 경제적으로 훨씬 열악한, 옛 소비에트연방국인 슬로바키아와 폴란드, 헝가리보다도 낮았다. 미국 학생들의 학습능력이 계속해서 대부분의 선진국은 물론 개발도상국보다도 뒤처진다면 장차 고연봉 직종에 대한 미국의 경쟁력도 그만큼 후퇴하게 될 것이다.

이 수치와 비교해볼 만한 과거 자료가 없기 때문에 미국 학생들의 학업성취도가 얼마나 퇴보했는지 정확히 알 수는 없다. 하지만 미국보다 훨씬 좋은 성적을 기록한 다른 나라들이 최근 몇 년간 교육을 한층 더 강조했다는 사실만큼은 분명해 보인다.

또한 과학 및 공학 분야에서 박사 학위를 취득한 학생 수를 비교해보면 미국이 상대적으로 퇴보하고 있다는 사실을 발견할 수 있다. 표 1-7은 미국 대학의 과학 및 공학 분야 박사 학위 취득자 수 대비 유럽, 중국, 일본 등지 대학의 같은 분야 박사 학위 취득자 비율을 보여주고 있다. 이 자료는 해당 기간 동안 다른 국가들의 박사 학위 취득자 수가 미국에 비해 급격하게 증가하고 있으며 이에

따라 미국이 상대적으로 퇴보하고 있음을 보여준다.

이 시기 초반에는 미국이 배출한 과학 및 공학 박사의 수가 단위 인구당 수치로나 절대 수치로나 세계 최고 수준을 보였으나 시간이 지나면서 다른 국가에게 추월당하기 시작했다. 유럽연합은 단위 인구당 수치와 절대 수치 모두에서 미국의 박사 학위 취득자 수를 훨씬 앞질렀다. 중국도 박사 학위 취득자의 절대 수치로는 미국을 곧 추월할 것으로 보인다. 하지만 중국의 인구는 미국의 네 배가 넘기 때문에 단위 인구당 수치로는 당분간 미국에 훨씬 미치지 못할 것이다.


## 생산성과 고용, 그리고 성과

1980년 미국은 1인당 소득에 있어 선진국 가운데서도 선두에 있었다. 2차 대전 이후로 미국은 항상 선두를 지켜왔으며 다른 선진국들은 미국을 뒤쫓았다. 2005년까지 미국은 다른 선진국의 평균치를 크게 웃도는 소득 증가(또한 GDP 성장)를 겪으면서 1인당 소득면에서 기타 선진국과의 격차를 벌리며 선두를 고수했다.

표 1-8은 미국과 다른 선진국들의 1980년과 2004년의 1인당 GDP 수치를 보여준다. 1980년에 미국은 유럽연합 15개국의 평균치보다 1인당 GDP가 35.6퍼센트 높았다. 그리고 그 격차는 점점 더 벌어져 2004년 미국의 1인당 GDP는 유럽연합 15개국보다 거의 40퍼센트 높은 수치를 나타냈다.

● 표 1-8　1980년과 2004년의 1인당 GDP(2004년 달러 환산 기준)

| 국가 | 1980 | 2004 |
|---|---|---|
| 호주 | $19,716 | $30,571* |
| 오스트리아 | $20,675 | $31,944 |
| 벨기에 | $19,860 | $30,851 |
| 캐나다 | $22,025 | $31,915 |
| 덴마크 | $20,949 | $31,627 |
| 핀란드 | $18,540 | $36,597 |
| 프랑스 | $19,387 | $29,554 |
| 독일 | $19,329 | $28,605 |
| 그리스 | $14,532 | $21,689 |
| 아일랜드 | $12,417 | $35,767 |
| 이탈리아 | $18,612 | $27,236* |
| 일본 | $17,929 | $28,618* |
| 네덜란드 | $20,110 | $31,082* |
| 뉴질랜드 | $17,204 | $24,498 |
| 노르웨이 | $19,161 | $30,765 |
| 포르투갈 | $10,506 | $19,197* |
| 스페인 | $13,781 | $25,583 |
| 스웨덴 | $20,615 | $30,362 |
| 스위스 | $25,484 | $33,678 |
| 영국 | $17,066 | $31,437 |
| **미국** | **$24,354** | **$39,732** |
| **유럽연합 15개국** | **$17,961** | **$28,258*** |

* 2003년 GDP 자료
참조: Per capita GDP at Purchasing power parity (adjusted using U.S. GDP deflator).
출처: Organization for Economic Co-operation and Development Statistical Databases, Annual National Accounts, http://cs4hq.oecd.org/oecd/eng/TableViewer/wdsview/dispviewp.asp.

다른 선진국들과 다른 행보와 정책을 취한 결과 미국은 급속한 경제 성장을 이루었지만 이에 맞춰 미국 노동자의 소득격차도 커져갔다.

한 국가의 경제 규모는 크게 두 가지 요인에 의해 결정된다. 첫 번째 요인은 생산성이다. 생산성은 노동자 한 명이 한 시간당 생산해낼 수 있는 생산량을 뜻한다. 두 번째 요인은 노동 시간인데, 총 노동 시간은 노동자의 수와 각 노동자의 노동 시간으로 결정된다. 지난 사반세기 동안 미국과 여타 선진국과의 경제 성장률 차이에 영향을 미친 요인은 생산성이 아니라 노동 시간인 것으로 밝혀졌다. 이 기간 동안 생산성 증가율 면에서는 미국과 기타 선진국 사이에 별 차이가 없었다. 표 1-9가 보여주듯 실제로 이 기간 후반에 미국의 1인당 생산성은 여러 국가들보다 낮았다.

표 1-9를 보면 2000년에 미국의 생산성은 다른 여러 선진국보다 뒤떨어져 있다. 선진국 전체 평균보다는 약간 높은 편이지만 그 차이는 그리 크지 않다. 경제협력개발기구OECD는 2003년 유럽연합 15개국의 생산성이 미국의 91.8퍼센트 정도라고 발표했다.[16] 여러

---

[16] OECD Productivity Database, February 14, 2005. 이 정도 생산성 차이도 미국과 기타 선진국 사이의 뚜렷한 정책 결정 차이에 일부 기인한다. 대부분 유럽 국가에서는 월마트Wal-Mart와 같은 대형 마트가 들어서는 것을 법적으로 규제하고 있다. 이러한 대형 마트는 직원들이 같은 시간에 더 많은 제품을 팔 수 있기 때문에 기존의 소매상보다 훨씬 효율성이 높다. 그럼에도 유럽 국가들은 기존의 소매 산업을 보호하기 위해 의도적으로 대형 마트를 규제하는 결정을 내렸다. 이 같은 정책으로 유럽 소매상의 시간당 노동 생산성은 줄어들더라도, 파리와 코펜하겐을 비롯한 유럽 도시들의 상징으로 여겨지는 소규모 상점들을 보호할 수 있게 되었다. S. Basu, J. Fernald, N. Oulton, and S. Srinivasan, "The Case of Missing Productivity

● 표 1-9  1980년과 2000년의 시간당 노동생산성

| 국가 | 1980* | 2000* | 국가 | 1980* | 2000* |
|---|---|---|---|---|---|
| 호주 | 81.5 | 83.2 | 오스트리아 | 94.0 | 103.8 |
| 벨기에 | 105.4 | 121.0 | 캐나다 | 87.5 | 83.1 |
| 덴마크 | 84.5 | 100.5 | 핀란드 | 72.1 | 93.0 |
| 프랑스 | 102.2 | 121.5 | 독일 | | 103.9 |
| 서독 | 97.9 | | 아일랜드 | 61.4 | 102.7 |
| 이탈리아 | 95.5 | 101.6 | 일본 | 63.2 | 76.8 |
| 네덜란드 | 113.6 | 112.1 | 뉴질랜드 | 78.3 | 66.7 |
| 노르웨이 | 106.1 | 130.7 | 포르투갈 | 47.4 | 56.6 |
| 스페인 | 72.6 | 81.5 | 스웨덴 | 88.6 | 89.7 |
| 스위스 | 110.4 | 93.3 | 영국 | 79.4 | 92.3 |
| | | | **미국** | **100.0** | **100.0** |

* 미국의 생산성을 100으로 보았을 때 수치

출처: Analysis of Groningen Growth and Development Centre and the Conference Board, Total Economy Database, January 2005. Accessed July 5, 2005, from http://www.ggdc.net.

면에 있어 생산성은 부를 측정할 수 있는 가장 좋은 기본수단이다. 또한 많은 경제학자들이 장기적으로 볼 때 생산성이 생활수준을 결정하는 일차적 요소라고 말한다. 이 기준으로 봤을 때 미국과 기타 선진국들 사이의 차이는 그리 크지 않다고 할 수 있다.

미국이 1인당 GDP와 그 증가율에 있어서 기타 선진국과 차이를 보이는 가장 큰 원인은 미국 노동자의 평균 노동 시간이 다른

Growth, or Does Information Technology Explain Why productivity Accelerated in the United States but Not in the United Kingdom?" in *NBER Macroeconomics Annual 2003*, ed. M. Getler and K. Rogoff, 9~63 (Cambridge, MA: MIT Press 2003).

선진국보다 훨씬 많다는 데 있다. 이처럼 미국의 노동 시간이 상대적으로 많았던 것은 미국이 다른 국가들에 비해 실업률을 낮은 수준으로 유지하는 데 성공했기 때문이다. 또한 다른 국가들은 노동 시간을 줄이고 휴가 기간을 늘린 반면 미국은 노동 시간의 변화가 거의 없었기 때문이기도 하다.

표 1-10은 미국과 기타 선진국의 1980년과 2005년 실업률 통계다. 1980년만 해도 미국의 실업률은 다른 국가에 비해 상당히 높았다. 예컨대 당시 프랑스와 옛 서독이 각각 6.3퍼센트와 3.2퍼센트의 실업률을 보였던 반면 미국의 실업률은 7.2퍼센트였다. 그러

● **표 1-10  1980년과 2005년의 실업률**

| 국가 | 1980 | 2005* | 국가 | 1980 | 2005* |
|---|---|---|---|---|---|
| 호주 | 6.0 | 5.1 | 오스트리아 | 1.4 | 5.1 |
| 벨기에 | 6.7 | 8.4 | 캐나다 | 7.5 | 6.8 |
| 덴마크 | 6.0 | 5.0 | 핀란드 | 4.6 | 8.4 |
| 프랑스 | 6.3 | 9.5 | 아일랜드 | 7.3 | 4.3 |
| 서독 | 3.2 | | 독일 | | 9.5 |
| 이탈리아 | 7.7 | 7.7** | 일본 | 2.0 | 4.4 |
| 네덜란드 | 4.0 | 4.7 | 뉴질랜드 | 2.5 | 5.1 |
| 노르웨이 | 1.7 | 4.7*** | 포르투갈 | 8.4 | 7.3 |
| 스페인 | 9.3 | 9.7 | 스웨덴 | 2.0 | 6.3**** |
| 영국 | 6.2 | 4.7*** | 미국 | 7.2 | 5.1 |
| | | | 유럽연합 15개국 | | 7.9 |

* 2005년 자료 중 별도 표기 이외의 수치는 9월까지의 통계 자료
** 6월까지의 통계 자료
*** 7월까지의 통계 자료
**** 3월까지의 통계 자료
출처: International Monetary Fund and Organization for Economic Co-operation and
    Development. OECD data accessed November 14, 2005,
      at http://www.oecd.org/dataoecd/41/13/18595359.pdf.

나 2005년 들어 미국의 실업률은 5.1퍼센트였던 반면 프랑스와 독일은 모두 9.5퍼센트의 실업률을 기록하며 상황이 역전되었다. 여전히 실업률이 낮은 나라도 여럿 있었지만 미국이 유럽 국가들보다 뛰어난 결과를 보인 것은 사실이었다. 2005년의 유럽연합 15개국의 실업률 평균은 7.9퍼센트로 미국의 실업률보다 3퍼센트포인트 가까이 높은 수치를 기록했다.

미국이 상대적으로 낮은 실업률을 유지할 수 있었던 원인에 대해서는 경제학자들 사이에서 의견이 분분하다. 그중 힘없는 노동조합과 낮은 실업급여, 그리고 상대적으로 규제가 없는 노동시장이 급격한 취업 증가를 이끌었다는 견해가 강한 설득력을 얻고 있다. 이러한 시장 형태에서 기업은 고용유연성을 극대화해 노동자를 쉽게 고용, 해고, 파견할 수 있기 때문이다.[17]

한편에서는 유럽 각국의 중앙은행이나 유럽중앙은행(1998년 설립)보다 경기 팽창을 지향했던 미국의 연방준비제도이사회의 정책에 초점을 맞춰 미국의 낮은 실업률을 설명하기도 한다. 연방준비제도이사회는 실업에 대처하기 위해 꾸준히 저금리 정책을 유지했다. 예컨대 연방준비제도이사회는 2001년의 경기침체를 타개하기 위해 2002년 단기금리를 1퍼센트로 조정했고 이를 2년간 유지했다. 이와 대조적으로 유럽중앙은행은 통제 가능한 수준으로 물

----

[17]  D. Howell, ed., *Fighting Unemployment: The Limits of Free Market Orthodoxy* (New York: Oxford University Press, 2004), and L. Kenworthy, *Egalitarian Capitalism: Jobs, Incomes, and Growth in Affluent Countries* (New York: Russell Sage Foundation, 2004).

가 상승을 유지하는 데만 집중했다. 유럽은 미국 경제보다 실업률이 더 높고 유휴 생산력도 크게 존재했지만 단기금리가 2퍼센트 이하로 떨어지는 것은 허용하지 않았다. 하지만 이유야 어쨌든 유럽을 비롯한 많은 선진국들이 지난 15년간 만성적으로 높은 실업률 문제를 겪어왔다. 그에 비해 미국은 실업률 문제를 잘 피해갔다.

취업자의 노동 시간 단축은 미국과 기타 선진국의 정책 차이를 분명하게 보여주는 지점이다. 대부분 선진국에서는 높아진 생산성의 혜택을 노동자들도 누릴 수 있게 하기 위해 더 많은 여가를 주려는 정책들이 시행되었다. 대개의 유럽 국가들이 기업에게 권고하고 있는 유급휴가 기간은 매년 4주에서 6주 정도다. (실제 유럽연합의 사회헌장은 회원국들에게 매년 최소 20일의 유급휴가를 보장하는 법안을 제정하도록 요구하고 있다.) 게다가 프랑스를 필두로 한 여러 국가들은 주간 기준 노동 시간을 40시간 이하로 단축시켰다.[18]

반면 미국에는 유급휴가에 대한 연방정부나 주정부 차원의 규정이 전혀 없다. 수백만에 달하는 미국의 전업 노동자들이 유급휴가 없이 일하고 있으며, 크리스마스와 독립기념일 같은 공휴일에조차 유급휴가를 못 받는 경우도 있다. 이러한 정책 차이는 전업

---

[18] 노동 시간에 대한 1998년 OECD 보고서는 1980년 이후 미국을 제외한 거의 모든 OECD 국가의 평균 노동 시간이 급감했다고 분석했다. 대부분 국가에서 노동 시간 단축은 정부 규제에 일부 기인하는 것으로 나타났다(OECD, *Employment Out* [Paris: OECD, 1998], Chapter 5, http://www.oecd.org/dataoecd/8/51/2080270. pdf).

노동자의 평균 노동 시간 격차를 점점 벌려놓았다. 표 1-11은 2004년 미국과 기타 선진국의 연평균 노동 시간을 나타내고 있다.

이 표는 미국 노동자들이 다른 선진국 노동자보다 평균적으로 더 많은 시간 동안 일하고 있음을 보여준다. 그 차이가 상당히 큰 경우도 많다. 예컨대 미국의 노동자는 독일 노동자보다 연평균 25.7퍼센트 더 많은 시간 동안 노동했으며, 프랑스의 노동자보다는 거의 30퍼센트 더 많은 시간을 일했다. 이러한 연간 노동 시간의 차이는 미국과 유럽연합 15개국의 1인당 GDP 차이를 설명해주는 가장 큰 요인이다. 미국의 1인당 GDP가 다소 더 높긴 하지만, 미국과 유럽연합 15개국 노동자의 노동 시간이 동일했더라면 그 차이는 그리 크지 않았을 것이다. 미국이 더 많은 경제적 부를

● 표 1-11  2004년 1인당 연평균 노동 시간

| 국가 | 노동 시간 | 국가 | 노동 시간 |
|---|---|---|---|
| 노르웨이 | 1,336 | 네덜란드 | 1,338 |
| 프랑스 | 1,398 | 독일 | 1,446 |
| 덴마크 | 1,481 | 오스트리아 | 1,498 |
| 스위스 | 1,510 | 스웨덴 | 1,562 |
| 벨기에 | 1,565 | 핀란드 | 1,588 |
| 이탈리아 | 1,590 | 아일랜드 | 1,612 |
| 영국 | 1,619 | 포르투갈 | 1,698 |
| 뉴질랜드 | 1,752 | 호주 | 1,757 |
| 캐나다 | 1,757 | 일본 | 1,760 |
| 스페인 | 1,799 | **미국** | **1,817** |

출처: Analysis of Groningen Growth and Development Centre and the Conference Board, Total Economy Database, January 2005. Accessed on July 5, 2005 from http://wwwggdc.net.

얻을 수 있었던 가장 주요한 원인은 유럽 노동자들이 생산성 향상에 대한 대가로 더 많은 여가 시간을 선택한 반면 미국 노동자들은 더 많은 소득을 선택했기 때문이다.


## 노동, 여가, 환경

더 많은 여가와 더 큰 소득 중 어느 것을 선택하느냐는 개인의 기호와 사회적 가치에 따라 달라진다. 경제적 관점으로 보았을 때 이 둘은 모두 향상된 생산성이 가져온 부의 증가로부터 개인이 얻을 수 있는 혜택이다. 하지만 이러한 선택은 환경에 중요한 영향을 미친다. 더 높아진 생산성의 보상으로 여가 대신 고소득을 택할 경우에는 환경에 가해지는 부담이 가중될 것이다. 자원의 사용과 오염물질(특히 온실가스)의 방출이 GDP와 밀접히 연관돼 있기 때문이다. 유럽보다 1인당 소득이 더 많은 미국은 1인당 자원 사용량과 오염물질 방출량에 있어서도 더 높은 수치를 보인다.

표 1-12는 미국과 기타 선진국의 2003년 1인당 에너지 사용량을 보여준다. 1인당 에너지 소비량에서 미국은 룩셈부르크와 캐나다 다음으로 높은 순위를 기록했는데, 이는 독일과 프랑스 에너지 사용량의 거의 두 배에 달하는 양이다. 물론 캐나다의 에너지 사용량이 많은 것은 추운 기후 탓이 크다.

이 같은 1인당 에너지 사용량의 차이에는 많은 요인들이 영향을 미친다. 미국의 경우 다른 국가보다 상대적으로 자동차가 더 많으

● 표 1-12  2003년 1인당 에너지 사용량(석유 환산 킬로그램 기준)

| 국가 | 에너지 사용량 | 국가 | 에너지 사용량 |
|---|---|---|---|
| 호주 | 5,668 | 오스트리아 | 4,086 |
| 벨기에 | 5,701 | 캐나다 | 8,240 |
| 덴마크 | 3,853 | 핀란드 | 7,204 |
| 프랑스 | 4,519 | 독일 | 4,205 |
| 그리스 | 2,709 | 아일랜드 | 3,777 |
| 이탈리아 | 3,140 | 일본 | 4,053 |
| 룩셈부르크 | 9,472 | 네덜란드 | 4,983 |
| 뉴질랜드 | 4,333 | 노르웨이 | 5,100 |
| 포르투갈 | 2,469 | 스페인 | 3,240 |
| 스웨덴 | 5,754 | 스위스 | 3,689 |
| 영국 | 3,893 | **미국** | **7,843** |

출처: World Bank, *World Development Indicators 2005*.

며 자동차의 크기도 큰 편이다. 또한 미국은 대부분 유럽 국가들보다 주택 규모가 평균적으로 더 크다. 게다가 미국인들이 실내 온도를 유지하기 위해 냉난방설비를 사용하는 빈도 역시 다른 국가보다 훨씬 높은 편이다.[19] 더 크고 많은 자동차, 더 큰 주택, 더 쾌적한 실내온도는 더 많은 소득이 있어야 얻을 수 있는 것들이다. 다시 말해, 이러한 생활방식의 차이가 바로 미국인들이 유럽인들보다 더 많은 시간을 일해 받는 대가인 셈이다.

더 많은 소득을 위해 여가를 포기하는 것을 개인적 차원의 선택으로 볼 수도 있겠지만, 이러한 선택은 보통 환경 비용을 발생시킨

---

[19] 미국 내 많은 지역의 험한 기후 또한 미국의 에너지 사용량이 유럽보다 높은 요인 중 하나다.

다. 에너지 사용량이 더 늘어나면 공급량이 한정돼 있는 화석연료를 급격하게 고갈시킨다. 미국은 온실가스 배출량에 있어서도 거의 세계 최고 수준이다. 다른 오염물질의 경우도 마찬가지로, 대부분 오염물질에서 미국의 1인당 배출량이 가장 많을 것이다.

에너지 사용과 온실가스 배출 면에서 지난 사반세기 동안 미국이 유럽 국가들과 한층 어긋난 행보를 보이지 않았을지는 모르지만, 그렇다고 이미 상당히 어긋난 영역에서 간극을 줄이기 위한 별다른 노력을 한 것도 아니다. 미국의 1인당 보유 차량은 증가했고 그 크기도 더욱 커졌다. 평균 이동거리는 점점 늘어나고 도로의 정체도 더욱 심해졌다. 주택 규모 또한 더욱 커졌다. 지구온난화와 같은 환경 문제들이 국경과 상관없이 벌어지고 있는 가운데 미국과 유럽의 소비 패턴 차이는 이전보다 더욱 크고 중요한 변수로 작용할 것이다.


## 미국의 독자적 행보

미국의 역사는 다른 선진국들의 역사와 여러 중요한 측면에서 다르다. 1980년에 이미 미국은 사회 구조나 제도의 주요한 면에서 다른 나라와 구별되었다. 하지만 당시에는 그러한 차이점들이 줄어들 것이라고 믿을 만한 근거들이 있었다. 사람들은 미국이 다른 선진국과 같은 제도를 수용하고 복지를 강화하리라 믿었다.

그러나 다음 사반세기 동안 미국과 여타 선진국 사이의 간격은 오히려 더욱 커져갔다. 이 기간 동안 미국 정치권은 복지 제도를 계속해서 축소해나갔고, 정부가 국민에게 보장하던 경제적 안정과 혜택의 수준은 계속 저하되었다. 다른 선진국에서도 복지 제도를 축소하려는 비슷한 노력이 있었지만 정부의 시도는 대부분 대중의 저항에 가로막혔다. 그 결과 현재의 미국은 1980년에 비해 다른 선진국과 다방면에서 상이한 모습을 띠게 되었다.

미국이 과연 바른 길을 택했느냐에 대해서는 분명히 논쟁의 여지가 있다. 분명히 이 기간 미국은 다른 선진국보다 빠른 경제 성장을 이루어냈다. 또한 대부분 국가들보다 낮은 실업률을 달성하기도 했다. 이러한 성과 이면에서 소득 불균형 정도는 더욱 커졌고, 많은 이들의 생활은 더욱 불안정해졌다. 이에 더해 낮아진 학업성취도와 높아진 투옥률도 미국의 행보가 지속 가능한 것인가에 대해 의문을 제기하게 한다. 이외에도 예상치 못한 미국의 정책 전환이 초래한 득과 실을 따져봐야 할 문제들이 아직 많이 남아 있다.

# 소득의 상향재분배
__ 편향적 무역 자유화와 노동자 보호

지난 사반세기 동안 미국이 펼친 여러 정책들은 소득의 상향재분배라는 결과를 불러왔다. 보론에서는 이 기간 동안 일어난 미국 경제 정책의 가장 중요한 변화들을 살펴보고자 한다. 이 부분은 이 책의 다른 장들보다 경제 정책을 구체적으로 다루지만, 별도의 경제학 지식 없이도 읽을 수 있게 기술했다.

## 편향적 무역 자유화와 노동자 보호

1980년부터 2005년까지의 사반세기 동안에 소득 상향재분배를 가져온 정책 변화들을 논의하기 위해서는 먼저 이 기간 동안 미국 무역 정책의 방향이 어떻게 바뀌었는지 살펴봐야 한다. 무역 정책은 소득분포 중하위 노동자들을 희생시켜 소득분포 상위층에게 이득이 되도록 시행된 정책의 가장 분명한 예다. 표면적으로 이 기간 동안 무역 정책의 가장 큰 목표는 '자유무역'을 확대하는 것이었다. 대체로 자유무역이라는 말은 관세와 쿼터제를 축소하거나 제거함으로써 재화와 서비스에 대한 무역 장벽을 철폐하는 것이라는 의미로 사용되었다.

하지만 자유무역이라는 의제에는 품질 및 안전 규제 등 비관세 장벽의 축소나 철폐도 포함돼 있었다. 비관세 장벽은 소비자를 보호하는 것 이상으로 국내 산업을 경쟁으로부터 보호하는 장치다. 또한 자유무역 의제는 개발도상국들이 외국인 투자에 대한 규제를 수정해 미국 기업의 공장이 철수당하거나 이윤의 해외 이동이 통제받지 않도록 해줄 것을 요구했다. 이러한 자유무역 의제를 발전시키기 위해 미국은 지난 25년간 수많은 지역 무역협정 및 쌍무 무역협정을 맺었다. 또한 1995년 세계무역기구wto의 탄생으로 이어진 우루과이라운드협정을 배후에서 강력히 밀어붙였다.

미국의 무역 정책은 공산품 교역에서 많은 장벽을 제거했다. 그 결과 공산품 수요의 수입 의존도는 1980년 10.5퍼센트에서 2005년 16.2퍼센트로 증가했다.[20] 수입의 증가로 소비자들은 국내 제품보다 더 싸거나 좋은 재화와 서비스를 이용할 수 있게 되었다.

하지만 수입의 증가는 관련 산업 노동자들을 극심한 경쟁으로

---

[20] 이 기간 동안 달러화의 가치 상승 또한 수입 증가의 중요한 요소로 작용했다. 이에 대해서는 마지막 장에 기술했다.

몰아넣었다. 미국의 제조업 노동자들은 갑자기 그들 임금의 10분의 1도 못 받으며 일하는 개발도상국 노동자들과 경쟁해야만 하게 된 것이다. 이로 인해 제조업 분야에서는 상당한 규모의 실업이 발생했다. 1980년에 미국 제조업 분야 노동자는 전체 노동자의 20.7퍼센트를 차지했지만 2005년에는 10.7퍼센트로 감소했다.[21] 직장을 잃지 않은 경우라도 미국 제조업 노동자들은 임금 삭감 및 복지 혜택 축소 압력을 받으며 개발도상국 노동자들과 경쟁해야 했다.

역사적으로 제조업은 4년제 대학 교육을 받지 못한 노동자(여전히 전체 노동력의 70퍼센트가 넘는다)들이 상대적으로 높은 임금을 받을 수 있는 분야였다. 그러나 국제적 경쟁의 압력은 제조업 인구의 대규모 감소와 살아남은 노동자의 임금 삭감을 초래했다. 그 결과 제조업 노동자에 대한 임금 삭감 압력은 대졸 미만 학력의 전체 노동자에게까지 확산되었다.[22]

--------

[21] 이러한 미국 제조업 노동인구의 감소에는 무역 이외의 원인도 작용했다. 미국 제조업 분야의 생산성 증가는 전체 생산성 증가보다 꾸준히 높은 수준을 보여왔다. 이는 곧 생산 제품의 실질 생산량이 동일하다면 생산성이 더 높은 제조업 노동인구가 타 직군보다 큰 폭으로 감소한 것이라는 의미다. 무역 적자가 제조업 인구에 미친 영향은 2005년 생산된 전체 공산품에 대한 무역 적자 규모를 통해 살펴볼 수 있다. 2005년 3/4분기 미국의 상품 무역 적자는 8138억 달러였다(Bureau of Economic Analysis, *2005 Annual Revision of the National Income and Product Accounts* [Washington DC: U.S. Government Printing Office, 2005], table 4.2.5, line 25 minus line 2). 그리고 제조업 부문 생산량의 순부가가치는 1조 3431억 달러였다(table 6.1D, line 8). 이 수치는 2005년의 무역 적자가 제조업 부가가치의 60퍼센트에 해당했다는 것을 의미한다. 이는 미국이 공산품 국내 생산을 통해 무역 적자를 해소할 경우 제조업 노동인구가 60퍼센트가량 증가할 수 있음을 보여준다.

무역이 저학력 노동자의 임금에 부정적 영향을 끼친 것은 자유 무역 정책의 당연한 결과가 아니었다. 그것은 특정 분야의 노동자들만 국제 경쟁에 내몰고 다른 분야는 계속 보호하는 무역 정책의 결과였다. 이 시기에 협상된 무역협정들은 개발도상국에서 공산품을 제조해 미국으로 다시 수입해 들여오는 일을 더 없이 쉽게 만들어줬지만, 그렇다고 무역 장벽을 모두 없애버린 것은 아니었다.

특히 의사와 변호사 등 고소득 전문직 종사자를 보호해주는 전문 자격 면허 분야의 장벽은 거의 타격을 받지 않았다. 만약 무역 협상 대표가 제조업과 똑같은 무역 원칙을 전문직 분야에도 적용했다면 국제적으로 전문 자격 면허 요건을 표준화하려는 노력이 있었을 것이다. 그리고 재화에 대한 정부의 무역 규제에 적용된 기준들을 따라서, 어떤 전문직에 대한 규제든 간에 그러한 규제가 '소비자 안전 증진'처럼 분명하게 규정되고 받아들일 수 있는 목적이 있다는 것을 증명할 필요가 있었을 것이다.

고소득 전문직에 종사하는 외국인 노동자들이 미국에서 활동하는 것에 대한 규제를 없애면 막대한 경제적 이익을 기대할 수 있다. 예컨대 다른 선진국 의사들의 평균 소득은 미국 의사들의 절반 수준이다. 만약 미국 의사들의 임금이 다른 나라 의사들의 임금 수준 정도로 조정된다면 미국의 소비자와 납세자들은 연간 7백억 달

---

[22] R. Freeman, L. Katz, and G. Borjas, "How Much do Immigration and Trade Affect Labor Market Outcomes?" *Brookings Papers on Economic Activity*, no.1 (1997): 1~90; W. Cline, Trade and Income Distribution (Washington, DC: Institute for International Economics, 1997).

러 이상을 절약할 수 있다.[23] 만약 제조업 노동자들처럼 미국의 의
사들이 개발도상국의 의사들과 전면적으로 경쟁하게 된다면 절감
되는 비용은 그보다 훨씬 커질 것이다.

하지만 미국의 무역 정책은 미국의 의사들을 국제적 경쟁에 노
출시키지 않았다. 오히려 정반대였다. 1997년 미국의 의사 단체들
은 외국인 의사의 유입으로 자신들의 봉급이 인하 압력을 받고 있
다는 내용의 탄원을 의회에 제출했다. (이들은 외국인 의사들의 의
료 수준에 대해서는 언급하지 않았다.) 이러한 탄원 이후 의회는
의료직 외국인 거주자에 대한 입국 할당량을 축소하고, 외국에서
교육받은 의사들에 대한 새로운 규제를 만들어 외국인 의사들이
미국에서 의료 활동을 하는 것을 더욱 어렵게 만들었다. 이러한 규
제들이 의도한 대로 미국에 들어오는 외국인 의사의 수는 급격하
게 줄어들었다.[24]

.................................................

[23] OECD의 발표에 따르면 1995년 미국 의사의 연평균 세전 소득은 19만 6천 달러였
다. 이에 비해 스위스의 의사는 평균 8만 2천 달러, 일본의 의사는 5만 7300달러,
덴마크의 의사는 5만 2600달러를 벌었다(Organization for Economic Co-
operation and Development, *OECD Health Data 1998* [Paris: OECD, 1998]).
이러한 소득 차이는 여전히 크게 바뀌지 않았다. 이 자료는 유럽 의사들의 평균 연
소득이 미국 의사들에 비해 적어도 10만 달러가 적다는 것을 보여준다. 미국에는
약 80만 명의 의사가 있는데, 이를 토대로 계산해보면 미국 의사들의 소득이 유럽
의사들의 소득 수준으로 조정될 경우 연간 8백억 달러 가까이 절감할 수 있게 된다.

[24] 외국인 의사가 미국 의사의 소득에 미친 영향은 다음을 참조. "Caught in the
Middle," *Washington Post*, March, 19, 1996, H10; "A.M.A. and Colleges
Assert There Is a Surfeit of Doctors," *New York Times*, March 1, 1997, A7;
"U.S. to Pay hospitals Not to Train Doctors, Easing Glut," *New York Times*,
February 15, 1997, A1. 외국인 의사의 유입을 제한하는 이러한 정책 변화의 성과

의료계만큼 극적인 모습은 아닐지 모르지만 다른 고소득 전문 직도 사정은 비슷했다. 이 시기의 무역 정책은 미국 제조업 종사자 들이 개발도상국의 저임금 노동자와 경쟁하게 된다는 사실을 잘 알면서도 그대로 추진되었다. 반면 고소득 전문직 종사자들을 국 제 경쟁으로부터 보호해주는 무역 장벽들은 그대로 남겨졌으며, 심지어 장벽이 더 높아지기도 했다. 그 결과 저학력 노동자들은 임 금 삭감 압력을 강하게 받은 반면 대부분 고소득 노동자들의 봉급 에는 별다른 변화가 나타나지 않았다.

전문직의 국제 경쟁에 대한 논의는 무역 정책에서 자연스럽게 이민 정책으로 넘어가게 된다. 물론 이 두 가지 정책에는 분명한 차이가 존재하지만 두 가지 모두 미국 내 전문직을 보호하기 위해 작동하고 있다. 전문직 외국인이라고 해도 택시나 버스 운전 같은 단순 노무를 위해 미국에 입국할 경우에는 특별한 제재를 받지 않 는다. 하지만 자신의 전문 분야에서 일할 것을 목적으로 입국을 신 청할 경우에는 심각한 제한을 받게 된다. 이런 경우 이민자에 대한 자격 면허 요건과 노동 제한은 해당 분야 진입에 보호 장벽으로 작 용한다.[25]

는 5년 뒤 언급되었다. "Fewer Foreign Doctors Seek U.S. Training," *Washington Post*, September 4, 2002, A7, and "Test Tied to Foreign Applicants for Medical Residences," *New York Times*, September 4, 2002, A19.

[25] 고소득 전문직 종사자의 수는 적기 때문에 현재 미국에 입국하는 저학력 노동자의 일부만 고학력 노동자로 대체해도 전문직 노동시장의 구도는 크게 전환될 수 있다.

## 이민과 노동력 공급

이민은 몇몇 분야에서 임금에 영향을 미치는 중요한 요소로 작용해
왔다.[26] 1980년에서 2005년 사이 미국에 유입된 이민자 수는 이전
보다 훨씬 큰 규모로 증가했다. 1970년부터 1980년까지 합법 이민
자 수는 연평균 30만 명이 되지 않았다. 반면 1990년부터 2004년까
지는 합법 이민자 수가 연평균 60만 명을 넘어섰다. 여기에 더해
불법적으로 입국한 이민자의 수는 연간 40만 명에 달했다.[27] 이민
자의 급속한 증가는 저학력 노동시장에 커다란 영향을 미쳤다. 이
민자들 대부분이 저학력 노동시장에 뛰어들었기 때문이다. 개발
도상국에서 이주해온 노동자들은 미국 노동자들이 기피하는 작업
조건과 낮은 임금을 마다하지 않았으며, 이민자들이 몰린 분야의
임금은 더욱 낮아졌다.

중요한 사실은 이주 노동자의 학력이 현저하게 낮은 것이 이민
정책에서 비롯되었다는 점이다. 상당수의 이민자들이 미국 내에
서 합법적으로 일하고 있지만 지난 사반세기 동안 적법한 서류 절
차 없이 입국하여 일자리를 찾아 나선 이민자들의 수도 그에 못지

---

[26]  이민이 경제와 임금 불균형에 미치는 영향에 대해서는 다음을 참조. G. Borjas, *Heaven's Door* (Princeton, NJ: Princeton University Press 1997). 이민이 소득 분배에 미친 영향이 작다는 분석은 다음을 참조. D. Card, "Is the New Immigration Really So Bad?" (unpublished manuscript, University of California, 2005).

[27]  Social Security Administration, *2005 Annual Report of the Board of Trustees of the Federal Old-Age and Survivors Insurance and Disability Insurance Trust Funds* (Washington, DC: U.S. Government Printing Office, 2005), table V.A1.

않게 많았다. 이러한 이민자를 고용하는 것은 불법이지만 이에 대한 규제와 단속은 거의 이뤄지지 않았다. 그 결과, 여러 직종에서 불법 체류자들이 차지하는 비중은 크게 증가했다.

이런 형태의 이민법 집행은 결과적으로 이주 노동자와 경쟁할 필요가 없는 고학력 노동자들에게 혜택을 주었다. 병원의 경우 노동법과 자격 면허 기준을 위반하면서 이민자 의사를 고용하는 일이 거의 없는 반면 식당들은 대개 이민자를 고용한다. 만약 미국의 병원이 식당처럼 이민자를 고용했다면, 병원 측은 개발도상국 의사들에겐 매우 매력적인 수준의, 그러나 미국 의사들의 평균 임금보다는 훨씬 적은 봉급을 의사들에게 지급했을 것이다.

이렇게 병원 내 이민자 고용이 늘어난다면 개발도상국에서 수많은 지원자들이 몰려 미국 병원들은 자격이 충분한 외국인 의사들로 의료진을 채울 수 있을 것이다. 만약 상당수 병원에서 이렇게 외국인 의사를 채용한다면, 이들 병원은 인건비가 크게 절감되어 노동법을 따르느라 이민자 의사 채용을 제한하는 다른 병원보다 저렴하게 의료 서비스를 제공할 수 있게 될 것이다. 그렇게 되면 대부분의 미국 병원들은 이민자 의사들의 임금 수준으로 임금을 조정하도록 압력을 받게 될 것이고 이는 미국 의사들의 영구적인 임금 축소로 이어질 것이다.

병원에서나 식당에서나 이런 식의 고용은 이민법 위반이지만, 식당 노동자들은 미국의료협회American Medical Association나 기타 의사 단체들에 비해 영향력이 미약하다. 이는 많은 식당들이 이민법을 어기면서도 처벌을 받지 않을 수 있다는 뜻이기도 한다. 하지만 대놓고 불법 체류자를 의사로 고용해 미국 의사나 합법 이민자보다 훨씬 적은 임금을 지급하는 병원이 계속해서 이민법을 위반한다면 분명 엄청난 벌금형과 형사 처분까지도 받게 될 것이다. 게다가 개발도상국 이민자라고 할지라도 전문직인 의사의 경우에는 좀처럼 불법 노동의 위험을 감수하려고 하지 않을 것이다.

이 같은 원리는 고학력 노동자를 요구하는 다른 직종에서도 마찬가지다. 고학력 노동자에 대한 의존도가 높은 기업일수록 이주 노동자 고용에 관한 법적 규제를 어기는 것이 훨씬 어렵다. 만약 회계법인이나 보험사, 소프트웨어 제작사 같은 기업이 불법 체류 노동자들을 대규모로 고용한 후 업계 표준 임금보다 훨씬 적은 임금을 지급한다면 그 기업은 즉각 법적 제재를 받게 될 것이다. 하지만 정육업이나 의류 공장, 청소 용역 회사에는 이러한 원리가 적용되지 않는다. 결과적으로 현재의 이민 정책은 미국의 저학력 노동자들을 이주 노동자와 경쟁하게 만드는 한편 고학력 노동자들은 보호해주고 있다.[28] 만약 미국의 이민 정책이 전문직과 비전문직 노동자 모두에게 동일하게 적용돼 동등한 입국 기회를 부여했다면, 이 기간 동안 미국에 나타난 급격한 소득 상향재분배 경향은

---

[28] 최근 몇 년간 미국은 H-1이나 L-1 비자를 통해 전문직 이주 노동자들의 입국을 늘려왔다. 그 결과 몇몇 전문기술 분야는 외국인 노동자로 인해 임금 인하 압력을 받기도 했지만 아직도 취업 비자의 수는 상대적으로 적은 편이며 고용주들은 여전히 기존의 임금으로 내국인을 고용할 것을 요구받고 있기 때문에 그 효과는 제한적이다. 예를 들어, 동일 직종에 종사하는 미국 노동자의 3분의 1 수준의 임금만으로도 개발도상국의 숙련 노동자들을 불러올 수 있다 해도 취업 비자를 가진 외국인 노동자를 대거 고용하려는 미국 회사는 그리 많지 않다.

엄청난 수의 전문직 이민자 유입을 불러왔을 것이다.

## 노사 정책

이 기간 동안 소득의 상향재분배를 가져온 세 번째 요인으로는 노사 관계의 변화를 들 수 있다. 이 역시 미국의 정책 전환에 따른 결과였다. 1980년 이전에는 노동조합이 미국에서 널리 받아들여졌다. 노동자들은 노조 결성을 신청할 수 있었고, 전국노동관계위원회National Labor Relation Board는 조합 선거와 투표 과정에서 중립적 중재자의 역할을 담당했다. 또한 노조가 파업에 들어갔을 경우 회사는 파업 기간 동안 휴업에 들어가는 것이 일반적이었으며, 최소한 해고 사태를 일으키지는 않았다. 하지만 1980년대에 들어서면서 이러한 관행은 바뀌기 시작했다.

레이건 대통령 시절 전국노동관계위원회는 점차 회사 측으로 기울기 시작해 민주당 정부나 공화당 정부가 임명했던 이전의 위원회에 비해 훨씬 많은 안건들을 사측이 원하는 방향으로 결정했다.[29] 더 심각한 것은 위원회가 제출된 안건들을 몇 년 동안이나 처리하지 않고 질질 끌기만 했다는 사실이다. 보통 노동자가 제소한 사안에 대해 사측이 지더라도 제재가 경미했기에 위원회의 결정

---

[29] D. Vogel, *Fluctuating Fortunes: The Political Power of Business in America* (New York: Basic Books, 1989), 270.

보류는 사실상 사측이 처벌을 받지 않고도 법을 위반할 수 있게 해
준 셈이다.[30]

레이건 정권이 등장하면서 사측은 관행처럼 노조 결성에 관여
한 노동자를 해고했다.[31] 이 때문에 민간 부문에서 노조를 결성하
는 일은 매우 어려워졌다. (반면에 대부분의 공공 부문 종사자들은
공무원법에 의해 고용을 보호받았다. 따라서 이들은 노조 결성에
앞장선다고 해도 정당한 사유 없이 해고되지 않았다.)

이 기간의 노사 관계에 나타난 또 다른 중대 변화는 파업 기간
동안 사측이 대체 인력을 사용했다는 점이다. 파업 기간에 노동자
들을 새로 영입하려는 고용주는 늘 있어왔지만 1980년 이전에만
해도 이런 모습은 흔치 않았다. 대기업들이 이러한 대치 방식을 택
하지 않았던 이유는 두 가지였다. 장기적인 차원에서 노동조합원

---

30  노조 결성을 시도하는 노동자를 해고하는 것은 노동관계법 위반이다. 하지만 이러
　　한 불법 해고가 발각될 경우 회사가 무는 벌금의 액수는 해고자가 해고 회사에서
　　받았던 임금에서 새로운 직장에서 받은 임금을 뺀 차액이다. 노동자들은 대개 해
　　고당한 후 빨리 새 일을 구해야 하기 때문에 벌금의 액수는 보통 많지 않다. 그 결
　　과 노조 결성에 참여한 노동자를 해고하는 일은 미국에서 다반사가 되었다. 고용
　　주들이 노조 결성을 막기 위해 근년에 사용했던 전략에 대해서는 전직 경영 컨설
　　턴트였던 M. J. Levitt와 T. Conroy의 저서 참조. *Confessions of a Union Buster*
　　(New York: Crown Publishers, 1993).

31  R. LaLone, B. Meltzer, and P. Weiler, "Hard Times of Unions: Another Look
　　at the Significance of Employer Illegalities," *University of Chicago Review* 58,
　　no.3 (1991): 953~1014; K. Bronfenbrenner, "Employer Behavior in
　　Certification Elections and First Contract Campaigns: Implications for Labor
　　Law Reform," in *Restoring the Promise of American Labor Law*, ed. S.
　　Friedman, 75~89 (Ithaca, NY: ILR Press, 1994).

1981년 미국 항공관제사노조(PATCO)의 파업.

들을 다뤄야 했기 때문이었고, 또한 회사의 이미지가 손상되는 것을 피하고 싶었기 때문이었다.

하지만 1981년 레이건 대통령이 항공관제사노조PATCO의 파업에 참여한 항공관제사들을 해고하고 그 자리를 미군에서 차출한 인력으로 대체하면서 기존의 노사 관계에는 커다란 변화가 나타나기 시작했다.[32] 이 조치가 취해지고 난 이후부터 대기업들은 파업에 참여한 노동자들을 대체 인력으로 교체하기 시작했다.[33] 파업이 실직으로 이어질 가능성이 커지면서 노조의 무기는 무뎌졌고,

---

[32] 이 파업은 연방정부 소속 노동자의 파업을 금지한 연방법을 위반한 것이었다. 하지만 그러한 법이 있음에도 이전까지는 각급 정부의 노동자들이 파업을 해왔다. 파업 참여자를 해고한다거나 파업 주도자에 대해 형사처분을 내리는 경우는 거의 없었다.

[33] 1982년에 일어난 그레이하운드 버스 회사와 이스턴 항공사의 파업은 파업 노동자가 대체 인력 때문에 일자리를 잃은 대표적 사례다.

이에 따라 노조의 단체교섭력도 상당히 위축되었다.

전국노동관계위원회와 사측의 태도 변화는 예견된 결과를 불러왔다. 이 기간 동안 민간 부문 노동자의 노조 가입률은 크게 감소하여 1980년에 20퍼센트에 달했던 노조원 비율은 2004년 8퍼센트로 떨어졌다.[34] 이렇게 노조 가입률이 낮아진 것은 노조에 대한 노동자들의 부정적 태도 때문이 아니라 권력관계의 변화 때문이었다. 이 기간 동안 공공 부문의 노조 가입률은 상대적으로 거의 변하지 않았다는 것이 이를 반증해준다. 2004년 공공 부문 노동자의 36퍼센트는 여전히 노조에 가입돼 있었다.

민간 부문 노조 가입률의 감소가 노동자들의 태도 변화에 기인한 것이라면 공공 부문에서도 그와 비슷한 감소가 나타났어야 한다. 하지만 사측이 공격적으로 반노조 전략을 추구하지 않았던 공공 부문에서는 여전히 노동자들이 노조의 단체교섭력을 중요시했다. 반면 민간 부문에서는 반노조 전략들이 사실상 노동자들의 노조 선택권을 가로막았다.

---

[34] 노조 가입률 자료는 다음을 참조. Mishel et al., *State of Working America 2004/2005*, Figure 2V. 공공 부문 및 민간 부문 노조 가입률 최신 자료는 다음을 참조. Bureau of Labor Statistics annual release on unionization rates (http://www.bls.gov/news.release/pdf/union2.pdf).

## 연방준비제도이사회 정책

저학력 노동자의 임금 인하 압력을 불러온 네 번째 요인은 연방준
비제도이사회의 상대적으로 제한적인 통화 정책이었다. 1970년대
의 극심한 인플레이션 이후 연방준비제도이사회는 통화 정책의
초점을 전환했다. 1979년 폴 볼커Paul Volcker가 연방준비제도이사회
의장으로 임명된 이후 연방준비제도이사회 통화 정책의 주요 관
심사는 물가 상승 억제가 되었다. 법적으로 연방준비제도이사회

1979년부터 1987년까지 미국 연방준비제도이사회 의장을 역임한 폴 볼커(2010년 한국 방문 당시).

는 완전 고용(실업률 4퍼센트)과 물가 안정이라는 두 가지 목표를 동시에 추구하도록 돼 있지만, 이 기간 동안 연방준비제도이사회는 물가 안정 또는 낮은 물가 상승률을 달성하는 데 가장 많은 힘을 쏟았다.

당시 연방준비제도이사회는 10년 전이라면 정치적으로 용납하기 힘들었을 정도의 실업률도 용인했다. 1980~1982년의 경기침체기에는 실업률이 10.8퍼센트로 정점을 찍었는데, 이는 1960년대에는 상상하기도 힘든 수준이었다. 1982년에 최고치를 기록한 미국의 실업률은 이후 빠르게 감소하기 시작했고, 2000년에는 연평균 실업률 4퍼센트를 기록하며 완전 고용 목표를 달성했다. 하지만 지난 사반세기 동안의 실업률 전체를 보면 2차 대전 이후 1980년까지의 기간 동안의 실업률보다 훨씬 높은 수준이었다. 1980년부터 2004년까지 미국의 실업률 평균은 6.4퍼센트로 1948년부터 1979년까지의 실업률 평균 5퍼센트보다 1.4퍼센트포인트 높았다.

높은 실업률이 모든 노동자에게 동일한 타격을 주는 것은 아니다. 실업률이 높은 시기에 가장 실직을 많이 당하는 계층은 저학력 노동자와 소수집단 노동자들이다.[35] 흑인의 실업률은 평균적으로

--------

[35] 저학력 노동자들의 실직이 상대적으로 더 많았던 것은 기업이 학력이 높은 편인 관리직이나 전문 인력보다는 생산직이나 비감독직 노동자들을 더 많이 해고했다는 사실을 보여준다. 또한 일자리가 줄어든 시기에 소수집단의 실업률이 유독 다른 계층보다 높았던 것은 이들에 대한 고용주의 차별이 있었음을 말해준다. 실업률이 낮은 시기라면 고용주가 소수집단 노동자를 차별할 수 있는 여지가 없었을

전체 실업률의 두 배 수준이며, 10대 흑인의 실업률은 무려 전체 실업률의 여섯 배에 달한다. 마찬가지로 고졸 학력 노동자의 실업률은 대졸자보다 두 배 높고, 고졸 미만 학력의 노동자의 경우에는 세 배 가까이 높은 실업률을 나타낸다.

이는 곧 연방준비제도이사회가 물가 상승을 억제하기 위해 높은 실업률을 용인하는 정책을 펼친다면 저학력 노동자와 소수집단 노동자들이 그 대가를 치르게 된다는 뜻이다.

물가 억제 정책에는 높은 실업률뿐 아니라 임금 삭감이라는 대가도 뒤따랐다. 실업률이 높아져 저학력 노동자에 대한 수요가 줄어들면서 실직하지 않은 노동자들도 임금을 그대로 받기가 힘들어졌다. 실업률이 낮아진 1990년대 말의 상황은 실업이 각각의 노동 계층에 미친 영향을 드러내준다. 1960년대 말 이후로 실업률이 최저 수준이었을 때에는 모든 소득계층에 걸쳐 노동자들의 실질 임금이 인상되었으며, 저소득 노동자들에게 가장 많은 몫이 돌아갔다.[36]

하지만 1990년대 말에는 그렇지 못했는데, 지난 사반세기 동안 실업률이 1950년대와 1960년대의 평균 실업률보다 훨씬 높았기

---

것이며 자신의 기호와 상관없이 그들을 고용해야 했을 것이다. 하지만 실업률이 높은 시기에는 고용주들이 백인만 고용할 수 있었다. R. Blank, M. Dabady, and C. Citro, eds., *Measuring Racial Discrimination* (Washington, DC: National Academies Press, 2004).

[36] J. Bernstein and D. Baker, *The Benefits of Full Employment* (Washington, DC: Economic Policy Institute, 2004); J. Galbraith, *Created Unequal: The Crisis in American Pay* (Chicago: University of Chicago Press, 2000).

때문이었다. 이것은 오랫동안 노동시장이 불경기였으며 이에 따라 상당한 임금 인하 압력이 있었음을 말해준다.


## 산업 규제 완화와 최저임금

비숙련 노동자에게 임금 인하 압력을 가한 정책 변화는 하나 더 있었다. 저학력 노동자에게 비교적 보수가 좋은 일자리를 제공했던 주요 산업들에 대한 규제가 이 시기 동안 풀리기 시작한 것이다. 1970년대 말부터 시작하여 연방정부는 항공, 전기, 통신, 운수 산업에 대한 규제를 축소하거나 폐지해나갔다. 경쟁으로부터 오랜 기간 보호받았던 주요 산업들에 대한 규제가 완화되면서 효율성이 제고된 것은 분명하다. 특히 정보 기술의 급속한 발전을 따라가야 하는 통신 산업에 있어서 규제 완화는 꼭 필요했을 것이다.

하지만 규제 완화는 해당 분야 종사자들의 임금 인하에 상당한 영향을 미쳤다. 또한 기업들에게 직원을 감축하여 효율성을 높일 것을 요구했다. 그 결과, 대졸 학력이 없어도 비교적 보수가 좋았던 일자리는 줄어들기 시작했고 노동자들은 과거만큼 여유로운 임금을 기대하기 힘들어졌다.[37] 이러한 변화는 경제 전반에 걸쳐 저학력 노동자의 임금을 낮추는 하나의 원인이 되었다.

------

[37] J. Peoples, "Deregulation and the Labor Market," *Journal of Economic Perspectives* (Summer 1998): 111~130.

마지막으로, 노동시장에 커다란 영향을 미친 중요한 변화에는 최저임금의 가치 하락이 있었다. 이전까지는 경제 전반의 생산성 증가에 보조를 맞춰 많든 적든 최저임금을 인상하는 것이 일반적이었다. 하지만 1980년 레이건 대통령이 취임하면서 이러한 관행은 변하기 시작했다. 레이건은 최저임금에 반대하며 자신의 임기 동안 최저임금의 인상을 막았다. 그 결과, 물가는 상승하는데 최저임금은 오르지 않아 최저임금의 실질 가치가 크게 떨어졌다. 레이건이 물러난 뒤 두 차례에 걸친 최저임금 인상이 있었지만 2005년 조사된 최저임금의 실질 가치는 1980년에 비해 40퍼센트나 낮은 수준이었다.

1980년도의 최저임금은 생산직 및 비감독직 노동자 평균 시급의 45퍼센트 수준이었다. 반면 2005년의 최저임금은 평균 시급의 32퍼센트에 불과했다. 2005년 전체 노동 인구의 10퍼센트에 해당하는 1400만 명의 노동자들은 1980년의 최저임금 가치보다 낮은 임금을 받으며 일하고 있었다. 1980년 이후 최저임금이 평균 임금 인상률과 같은 비율로 인상되었다면 2005년의 최저임금은 현재의 5.15달러보다 2.15달러 높은 7.30달러가 되었을 것이다.[38]

이러한 정책 변화들은 중저소득층 노동자들의 소득을 고소득 노동자에게 상향재분배하는 효과를 냈다. 예컨대 임금분포 백분위 90의 노동자(전체 노동자의 90퍼센트보다 임금이 많고 상위 10퍼센트보다는 적은 노동자)의 경우 이러한 변화에 거의 타격을 받지 않았

---

[38]　Mishel et al., *State of Working America 2004/2005*, table 1.6.

다. 2003년 임금분포 백분위 90의 노동자는 백분위 50의 노동자에
비해 2.3배의 임금을 받은 것으로 조사되었다. (2003년 임금분포
백분위 50의 노동자는 시간당 15달러가 조금 넘는 돈을 벌었던 반
면 백분위 90의 노동자는 시간당 34달러를 벌었다.)[39] 임금분포 백
분위 90의 노동자와 백분위 10 노동자의 임금 차이는 4.6배에 달했
다. 그에 비해 1979년 조사에서는 각각 1.8배와 3.7배를 나타냈다.

1980년 이후 임금분포 상위 5퍼센트에 속하는 최고소득층 노동
자의 임금은 훨씬 가파르게 상승했는데, 임금분포 백분위 95의 노
동자는 백분위 90의 노동자보다도 약 10퍼센트포인트 더 높은 인
금 인상률을 보였다. 그보다도 소득 수준이 더 높은 고위 경영인이
나 의사, 변호사 같은 고소득 전문직 종사자들의 경우에는 같은 기
간 동안 임금이 훨씬 더 크게 상승했을 것이다.

간단히 말해 이 기간 동안 미국 정부는 소득을 상향재분배할 수
있는 정책들을 계속 쏟아냈다. 수많은 노동자들의 임금이 감소되는
것은 이러한 정책들이 시행되면서부터 이미 예견된 결과였다. 미국
의 정책들은 중저소득층 노동자들에 대한 보호 장치를 제거하고 이
들을 심화되는 국제 경쟁 속으로 내몰았다. 이러한 정책들은 경제
효율성 제고라는 명목 아래 각종 보호 조치 철폐를 정당화했지만
고소득 노동자에 대한 보호 조치는 폐지하지 않았다. 이렇게 편향
된 정책은 정부의 보호를 받지 못하게 된 노동자의 소득이 여전히
정부의 보호를 받고 있는 노동자에게 재분배되는 결과를 낳았다.

................................................

[39]  Mishel et al., *State of Working America 2004/2005*, table 1.7.

## 조세 정책

이 기간 동안의 조세 정책은 고소득 납세자가 이전보다 적은 세금을 납부하는 방향으로 바뀌면서 소득의 상향재분배를 더욱 가중시켰다. 고소득층 가구에 대한 세금을 줄이려는 노력은 레이건 정부가 1981~1983년 시행한 감세 정책에서 시작됐다. 1981년 레이건 대통령 취임 당시에는 소득세 한계세율이 70퍼센트였지만 1983년에는 50퍼센트로 감소했다. 이후 세율은 계속 감소해 1986년의 세제 개혁 이후 미국의 최고한계세율은 28퍼센트까지 줄어들었다. (부유층 조세 부담의 실질 감소폭은 조세율 감소보다 상당히 적었다. 갖가지 조세 포탈 구멍들이 제거되었고, 자본이득에 대한 특별 관리가 있었기 때문이었다.)

이러한 고소득 납세자를 위한 감세는 아버지 부시 대통령이 집권하던 1990년과 클린턴 대통령 집권 시기인 1993년에 부분적으로 역전되어 최고한계세율이 39.6퍼센트까지 올라갔다.[40] 하지만 이후 조지 W. 부시 대통령이 다시 감세를 실시해 2002년 최고한계세율은 35퍼센트로 낮아졌다. 특히 부시 정부는 부유층의 주요 수입원인 배당금과 자본이득에 대한 과세율을 15퍼센트까지 낮췄다. 이는 중간 소득층 가구에 적용되는 한계세율보다 훨씬 낮은 수

---

[40]  1993년에는 노인의료보험세에 대한 상한선을 제거하여 모든 임금 소득에 2.95퍼센트의 세율을 적용했다. 이전까지는 (2005년 달러 기준) 9만 달러 이상의 임금 소득에는 이러한 기준이 적용되지 않았다.

준이었다.

이러한 조세 정책의 변화로 미연방이 상위 1퍼센트 부유층에게서 거둬들이는 세금 비중은 1979년 전체의 37퍼센트에서 2002년 32.7퍼센트로 4.3퍼센트포인트 감소했다. 반면 소득 하위 20퍼센트 노동자의 순수 조세 부담은 8퍼센트에서 4.6퍼센트로 3.4퍼센트포인트 줄어들었다. (2002년 이후의 자료, 부시 정부의 감세가 완전히 효과를 드러낸 시기의 자료를 본다면 고소득 납세자에게 적용되는 세율이 훨씬 더 급격하게 감소했다는 사실을 확인할 수 있을 것이다.)[41]

정부가 고소득층에게서 세금을 적게 걷는다는 것은 저소득층에게 재분배하는 혜택도 그만큼 줄어든다는 것을 뜻한다. 정부가 저소득층 가구를 돕기 위해 제공했던 여러 제도들은 지난 사반세기 동안 대폭 줄어들었다. 대표적인 예로, 미연방의 주요 복지제도인 아동부양가정부조AFDC가 개정되면서 혜택이 큰 폭으로 줄어들었다. 아동부양가정부조의 자격 기준은 훨씬 까다롭게 바뀌었고 그 혜택을 받는 인구도 크게 줄어들었다. 2003년 빈곤가구 한시지원TANF 제도의 수혜자는 1970년대 말 아동부양가정부조의 수혜자에 비해 거의 절반으로 줄어들었다. (수혜자의 수는 1천만 명에서 5백만 명으로 감소했다).[42] 1970년대 말과 2003년의 실업률이 비슷하

---


41    Congressional Budget Office, *Historical Effective Federal Tax Rates: 1979 to 2002* (Washington, DC: Congressional Budget Office, 2005), Supplemental Tables, table 1A, http://www.cbo.gov/Spreadsheet/6133_Tables.xls.

42    Congressional Budget Office, *Changes in Participation in Means-Tested*

고 그 사이 인구가 3분의 1이나 증가했음에도 불구하고 이처럼 저소득층에 대한 지원은 감소했다.

이외에도 여러 저소득 가구 지원 제도들이 이 시기 동안 대폭 축소됐다. 이는 정부 지원에 의지하지 말고 시장 원리에 따를 것을 요구하는 정부 정책의 일환이었다. 감세와 더불어 지원 제도의 축소는 지난 사반세기 동안 치러진 여러 선거에서 정치적 쟁점으로 등장했다. 지원 제도 축소의 영향도 중요하지만, 대부분 가구의 생활에 분명 더 중요한 것은 소득의 시장 분배에 영향을 미치는 정책의 변화였다. 그러나 소득의 엄청난 상향재분배를 가져온 이러한 정책 변화는 쟁점으로 다뤄지는 일이 드물었다.

<hr>

*Programs* (Washington, DC: Congressional Budget Office, 2005), http://www.cbo.gov/showdoc.cfm?index=6302&sequence=0.

# 제 2 장

# 1980년의 미국

1979년 여름, 지미 카터 대통령은 이후 '불쾌한 연설'로 불리게 되는 연설에서 미국인의 이기심을 꼬집었다. 카터 대통령은 미국이 어려운 시기를 눈앞에 두고 있다고 경고했다. 석유 가격을 치솟게 한 에너지 위기가 가장 직접적인 원인으로 지목됐다. 카터 대통령은 에너지 관리와 대체 에너지원 개발에 관한 의제를 제시하면서 미국인들에게 희생을 분담해달라고 호소했다.

하지만 미국인들이 듣고 싶었던 말은 이런 게 아니었다. 연설 후 카터 대통령의 지지율은 최저치를 경신했는데, 이는 워터게이트 사건에 연루되어 사퇴 압박을 받기 전 닉슨 대통령이 기록했던 지지율만큼이나 낮은 수준이었다. 1980년 대통령 선거까지 1년 반 동안 카터 대통령의 상황은 호전되지 않았다. 당시 미국의 가까운 동맹국이었던 니카라과는 민중봉기로 전복되었다. 이란에서는 미국 대사관이 점거당하는 사건이 발생했고 대사관 직원들은 인질로 사로잡혔다. 신중히 계획했던 인질 구출 작전은 이듬해 미군 헬기가 이란 사막에서 자국 수송기와 충돌하면서 종료되었다.

미국 내에서는 석유 가격이 연일 치솟았으며 이는 통계가 시작된 이래 가장 높은 수준의 물가 상승을 주도했다. 이에 대처하기 위해 연방준비제도이사회는 이례적 수준으로 금리 인상을 단행했다. 이러한 금리 인상은 물가 상승세를 완화시켰지만 1980년 봄의 경기침체를 불러왔다. 그로 인해 재집권을 노렸던 카터 대통령의 입지는 더욱 좁아졌다.


## 전후 황금기의 종식

경제적 관점에서 볼 때 미국의 황금기는 1970년대, 더 정확히 말하면 1973년 이후로 막을 내리기 시작했다. 2차 세계대전 이후 1973년까지 미국은 유례없는 호황을 누렸다. 거의 이 시기 내내 미국 경제는 낮은 실업률과 물가 상승률을 기록하며 빠르게 성장했다. 물론 침체기도 있었지만 경제가 빠르게 반등한 덕분에 그 기간은 상대적으로 짧았으며 그 충격도 심각하지는 않았다. 또한 이 시기의 경제적 이익은 고르게 분배되어 모든 소득분포의 노동자들이 향상된 생산성의 성과를 누릴 수 있었다.

이러한 2차 세계대전 이후의 황금기가 끝나게 된 이유에 대해서는 경제학자들 사이에서도 의견이 분분하다. 하지만 기본적인 원인은 분명하다. 가장 먼저 꼽을 수 있는 원인은 급격하게 둔화된 생산성 향상이다. 생산성 향상은 노동 시간당 생산량 증가분을 측정한 것이기 때문에 경제 발전을 가늠할 수 있는 핵심척도다. 예를 들어 일 년에 생산성이 2퍼센트 증가했다는 말은 매시간 노동을 통해 생산된 양이 평균적으로 2퍼센트 더 많아졌다는 것을 뜻한다. 이 말은 노동자에게 2퍼센트 높은 임금, 2퍼센트 높은 연금과 의료 혜택이 주어진다는 뜻이며, 정부는 2퍼센트 더 많은 혜택을 제공할 수 있게 되고, 기업의 이윤 또한 2퍼센트 증가한다는 말이다. 물론 이 중 특정 부문이 더 빠르게 증가할 수도 있다. 예컨대 이윤이나 기타 부문에서 재분배가 이루어질 경우 노동자의 임금은 3퍼센트 증가할 수도 있다. 하지만 분배에서의 변수를 제쳐놓으면, 2퍼센트의 생산성 증가는 곧 경제 전 부문의 기본 성장률이 2퍼센트라는 것을 뜻한다.

1947년부터 1973년까지 미국의 생산성은 연간 2.8퍼센트 증가했다. 그러나 1973년부터 1980년까지 미국의 연간 생산성 향상률은 1퍼센트에 그쳤다.[43] 이러한 생산성 둔화의 원인에 대해서는 국제적 경쟁의 심화, 강력한 노동조합의 영향, 고유가 등 여러 가지 해석이 제기되었다. 경제학자들은 에너지 가격 상승이 생산성 둔화를 가져왔다는 데 동의했지만 그 외의 요인에 대해서는 서로 의

---

[43] 이 수치는 비농업 분야의 생산성을 근거로 작성되었다. *2005 Economic Report of the President*, table B-49.

견을 달리했다.[44] 하지만 생산성 향상이 현격히 둔화되었다는 사실은 곧 이전에 누리던 것들을 더 이상 누리지 못하게 될지도 모른다는 것을 뜻했다.

가장 중요한 사실은 더 이상 황금기 시절과 같은 임금 인상이 불가능해졌다는 것이었다. 1947년부터 1973년까지 미국의 실질임금은 대략 연간 2퍼센트 수준으로 상승했다. 생산성 향상률이 1퍼센트인 시기에도 회사가 2퍼센트의 임금 인상을 유지한다면 이 차이는 생산물 가격에 반영돼 심각한 물가 상승을 불러올 것이다. 그렇지 않을 경우에는 회사의 수익성이 크게 악화될 것이다. 1970년대 미국에서는 이 두 가지 현상이 모두 나타났다. 1970년대 미국의 연간 물가 상승률은 평균 7.1퍼센트였다(도표 2-1). 이는 1950년대의 2.1퍼센트, 1960년대의 2.5퍼센트 물가 상승률과 분명한 대조를 보인다.[45] 동시에 회사 수익의 이윤 비율은 전후 최저 수준으로 떨어졌다. 1960년대에 20.7퍼센트였던 미국 기업의 이윤 비율은 1979년에 17.1퍼센트를 기록하며 거의 20퍼센트에 가까운 감소세를 보였다.[46]

-------

[44]  E. Deinson, *Accounting for Slower Economic Growth* (Washington, DC: Brookings Institution, 1979); N. Baily and R. Gordon, "The Productivity Slowdown, Measurement Issue, and the Explosion of Computer Power," *Brookings Papers on Economic Activity*, no.2 (1998): 465~521; T. Weisskopf, S. Bowles, and D. Gordon, "Hearts and Minds: A Social Model of U.S. Productivity Growth," *Brookings Papers on Economic Activity*, no.2 (1983): 381~441.

[45]  CPI-U-RS for 1978-80 and the CPI-UX1 for 1950-78; "Get Detailed Statistics" section of the Bureau of Labor Statistics website (bls.gov).

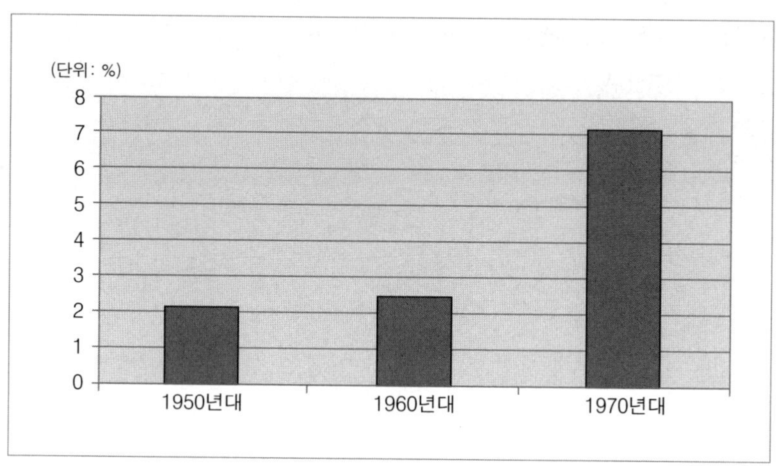



● 도표 2-1  1970년대 미국의 물가 상승률

이러한 현상이 겹치면서 곳곳으로 경제적 불안이 확산되어갔다. 1973년 이후 노동자들은 더 이상 실질임금 인상을 기대하기 힘들어졌는데 현 임금으로는 물가 상승률을 따라갈 수 없었다. 생산직 및 비감독직 노동자(전체 노동자의 80퍼센트 이상을 차지)의 실질 평균 시급은 1973년과 1980년 사이에 11퍼센트 감소했다. 게다가 이 시기에 실업률이 상대적으로 높아지면서 노동자들의 고용안정성 역시 불안해졌다. 1950년대에 4.5퍼센트, 1960년대에 4.8퍼센트를 기록했던 미국의 실업률은 1973년과 1980년 사이에 평균 6.6퍼센트로 치솟았다(도표 2-2).

기업의 이윤 감소는 주식시장에 악재로 작용했다. 주가가 최정

---

[46]  Commerce Department's National Income and Product Accounts, table 1.1.4, line 8 divided by line 3 (bea.gov).

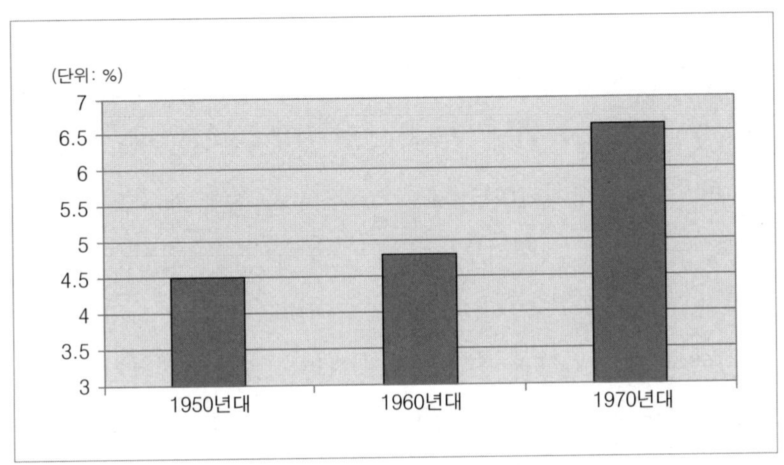



● 도표 2-2  1970년대 미국의 실업률

점에 달했던 1968년 이후 1980년까지 미국의 주식은 물가 상승률을 적용하고서도 44.9퍼센트 하락했다.[47] 물가 상승률이 높아지자 금리도 더욱 인상되었다. 미국의 10년 만기 채권 금리는 1950년대에 3.2퍼센트, 1960년대에는 4.9퍼센트였다. 하지만 1973년과 1980년 사이에 이 금리는 8.3퍼센트까지 뛰어올랐다. 높은 금리는 주택담보대출 금리와 직결돼 있기 때문에 정치적으로 아주 민감한 사안이었다. 이 시기는 베이비붐 세대들이 처음으로 자기 주택 마련을 시작할 무렵이었는데, 주택담보대출 금리 두 자릿수 전망은 주택 소유에 대한 수천만 가구의 기대를 위협했다.[48]

----

[47]  S&P 500 지수를 기준으로 한 수치다.

[48]  경제학적으로 봤을 때 주택 구입과 다른 경제 활동에 영향을 미치는 것은 시장 금리가 아니라 실질 금리(시장 금리와 물가 상승률의 차)다. 1970년대에 미국의 실질 금리는 사실 상당히 낮은 편이었다. 하지만 많은 사람들이 실질 금리에 대해 잘 알

임금과 가계소득이 줄자 미국 노동자들은 높아진 세금을 묵인하지 않으려 했고 이는 공공 예산의 축소로 이어졌다. 1950년대와 1960년대에 미국의 각급 정부가 거둬들이는 예산은 빠르게 증가했지만, 1970년대에 접어들면서 미국인들은 점차 세금 인상에 저항하기 시작했다.[49] 캘리포니아 주에서 재산세 상한선을 정하기 위해 발의된 주민발안 13Proposition 13은 이러한 경향을 보여주는 대표적 사례다. 이 법안은 어느 정당의 지원도 없이 시민들의 의지만으로 투표에 부쳐졌으며 1978년 6월, 65퍼센트의 찬성으로 통과되었다. 주민발안 13이 통과된 후 미국 전역에서는 세금 제한 열풍이 불었다. 주민발안 13과 같은 형태로 법안이 발의되기도 했고, 입법 절차에 따라 법안이 시행되기도 했다. 이후 몇 년 동안 미국의 수많은 주정부와 지방정부는 주민발안 13을 본 딴 세금 및 지출 제한 관련 법안을 시행했다.

이러한 세금과 지출 제한 정책에는 중요한 인종적 측면이 있다. 세금 제한 지지자들은 납세자의 일부만이 정부 제도의 수혜를 받는다고 곧잘 지적했다. 주민발안 13의 공동발의자였던 하워드 자비스Howard Jarvis는 이 법안을 '우리와 그들의 대결'이라고 표현했다. 그가 말한 '우리'는 열심히 일한 납세자들이었고, '그들'은 정부 관

---

지 못한 채 시장 금리에 따라 경제적 선택을 했으며 물가 상승의 중요성을 제대로 깨닫지 못했다.

[49] 미국의 GDP 대비 세금 비율은 1950년에 24.1퍼센트였다가 1980년에는 28.6퍼센트로 증가했다. 이 수치는 1980년 이후 소폭으로 감소하여 2003년의 세금 비율은 GDP의 27.6퍼센트를 기록하였다.

료와 복지 수혜자들이었다. 이처럼 정부 제도로부터 자신이 받는 혜택은 거의 없다고 보고 복지 수혜자층과 자신을 구별 짓는 납세자들의 태도는 이 시기 조세저항운동의 확산에서 중요한 역할을 했다.[50]

## 베트남 전쟁 이후의 미국과 세계

1980년까지도 미국은 베트남 전쟁 패배의 의미를 인정하려 하지 않았다. 라오스, 캄보디아 그리고 베트남이 미국이 대항해온 공산주의에 함락된 것은 미국 역사상 전례를 찾을 수 없는 군사적 패배였다. 특히 1975년 봄의 마지막 광경은 천하무적이던 미국의 이미지에 커다란 상처를 남겼다. 한때 베트남에 대량 주둔하던 미군은 승전세력의 요구에 따라 마지막 병력을 대사관 지붕에서 헬리콥터로 철수시켰다. 전쟁 중 미국에 협력했던 사람들 중에는 함께 탈

50 1970년대의 경기 침체와 그 정치적 함의에 대해서는 많은 문헌들이 있다. A. Blinder, *Economic Policy and the Great Stagnation* (New York: Academic Press, 1981); S. Bowles, D. Gordon, D. Bell, and I. Kristol, eds., *The Crisis in Economic Theory* (New York: Basic Books, 1981); and T. Weiskopf, *Beyond the Wasteland: A Democratic Alternative to Economic Decline* (New York: Anchor Press/Doubleday, 1983). 1970년대 말 조세저항과 그 정당성에 대한 논의는 다음을 참조. A. Sullivan, T. Sexton, and F. Sheffrin, *Property Taxes and Tax Revolts: The Legacy of Proposition 13* (Cambridge : Cambridge University Press, 1995), and D. A. Smith, *Tax Crusader and the Politics of Direct Democracy* (London: Routledge, 1998).

출한 이들도 많지만, 훨씬 많은 수의 사람들이 불확실한 상황 속에 남겨졌다.

미국 내에서 베트남 전쟁에 대한 견해는 크게 갈렸고 이는 두 대통령의 실각으로 이어졌다. 미국 전역에서 대규모 시위가 일어났으며, 일부 시위는 폭력적으로 변하거나 경찰과 방위군의 폭력적 대응을 촉발했다. 1970년대에 대한 갖가지 조사와 폭로된 기밀들이 밝히듯이 반전 운동을 저지하기 위해 연방정부는 지역 경찰 인력까지 동원해 불법적으로 정보를 수집하고 방해공작을 일삼았다. 동남아시아에서 벌어진 이 전쟁을 둘러싸고 일어난 논쟁은 전쟁 이후에도 계속 이어졌다. 전쟁 지지자들은 미군이 승리를 가져다줄 무력 사용을 포기하고 물러선 것이라고 주장했다. 전쟁 반대자들은 미국 정부가 베트남 전쟁을 통해 신뢰를 상실했으며 특히 군사력 남용의 심각성을 드러냈다고 보았다.[51]

베트남 전쟁의 여파로 일반 국민들은 미군을 전장에 파병하는 것을 내키지 않아 했는데, 이러한 현상은 이후 '베트남 증후군'이라고 불렸다. 여기에다 미국의 후견을 받는 정권들에 대하여 개발

---

[51] 1975년 아이다호 주의 상원의원 프랭크 처치Frank Church가 의장을 맡았던 상원 위원회는 이전 30년 동안 수행된 미국의 비밀작전에 대해 광범위한 수사를 진행했다. 그 결과 군사 정권 지원과 정치적 반대세력 제거 등을 포함해 미국이 외국에서 민주주의를 파괴한 여러 사실들이 드러났다. K. Olmstead, *Challenging the Secret Government: The Post-Watergate Investigations of the CIA and FBI* (Chapel Hill, NC: University of North Carolina Press, 1996). 1960년대와 1970년대 미국 내 반전단체에 대한 비밀감시에 관해서는 다음을 참조. F. Donner, *Protectors of Privilege: Red Squads on Police Repression in Urban America* (Berkeley, CA: University of California Press, 1992).

도상국 전반에 걸쳐 국제적인 반대 움직임이 일어나면서 미 행정
부는 베트남 증후군으로 골머리를 썩이게 되었다. 미국은 지난
1965년에 도미니카공화국에서 그랬던 것처럼 친미 정권을 유지하
기 위해 공공연하게 군사력을 사용할 수 없게 되었는데, 이로 인해
미국의 위세가 한풀 꺾였다.

이 사실은 냉전 구도의 맥락에서 볼 때 특히 더 중요했다. 그 당
시 소련의 힘은 더욱 강해지고 있었다. 미국 경제는 침체기에 빠져
드는 듯했지만 소련의 경제는 여전히 건실한 성장세를 보이고 있
었다. 일반에 공개된 조사 자료에 따르면, 당시 소련의 군사력은
미국과 건줄 만한 것이었으며 특정 분야에서는 월등한 우위를 보
이기도 했다. 특히 유럽 내에서의 소련의 군사력은 미국과 나토 연
합군을 훨씬 능가하는 것으로 보고되었으며, 소련의 지상군이 나
토 연합군의 방어를 쉽게 제압할 수 있을 것이라는 관측도 나왔
다.[52] 실제로 미 국방부는 이러한 군사력 비대칭을 해소하기 위해
유럽에 단거리 핵미사일과 전장 핵무기를 투입하기로 계획했다.

하지만 개발도상국 내 우방 정권을 보호하기 위한 군사력 지원
이 어려워진 점이 미국 정치권의 당면 과제로 떠올랐다. 미국의 국
제적 영향력 상실을 보여주는 가장 단적인 예는 1979년 2월에 일

---

[52] 소련의 부상에 대해 가장 심각하게 경각심을 불러일으켰던 단체는 1976년에 결성
된 '위기관리위원회the Committee of the Present Danger'였다. 이 단체는 2차 세계대전 직
후 소련의 위협을 알리기 위해 결성되었던 단체의 이름을 그대로 차용하였다. 새
로 구성된 위기관리위원회에는 저명한 학자와 전직 정부 관료들이 속해 있었다.
이 위원회 회원 다수는 레이건 정부의 핵심 외교 정책을 지지했다.

어난 이란 국왕의 실권이다. 이란 국왕은 사반세기 동안 미국과 긴밀한 동맹 관계를 맺고 있었다. 그는 미국이 개입한 군사 쿠데타를 통해 국민의 지지를 받던 민족주의 정부를 전복시키며 권력을 잡았다. 당시 이란은 사우디아라비아 다음으로 석유 수출을 많이 하는 나라였다. 거기에다 인구가 많고 강력한 군사력을 보유하고 있다는 점에서 이란은 미국에게 매우 중요했다. 실제로 미국은 이란을 닉슨과 포드 행정부 산하의 지역 세력으로 키워 중동 지역에서 자신의 세력을 과시하고자 했다.

이란 혁명이 일어나기 오래전부터 국왕의 통치에 반대하는 거리 시위는 줄곧 있어왔고 그 규모는 점점 커져갔다.[53] 그리고 이란의 사회 각층에서는 시위에 대한 지지가 쏟아졌다. 국왕의 탄압과 부패는 국민들을 반대 진영으로 연합하게 만들었다. 이슬람 종교 지도자들이 반대 진영을 위한 제도적 지지 기반을 제공하긴 했지만(다른 형태의 제도적 저항은 대부분 국왕에 의해 금지되었다), 반대 진영에는 미국과 서유럽에서 유학한 고학력 전문직을 비롯해 비종교적인 민족주의자들이 다수 포함돼 있었다. 파업과 시위의 물결은 1978년 내내 확산되었으며, 이란 국왕에 대한 이 같은 거센 저항 앞에서 카터 행정부는 크게 당황했다.

더욱이 이러한 저항의 물결을 막아내는 데 있어서 미국은 철저

---

<sup>53</sup> M. Parsa, *Social Origins of Iranian Revolution* (New Brunswick, NJ: Rutgers University Press, 1989), and N. Keddie, *Modern Iran: Roots and Results of Revolution* (New Haven, CT: Yale University Press, 1993).

하게 무력했다. 국왕에 대한 반대가 워낙 광범위하게 확산된 탓에 아무리 대규모로 미군을 주둔시키더라도 국왕의 권좌를 지키기엔 역부족으로 보였다. 게다가 파병하더라도 미군은 향후 수년간 게 릴라 저항세력과 대치하게 될 것이 분명해 보였고, 그 경우 승리를 장담할 수 없었다. 베트남에서의 뼈저린 경험 때문에 미 행정부가 이란 국왕을 지키기 위해 수백 수천의 군사를 이란에 파병하는 것 은 상상도 할 수 없는 일이었다.

이란 국왕 통치 말년의 소요사태는 이란에 대한 카터 행정부의 통제력이 얼마나 제한적이었는지를 잘 보여준다. 이란 국왕은 조 국을 떠나면서 과거 자신의 정적이었던 친미 성향의 온건파 샤푸 르 바흐티야르Shapour Bakhtiar에게 권력을 이양했다. 하지만 이러한 정권 교체는 반대운동에 더욱 기름을 부을 뿐이었다. 1979년 2월 1일, 반대 진영의 상징적 지도자인 아야톨라 루홀라 호메이니 Ayatollah Ruhollah Khomeini가 15년간의 망명 생활을 마치고 이란에 돌아왔 다. 수백만 명이 거리로 나와 호메이니와 혁명을 지지하며 테헤란 시내를 행진했다. 이 엄청난 규모의 시위는 이후 며칠 동안 계속되 었다. 이렇게 거대한 군중 행렬 앞에서는 국왕의 강력한 군대도 무 력할 수밖에 없었다. 군인들은 자신의 친구와 가족을 향해 발포하 지 않았다. 결국 1979년 2월 11일, 호메이니가 이끄는 임시 정부는 정권을 잡았고 바흐티야르는 사임한 후 이란을 떠났다.

이러한 일련의 사건은 미국의 세계 최강국으로서의 지위에 오 점을 남기기에 충분했다. 하지만 여기서 그치지 않았다. 1979년 9월, 전 국무장관이었던 헨리 키신저Henry Kissinger는 파나마에 망명

1979년 11월 이란 내 급진세력의 미국 대사관 점거에 항의하며 "모든 이란인을 추방하라"고 시위하는 미국 시민.

중인 이란 국왕을 미국으로 불러오기 위한 조치를 취했다. 표면상의 이유는 이란 국왕이 적절한 암 치료를 받기 위해 미국에 들어와야 한다는 것이었다. 그러나 실제 의도는 미국이 동맹국들을 비호하고 있으며 적어도 안전한 피신처는 보장해준다는 사실을 세계만방에 알리는 것이었다.[54]

이러한 미국의 조치는 이란 내에서 엄청난 분노를 불러일으켰다. 이란에서는 미국에 반대하는 거리 시위가 격렬하게 벌어졌다. 급기야 그해 11월, 이란의 한 급진세력은 미국이 이란 국왕을 받

---

[54] D. Harris, *The Crisis: The President, the Prophet, and the Shah–1979 and the Coming of Militant Islam* (New York: Little, Brown and Co., 2004), 185~194.

**1980년의 미국**

미국을 비꼰 벽화가 그려진 옛 테헤란 주재 미국 대사관 건물(2008년 9월).

아들였다는 구실로 이란의 미국 대사관을 점령하고 대사관 직원들을 인질로 붙잡았다. 미국 대사관 점거와 인질 사건은 이란 내에서 진행 중인 권력 투쟁의 소산이었지만, 미국 내에서는 이 사건을 또 다른 굴욕으로 여기는 시각이 많았다. 눈가리개를 한 채로 인질범들에게 여기저기 끌려 다니는 대사관 직원들의 모습이 사진에 찍혔다. 하지만 미국이 할 수 있는 것은 아무것도 없어 보였다.

세계 다른 곳에서도 미국의 사정은 그리 좋지 못했다. 1979년 7월, 니카라과의 대통령 아나스타시오 소모사Anastasio Somoza가 좌익 민족주의 게릴라 운동에 의해 축출되었다. 소모사는 부패한 독재자였으며 그의 아버지는 1930년대에 미국 군부를 등에 업고 정권을 잡았다. 소모사를 축출한 세력인 산디니스타 민족해방전선의 명칭은 1930년대 미국의 니카라과 점령을 반대했던 민족주의 지도자 아우구스토 세사르 산디노Augusto Cesar Sandino의 이름에서 따온 것이었다. 산디노는 1934년 소모사의 아버지에 의해 살해되었다.[55]

이란에서와 마찬가지로 미국은 니카라과에서 일어난 일에 별다른 손을 쓸 수가 없었다. 소모사 정권은 1930년대 집권한 이후 줄곧 미국과 밀접한 동맹 관계를 유지해왔다. 이들은 미국의 다국적 기업에 유리한 정책을 펼쳤으며, 국제적으로도 미국에 유리한 정책을 지지했다. 이를테면 1961년 미국이 쿠바의 피그 만 침공을 감행할 때 소모사 정권은 미군의 니카라과 주둔을 용인했다. 그 대가로 미국은 소모사 정권의 탄압 정책과 부패를 눈감아 주었다.

니카라과 국민은 소모사 정권을 절대 지지하지 않았다. 니카라과는 문맹률과 영아사망률이 높은, 서반구의 최빈국 중 하나였다. 1972년에 일어난 니카라과 대지진의 복구 과정에서 소모사 정권의 부패가 불거져 나오자 민심의 이탈은 더욱 본격화되었다. 소모사와 그의 세력들은 대지진 이후 니카라과에 전달된 국제 지원의 대부분을 착복했고 이로 인해 니카라과 민중은 거의 도움을 받지 못했다.

---

55 니카라과 혁명이 일어난 배경과 중앙아메리카의 정세 불안에 대해서는 다음을 참조. H. Vanden and G. Prevost, *Democracy and Socialism in Sandinista Nicaragua* (Boulder, CO: Lynne Rienner Publishers, 1992); W. LaFeber, *Inevitable Revolutions: The United States in Central America* (New York: W. W. Norton and Co., 1993); and R. Woodward, *Central America: A National Divided* (New York: Oxford University Press, 1999).

1978년, 산디니스타가 고위 정치인들과 소모사의 최측근을 극적으로 납치한 사건은 소모사 정권에 대한 불만의 정도를 세상에 드러냈다. 산디니스타는 인질을 풀어주는 조건으로 정치범들의 석방과 상당한 금액을 요구했다. 산디니스타가 인질들을 마나구아에서 공항까지 이송하는 동안 수만 명의 시민들이 도로를 에워싸고 니카라과 국기를 흔들며 산디니스타에 대한 지지를 나타냈다.

1년 후 산디니스타는 소모사의 정예 방위군을 제압하고 정권을 탈환했다. 카터 행정부는 끝까지 방위군을 니카라과의 군사체로 유지시키려고 했지만 산디니스타는 이를 허용하지 않았다. 카터 행정부가 시도했던 마지막 노력은 미주기구Organization of the American States를 설득해 산디니스타의 집권을 방해하는 것이었다. 이마저 실패하자 카터 행정부가 할 수 있었던 것이라고는 니카라과 새 정부의 평화로운 권력 승계를 준비해주는 일밖에 없었다.

이란의 경우처럼 니카라과의 새 정부는 모든 국민들로부터 지지를 받았다. 새 정권 역시 주도권을 놓고 많은 내분과 갈등을 겪었지만 대미 관계에 있어서만큼은 소모사 정권과 다른 노선을 유지했다. 새 정권은 문맹률 감소와 의료 시설에 대한 접근성 확대를 최우선 의제로 두고 추진했다. 이들의 동맹국 중에는 쿠바와 소련도 있었다.

산디니스타 혁명에 자극받은 중앙아메리카의 다른 국가들에서도 봉기가 일어나자 카터 행정부의 입지는 더욱 악화되었다. 특히 억압적 독재 정권에 대항하고 있던 엘살바도르와 과테말라의 무장저항단체들은 라틴아메리카에서 20여 년 만에 처음으로 성공한 혁명을 보고는 한층 고무되었다. 산디니스타 혁명 이후 이 두 국가의 독재 정권은 권력 유지가 불확실해졌다.

아프리카에서도 미국 동맹국들의 사정은 마찬가지였다. 1970년대 중반 아프리카 국가들 대부분은 식민 지배로부터 벗어나고 있었다. 아프리카에 마지막까지 식민지를 두고 있던 포르투갈도 1974년과 1975년에 앙골라와 모잠비크, 기니비사우의 독립을 승인했다. 앙골라와 모잠비크에서는 1980년대까지 내전이 이어지긴 했지만, 이들 세 국가에서는 소련의 우호 세력, 혹은 느슨하게나마 소련과 연결된 세력들이 정권을 잡았다.

미국은 또한 아프리카의 백인 정착 국가인 짐바브웨(당시 국명 로디지아)와 남아프리카공화국과 암묵적 동맹 관계를 이어가고 있었다. 공개적으로 인종차별이 벌어지고 있는 이 두 국가와의 연대는 미국이 내세우는 민주주의와 평등의 가치에 반하는 것이었다. 짐바브웨의 경우는 문제가 더 시급했다. 1965년 당시 로디지아의 권력을 잡은 백인 정착민 정부는 영국으로부터의 독립을 선언했다. 남아공에서는 백인 비율이 20퍼센트였던 반면, 짐바브웨에서 백인은 전체 인구의 단 5퍼센트에 불과했다. 이런 상황에서 이들이 기득권을 유지할 수 있는 유일한 방법이라고는 다수인 흑인의 권리를 인정하지 않는 것뿐이었다. 백인 정부는 출범할 때부터 미국의 지원을 바탕으로 국제적 승인을 받았다.

1970년대 중반 백인 통치에 반대하는 게릴라 세력이 크게 성장했다. 카터 행정부는 온건 성향의 흑인 정부를 세우려고 적극적으로 노력했다. 민주적 통치를 주장하는 두 게릴라 세력의 권력 쟁취를 견제하기 위해서였다. 양대 게릴라 세력은 사회주의를 주창했으며 각각 소련 및 중국과 연대하고 있었다. 로디지아 정부가 결국 게릴라 단체에 1980년 2월 선거를 유엔 감독하에 진행할 것을 약속하면서 카터 행정부의 노력은 물거품이 되었다. 선거에서 양 게릴라 단체는 도합 90퍼센트에 달하는 표를 얻은 반면, 카터 행정부가 후원한 온건파 후보는 간신히 5퍼센트의 표를 얻었을 뿐이었다.[56]

1980년대 초입의 세계정세에 관해 마지막으로 살펴봐야 할 사항은 1979년 12월에 일어난 소련의 아프가니스탄 침공이다.[57] 침공에 1년 앞서 아프가니스탄에서는 사회 전면의 봉건제 청산을 내세운 친소련 정부가 권력을 잡았다. 아프가니스탄은 그 당시 세계 최빈국에 속하는 국가였으며, 중앙정부의 통제력도 매우 제한적이었다. 산악 지형이 많고 교통시설이 매우 열악한 이 나라에서는 대개의 권력이 부족장들에게 집중돼 있었다. 새로운 정부는 아프가니스탄의 근대화를 약속했으며 여기에는 (보수적인 이슬람 국가에서는 달성하기 힘든) 세속적 통치와 여성의 권리 신장이 포함돼 있었다.

---

[56] 로디지아/짐바브웨에서 미국의 역할에 대해서는 다음을 참조. G. Horne, *From the Barrel of a Gum: The United States and the War Against Zimbabwe, 1965-1980* (Chapel Hill, NC: University of North Carolina Press, 2001).

[57] 침공 이전 아프가니스탄의 상황에 대해서는 다음을 참조. R. Magnus, E. Naby, and D. Rather, *Afghanistan: Mullah, Marx, and Mujahid* (Boulder, CO: Westview Press, 2002). 침공 상황에 대해서는 다음을 참조. M. Kakar, *Afghanistan: The Soviet Invasion and the Afghanistan Response 1979-82* (Berkeley, CA: University of California Press, 1997).

1979년 아프가니스탄을 침공한 소련군.

하지만 얼마 지나지 않아 새 정부는 거센 반대에 부딪혔다. 1979년 9월에는 국방장관이었던 하피줄라 아민Hafizulla Amin이 정권을 잡으면서 아프가니스탄 정부 내에서 급격한 주도권 변화가 발생했다. 하지만 이러한 지도층의 변화도 정부가 통제력을 확보하는 데에는 아무런 도움이 되지 못했다. 아민 정부가 소련의 조언에 반발하고 실정을 이어가자 소련은 아프가니스탄에 직접 개입하기로 결정을 내렸다. 소련은 그해가 끝나가기 직전, 아민 정부를 무너뜨리기 위해 소련군을 아프가니스탄으로 이동시켰다.

이러한 소련군의 침공은 미국의 분노와 불안을 촉발했다. 카터 대통령은 이 침공을 2차 세계대전 이후 벌어진, 평화에 대한 가장 큰 위협이라고 규정했다. 카터 대통령은 국방 예산의 증액을 제안하고 모병 기준을 수정해 18세와 19세 남성의 입대를 허용하는 방안을 추진했다. 또한 모스크바에서 개최되는 1980년 하계올림픽을 히틀러가 2차 세계대전을 준비하고 있는 동안 열린 1936년 베를린 올림픽에 비교하며 미국의 불참을 통보했다. 많은 미국 언론은 소련의 침공이 더 큰 정복 계획의 일환이라고 보도했다. 예컨대 미국 언론은 소련이 오랜 숙원이었던 난류가 있는 항구를 획득하기 위해 이번 침공을 감행했다고 보도했다. 이는 아프가니스탄의 최남단이 인도양으로부터 3백 킬로미터 넘게 떨어져 있음에도 불구하고 나온 보도였다.[58] 미국 언론이 이 산악 지형의 가난한 내륙 국가를 '전략적 요충지'라고 표현하는 일은 점차 다반사가 되어갔다. 이처럼 이란 혁명과 미국 대사관 점거에 이어 세계 곳곳에서 일어난 사건들은 소련이 냉전 상황에서 우위를 점해가고 있으며 미국은 위축되고 있다는 인식을 확대시켰다.


## 1979~1980년의 경제 위기


1973년 이후 시기의 미국의 경제 문제들은 1979년과 1980년 정점에 이르렀다. 1974년과 1975년의 경기침체는 2차 대전 이후 가장 심각한 것이었는데, 1975년 5월의 미국 실업률은 9퍼센트까지 치솟았다. 1976년부터 1978년까지 미국의 경기는 반등하여 다시 양호한 추세로 돌아섰지만 1973년 이전 시기의 호황을 회복할 수는 없었다. 미국의 실업률은 5.6퍼센트 이하로 내려가지 않았고 1979년

---

58 J. Kirkpatrick, *Legitimacy and Force: National and International Dimensions* (Somerset, NJ: Transactions Publishers, 1988), 284. 커크패트릭은 레이건 행정부의 유엔 대사였다.

8월에는 다시 6퍼센트 선을 넘겼다.

실업률만큼 중요하게 눈여겨봐야 할 점은 노동자의 임금이 물가 상승 속도를 따라가지 못했다는 사실이다. 1950년대와 1960년대 미국 노동자의 실질임금은 매년 2퍼센트 가까이 인상되었지만 1976년과 1978년 사이에 생산직 및 비감독직 노동자의 시간당 평균 실질임금은 거의 변하지 않았다.[59] 그리고 물가가 본격적으로 임금 상승 속도를 앞지른 1979년부터 미국의 실질임금은 감소하기 시작했다. 물가 상승의 가장 큰 원인은 이란 혁명의 결과로 치솟은 차량·난방용 석유의 가격이었다. 파업과 분쟁으로 이란에서의 원유 공급은 더디기만 했다. 그 결과 1978년 초 배럴당 13달러에도 못 미치던 유가는 1979년 말까지 배럴당 30달러가 넘게 폭등했다. 이러한 유가 폭등 탓에 1978년 12월부터 1979년 12월까지 미국의 시간당 평균 실질임금은 5퍼센트 가까이 감소했다. 그리고 1979년 말부터 1980년 11월 선거 때까지 실질임금은 3퍼센트 더 하락했다.

---

[59] 이 내용은 당시의 소비자 물가지수CPI-W를 근거로 하고 있다. 이 지수가 해당 기간의 실제 소비자 물가 상승률을 상당히 과장했다는 게 중론이다. 여기에는 자가 주택에 대한 처리 방식이 주된 요인으로 꼽힌다. 하지만 대개의 경제 주체는 발표된 소비자 물가지수를 생활수준을 평가하기 위한 척도로 여겼다. 당시에 많은 임금계약이 소비자 물가지수를 뚜렷이 반영하고 있었으므로, 절대다수의 인구가 발표된 수치를 어느 정도 인식하고 있었다고 볼 수 있다. 잘못된 자료가 경제 행동과 결과에 어떤 영향을 미치는지에 대한 최근의 연구는 다음을 참조. D. Baker, *The Effect of Mis-measured Inflation on Wage Growth* (Washington, DC: Economic Policy Institute, 1998), and A. Blinder and J. Yellen, "The Fabulous Decade: Macroeconomic Lessons from the 1990s," *in The Roaring Nineties*, ed. A. Krueger and R. Solow, 91-156 (New York: Russel and Century Foundation, 2002).

또한 국제금융시장에서 달러화 가치도 떨어지기 시작하여 독일의 마르크화나 일본의 엔화와 같이 강세를 보이던 통화는 달러 대비 최고가를 경신했다. 미국은 2차 대전 이후 어느 정도 무역 흑자를 꾸준히 유지해왔지만 유가 폭등은 이러한 추세를 가로막았다. 1970년대 말에 이르러 미국의 무역 적자 규모는 GDP의 1퍼센트에 육박했다. 물론 이 수치는 1980년대 중반이나 2000년대 미국의 무역 적자 규모(2005년 미국의 무역 적자 규모는 GDP의 6퍼센트 정도였다)에 비하면 미미한 수준이지만, 그 당시로서는 굉장히 놀랄 만한 변화였다. 미국은 2차 대전 이후 처음으로 수입대금 지불을 위해 해외차관을 도입해야 하는 상황을 맞았다. 실제로 1978년 가을 미국 정부는 달러화를 부양하기 위해 타국의 중앙은행으로부터 차관을 도입해야만 하는 곤혹스런 입장에 처했다.

미국의 연방 재정 적자 규모 또한 커다란 문제였다. 지금의 기준으로 봤을 때 이 기간의 재정 적자는 상당히 양호한 편이지만 당시 많은 미국인들은 상황이 통제할 수 없을 만큼 나빠지고 있다고 믿었다.[60] (1980년 미국의 재정 적자는 GDP의 2.7퍼센트였고, 1979년에는 GDP의 1.6퍼센트에 불과했다. 반면 1983년의 재정 적자는 GDP의 6퍼센트, 2004년에는 3.6퍼센트였다.) 이런 가운데 재정

----

[60] 이 시기의 재정 적자에 대한 우려가 과장된 것은 물가 상승의 영향이 제대로 고려되지 않았기 때문이다. 미국의 재정 적자가 새로운 기록을 경신한 것은 사실이지만 미국의 경제 규모에 비해 특별히 심각한 수준은 아니었다. 또한 물가 상승은 정부 부채의 실질가치를 떨어뜨리고 있었기 때문에 이 기간 동안 미국의 실제 GDP 대비 부채 비율은 계속 감소했다. 미국의 연방 총부채는 1976 회계연도 기준 35.2퍼센트에서 1980 회계연도 기준 33.3퍼센트까지 떨어졌다.

적자를 줄이고 재정 균형을 회복하는 것이 당시 미국 정계의 화두로 떠올랐다.

하지만 경제 정책 입안자들이 가장 시급하게 생각했던 것은 가속화되는 물가 상승이었다. 미국의 연간 물가 상승률은 1978년 후반기에 7퍼센트를 넘어섰고, 거의 1979년 내내 13퍼센트가 넘는 물가 상승률을 나타냈다. 연방준비제도이사회는 물가 상승률을 적정 수준으로 끌어내리기 위해 경기 수축이 필요하다고 판단했다. 연방준비제도이사회의 방안은 통화 공급량의 증가 속도를 줄여 금리를 인상시키려는 것이었다. 연방준비제도이사회가 직접 통제하는 단기 금리인 연방자금금리는 1978년 말에는 10퍼센트였지만 1979년 말에는 거의 14퍼센트로 뛰어올랐다.[61] 금리 인상은 여기서 그치지 않고 계속되었으며 결국 1980년 4월에는 사상 최고치인 17.6퍼센트를 기록했다.[62]

연방자금금리의 인상은 장기 금리를 상승시키는 효과를 가져왔으며 이는 미국 경제 전체에 영향을 미쳤다. 이에 따라 회사채 금리와 주택담보대출 금리도 상승해 1980년 5월 미국의 30년 만기 주택담보대출 금리는 13.7퍼센트를 기록했다. 이는 1978년도 금

-------

[61] 연방자금금리는 규제 기준에 맞는 은행 준비금을 은행 간 서로 빌려줄 때 적용하는 금리이다. 연방준비제도이사회는 이 시장에 공급 가능한 기금을 확대하거나 축소함으로써 이 금리를 효과적으로 설정한다. 연방준비제도이사회는 연방자금금리를 조정함으로써 다른 금리들의 인상이나 인하를 유도하며 이는 경제 성장 속도를 늦추거나 가속하는 효과를 낸다.

[62] 연방준비제도이사회 웹사이트 참조. http://www.federalreserve.gov/releases/h15/data/m/fedfund.txt.

리의 평균치였던 9.6퍼센트보다 4퍼센트포인트나 높은 수치였다. 이렇게 주택담보대출 금리가 인상되면서 미국의 건설 경기는 급속하게 나빠졌다. 적정 수준까지 경기 둔화를 확실하게 이뤄내기 위해 연방준비제도이사회는 이사회 직권으로 1980년 3월 신용카드 부채를 제한했으며 이로 인해 소비자 대출이 급속하게 잦아들었다.

이러한 정책들이 함께 시행되면서 미국의 경기는 원하던 대로 하강 국면을 맞았다. 1980년 전반기 미국 경제는 연간 3.4퍼센트 수축했다. 하지만 그와 동시에 실업률도 증가하여 1980년 7월 미국의 실업률은 7.8퍼센트를 나타냈다. 이는 일 년 전과 비교했을 때 2퍼센트포인트 높은 수치였다. 기본적으로 물가 상승률이 여전히 높긴 했지만, 이러한 경기 하강은 물가 상승률 저하에 기여했다. 1980년 1/4분기 미국의 연간 물가 상승률은 거의 18퍼센트에 육박하며 최고치를 기록했다. 하지만 3/4분기에 들어서면서 이 수치는 12.3퍼센트까지 줄어들었다.

요약하자면, 1980년 대통령 선거 결과로까지 이어진 미국의 경제 상황은 현직 대통령에게 이보다 안 좋기도 어려웠을 만한 상황이었다. 당시 미국 경제는 짧지만 깊은 침체의 터널에서 이제 막 빠져나오고 있었다. 미국 경제의 회복세를 보여주는 여러 자료에도 불구하고 많은 노동자들은 11월 선거일까지 이렇다 할 회복세를 체감하지 못했다. 수년간 정체되어 있던 실질임금은 선거 직전 2년 동안 급격하게 감소했다. 높은 주택담보대출 금리는 주택 시장의 경색을 가져왔다. 신축 주택의 가격은 생애 최초로 주택을 마런하고자 하는 사람들이 감당하지 못할 수준이었으나 판매자들은 그보다도 높은 가격을 원했다. 이 모든 현상은 석유 공급 부족과 달러화 약세, 그리고 커지는 무역 및 재정 적자를 배경으로 나타난 것들이었다.

이러한 국내 상황에 더해 미국은 세계 곳곳에서 실추된 위상을 드러냈다. 그중에서도 가장 중요한 사건은 이란에서 52명의 미국인이 인질로 잡힌 사건이었다. 그러나 미국 언론들이 대대적으로 보도했던 이 사건에 대해 카터 대통령이 실제로 취할 수 있는 조치는 아무것도 없었다.

# 제 3 장

# 레이건 혁명

## 급격한 보수화

1981년 1월 20일 자《뉴욕타임스》첫 면을 장식한 뉴스는 두 가지였다. 하나는 로널드 윌슨 레이건Ronald Wilson Reagan이 하루 전에 미국의 제40대 대통령으로 취임했다는 소식이었고, 다른 하나는 이란에서의 미국 대사관 점거 이후 444일간 인질로 잡혀 있던 52명의 미국인들이 마침내 풀려났다는 소식이었다. 레이건 대통령이 취임선서를 하고 나서 몇 분 후 이란에서 풀려난 미국인들을 태운 비행기가 이륙했다는 소식이 전해졌다.

미국인 인질 석방이야말로 레이건 대통령이 취할 수 있었던 최고의 취임식 장식화였을 것이다. 대선운동 기간 동안 레이건이 내세웠던 구호는 '미국의 새 아침It's morning in America'이었다. 이는 레이건의 대통령 당선이 미국의 재기를 가져와 대내적으로나 대외적으로 미국의 저력을 보여주게 될 것이라는 뜻이었다. 이란 지도자들이 미국의 강경한 새 대통령과 대치하는 대신 서둘러 인질 석방을 선택한 듯한 모양새는 취임하는 레이건이 가장 바라던 바였다. 지미 카터와 달리 레이건 대통령은 이래라 저래라 할 수 있는 상대가 아니었다.

하지만 실상은 상당히 달랐다. 이란이 미국의 새 정부에 대한 두려움 때문에 인질을 석방했다고 믿을 만한 근거는 거의 없다. 이란의 인질 석방 협상은 이미 수개월 전에 타진된 것이었고, 레이건의 취임 시까지 인질 인도를 지연한 것은 카터 대통령에 대한 이란의 유감 표현이라고 볼 수 있다. 실제로 취임 초기의 레이건 행정부는 이스라엘을 통해 이란에 대한 미국 무기 수출을 허용하며 이란과의 관계 개선을 위해 노력했다.[63] 하지만 1981년 1월 20일 미국에서 사건의 실상 따위는 전혀 중요하지 않았다. 원하던 대로 레이건 대통령은 자신이 취임하던 그 시간에 적국이 미국에게 무릎을 꿇는 극적인 이야기를 들을 수 있었다.


## 1980년 대통령 선거

1980년 미국 대통령 선거는 이전에 비해 민주당과 공화당 후보 사

---

[63] 이스라엘에서 이란으로의 무기 전달에 대해서는 다음을 참조. M. Brzoska and F. Pearson, *Arms and Warfare: Escalation, De-escalation, and Negotiation* (Colombia, SC: University of South Carolina Press, 1994).

이에서 유권자들이 분명한 선택을 내릴 수 있는 구도였다. 대개 상대적으로 극단적 성향의 후보는 대선 후보 경선 과정에서 걸러진다. 1980년, 레이건은 공화당 내 우익 진영의 후보로 경선에 나섰다.[64] 그리고 두 명의 중도파 후보들을 물리치고 공화당의 대선 후보로 당선되었다. 당시 레이건에게 밀려난 후보 중 한 사람은 전직 중앙정보국CIA 국장이자 공화당 국가위원회Republican National Committee 의장이었던 조지 H. W. 부시George H. W. Bush였다. 그리고 또 한 명은 1976년 공화당의 부통령 후보였던 로버트 돌Robert Dole 상원의원이었다.

레이건은 원하던 대로 1980년 공화당 대선 후보 경선에 뛰어들었지만 경선 승리를 장담할 수는 없었다. 캘리포니아 주지사를 두 번 연임하면서 신임도를 쌓아온 레이건은 1976년 당시 대통령이었던 제럴드 포드Gerald Ford 대통령을 상대로 공화당 대선 후보 자리에 도전했다. 그는 전당대회에서 마지막까지 접전을 벌였지만 공화당원들은 포드의 손을 들어주었다. 이렇게 선출된 포드는 대선에서 카터에게 대패했고 레이건은 다시 한 번 공화당 차기 경선의 선두주자로 나섰다.

당시 공화당 내에는 레이건이 공화당에서도 우익 진영에 속한

---

[64]　레이건 대통령 집권기에 대한 호의적 평가는 다음을 참조. L. Canon, *President Reagan: The Role of a Lifetime* (New York: Public Affairs Press, 2000). 레이건에 대한 중립적 평가는 다음을 참조. M. Schaller, *Reckoning with Reagan: America and Its President in 1980s* (Oxford: Oxford University Press, 1994), H. Johnson, *Sleepwalking Through History: America in the Reagan Years* (New York: W. W. Norton and Co., 2003).

다는 사실이 본선거에서 불리하게 작용할 것이라는 인식이 있었다. 1964년 공화당 우익 진영의 지지를 받아 공화당 경선에서 승리한 베리 골드워터Berry Goldwater 상원의원은 가을에 열린 본선거에서 린든 존슨Lyndon Johnson 대통령에게 압도적인 표차로 패배했다. 당 지도자들 다수는 그날을 생생하게 기억하며 똑같은 상황이 다시 일어날 것을 걱정하고 있었다. 하지만 골드워터와 달리 레이건은 배우 출신이었으며 보수적 시각을 부드럽게 전달하는 능력이 뛰어났다. 그는 또한 보수적 견해에 동의하지 않는 사람들에 대해서도 적절히 대응할 줄 알았다.

레이건은 카터 대통령뿐 아니라 공화당 주류와도 여러 사안에서 입장을 달리했다. 그중 가장 대표적인 것은 그가 제시한 감세안이었다. 레이건은 경제의 발목을 잡는 원인으로 높은 세율을 지목하고 연방소득세의 3분의 1 축소를 제안했다. 또한 레이건은 예산 균형을 약속했다. (여기에 더해 국방 예산의 대폭 확대도 계획했다.) 계획의 실효성에 대한 의문에 레이건은 이러한 감세 정책이 경제 성장의 원동력이 되어 세율이 낮아져도 세입은 늘어나게 될 것이라고 답했다.

레이건은 자신이 제시한 감세를 통한 경제 성장안을 '공급 측면의 경제학supply-side economics'이라고 명명했다. 노동과 투자에 대한 인센티브를 높이면 잠재된 경제성과가 더욱 빠르게 증대될 것이라는 논리였다. 이전까지 미국의 조세 및 지출 정책은 수요 측면에 중점을 두고 있었다. 그때까지 미국은 경기침체와 고실업률 시기에는 총수요를 늘리고, 물가 상승이 문제가 되는 시기에는 총수요를 줄이는 정책을 시행했다. 일반적으로 무역, 규제, 교육과 같은 영역에서의 경제 정책은 잠재된 경제성과를 확대하는 데 초점을 맞췄던 반면, 조세 및 지출 정책은 공급 측면이 아닌 총수요에 영향을 미친다고 생각했다.[65] 그렇다 보니 레이건의 의견은 널리 받아들여지지 않았다. 공화당 경선 라이벌이었던 조지 H. W. 부시는 이를 '주술적 경제학voodoo economics'이라고 불렀다.

또한 레이건은 소련과 더욱 강경하게 대치할 것을 강조했다. 그는 카터 정부가 미국의 군사력을 감퇴시켰으며 이로 인해 미국의 세계적 위상이 실추되었다고 주장했다. 레이건은 군사력의 재건을 약속하며 거의 타결 단계에 와 있던 소련과의 무기제한협정에도 거부 의사를 표시했다. 미국은 닉슨 행정부 때 처음으로 소련과 전략적 무기제한협정SALT I을 체결했다. 후속 협상SALT II은 닉슨과 포드 행정부에서 시작돼 카터 행정부 때까지 이어졌다. 하지만 레이건은 협정의 기본 합의사항을 모두 거부하고 모든 협상의 백지화를 주장했다.

레이건은 낙태 등 미국의 여러 가지 사회 문제에 대해 공화당 주류보다 훨씬 보수적인 입장이었다. 레이건 집권 전 민주당은 낙태를 선택의 문제로 보는 입장이 강했고, 조지 H. W. 부시를 비롯한 공화당 유력 인사 중에도 1980년 이전에는 그에 동의하는 사람들이 여럿 있었다. 하지만 공화당 경선에서 레이건에게 승리를 안겨

---

65  공급 측면의 경제학에 대한 설명은 다음을 참조. J. Wanniski, *The Way the World Works* (Parsippany, NJ: Polyconomics, Inc., 1989).

준 핵심 세력인 기독교 우파에게 낙태 문제는 특히나 중요한 사안이었다. 레이건은 선거 과정에서 철저한 낙태 반대 입장을 표명했으며 이를 공화당 내 주류 입장으로 관철시켰다.

레이건의 보수성(그리고 그의 나이 – 69세라는 나이는 미국 주요 정당의 대통령 초선 후보 사상 가장 높았다)에 대한 공화당 지도부의 우려와 관계없이 그는 공화당의 후보로서 빠르게 입지를 다져나갔다. 레이건이 예비선거 초반에 압도적인 승리를 거두자 다른 후보들은 경선을 포기했다.

지미 카터는 당시 현직 대통령이었음에도 민주당 경선에서 더욱 힘들게 경쟁했다. 노동조합과 흑인 사회 등 민주당의 핵심 유권층 다수가 카터에 대한 불만을 드러냈으며, 이미 카터 행정부 말기에 진행되고 있었던 군비 증강에 우려를 나타낸 많은 자유주의자들도 카터를 신임하지 않았다.

노동조합은 노조원들의 실질임금이 축소된 것과 임금 인상을 가로막는 카터 행정부의 물가 통제 노력에 분노했다. 또한 민주당이 의회를 장악했음에도 노동법을 노동 친화적으로 수정하지 못한 카터 행정부의 실정에 대해서도 강한 불만을 표시했다. 미국 흑인들 다수는 카터 재임 기간 동안 겪었던 소득 불평등에 대해 불만을 제기했다. 미국 흑인의 실업률은 대략 전체 실업률의 두 배였다. 이는 미국 전체 실업률이 7.1퍼센트를 기록한 카터 임기 말년에 흑인 실업률은 14퍼센트가 넘었음을 의미한다. 또한 미국 대법원이 소수계 우대 정책affirmative action에 대한 반대 결정인 배키 판결 Bakke Case(대학 입학에서 흑인 우대는 인종 역차별로 위헌이라는 1978년 미국 대법원 판결)을 내리면서 흑인 사회는 더 이상 카터 정부에 차별로부터의 보호를 기대할 수 없게 되었다.

케네디 대통령의 형제 중 유일하게 살아남은 에드워드 케네디Edward Kennedy 상원의원은 1980년 대통령 선거를 앞두고 오랫동안 가져왔던 정권 구상을 펼칠 기회가 왔다고 생각했다. 그러나 강력한 대선 후보가 될 것이라는 기대와 달리 케네디는 민주당 경선에서 현직 대통령 카터만큼 지지를 얻어내지 못했다. 케네디는 주요 예비선거에서 여러 차례 승리하고 전당대회에서도 비주류층의 커다란 지지를 얻어냈지만 끝내 대통령 후보에 올라서지 못했다. 결국 민주당은 카터를 선택했지만, 케네디의 경선 출마는 카터에 대한 당내의 상당한 불만과 불신을 잘 보여주는 것이었다.

## 본선거

미국의 경제 악화와 이란의 인질 억류로 인한 당혹감에도 불구하고 대선 결과는 마지막 주까지도 가늠하기 힘든 박빙의 구도를 보였다. 레이건은 근본주의 기독교 세력을 비롯해 공화당 우익 진영과의 연대를 구성했다. 레이건의 경제 공약, 특히 대규모 감세 계획은 2차 대전 이후 민주당과 공화당 모두가 기피하던 정책이었다. 또한 레이건의 외교 정책은 카터뿐 아니라 닉슨과 포드 대통령이 취했던 노선과도 단절적이었다. 이 같은 레이건의 극단주의에 대한 우려가 카터의 재집권 가능성을 유지시켜 주었고, 선거 바로 전 주까지만 해도 카터는 여론조사에서 레이건을 앞서기도 했다.

레이건의 극단주의에 대한 우려는 대통령 선거에 뛰어든 세 번째 주자의 입지에도 영향을 미쳤다. 공화당 의원이었던 존 앤더슨 John Anderson은 대통령 후보 경선에서 탈락한 후 당적을 버리고 무소속 후보로 대선에 출마했다. 앤더슨은 레이건이 지나치게 보수적이라고 생각하는 공화당 지지자들과, 카터의 지도력에 의문을 품은 민주당 지지자들과 부동층 유권자들에게 지지를 호소했다. 여름내 앤더슨은 여론조사에서 두 자릿수 지지율을 보였으며 양당 후보의 지지율에 근접한 적도 있었다. 결국 앤더슨에 대한 지지는 사그라졌지만(대선에서 그는 7퍼센트를 득표했다), 그가 대통령 선거에서 주요한 경쟁자로 부상할 수 있었다는 사실은 1980년 대선 당시 레이건이 얼마나 주류 정치계와 다른 주장을 펼쳤는지를 잘 보여주고 있다.

대통령 후보 토론회에서 강한 인상을 남긴 레이건은 선거 막판에 실시된 여론조사에서 카터를 7퍼센트 넘게 앞질렀다. 이 추세는 그대로 이어져 대통령 선거인단 투표에서도 레이건은 489대 49표로 카터에 압승을 거뒀다. 이러한 승리는 사전조사를 통해 어느 정도 예견된 것이었지만 상원에서 공화당이 민주당보다 12석을 더 확보하며 주도권을 잡은 것은 상당히 놀라운 결과였다. 단일 선거로 이 만큼의 의석 차이를 이뤄낸 것은 1958년 이후 처음 있는 일이었다. 또한 이로 인해 공화당은 26년 만에 처음으로 의회를 주도하게 되었다. 공화당이 상원을 점유하는 동시에 주정부와 주의회에서도 큰 승리를 거두면서 레이건은 대통령 취임과 함께 커다란 추진력을 얻게 되었다.

레이건은 닉슨이 승리할 때와 마찬가지로 미국 남부 지역을 지지 기반으로 하고 있었지만 한편으로는 민주당에 실망한 북부 지역의 노동자층도 대거 흡수하고 있었다. 선거 막판에 레이건은 이들에게 결정적인 질문을 던졌다. "여러분의 생활은 4년 전보다 더 나아졌습니까?" 의례 민주당에 표를 던지던 수백만의 북부 지역 노동자들은 이 질문에 '그렇다'고 대답할 수 없었다. 노동자 다수는 레이건의 '공급 측면의 경제학'을 신봉하지 않았겠지만, 적어도 레이건은 그들에게 번영된 미래에 대한 희망을 안겨줬다. 카터가 요구한 더 많은 희생보다는 레이건이 제시한 희망이 더욱 끌리는 제안이었다.


## 레이건의 경제 정책

레이건은 전방위적인 감세를 중심으로 경제 정책을 펼쳐나갔다. 레이건은 선거 기간에 소득세를 3분의 1로 축소하겠다고 공약했다. 취임 후에는 공약에서 한 발 물러나 3년간 25퍼센트 축소를 목표로 소득세 인하를 추진했다. 이를 위해 과세 등급을 조정해 각 과세 등급별 소득에 더 낮은 세율을 적용하는 방안을 추진했다.

소득세는 한계세marginal tax로서 과세 구간에 따라 세율이 달리 적용된다. 예컨대 연소득 1만 달러 이하의 노동자에게는 소득세가 부과되지 않고, 연소득 1만 1달러부터 3만 달러의 소득에는 10퍼센트, 연소득 3만 달러 이상의 소득에는 20퍼센트의 소득세가 부여된다고 가정해보자. 이러한 과세 구간에 따르면 연간 5만 달러를 버는 노동자가 납부해야 하는 세금은 다음과 같이 계산된다.

| 소득 | 의무 납세액 |
| --- | --- |
| $0 ~ $10,000 | $0 |
| $10,001 ~ $30,000 | $2,000 |
| $30,001 ~ $50,000 | $4,000 |
| 총 $50,000 | 총 $6,000 |
| 평균 세율 12% ($6,000/$50,000) | |

레이건은 취임 당시 70퍼센트였던 미국의 최고한계세율을 50퍼센트로 낮췄다. 이것은 평균세율이 아니라 한계세율이기 때문에 연소득이 최고 과세 구간 이상인 가구에 대해서만 70퍼센트의 세율이 적용되었다. 1980년의 미국의 소득세 과세 구간 최고액은 연소득 49만 달러(2005년 달러화 기준)였다. 상당한 재산이 있더라도 49만 달러 이하의 소득 가구에게는 상당히 낮은 세율을 적용되었기 때문에 레이건의 감세 정책 이전에도 자기 소득 전체의 70퍼센트를 세금으로 내는 사람은 없었다.

특히 눈여겨볼 점은 주식이나 사업체 매각 등으로 얻은 자본이득에 대한 세율이 매우 낮았다는 사실이다. 레이건의 감세 정책이 시행되기 전인 1980년에도 미국의 자본이득 중 과세 대상이 포함되었던 것은 전체의 40퍼센트에 불과했다. 다시 말해 레이건의 감세 정책 이전에도 자본이득에 대한 최고한계세율은 28퍼센트(40퍼센트의 70퍼센트)밖에 안 되었다. 그나마도 레이건의 감세 정책으로 20퍼센트(40퍼센트의 50퍼센트)까지 줄어들었다. 실제로 부유층 소득의 대부분이 자본이득에서 발생하기 때문에 이런 식의 과세 방식은 소득세의 분배 효과에 심각한 영향을 끼치는 것이었다.

소득세는 소득이 높을수록 세율이 높아지는 누진세다. 고소득층은 더 많은 세금을 납부하기 때문에 소득세를 일괄적으로 감세할 경우 가장 큰 혜택을 받게 된다. 레이건의 감세 정책이 시행되었을 때도 마찬가지였다. 의회예산처 연구에 따르면, 레이건의 감세 조치 이후 미국의 소득분포 상위 1퍼센트 가구의 평균 세율은 1980년 29.8퍼센트에서 1983년에는 24.8퍼센트로 줄어들었는데 그 차이를 금액으로 따지면 연평균 2만 5천 달러가 넘었다.[66] 중산층도 물론 감세 정책의 혜택을 보았지만 그 크기는 세율 면이나 금액 면에 있어서 고소득층에 훨씬 미치지 못했다.

레이건의 감세 정책은 예상대로 세입과 예산의 적자를 불러왔다. 감세가 시행되기 전인 1981년에 미국 개인소득세 총합은 GDP의 9.3퍼센트를 차지했으나 감세 정책이 완전히 시행된 첫해인 1984년에는 1.5퍼센트포인트가 줄어든 7.8퍼센트를 나타냈다. 구간별 법인세 감축으로 법인세 수입의 3분의 1 이상(GDP 비중 기준)이 줄었다. 경기침체로 수익성이 악화되기 전이었던 1980년도 미

-------

[66] Congressional Budget Office, "Effects of the 1981 Tax Act on the Distribution of Income and Taxes Paid" (staff working paper, Congressional Budget Office, Washington, DC, 1986), table II.7, http://www.cbo.gov/ftpdocs/61xx/doc6173/doc20a-Entire.pdf.

국의 법인세는 GDP의 2.4퍼센트를 차지했던 반면 1984년에는 법인세가 GDP의 1.5퍼센트에 그쳤다.

이러한 세입의 손실은 2차 대전 이후 가장 큰 재정 적자(미국 경제 규모 대비)로 이어졌다. 2006년 경제 규모를 기준으로 했을 때 1983년 미국의 재정 적자는 GDP의 6퍼센트 수준까지 올라갔는데 이를 금액으로 환산하면 7500억 달러에 달한다. 1981~1982년의 경기침체에서 벗어나면서 1984년과 1985년 미국의 재정 적자는 GDP의 5퍼센트 수준으로 소폭 감소했다. 하지만 여전히 엄청난 재정 적자는 10년에 걸쳐 미국 사회의 심각한 문제로 남았다.

많은 경제학자들의 예상대로 감세로 인한 재정 적자의 증가는 시장의 수요를 자극했고 이는 미국의 경기침체 탈출에 속도를 실어주었다. 하지만 이것은 전형적인 수요 측면의 경제에 해당하는 이야기였다. 이전의 20년 동안 다른 미국 대통령들도 감세와 지출 확대를 통해 경제를 활성화시키고 경기침체 상황을 빠져나왔다. 레이건의 감세 조치도 이와 비슷했다. 차이가 있다면 레이건의 감세는 과거에 시행되었던 수요 측면의 감세보다 그 규모가 훨씬 컸으며, 불경기에 시행하는 임시부양책보다는 영구적인 세율 조정을 의도했다는 점이다.

레이건의 감세 정책이 기대했던 공급 측면의 효과를 가져왔는지는 그 근거를 찾기 힘들다. 결과적으로 보면, 1980년대 경기순환 구간(1979년도 최고치부터 1990년도 최고치까지)의 평균 성장률은 2.9퍼센트로 1970년대 두 차례 경기순환의 평균치인 3.2퍼센트보다 약간 낮은 수준이다. 더욱이 이것은 미국 경제의 황금기인

1947년부터 1969년까지의 평균 성장률 4퍼센트에 훨씬 못 미치는 수준이었다. 1970년대를 지나며 네 배나 상승했던 석유 가격이 1982년 이후 급락했다는 사실을 감안한다면 1980년대 미국의 경제성장은 외형보다 훨씬 부진한 것이었다.[67] 1980년대에 민간 부문 저축은 감소했으며 노동 적령기 인구 중 노동 인구의 증가도 1970년대보다 둔화되었다.[68] 이는 곧 레이건의 감세 정책이 사람들이 더 많이 일하고 저축하고 투자하도록 유인했다 하지만, 그 효과는 어떤 자료에서도 나타나지 않았다는 말이다.


## 레이건과 노동조합


레이건의 경제 정책 중 가장 널리 선전된 것은 감세 정책이지만 그보다 훨씬 더 커다란 영향을 가져온 것은 노동조합 관련 정책들이다. 레이건은 집권 초기부터 공공 부문 노동조합의 하나인 항공관제사노조와 첨예하게 대립했다.[69] 항공관제사노조는 자신들의 높

---

[67] 1981년에 배럴당 70달러였던 유가는 1986년에 배럴당 20달러까지 하락했고 이후 서서히 올라 1980년대 말에는 배럴당 28달러를 기록했다(2005년 달러화 기준). 이러한 유가 인하는 1970년대 말 유가 폭등에 이은 자연스러운 결과였다. 유가가 오르면서 석유 생산자들은 투자를 늘렸고 이는 시장의 공급 확대로 이어졌다. 반면 에너지 사용자들이 에너지 고효율 기술(특히 미국 외 선진국들은 에너지원에 대해 높은 세율을 부과함으로써 에너지 절약 규모를 확대했다)을 이용하면서 수요 성장은 둔화되었다.

[68] B. Bosworth and G. Burtless, "Effects of Tax Reform on Labor Supply, Savings, and Investment," *Journal of Economic Perspectives* (Winter 1992): 3~25.

은 업무 스트레스를 들어 임금 인상과 업무시간 조정을 요구했다. 레이건은 재정 지출 제한에 대한 자신의 정책 기조를 바탕으로 항공관제사들의 임금 인상을 제한할 것을 주장했다. 항공관제사들이 요구한 인상 폭은 그리 크지 않았지만 다른 연방정부 소속 노동자들에게 동일한 임금 인상을 적용할 경우 그 액수는 상당한 규모로 커질 수 있었기 때문이다.

정부와 노조의 협상은 난관을 거듭했고 항공관제사노조는 결국 파업을 예고했다. 이에 대해 레이건은 파업에 참가하는 노동자는 해고될 것이라고 경고했다. 미국의 여러 주에서 주정부 소속 노동자들의 파업을 금지하고 있는 것처럼 미연방은 연방정부 소속 노동자의 파업을 법으로 금지하고 있었다. 하지만 레이건 이전 20년 동안 수많은 공공 부문의 파업이 있었고(연방 차원의 파업에서 가장 중요했던 파업은 1970년 우편집배원의 동맹파업이었다) 대부분의 경우는 협상을 통해 갈등을 해결했다.

항공관제사노조 지도부는 이번 갈등도 과거와 같은 방식으로 해결될 것이라고 생각했다. 하지만 그들의 예상은 빗나갔다. 48시간의 유예기간이 끝나자 레이건은 즉각 파업 노동자들을 해고했다. 또한 파업 주도자들을 연행해 형사재판에 넘겼다. 파업에 참여했던 항공관제사들의 자리는 간부와 군 출신 항공관제사들로 대체되었다. 짧은 기간 동안 항공기 운항 일정은 축소 운영되었지만,

---

69 아이러니하게도 대선 기간 동안 레이건을 지지했던 세 개의 전국 노동조합 중 하나가 바로 항공관제사노조였다. 다른 두 노조는 트럭운전사노조Teamsters와 항공조종사노조Air Pilot Association였다.

그 사이 노조는 완전히 와해되었다.

레이건과 항공관제사노조와의 갈등은 노사 관계의 새로운 국면을 알리는 신호였다. 2차 대전 이후 미국의 기업들은 파업 노동자들과 합의를 도출하는 것을 관례로 여겨왔다. 또한 파업이 발생했을 경우 관리직이나 감독직 인사를 동원해 최소한의 업무를 진행하긴 했지만 파업 노동자들을 다른 인력으로 대체하는 경우는 드물었다. 기업들은 파업 노동자 대체 조치가 불러올 대중적 비난을 의식했다. 이러한 조치를 택하는 기업에 대해서는 소비자들이 등을 돌릴 것이라고 우려했던 것이다.

파업으로 해고된 항공관제사들을 돕는 데 있어서 다른 노조들 또한 매우 무기력한 모습을 보였다. 당시 대부분의 항공 산업에는 노조가 결성되어 있었지만 어떠한 노조도 항공관제사노조와 동맹 파업에 나서지 않았다. 이차적 동맹파업은 미국 노동관계법이 금하고 있으나 과거에는 중대 사안일 경우 법 위반을 불사하기도 했다. 하지만 항공관제사노조의 파업에서 미국 노동계는 종이호랑이 같은 모습을 보였다. 이들은 레이건의 조치에 대해 반대 의견을 격렬히 표출하면서도 실제 행동에 나서는 일은 꺼렸다.

항공관제사에 대한 레이건의 해고 결정은 노사 관계에 대한 과거 미국의 인식을 완전히 바꿔놓았다. 이후 1년 동안 일어난 여러 민간 부문 파업에서 고용주들은 파업 노동자와의 합의 도출 대신 대체고용을 선택했다. 대체인력 고용이 일반화되기 시작하면서 노조 사이에는 파업 시행이 곧 실직으로 이어질 수 있다는 위기감이 확산되었다. 이러한 인식은 여러 산업 분야에 걸쳐 노조의 파업 효과를 크게 약화시켰다.

대체고용 행태가 퍼지면서 미국과 다른 선진국 사이의 차이는 더욱 커져갔다. 서유럽에서는 파업 기간의 인력 대체가 법적·관습적으로 금기시되어 있으며 이는 지난 25년간 변함없이 지켜져 왔다. 항공관제사노조의 파업 이전 많은 미국인들이 그랬던 것처럼, 아직도 대부분의 유럽인들은 노동자가 파업에 참여했다는 이유로 직장을 잃는다면 굉장히 무도한 처사라고 여길 것이다.[70]

파업을 둘러싼 변화 말고도 레이건 정부 시절 노동계의 힘을 약화시키기 위해 바뀐 것들은 또 있다. 1930년대 이후 미국의 노조는 단체교섭을 위한 조직체 구성 및 참여 권리를 보호받기 위해 전국노동관계위원회를 찾았다. 노조나 사측 모두 전국노동관계위원회의 결정에 대해 불만을 가졌던 적도 많지만, 위원회는 상당한 독립성을 가지고 있었으며 공화당 정부 때나 민주당 정부 때나 상대적으로 별 차이 없이 운영되었다.

이는 레이건 정부가 들어서면서 바뀌었다. 레이건이 지명한 노동관계위원들은 이전 정부의 지명자들보다 월등히 친기업적 성향을 띠었다.[71] 전국노동관계위원회는 전보다 훨씬 친기업적인 결정

---

[70] 유럽 전역의 노사 관계 조정에 대해서는 다음을 참조. Federation of European Employers, *Industrial Relation Across Europe, 2004* (London: Federation of European Employers, 2004), http://www.fedee.com/condits.html.

[71] 노조 결성 분쟁에 대한 전국노동관계위원회의 결정을 살펴보면, 포드 행정부 때에는 35퍼센트가 친기업적인 판결을 받았고, 카터 행정부 시절에는 46퍼센트, 그리고 레이건 행정부에 와서는 72퍼센트의 사건이 친기업적 판결을 받았다. D. Vogel, *Fluctuating Fortunes: The Political Power of Business in America*

을 내렸을 뿐만 아니라 1984년까지 1600건이 넘는 사건을 처리하지 못한 채 쌓아놓기도 했다(2년 이상 공청회를 연기하기도 했다). 레이건 정권 이후 전국노동관계위원회의 예산이 삭감되면서 노동계의 불만을 처리할 수 있는 여력이 사라진 결과였다.[72] 훨씬 친기업적인 위원들, 공청회의 지연 등이 겹치면서 전국노동관계위원회는 더 이상 과거처럼 노동자의 권리를 보호해주지 못했다. 기업들은 노조 결성 주도자를 해고하는 것으로 노사 갈등을 간단히 마무리하기 시작했다. 이러한 해고는 엄연한 법률 위반이었지만 처벌이 매우 경미했기 때문에 기업들은 기꺼이 위험을 감수하며 노조 결성을 막으려고 노력했다.

전국노동관계위원회의 감시로부터 자유로워진 기업들은 노조 결성 분위기에 대해 이전보다 더 강경한 태도를 취했다. 노조는 이전보다 대립적인 상황에 맞춰 전술을 바꾸는 데 실패했다. 그 결과, 많은 노조 결성 움직임들이 와해되었다. 미국의 민간 부문 노조 가입률은 1980년 20퍼센트에서 1990년에는 12.1퍼센트로 감소했다. 레이건의 정책으로 미국 경제와 사회에서 노조의 중요성은 급격히 줄어들었다.[73]

.................................................

(New York: Basic Books, 1989), 270.

[72] House Committee on Education and Labor, Subcommittee on Labor-Management Relations, Oversight Hearings on the Subject "Has Labor Law Failed," 98th Cong., 2d sess., June 1984.

[73] 레이건 정권 시기 노동조합의 쇠퇴에 대해서는 다음을 참조. M. Goldfield, *The Decline of Organized Labor in the United States* (Chicago: University of Chicago Press, 1989).

## 연방준비제도이사회와 물가 상승

레이건의 감세 정책이 기록적인 재정 적자를 낳으며 수요를 끌어올렸다면, 연방준비제도이사회는 그 반대 방향으로 나가고 있었다. 1979년 가을, 지미 카터는 뉴욕의 연방준비은행 총재였던 폴 볼커를 연방준비제도이사회 의장으로 지명하였다. 볼커는 자신의 주요 임무가 당시 최고의 문젯거리였던 물가 상승 억제라고 판단했다. 볼커는 신속한 금리 인상으로 경기과열을 막고 노동시장을 약화시키고자 했다. 그리고 이를 통해 임금과 물가의 상승세가 둔화될 것이라고 기대했다. 앞서 언급한 대로 이러한 조치는 1980년도의 단기적이지만 급격한 경기침체를 불러왔고 카터 대통령의 재선에 악영향을 미쳤다.

1980년도 경기침체를 지나면서 볼커의 태도는 조금 누그러지는 듯했으나 물가 인상 저지에 대한 입장은 변하지 않았다. 볼커는 대선을 치르기도 전에 이미 금리를 다시 올리기 시작했다. 1981년 여름, 연방준비제도이사회가 직접 통제하는 단기 금리인 연방자금금리는 19퍼센트를 넘어섰다. 이러한 급격한 금리 인상은 의도한 효과를 냈다. 금리 인상은 주택 건설과 자동차 판매의 급감을 가져왔고 그 결과는 그해 4/4분기의 경기침체로 돌아왔다. 1981년 말이 되자 실업률은 급격히 증가하여 8.5퍼센트에 육박했다. 1982년 내내 실업률은 계속 증가했고 12월에는 결국 2차 세계대전 이후 가장 높은 수치인 10.8퍼센트를 기록했다.

볼커의 정책은 노동자에게 커다란 부담을 안기는 것이었지만,

물가 상승세를 둔화시키는 데 효과가 있었다. 미국의 물가 상승률은 1980년 12.5퍼센트에서 1982년에는 3.8퍼센트로 급격히 떨어졌다. 물가 상승세가 완화되면서 볼커는 금리 인하를 허용했고, 경기는 1980~1982년의 침체로부터 빠르게 벗어나 활기를 찾기 시작했다. 1984년 하반기에 실업률은 7.5퍼센트 이하로 줄어들었다. 이 수치는 2차 세계대전 이후의 기준으로 볼 때 여전히 높은 수준이지만 1980~1982년 침체기의 최고 실업률에 비하면 3퍼센트 넘게 줄어든 수치였다. 많은 경제학자와 정책분석가들은 높은 수준의 실업률이 물가 상승을 억제하기 위해 충분히 치를 만한 가치가 있는 대가였다고 생각했다.[74]

1장에서 언급했듯이 실업률의 위험은 모든 계층에게 동등하게 돌아가는 것이 아니다. 가장 큰 피해를 받는 노동자는 실업의 위험에 가장 많이 노출된 사람들이다. 미국에서 흑인의 실업률은 어림잡아 전체 실업률의 두 배나 된다. 10대 흑인의 실업률은 전체 실업률의 여섯 배에 달한다. 이러한 어림짐작은 1980~1982년 경기 침체 기간 동안 꽤 잘 들어맞았다. 1983년 초 흑인 실업률은 21퍼센트를 넘기며 최고치에 달했다. 10대 흑인의 실업률은 52퍼센트를 넘어 최고치를 기록했다.

이 기간 동안 연방준비제도이사회가 실시한 고금리 정책에서 중요하게 살펴볼 점이 또 한 가지 있다. 미국의 고금리 정책은 해

---

[74] 볼커 의장의 물가 상승 억제 정책에 대한 연방준비제도이사회 내부의 정세에 대해서는 다음을 참조. W. Greider, *Secret of the Temple: How the Federal Reserve Runs the Country* (New York: Simon and Schuster, 1987).

외 자본의 유입을 불러왔다. 해외 투자자들이 자국보다 미국에서 국채와 이자 지급 계좌를 통해 더 많은 이윤을 남길 수 있었기 때문이었다. 이렇게 해외 자본이 유입되면서 달러화의 가치는 미국의 무역 상대국들의 화폐 가치에 비해 상승하기 시작했다. 1980년 여름부터 1985년 초 최고점에 이르기까지 달러화 가치는 거의 끊임없이 상승했고, 다른 주요 통화들에 비해 50퍼센트 가까이나 높은 통화 가치 상승을 보였다.

달러화의 가치 상승은 기대했던 무역 효과를 거뒀다. 달러화의 가치 상승은 곧 1달러로 살 수 있는 외화가 더 많아진다는 것을 뜻한다. 예컨대 이 기간 중 달러화의 가치가 높아지면서 1980년 1.8마르크의 가치에 해당했던 달러화는 1985년에 2.9마르크의 가치를 가지게 되었다. 1달러로 살 수 있는 독일 마르크가 더 많아진다는 것은 미국인들이 독일에서 생산된 제품을 더 싸게 구입할 수 있다는 뜻이다. 독일 등 해외에서 만든 제품의 가격이 더 싸진다면 미국인들은 그 제품을 더 많이 구입할 것이다. 이것이 바로 1980년대 미국에서 일어났던 상황이다. 1979년 미국 GDP의 5.9퍼센트를 차지했던 비석유 제품의 수입 비중은 1986년에 7.5퍼센트로 증가했다. 한편, 같은 달러에 대해 더 많은 돈을 지불해야 하는 해외 소비자에게 미국 수출품은 더 비싼 가격을 요구했다. 이 기간 동안 미국의 수출은 급격히 감소하여 1979년에 GDP의 9퍼센트를 차지하던 수출은 1986년에 7.2퍼센트로 하락했다.

이러한 무역 패턴은 노동계의 힘을 한층 약화시켰을 뿐 아니라 이 기간 동안 이뤄진 미국의 소득 상향재분배에도 영향을 미쳤다.

과대평가된 달러화가 수입을 늘리고 수출은 감소시키면서 교역재 부문에 종사하는 노동자들의 임금은 인하 압력을 받기 시작했다. 이는 특히 제조업 분야에 종사하는, 대학 교육을 받지 못한 노동자들에게 커다란 타격을 주었다. 이에 비해 고학력 노동자들이 종사하는 직종은 국제적 경쟁으로부터 비교적 안전한 보호를 받고 있었다. 1980년만 해도 미국 제조업 분야의 노조는 막강했으며 노조 가입률도 30퍼센트를 웃돌았다. 이 말은 곧 제조업계의 인력 감축이 노조원의 감소로 직결된다는 것이었다. 근년 들어 여러 국가에서 주요 노조의 규모가 줄어들고 있는 이유는 대부분의 노조원이 종사하고 있는 분야의 일자리가 수입이 초래한 경쟁으로 사라지고 있기 때문이다.

## 사회복지 안전망

레이건 정부는 소득의 상향재분배를 가져온 여러 정책을 시행했을 뿐만 아니라 저소득층의 생활 개선을 위해 고안되었던 여러 보호책을 크게 약화시켰다. 특히 최저임금의 가치 하락은 레이건 정부의 정책 기조를 가장 잘 보여주는 사례였다. 1937년에 최초로 연방 최저임금제가 실시된 이후로 최저임금은 꾸준히 상승해왔다. 이를 통해 가장 낮은 임금을 받는 노동자도 경제 전반의 생산성 증가에 따른 혜택을 받을 수 있었으며, 적어도 물가 상승과 보조를 맞출 수는 있었다.

하지만 이러한 정책은 레이건의 취임과 함께 변화를 겪기 시작했다. 1980년 대선 기간 동안 레이건은 최저임금이 10대 흑인 사이에서 높은 실업률이 나타나는 주된 원인이라고 지목하며 처음으로 최저임금을 문제 삼았다. 카터 정권 시절 통과된 최저임금법은 1982년까지 물가 상승률에 맞춰 최저임금을 인상하는 조항을 담고 있었지만, 그 이후에 대해서는 추가적인 인상을 따로 규정하지 않았다. 레이건은 최저임금 인상에 확고하게 반대했으며, 물가 상승으로 최저임금의 가치가 하락하는 것을 전혀 개의치 않았다. 최저임금 인상이 다시 이뤄진 1990년까지 미국 최저임금의 실질가치는 25.2퍼센트 하락했다.

레이건 정권하에 시작된 최저임금의 실질가치 하락은 다른 선진국들이 실시했던 저소득층 관련 정책과 현격한 차이를 보였다. 당시 대부분 선진국은 최저임금의 실질가치를 유지했으며, 실제로는 전체 임금의 인상 수준에 맞춰 최저임금의 가치도 인상시켰다. 그 결과, 2005년까지 미국의 평균 임금은 유럽보다 다소 높았음에도 최저임금은 대부분 유럽 국가들보다 현저히 낮은 수준을 보였다.[75]

레이건은 또한 이전 20년간 시행돼온 여러 가지 빈곤해소책에

---

[75] 평균 임금에 비교한 최저임금의 가치에 대한 최근 자료는 다음을 참조. Organization for Economic Development, "Annex A: Structural Policy Indicators," in *Economic Policy Reforms: Going for Growth* (Paris: OECD, 2006), http://www.oecd.org/dataoecd/40/56/36014946.pdf. 유럽의 최저임금 정책에 대한 논의는 다음을 참조. J. Eekhoff, *Competition Policy in Europe* (Berlin: Springer-Verlag, 2004), 74~75.

대한 예산을 삭감했다. 저소득 가구를 위한 주거 지원금도 이 과정에서 정리되었다. 1979년 미국 의회는 주거 임대료 지원금으로 847억 달러를 책정했으나 1984년에는 지원금이 260억 달러로 줄어들었다(모두 2005년 달러화 기준).[76]

대개의 경우 직접적으로 예산을 삭감하지는 않았다. 그 대신 몇 가지 연방 제도들을 통합하고, 주정부에 지급하는 연방정부 교부금block grant으로 해당 예산을 대체해나갔다. 연방정부는 직업 훈련이나 지역사회 개발 등의 일반적 용도로 주정부에 교부금으로 일정액을 지급하는데, 그 구체적 집행은 주정부가 결정하게 된다. 주정부에 지급하는 교부금으로 연방정부는 직업 훈련이나 지역사회 개발 등을 위해 연방 차원에서 시행되던 프로그램들을 대체한다. 연방정부 교부금의 액수는 보통 연방 차원에서 각 프로그램을 시행했을 때 지출되던 비용의 총합보다 훨씬 낮게 책정된다. 더욱 중요한 사실은 연방 차원의 프로그램들이 존속했더라면 예산이 인상되었겠지만 그 프로그램들을 대체하는 교부금은 그만큼 인상되지 않았으며, 대개는 물가 상승을 따라가지도 못했다는 점이다. 시간이 지나면서 빈곤해소책에는 상당한 예산 삭감의 효과가 나타났지만, 이런 방식 덕에 누구도 예산 삭감을 직접적으로 지시한 흔적을 남기지 않게 된 셈이다.

연방정부 교부금을 통한 예산 배분은 주정부에 대한 연방정부

---

[76] Congressional Budget Office, *The Challenge Facing Federal Rental Assistance Programs* (Washington, DC: Congressional Budget Office, 1994), table A-2, http://www.cbo.gov/ftpdocs/48xx/doc4850/doc554.pdf.

의 통제권을 높이고자 하는 레이건 정부의 또 다른 의중이 반영된 것이었다. 레이건은 주정부가 각 주의 중요 우선 사항을 결정하는 데 있어 연방정부보다 훨씬 유리한 입장에 있다고 주장했다. 또한 예산 지출에 관한 연방정부의 세세한 지침은 불필요한 낭비로 이어지기 마련이라고 강조했다. 사실상 연방정부 교부금은 연방정부의 책임을 주정부에 떠넘기기 위한 수단이었다.

또한 레이건 정부는 다양한 계층을 보호하기 위한 법률을 시행하는 데 필요한 예산을 삭감해 법률의 효력을 약화시켰다. 예를 들어 산업안전보건청OSHA, Occupational Safety and Health Administration에 대한 예산은 레이건 임기 동안 카터 정부 시절에 비해 평균 10퍼센트 가까이 줄어들었다.[77] 마찬가지로 고용기회평등위원회EEOC, Equal Employment Opportunity Commission의 예산 역시 레이건 정부 첫해에 10퍼센트 넘게 줄어들었다.[78] 이렇게 예산을 삭감 당한 부처들은 작업환경과 고용 차별에 관한 규제나 법 시행에 있어 이전과 같은 추진력을 발휘할 수 없었다.

결론적으로 레이건 행정부의 정책들은 세전, 세후 소득 모두의 상향재분배를 초래했다. 고소득 가구에 대한 세율 인하가 가장 언론의 주목을 받았지만, 대부분 노동자들에게는 세전 소득의 상향

---

[77] 산업안전보건청의 예산 수준에 대해서는 다음을 참조. D. Weil, "OSHA: Beyond the Politics," *Frontline*, 2003, http://www.pbs.org/wgbh/pages/frontline/show/workplace/osha/weil.html.

[78] 고용기회평등위원회의 예산 삭감 및 집행력 약화에 대해서는 다음을 참조. M. Meerepol, *Surrender: How the Clinton Administration Completed the Reagan Revolution* (Ann Arbor, MI: University of Michigan Press, 2000).

재분배와 고용 불안정, 단체교섭력 약화를 가져온 정책들이 훨씬 더 중대한 사안이었을 것이다.

## 레이건과 사회 정책

레이건은 낙태 같은 사안이나 동성애·양성애에 대한 공공 정책에 매우 민감한 보수 기독교인들의 강력한 지지로 대통령에 당선되었다. 레이건 지지자 중 다수는 여성이 가사와 육아를 담당하고 남성이 가족을 부양하는 전통적 가족 형태를 신봉했다. 이미 전후 시대의 주요한 흐름을 되돌리는 건 불가능했지만, 이들 보수층은 백악관에 자신들의 동지가 있다는 사실에 안도했다.

레이건 취임 당시 미국의 가장 큰 사회적 의제는 양성평등헌법 수정안ERA, equal rights amendment이었다. 여성의 평등권을 명시하고 있는 이 헌법 수정안은 1972년 미국 의회의 승인을 받은 뒤 비준을 위해 주의회에 넘겨졌다. 많은 주의회가 신속하게 이 수정안을 승인했지만 비준에 필요한 정족수인 38개 주에는 미치지 못했다. 1980년까지 이 수정안을 비준하는 데 찬성한 주는 35개였다(8개 주는 비준에 반대하여 이 수정안의 법적 지위를 불안정하게 만들었다). 양성평등헌법수정안은 원래 7년 안에 비준을 마치도록 되어 있었으나 미국 의회는 1979년 비준기간 연장안—이 또한 법적 지위의 불안요소다—을 통과시켜 1982년까지 시한을 연장했다.

연장된 3년은 수정안 지지자들에게 별로 도움이 되지 않았다.

1970년대 초의 낙태 합법화 시위.

이 기간 동안 수정안 비준에 동의하는 주는 단 한 곳도 늘지 않았
다. 반면 수정안에 반대하는 세력은 그 사이 조직을 갖췄다. 수정
안에 가장 강하게 반대했던 단체는 필리스 슐래플리Phillis Schlafly가
이끄는 이글포럼Eagle Forum이었다. 슐래플리가 전국적으로 유명해
진 것은 1964년 대선에서 배리 골드워터Barry Goldwater를 지지한 《메
아리가 아닌 선택A Choice, Not an Echo》을 출간하면서부터였다. 그녀는
1972년 전통적 가족 형태를 장려하고 양성평등헌법수정안의 도전
에 대응하기 위해 이글포럼을 창설했다. 슐래플리는 여성들이 자
신의 일에 몰두하기보다는 자녀들을 충분한 관심 속에서 잘 양육
하기 위해 가정에 머물며 아이들과 함께 있어야 한다고 주장했다.

1977년 백악관 앞에서 양성평등헌법수정안 반대 시위를 이끄는 필리스 슐래플리.

레이건 취임 이후 이글포럼은 꾸준히 보수적 기독교인들의 목소리를 대변해왔다.[79]

수정안이 특히 강한 반대에 부딪혔던 사안 중 하나는 수정안이 비준되면 앞으로는 여성도 징병 대상이 될 수 있다는 전망이었다. 미국은 1973년 베트남 전쟁이 잦아들면서 징병을 그만두었지만, 카터 대통령은 1980년 소련의 아프가니스탄 침공을 계기로 징병 예비 등록 제도를 복원했다. 냉전의 분위기가 고조되면서 징병제 부활의 가능성은 점차 심각하게 받아들여졌다. 양성평등헌법수정

---

[79] 보수적 기독교인들의 정치적 중요성이 커진 것에 대한 설명은 다음을 참조. J. Green, M. Rozell, and W. Wilcox, *The Christian Right in American Politics: Marching to the Millenium* (Washington, DC: Georgetown University Press, 2003), and C. Wilcox, *Onward Christian Soldiers* (Boulder, CO: Westview Press, 1995).

안 반대자들은 이 법이 통과될 경우 여성도 징병 대상이 될 것이라고 주장하며 당시 수많은 미국인의 경각심을 자극했다.

레이건 정권 시절 양성평등헌법수정안을 저지할 수 있었던 미국 사회의 보수층도 낙태에 대해서는 분명한 결과를 이끌어내지 못했다. 레이건은 대선 때 낙태를 쟁점화하며 그에 대해 강한 반대 입장을 밝혔다. (레이건은 카터와의 토론에서 여성의 낙태 권리를 주장하는 모든 사람들 역시 낙태되지 않았기에 지금 존재할 수 있는 것이라고 지적해 유권자의 호응을 이끌어냈다.) 보수층은 레이건이 대법관을 임명할 때 '로 대對 웨이드Roe v. Wade' 판결을 뒤집을 인물들을 선택할 것이라고 생각했다. 1973년에 내려진 이 판결은 주정부가 낙태를 금지하지 못하도록 했기 때문이었다. 하지만 레이건은 보수층의 입장 외에도 여러 가지 입장을 가진 대법관들을 함께 지명했다. 레이건과 부시 정권 시절 대법원에서 오간 판결 공방에 대해서는 다음 장에서 자세히 다룰 것이기 때문에 여기서는 레이건이 임명한 네 명의 대법관 중 두 명이 '로 대 웨이드' 판결의 존속에 찬성했다는 사실만 언급하고자 한다.

하지만 '로 대 웨이드' 판결의 존속이 여성이 낙태 시술을 받는 것을 보장해주지는 못했다. 미국 연방정부는 1977년 대부분의 낙태에 대해서 저소득층 의료보장제도Medicaid 지원금을 폐지했다. (저소득층 의료보장제도는 저소득 가구에 대한 연방정부의 의료보장제도로서 비용의 절반을 부담하는 주정부가 운용을 맡는다.) 몇몇 주에서는 자체적으로 낙태에 대해 의료 지원금을 유지했지만 대부분의 주에서는 이를 폐지했다. 많은 주에서는 부모 동의 조건, 의무 상담 조건, 낙태 가능 기간 제한 등 여러 가지 규제를 두어 낙태 시술을 어렵게 만들었다. 이들 규제는 대부분 위헌 판결을 받았지만 제거되지 않은 몇 가지 조항들은 일부 여성들의 낙태 시술을 더욱 어렵게 만들었다.

또한 낙태 반대 운동은 낙태 시술 병원에 대해 규탄 시위를 벌이는 등 직접 행동에 나섰다. 이러한 시위는 때로 과격해지기도 했다. 심지어는 낙태를 원하는 여성들에 대한 공격, 시술 병원에 대한 폭탄 공격, 그리고 낙태 시술 의사에 대한 암살 사건도 발생했다. 이러한 위협 때문에 많은 지역(주로 남부와 중서부 지방)의 여성들은 낙태 시술에 더욱 큰 어려움을 겪었다. 이러한 지역에는 낙태 시술 의사가 거의 없었기 때문에 다른 주나 외국에 가서 낙태 시술을 받고 올 만한 여력이 없는 여성들은 낙태 시술을 받을 수 없었다.

낙태에 대한 미국 사회의 공방은 뚜렷한 승패를 내지 못했던 반면, 동성애 권리에 대한 논쟁은 이보다 훨씬 명확한 구도를 보였다. 1980년에는 미국의 유명 정치인 가운데 성적 지향으로 인한 차별을 방지하는 대책을 공개적으로 지지할 준비가 된 사람은 거의 없었다. 공개적으로 동성애자임을 밝힌 관료가 몇 명 있긴 했지만 이들은 모두 샌프란시스코처럼 진보 성향의 지역에서 당선된 자들이었다.

이러한 상황은 이후 10년이 지나는 동안 급속하게 변했다. 동성 관계는 이전에 비해 훨씬 더 사회적으로 용인되었다. 레이건 임기 말에는 두 명의 남성 동성애자 의원이 자신들의 성적 지향을 밝혔음에도 불구하고 재선에 성공했다. 여러 주와 지방의 동성애자 정치인들도 다른 직종의 유명 인사들처럼 성적 지향을 공개적으로 밝혔다. 10년이 지난 시점에도 미국 사회에는 여전히 성적 지향에 대한 뿌리 깊은 차별과 편견이 남아 있었지만, 동성애자의 권리에 대한 미국 사회의 지지는 10년 전보다 한층 강력해졌다.

미국 동성애자들의 권리 증진을 방해했던 요소 중 하나는 후천성면역결핍증, 즉 에이즈AIDS의 확산이었다.[80] 에이즈는 1970년대 말 처음으로 확진되었다. 이때 에이즈 판정을 받은 사람은 미국의 동성애자 남성들과 마약 주사를 맞았던 사람들, 그리고 아이티와 탄자니아의 이성애자 남성들이었다. 1980년대에 들어서면서 에이즈 환자 수는 급속히 늘어나기 시작했다. 1981년에는 234명이 에이즈로 사망했다. 사망자 수는 계속 늘어나 1985년에는 5386명이 에이즈로 목숨을 잃었다. 남성 동성애자들이 이 질병으로 가장 큰 타격을 받아 굉장히 많은 사망자가 발생했다. 특히 사람들을 놀라게 했던 것은 에이즈 사망자들 가운데 상당수가 꽤 젊고 건강했다는 사실이었다. 마땅한 치료법이 없었기에 이 생소하고 기괴한 질병에 걸리는 것은 곧 사형선고와 다름없었다.

생명과 건강의 위협에 직면한 남성 동성애자들은 예전과는 달리 조직을 만들고 정치적 목소리를 내기 시작했다. 그들은 보건 당

---

[80]  에이즈 감염에 대한 정치권의 초기 입장에 대해서는 다음을 참조. S. Epstein, *Immune Science: AIDS, Activism, and the Politic of Knowledge* (Berkeley, CA: University of California Press, 1992); J. Andriote, *Victory Deferred: How AIDS Changed Gay Life in America* (Chicago: University of Chicago Press, 1999); and J. D'Emillo, *Making Trouble: Essay on Gay History, Politics and the University* (London: Routledge, 1992).

국에 에이즈의 위협을 심각하게 다뤄줄 것과 감염자들을 보살필 수 있는 자원을 확보하고 치료법을 강구할 것을 촉구했다. 또한 이들은 자체적으로 에이즈 전염과 연관된 성행위의 자제를 설득해나갔다.

이러한 노력은 상당한 성과를 보였다. 1982년, 레이건 대통령의 공보비서관은 기자회견 도중 에이즈에 대한 농담을 꺼내기도 했다. 하지만 4년 후 레이건 대통령은 연두교서에서 에이즈에 대해 언급했으며, 에이즈의 확산을 막고 치료법을 찾기 위한 정부 차원의 노력을 약속했다. 남성 동성애자 집단이 주도했던 에이즈 관련 정치 활동은 단시간 내에 에이즈 문제를 부각시켰고 급기야 레이건 같은 보수적 정치인까지 사안의 심각성을 인식하도록 만들었다.

1987년 미국 식품의약품안전청FDA은 지도부딘zidovudine, AZT을 에이즈 치료제로 인정했다. 지도부딘은 에이즈 환자의 수명을 상당 기간 연장해주고 삶의 질에도 긍정적 영향을 미쳤으나 완치는 불가능했다. 1990년대 들어 개발된 의료 기술은 에이즈를 만성질병으로 분류할 만큼 환자의 수명을 연장시켰으며 환자 중에는 상당히 건강한 상태를 유지하는 경우도 많았다. 2세대 에이즈 약품의 가격은 상당히 높은 편이어서 개발도상국의 환자들의 접근성 문제가 제기되기도 했으나 효과가 탁월해 미국에서 에이즈 확산을 억제하는 데 크게 기여했다. 미국이나 다른 선진국에서도 앞으로도 얼마간은 에이즈가 여전히 심각한 위협으로 남겠지만, 이제 에이즈는 1980년대 초 처음 발견되었을 때처럼 치명적인 질병은 아니다.

에이즈의 위협에 맞서기 위한 연대는 다른 분야에 있어서도 동성애자 집단의 정치적 영향력을 강화해주었다. 우선 사회 전반의 저명인사들이 처음으로 자신의 성적 지향을 밝히기 시작했다. 동성애를 사회 주변부에서나 일어나는 비정상적 행동으로 봐왔던 미국 대중도 동성애가 일상적인 것이라는 점을 깨닫기 시작했다. 동성애 행위를 받아들이는 것을 두고 지금까지도 감정적인 정치 공방이 이어지고 있지만, 에이즈에 대한 대응은 동성애 관계에 대한 대중의 인식을 본질적으로 변화시켰다.

## 레이건 정부의 환경 정책

1960년대 들어 미국의 환경 보호 운동은 새로운 전성기를 맞이했다. 활발하게 정치 운동을 펼치며 미국인의 생활 방식에 의문을 제기했던 젊은 세대는 미국의 경제 성장이 환경에 미치는 영향에 주목했다. 많은 사람들이 환경 문제를 인식하기 시작하면서 기존 환경 단체는 규모가 부쩍 커졌으며 새로운 환경 단체들도 폭발적으로 등장했다.

이러한 운동은 즉각적으로 미국 주류 정치계에도 영향을 미쳤다. 1970년에는 위스콘신 주의 민주당 상원의원 게이로드 넬슨 Gaylord Nelson이 제안한 '지구의 날 Earth Day' 행사가 처음으로 열렸다. 이날에는 강의와 영화 상영, 시위 등 여러 행사가 열렸는데 미국 전역에서 수천만 명이 참여했다. 환경 운동가들은 정치 성향 면에서 좌파에 가까웠지만 닉슨 대통령은 환경 문제를 민주당만의 관심사로 놔두지 않았다. 닉슨은 1970년 환경보호국EPA, Environmental Protection Agency의 설립을 도왔고, 3년 후에는 대표적 환경보호법인 멸종위기동식물보호법Endangered Species Act에 서명했다.

레이건이 선출된 1980년 대선 당시 미국의 환경 보호 운동은 1960년대보다 체계화된 형태로 활발하게 진행되고 있었다. 환경주의자들은 대개 민주당을 지지했지만 공화당을 지지하는 환경 운동가들도 꽤 있었다. 또한 여러 공화당 저명인사들은 환경 친화적 인물로 보이고자 안간힘을 썼다.

그러나 레이건 행정부의 환경 분야 정책은 이전 10년간 두 정당이 쌓아온 공감대에 결별을 고하는 것이었다. 레이건은 선거 기간 중에도 당선 후에도 규제의 남용이 기업 활동에 부담을 주고 있다며 불만을 표시했다. 의회에서 민주당이 환경 관련 법안을 축소하려는 시도들을 막아낸다 해도 레이건은 대통령으로서 충분히 환경 법안의 효력을 약화시킬 수 있었다. 대통령 취임 직후 레이건은 정부 각 부처에 대통령령을 내려 환경 규제를 포함하여 어떠한 규제든 시행에 앞서 비용 대비 편익을 분석하라고 지시했다.[81] 레이건은 법에 명시적으로 지시된 사항이 아닌 한 최소 비용만 집행할 것을 각 부처에 요구했다. 이러한 조치는 비용 대 편익 분석에 드는 시간만큼 새로운 규제의 시행을 지연시켰고, 결국 시행된 규제

........................................

[81]  R. Andrews, *Managing the Environment, Managing Ourselves: A History of Environmental Policy in America* (New Haven: Yale University Press, 1999), 255~283.

들의 효력마저 크게 약화시켰다.

또한 레이건은 환경보호국에 대한 예산을 삭감함으로써 이 기관의 규제 능력을 약화시켰다. 레이건은 임기 첫해에 환경보호국 직원을 11퍼센트 감원했다. 레이건은 자신의 정치적 지원군이자 환경 정책에 대한 배경이 전무한 앤 고어서치Anne Gorsuch(이후 앤 버포드Anne Burford)를 환경보호국 국장으로 임명했으며, 다른 임원직 역시 환경 정책에 아무런 전문성도 없는 이들에게 나눠주었다. 이러한 인선은 전문직 직원들의 사기를 꺾었고, 실망한 직원들 다수는 환경보호국을 떠났다. 그러면서 환경보호국의 규제력은 더욱 약화되어갔다.

레이건의 환경 관련 중역 인선에서 눈에 띄는 것은 제임스 와트James Watt의 내무장관 기용이었다. 와트는 환경주의자들과 팽팽하게 대립하기로 악명이 높았던 자로 1976년에는 환경 규제에 대항하기 위해 산악지역변호기금Mountain States Legal Defence Fund을 설립하기도 했다. 내무장관으로 취임한 와트는 국유지를 자연 상태로 보존하기보다 벌목, 채굴, 관광 등 상업 용도로 허가해주는 데 치우쳤다. 또한 환경주의자들에 대해 적대적이고 거침없는 발언을 쏟아내며 많은 논쟁을 불러일으켰다. (예컨대 그는 미국을 '진보주의자와 미국인'으로 구분하기도 했다.) 그는 결국 1983년 가을, 공식석상에서 환경주의자를 빗대어 "불구자"라고 농담함으로써 물의를 빚고 장관직을 사임해야 했다.

앤 고어서치가 환경보호국 국장을 맡았던 기간이나 와트의 내무장관 재임 기간은 비교적 길지 않았지만 이들의 취임 이후 미국의 환경 정책은 지속적인 압박을 받았다. 미국은 1970년대에 환경 규제를 강화하고 자연 지역에 대한 보호를 확대해 나갔다. 그러나 이러한 진전은 고어서치와 와트의 재임 기간 동안 정체되었고 오히려 퇴보한 부분도 있었다. 유럽과 기타 선진국에서 환경 운동이 탄력을 얻고 있는 동안 미국의 환경 운동에는 심각한 장애물이 가로놓여졌다. 한때는 환경 정책 개발에서 세계적인 모범이었던 미국은 환경 보호 후진국 대열로 자리를 옮겨갔다.

## 레이건과 세계

취임 직후 레이건은 세계에 미국의 힘을 주장하기 시작했다. 이는 곧 소련과의 더욱 강경한 대치를 뜻하는 것이었다. 레이건은 선거 기간에 공약했던 대로 카터 대통령이 협상했던 제2차 전략적 무기 제한협정SALT II을 상원에 제출하지 않겠다고 선언했다. 카터는 1979년 6월 이 협정에 서명했지만 반대자들이 협정의 근거 등 갖가지 문제를 제기하며 시간을 끈 탓에 상원의 승인이 연기되었다. 이러한 반대에도 불구하고 정치권은 이 협정에 대해 초당적인 지지를 나타냈다. 하지만 그런 가운데 발표된 레이건의 협정 철회는 카터 정권뿐 아니라 협정의 기초를 다졌던 닉슨과 포드 정권의 외교 노력을 한순간에 뒤엎었다. (레이건은 소련이 협정 사항을 만족할 만한 수준으로 제대로 이행한다면 미국도 임시적으로 제2차 전략적 무기제한협정 조항을 준수하겠다고 선언했다.)[82]

또한 카터 정권 말기부터 시작된 미국의 군비 증강은 레이건의 취임과 함께 더욱 빠르게 진행되었다. 베트남 전쟁이 절정에 달한 1968년에 GDP의 9.5퍼센트를 차지했던 미국의 국방비 지출은 종전 직후 급격하게 감소하여 1978년에는 4.7퍼센트를 기록했다. 1981년 국방비는 카터 정부의 마지막 예산이 반영된 결과 5.2퍼센트까지 증가하였다. 레이건은 이러한 국방비 지출 상승세를 이어나갔고 1986년에 국방비는 GDP의 6.2퍼센트까지 증가했다. (2005년도 미국 GDP의 1퍼센트는 약 1250억 달러의 연간 지출에 해당한다. 이는 1978년에서 1986년 사이에 증가한 국방비 지출 1.5퍼센트를 2005년 기준으로 환산했을 때 연간 국방 예산이 약 1875억 달러 인상되었음을 뜻한다.)

레이건이 동맹국들에게 소련의 위협에 맞서기 위해 국방비 지출을 늘릴 필요가 있다고 설득하지 못했다는 사실은 주목해볼 만하다. 1980년대에 유럽 국가들은 거의 모두가 GDP 대비 국방비 지출을 줄였으며, 심지어 보수적인 대처 정부하의 영국도 군 배정 예산을 소폭 감소시켰다. 소련의 도전에 맞선다는 군비 증강의 명

---

82  이 기간의 무기 제한 협상에 대한 전반적 개괄은 다음을 참조. R. Garthoff, *Detente and Confrontation: American-Soviet Relations from Nixon to Reagan*, rev. ed. (Washington, DC: Brookings Institution, 1994). 무기 제한을 위한 대중 운동과 그 정치적 영향에 대해서는 다음의 논의 참조. D. Waller, *Congress and the Nuclear Freeze: An Inside Look at the Politics of a Mass Movement* (Amherst, MA: University of Massachusetts Press, 1986), and T. Rochon and D. Meyer, eds., *Coalitions and Political Movement: The Lessons of the Nuclear Freeze* (Boulder, CO: Lynne Rienner Publishers, 1997).

분은 미국에만 한정된 이야기였다.[83]

　레이건이 추진한 군비 증강의 초점은 신무기 개발에 맞춰져 있었다. 카터 행정부는 3대 주요 무기 체계, 즉 B-1 폭격기, 트라이던트 잠수함, MX미사일의 개발을 지원했지만 실전 배치 결정은 내리지 않았다. (실제로 카터는 B-1 폭격기의 실전 배치에 반대했다.) 이 세 가지 무기 체계를 구축하는 데에는 굉장히 많은 비용이 필요했다. 게다가 B-1 폭격기의 경우에는 그 효과에 대한 중대한 의문들이 제기되었다. 전문가들은 B-1 폭격기가 소련의 영공 방어선을 뚫지 못할 것이라고 주장하기도 했다. (그 당시 국방부는 이미 레이더 추적을 피할 수 있는 '스텔스' 기술을 적용한 차세대 B-2 폭격기의 개발을 진행하고 있었다.)

　더 중요한 것은 트라이던트 잠수함과 MX미사일이라는 무기 체계가 가진 잠재적 불안정성이었다. 이 두 가지 무기 체계가 지난 20년간 미국과 소련 간 무력충돌을 저지해왔던 '상호 확증 파괴MAD, mutually assured destruction' 원칙을 무너뜨릴 수도 있었기 때문이었다. 상호 확증 파괴라는 것은 미국이나 소련 중 어느 편이든 먼저 핵공격을 감행할 경우 상대편 국가로부터 핵 보복공격을 받아 파괴당할 수 있기 때문에 두 나라 모두 선제 핵공격을 하지 않을 것이라는 논리다. 다시 말해 핵전쟁 도발은 곧 자멸로 이어질 것이므로

--------

[83] 미국과 기타 선진국의 국방비 지출 자료는 다음을 참조. H. Oxley and J. Martin, *Controlling Government Spending and Deficits: Trends in the 1980s and Prospects for the 1990s*, OECD Economic Studio no. 17 (Paris: OECD, 1991), http://www.oecd.org/datacd/33/12/34259242.pdf.

수중 발사된 트라이던트 II 미사일.

이성적 판단을 하는 정부라면 결코 그런 선택을 하지 않을 것이라는 뜻이다.

트라이던트 잠수함과 MX미사일은 상호 확증 파괴 원칙을 위협할 만큼 커다란 파괴력을 가지고 있었다. 이 무기 체계는 대륙 간 미사일과 폭격기를 갖춘 소련 함대를 표적으로 엄청난 숫자의 미사일 공격을 가할 수 있으며, 각각의 미사일은 높은 적중률을 가진 여러 개의 탄두를 탑재하고 있었다. 이 두 가지 무기가 성공적으로 실전 배치될 경우 미국은 선제공격으로 소련의 보복 능력을 거의 무력화시킬 수도 있었다.

많은 군사 전문가들은 이러한 구상이 군사적 평형 관계를 깨트려 심각한 파국을 몰고 올 수 있다고 지적하며 그 위험성을 경고했다. 만약 소련 지도부가 일단 미국의 선제공격을 받은 뒤에는 반격할 만한 여력이 없을 것이라고 판단한다면 '경보 즉시 발사' 정책을 택할 가능성이 높기 때문이다. 이것은 미국의 공격에 위협을 느끼는 소련이 항시 발사 준비를 완료하고 있다가 미국의 발사 징후(부정확한 정보일지라도)가 포착되는 즉시 공격을 개시할 것이라는 뜻이다.[84]

임기 첫해를 마치기 전 레이건은 자신의 최고 군사자문위원들과 함께 일주일간 회동하며 이 세 가지 무기 체계에 관한 선택지들을 검토했다. 회동을 마친 레이건은 이 세 가지 무기의 개발을 모두 진행하겠다는 뜻을 밝혔다. 그 무기 체계들의 군사적 중요성이 어쩌든 간에 이러한 결정은 엄청난 예산을 군비 증강에 기꺼이 쏟아 붓겠다는, 또한 이전 20년간 다져왔던 소련과의 긴장 완화가 파국을 맞는 위험을 감수하겠다는 레이건의 의지를 보여주는 것이었다.

---

[84] 이에 대한 논의는 다음을 참조. R. Ehrlich, *Waging Nuclear Peace: The Technology and Politics of Nuclear Weapons* (Albany, NY: SUNY Press, 1985).

## 미국과 중앙아메리카

레이건 취임 직후 외교 정책 담당자들은 중앙아메리카로 관심을 돌렸다. 이들의 첫 번째 목표는 무장 반란에 맞서 과테말라와 엘살바도르 정부를 지키는 것이었다. 특히 엘살바도르 정부는 커다란 위협에 직면했는데, 정부 측의 기반은 소수의 부유층이었던 반면 반군 측은 노동조합과 농민 단체 등으로부터 폭넓은 지지를 받고 있었기 때문이었다. 또 한편 레이건 행정부는 오랫동안 니카라과 정부를 전복시키고자 했다.

엘살바도르 정부를 지속시키기 위해 레이건 행정부는 수없는 반대 목소리에도 불구하고 엘살바도르 정권의 대규모 탄압을 용인했다. 이러한 탄압은 주로 암살단을 통해 이뤄졌는데, 암살단은 노조와 농민 지도자, 언론인, 학생 운동가, 심지어는 성직자들까지 노렸다. 1980년 3월에는 산살바도르의 대주교인 오스카 로메로Oscar Romero가 설교 도중 피살되는 사건이 발생했다. 원래 로메로는 기득권 엘리트 세력과 가까운 관계에 있던 가톨릭 교회 보수 세력의 일원이었다. 하지만 로메로는 말년에 접어들어 가난한 이들에게 연민을 나타내며 정부에 대한 비판의 목소리를 높여나갔다. 마지막 설교에서 그는 엘살바도르 민중 봉기에 대한 지지의 뜻을 전달했다.

대주교를 살해하고도 아무런 처벌이 없었다는 사실은 그 누구도 암살단의 위협에서 자유로울 수 없다는 위기감을 엘살바도르 국민들에게 각인시켰다. 인권 단체인 아메리카스 워치Americas Watch

는 1980년대에 엘살바도르 암살단에게 피살된 인원이 3만 명이 넘는다고 보고했다.[85] 이는 엘살바도르 인구의 0.6퍼센트에 해당하는 숫자로, 미국으로 치면 전체 인구 중 180만 명에 달하는 규모였다. 공식적으로 엘살바도르 정부는 이러한 사망의 원인에 대해 아는 바가 없으며, 암살단에 대해서는 단호한 조치를 취하고 있다고 밝혔다. 레이건 정부 역시 미국의 엘살바도르 지원이 도마에 올랐을 때 이와 비슷한 주장을 반복했다. 1991년에 평화협정이 맺어진 이후 열린 유엔 청문회에서 엘살바도르의 군부와 암살단이 같은 집단이었다는 사실이 밝혀졌다. 엘살바도르 군부에 무기와 훈련, 정보를 제공했던 미국 정부는 이 사실을 분명히 알고 있었다.

한편 니카라과에 대해서 레이건은 취임 첫날부터 니카라과 정부의 정당성을 받아들일 수 없다는 입장을 밝혔다. 미국은 니카라과에서 축출된 소모사의 방위군 잔여 세력을 무장시켜 게릴라군으로 재조직해 니카라과와 온두라스의 국경에 배치했다. 사실 이 계획은 카터 대통령 임기 중에 이미 시작된 것이었지만 레이건은 이들을 '자유 전사freedom fighters'라고 부르며 옹호했다. 하지만 미국 외 대부분 국가에서는 이들을 '반혁명세력counterrevolutionaries'의 줄임말인 '콘트라스Contras'라고 불렀다. 콘트라스는 미국으로부터 훈련, 무기, 군수 지원을 받으며 국경을 넘어 니카라과 군대가 방어하기 힘든 먼 국경 지역을 공략하기 시작했다.

---

[85] Human Right Watch: Americas: El Salvador, *El Salvador's Decade of Terror, 1981–1991: Human Rights Since the Assassination of Archbishop Romero* (New York: Human Right Watch, 1991).

1979년 산디니스타
민족해방전선(FSLN)의 포스터.

　군사적 노력 외에도 레이건 행정부는 니카라과 정부를 정치·경제적으로 고립시키고자 했다. 산디니스타가 니카라과의 정권을 잡을 당시 서구 세계는 이들에게 상당한 관심과 지지를 나타냈다. 서유럽의 많은 단체들은 니카라과의 혁명이 빈민들의 생활 개선에 희망을 주었다고 보고 이를 매우 돕고 싶어 했다. 1981년 선거를 통해 사회주의 정부가 출범한 프랑스를 비롯해 많은 서유럽 국가 정부들도 니카라과의 새 정부에 대한 원조의 뜻을 밝혔다.

　레이건 행정부는 이 같은 서유럽 국가들의 니카라과 지원을 제한하기 위해 정치적 압력을 행사했다. 미국이 니카라과로의 프랑스 무기 유입을 차단한 것이 대표적인 사례다. 서유럽의 지원을 제한함으로써 레이건 행정부는 니카라과가 소련에 더욱 의존하도록 만들었다. 산디니스타 지도부는 소련의 지원을 하나의 선택사항으로 생각하고 있었지만, 레이건 행정부의 국제적 고립 정책으로 인해 다른 선택의 여지를 가질 수 없게 되었다.

레이건 정권이 적대 정책을 취하면서 내세웠던 명분은 니카라과의 민주주의 위기와 소련, 쿠바와의 연대였다. 미국은 또한 니카라과 정부가 엘살바도르의 반정부 세력에 무기를 지원하고 있다고 주장했다.[86] 그러나 이러한 명분들이 미국이 정말 우려하고 있던 것이라고 보기는 어렵다. 미국은 이전까지 거의 한 세기에 걸쳐 라틴아메리카에서 독재를 지원하거나 심지어는 강요하기도 했다. 니카라과의 소모사 정권 수립이 그 대표적 사례다. 미국은 또한 니카라과에는 민주주의 원칙이 부재한다고 성토하면서도 수만 명의 반대 세력을 처형한 엘살바도르의 정권은 계속 지원하고 있었다. 1984년 니카라과 정부가 선거를 실시할 당시 레이건 행정부는 공정한 경쟁 선거 환경을 조성하는 대신 주요 야당 지도자들이 참여하지 못하도록 공작을 펼쳤다.[87]

레이건 행정부는 니카라과 정부의 전복에 점점 더 집착했다. 그

---

[86] 엘살바도르와 국경을 맞대고 있지 않은 니카라과로부터 거대한 규모의 무기가 유입되었다는 주장은 신빙성이 높지 않다. 이러한 무기가 엘살바도르로 들어가기 위해서는 미군이 대거 주둔하고 있는 온두라스를 거치거나 미국의 전함과 비행기가 정찰하고 있는 폰세카 만을 거쳐야 하기 때문이다.

[87] 1984년의 니카라과에서 열린 선거는 해외 감독인단의 감독 아래 진행되었으며 여기에는 라틴아메리카연구회Latin America Studies Association와 영국, 아일랜드의 국회 단체가 포함되었다. 레이건 행정부가 공정한 선거를 추구했다면 해외 감독인단에 이보다 훨씬 많은 국가를 포함시켰을 것이다. T. Walker, *Nicaragua: Living in the Shadow of the Eagle* (Boulder, CO: Westview Press, 2003).

러나 레이건 행정부의 움직임은 미국에게 국제적인 수치를 불러왔다. 당시 국민들의 압도적인 지지를 얻고 있는 니카라과의 정부를 몰아내려는 레이건의 시도에 공식적 지지 의사를 표명한 국가는 거의 없었다. 1984년 레이건 정부가 니카라과 항만에 지뢰 설치를 인가했다는 소식이 유출되면서 미국의 도를 넘은 개입이 만천하에 드러났다.[88] 니카라과 정부는 이 사건을 포함한 몇 가지 혐의로 미국을 국제사법재판소에 제소했다. 니카라과를 지지하는 서유럽 국가의 판사들이 다수였던 재판부는 대부분의 혐의에 대해 니카라과의 손을 들어주었다.

또한 미국 안에서도 레이건의 중앙아메리카 정책에 대한 비판들이 쏟아져 나왔다. 레이건의 임기 동안 미국 전역에서 수십만 인파가 중앙아메리카 정책에 반대하는 시위를 벌였다. 이러한 여론에 압력을 느낀 미국 의회는 결국 콘트라스에 대한 미국의 무기 유출을 중단시켰다.[89] 1983년 의회는 예산 확보 차원에서 인도적 지원 이외의 콘트라스에 대한 모든 지원을 금지했다. 이러한 조치는 니카라과에 대한 레이건의 적대 정책에 법적인 영향력을 끼쳤지만, 혁명 정부를 전복하려는 레이건의 의지는 여전히 꺾이지 않았다.

------

88  미군은 또한 온두라스 군대와 함께 니카라과 접경에서 훈련을 진행했다. 'Big Pine' 등의 이름으로 불린 이 훈련은 20세기 초 시어도어 루스벨트Theodore Roosevelt의 '몽둥이Big Stick' 정책을 암시했다. 이 정책하에 미국은 루스벨트가 승인하지 않은 라틴아메리카의 정부들을 갈아치우려고 계속해서 개입했다.

89  중앙아메리카에 대한 미국의 개입을 반대하는 정치적 운동은 연방수사국FBI의 감시를 받았다. R. Gelbspan, *Break-Ins, Death Threats and the FBI: The Covert War Against the Central America Movement* (Boston: South End Press, 1991).

# 중동

레이건 취임 당시 중동은 상당한 혼란에 휩싸여 있었는데, 그러한 혼란은 레이건의 임기 내내 지속되었다. 이란의 혁명 정부는 이라크의 침공에 대항하여 유혈전쟁을 치르고 있었으며 이스라엘과 레바논 사이의 교전은 국경을 넘나들며 연일 격렬해져갔다. 또한 소련은 아프가니스탄에서 물러나지 않고 이슬람 저항운동을 계속 진압해나갔다.

1980년 이라크의 이란 침공의 진상에 대해서는 아직까지도 많은 논란이 있지만, 사담 후세인Saddam Hussein이 이끄는 이라크가 전쟁의 혼란을 틈타 풍부한 석유자원과 전략적 가치가 있는 지역을 확보하려고 했다는 사실만큼은 분명해 보인다. 그리고 또 한 가지 분명한 것은 이라크의 공격 뒤에 미국의 암묵적인 동의가 있었다는 사실이다. 레이건 정부는 수시로 이라크에 무기를 판매했으며 이는 전쟁이 장기전으로 이어지면서 계속되었다. 더욱 중요한 사실은 미국과 긴밀한 동맹 관계에 있던 페르시아 만의 아랍 국가들 역시 이라크에 막대한 전쟁 자금을 지원했다는 점이다. 미국이 바랐던 바는 이라크가 중동 지역에서 더욱 막강한 지위를 확보하는 게 아니었을 것이다. 분명 미국은 이라크와 이란 양국이 기나긴 전쟁에 빠져 경제가 무너지고 수많은 사상자가 발생한 상황을 흡족해했다.

한편 이스라엘과 레바논은 수년간 서로 보복 전쟁을 벌이고 있었다. 팔레스타인해방기구PLO, Palestine Liberation Organization의 게릴라군을 포함한 남레바논 군대가 이스라엘에 포탄 공격을 가하면 이스라엘군은 포탄과 전투기, 때로는 지상군까지 동원해 남레바논을 보복 공격하는 식이었다. 이때 레바논 중앙정부의 통제력은 남레바논 지역까지 미치지 못했다. 당시 레바논의 지방 권력은 주로 파벌에 따라 조직된 여러 무장단체의 손에 넘어가 있었다. 몇몇 이슬람 무장단체는 이란의 혁명을 목격한 후 점차 과격 양상을 보이기 시작했다. 또한 이란의 새 정부로부터 훈련과 무기, 그리고 자금을 지원받는 단체들도 있었다.

1982년 6월, 이스라엘은 (팔레스타인해방기구와 관계없는 단체에 의한) 이스라엘 주영국대사의 피살을 명분으로 레바논에 대한 지상침공을 개시했다. 이스라엘의 공격은 남레바논에서 멈추지 않고 레바논의 수도인 베이루트까지 이어졌다. 이스라엘의 첫째 목표는 베이루트에 본부를 두고 있는 팔레스타인해방기구를 분쇄하는 것이었으며, 둘째 목표는 친이스라엘 정부를 세우는 것이었다. 미국은 8월 말까지 팔레스타인해방기구의 지도부와 무장대원들이 튀니지로 물러나기로 한 협정을 중개하여 이스라엘의 첫째 목표 달성을 도왔다.

9월 15일, 친이스라엘 정부를 세우려는 이스라엘의 계획에 따라 새 대통령으로 선출된 바시르 게마엘Bachir Gemayel이 당사에서 폭탄 테러로 암살당하는 사건이 일어났다. 암살이 일어나자 이스라엘은 레바논 내의 친미-기독교도 무장단체가 베이루트 서부의 사브라와 샤틸라 팔레스타인 난민촌을 공격하도록 했다. 이때 학살된 난민은 최소 700명, 많게는 2700명가량으로 추산된다.[90]

이러한 대학살이 국제사회의 분노를 촉발한 가운데 (팔레스타인해방기구가 이전한 후 팔레스타인 주민들의 보호 임무를 맡은) 미국은 평화 유지 임무라는 모호한 명분 아래 유엔의 후원을 받으며 더 많은 미군 병력을 베이루트에 파병했다. 파병 이후 미군은 여러 면에서 기독교 세력 정부를 편파적으로 지원했다. 그 결과 이슬람 민병대는 미군을 공격 목표로 지목하기 시작했다. 그중 미군에 가장 큰 피해를 입힌 사건은 1983년 10월에 일어난 자살폭탄 테러였다. 이날 폭약을 싣고 미 해병대 막사로 돌진한 트럭이 폭발하면서 241명의 해병대원이 사망했다. 레이건은 이런 공격으로 미국이 레바논에서 물러나는 일은 없을 것이라고 발표했다. 하지만 사건이 일어난 지 4개월이 채 지나지 않아 레이건은 미군을 레바논 해안에서 떨어진 전함으로 철수시키고 이 불운한 모험을 결말 지었다.

1980년대 아프가니스탄에서는 2차 대전 이후 가장 거대한 비밀 작전이 전개되었다. 카터 정권이 시작한, 아프가니스탄을 '소련의 베트남'으로 만들기 위한 정책은 레이건 정권에서도 이어졌다. 그 정책은 소련이 세운 정부에 대항할 게릴라군을 비밀리에 무장 및 훈련시키는 작업이었다. 일부 통계는 이 작전에 소요된 비용을 연간 5억 달러로 추산하기도 했다.[91]

---

[90] 이스라엘의 조사위원회가 밝힌 학살 희생자 수는 700명이었다. 이에 비해 국제적 십자위원회는 1500명 이상의 난민이 살해됐다고 추산했다. Y. Sayigh, *Armed Struggle and the Search for State: The Palestinian National Movement, 1949–1993* (Oxford: Oxford University Press, 2000), 539.

단일 비밀작전에 투입하는 금액으로는 막대한 액수였지만 작전의 결과는 성공적이었다. 소련은 게릴라의 저항을 막으며 점령을 유지하기 위해 엄청난 비용을 물어야 했다. 소련과 친소 아프가니스탄 세력은 저항 세력을 잔인하게 탄압했으나 그럴수록 반대 세력은 더욱 늘어났다. 이러한 분쟁을 치르는 동안 소련은 경제, 정치, 인력 등 모든 면에서 엄청난 대가를 치러야 했다. 또한 아프가니스탄에서의 전쟁은 2차 대전 이후 더 이상의 갈등 확산을 피하려고 했던 소련군의 이미지에 타격을 주는 것이기도 했다. 또한 아프가니스탄 주둔 소련군의 사망 위험이 높아지자 소련 내에서도 자녀를 파병한 가족들을 중심으로 커다란 반발이 일었다.

미국은 소련이 엄청난 침공의 대가를 치르게 하는 데 성공했지만 아프가니스탄 정부의 자립을 돕는 일에는 제대로 나서지 않았다. 레이건 행정부는 아프가니스탄을 손쉬운 전쟁터 이상으로 인식하지 않았다. 아프가니스탄 저항 세력들은 추구하는 이상이 제각각이었다. 하지만 외국 점령기의 잔재에 대해서는 대부분 확실하게 반대했는데, 특히 이슬람 근본주의자들은 여성의 처우를 개선하려는—예컨대 여성이 공공장소에서 얼굴을 드러낼 수 있게 하거나 학교나 직장을 다닐 수 있게 하려는—정부의 시도에 대항했다. 아프가니스탄은 신앙을 수호하려는 전 세계 이슬람 과격주

---

91 S. Coll, *Ghost Wars: The Secret History of the CIA, Afghanistan, and Bin Laden, from the Soviet Invasion to September 10, 2001* (New York: Penguin Books, 2004), 102.

의자들의 집결지가 되었다. 이때 사우디아라비아에서 아프가니스
탄으로 건너간 이슬람 과격주의자 중 한 명이 바로 오사마 빈 라덴
<sub>Osama bin Laden</sub>이었다.


## 테러리즘과 그레나다

레이건 행정부가 외교 정책을 추진하면서 미국인들을 하나로 모
을 수 있었던 대표적인 주제는 테러리즘이었다. 미국은 줄곧 미국
에 반대하는 국외 세력들을 테러리스트 혹은 테러 지원자로 규정
했다. 중앙아메리카와 중동, 심지어는 남아프리카까지 이러한 경
우에 해당했다. (레이건 행정부는 아프리카 민족회의<sub>African National
Congress</sub>에 극단적인 적대감을 표시했으며 넬슨 만델라<sub>Nelson Mandela</sub>를
테러리스트로 규정했다.) 물론 미국의 동맹 정권을 무너뜨리기 위
해 조직된 게릴라 단체들은 테러 전술을 사용하며 의도적으로 민
간인들을 공격하는 일이 잦았다. 하지만 이는 미국과 협력 관계에
있던 게릴라 단체들과 다를 바 없었다. 예를 들어 아프가니스탄에
서 소련군을 몰아내기 위해 조직된 게릴라군은 식당과 영화관 등
민간인들이 모이는 장소에 계속 폭탄 테러를 했다.[92] 심지어 이들
은 소련 하키 국가대표팀을 수송하던 버스까지 폭파했다. 또한 미

---

[92] 소련의 점령군에 대한 아프가니스탄 저항 세력의 전술은 다음을 참조. J. Cooley,
*Unholy Wars: Afghanistan, America, and International Terrorism* (London:
Pluto Press, 2002).

국을 등에 업은 엘살바도르와 과테말라 정부는 무장반군과 민간인을 구분하지 않고 정치적 반대자 수만 명을 학살했다.

당시 미국이 반테러리즘의 선두 국가라고 생각하는 나라는 그리 많지 않았으나 미국 언론은 이것을 미국 외교 정책 논의에서 기본 프레임으로 삼았다. 심지어 2005년에도 1983년 레바논에서 일어난 미 해병대 막사 폭파 사건은 (분명 군사 목표물에 대한 공격이었음에도 불구하고) '테러리스트' 공격으로 언급되었다. (일반적으로 '테러리스트' 공격이란 의도적으로 민간인을 겨냥한 공격을 뜻한다.)

1983년 레바논에서 미 해병대 막사 폭탄 공격이 발생한 지 이틀 뒤 미국은 그레나다를 침공했는데, 미국의 그레나다 침공은 한 가지 사건에 대하여 미국 안과 밖의 시선이 얼마나 다른지를 보여주는 대표적 사례다.[93] 과거 영국의 식민지였던 그레나다는 미국의 소도시 규모밖에 되지 않는 9만 인구가 살고 있는 카리브 해의 소국이다. 당시 그레나다를 통치하던 모리스 비숍Maurice Bishop은 1979년 기존의 부패하고 독재적인 정부에 대항해 군사쿠데타를 일으켜 권력을 잡은 카리스마 있는 좌파 지도자였다.[94]

비숍은 쿠바와 니카라과 정부와 가까운 관계를 유지하면서 레

---

93  M. Kryzanek, "The Grenada Invasion: Approaches to Understanding," in *United States Policy in Latin America: A Debate of Crisis and Challenge*, ed. J. Martz, 58~79 (Omaha, NE: University of Nebraska Press, 1995).

94  비숍 집권 이전의 그레나다 정권에 대해서는 다음을 참조. R. Pastor, *Exiting the Whirlpool: U.S. Foreign Policy Toward Latin America and the Caribbean* (Boulder, CO: Westview Press, 2001).

이건 행정부의 심기를 불편하게 했다. 또한 그는 그레나다의 공항을 확장해 유럽의 비행기들이 직항으로 입국할 수 있도록 하는 데 최우선 순위를 두었다. 공항 시설 확장은 관광업을 주요 산업으로 하는 그레나다로서는 합당한 개발 목표였다. 그러나 레이건 행정부는 확장된 활주로를 통해 소련군 전투기가 들어올 수 있으며 쿠바의 건설 노동자들이 이 작업을 돕고 있다고 지적하며 경계했다.

그러다가 비숍이 살해당하는 사건이 발생하면서 그레나다는 일촉즉발의 상황이 되었다. 비숍은 마르크스주의자인 과거 정치 동지들이 일으킨 쿠데타 가운데 살해됐다. 사건이 일어나자 레이건 행정부는 즉각적으로 그레나다의 의과대학에 재학 중이던 수백 명의 미국 학생들의 신변에 대해 염려를 표시했다. 이란에서 미국인이 인질로 잡혔듯이 미국 학생들이 인질로 잡히지 않도록 하겠다는 명목으로 레이건은 그레나다에 미군을 파견했다. 파견된 미군은 섬을 점령하고 새로 들어선 정권을 전복시켰다. 미국 학생들의 구조와 미군의 성공적인 임무 수행은 레이건 정부가 내세운 '미국의 부활America in back'과 잘 맞아떨어졌고 미국인들은 이를 칭송했다. 실제로 레이건 대통령은 1년 후 그레나다의 해방을 기념하며 1984년 10월 24일을 '자유의 날Freedom Day'로 선포했다.

하지만 그레나다 침공 사건의 실상은 전혀 달랐다. 그레나다에서 인질로 잡힌 미국 학생은 아무도 없었다. 실제로 미군이 그레나다를 급습할 때까지 미국 학생들은 전혀 위협을 느끼지 못했다. 사실 그레나다의 새 정권은 미국 학생들이 레이건 정부와의 관계에서 잠재적 갈등을 불러올 수 있다고 판단하고 이들을 추방하고자

1983년 그레나다를 침공한 미군.

했다. 미국의 침공 직전에 그레나다 정부는 학생들의 추방 문제를 협상하고자 노력하고 있었다.

　여러 모로 미국의 침공은 무질서했다. 침공 당시 그레나다 정권은 이미 내분으로 붕괴되기 시작했고 이들의 저항 또한 소규모의 산발적 형태였다. 그럼에도 미군 측에는 18명의 사망자와 백 명이 넘는 부상자가 발생했다. 미군의 침공 과정에서 정신병원이 폭파되는 사고도 일어나 17명의 환자와 한 명의 직원이 사망하기도 했다. 이러한 과실에도 불구하고 미 국방부는 그레나다 침공과 관련해 9천 명가량에게 포상했다. 이는 실제로 그레나다에 파병된 병력보다 더 많은 인원이었다.

　국제사회는 미국의 침공을 비난했다. 유엔 총회는 커다란 표차로 미국의 침공에 대한 규탄 결의안을 채택했다. 심지어 레이건의 보수적 동지였던 영국의 대처 총리마저도 침공에 대해서는 강한 반대의 뜻을 나타냈다. 국제사회는 미국의 그레나다 침공이 미국이 승인하지 않은 정권을 제거하기 위해 압도적 군사력을 동원한 불필요한 무력행사라고 보았다.

## 레이건 재임기의 정치

1980년 레이건의 대통령 당선은 민주당을 충격에 빠뜨렸다. 대통령직을 내줄 수는 있어도 상원의 주도권까지 빼앗길 거라고는 아무도 예상 못 했기 때문이었다. 민주당은 이전 26년 동안 대개 안정적인 의석 차이로 상원을 주도하고 있었다. 다선 의원들의 잇따른 낙선과 함께 갑자기 주도권을 상실한 민주당은 큰 충격을 받을 수밖에 없었다. 민주당은 하원에서도 34석을 내주며 주도권의 반 이상을 상실했다. 또한 주정부와 지방정부 선거에서도 패배가 이어졌다.

당선 이후 레이건은 신임 대통령에게 쏟아지는 언론의 찬사를 누렸다. 또한 1981년 3월 레이건이 저격을 당해 심각한 부상을 입으면서 대통령에 대한 무비판적 보도는 더욱 길게 이어졌다.[95] 하

---

[95] 암살 용의자인 존 힝클리 주니어John Hinckley Jr.는 정치적 목적으로 암살을 시도한 것이 아니었다. 그는 정신질환을 앓고 있었으며 한 여배우에게 자신을 드러내기 위해 대통령을 암살하려 했다. 그는 결국 정신이상을 근거로 무죄를 선고받았으며, 현재 정신병원에 수용돼 있다.

지만 레이건 대통령의 주요 정책안은 미국인들의 지지를 받지 못했으며 그해 중반경 미국 경제가 다시 침체되자 레이건의 지지도는 더욱 악화되었다. 1982년 선거가 치러질 당시 미국의 실업률은 10퍼센트를 넘기며 2차 대전 이후 가장 높은 수치를 기록했다.

높은 실업률과 더불어 미국의 사회보장제도도 문제에 봉착했다. 신탁기금이 바닥나고 있었기 때문이다. (실제로 신탁기금이 고갈된 경우도 있었는데 이때는 연금기금을 지출하기 위해 장애기금에서 차환을 받기도 했다.) 이는 고령화에 따른 은퇴자 증가라는 장기적 흐름이 원인이기도 했지만, 경기침체로 사회보장제도 관련 세수입이 줄어들었기 때문이기도 했다. 레이건은 이러한 세수입 부족분을 충당하기 위해 사회보장 혜택을 축소하겠다는 입장을 보였고 이는 1982년 선거에서 공화당에게 불리하게 작용했다.

경제침체에 대한 분노와 사회보장제도에 대한 우려, 그리고 레이건의 공격적인 외교 정책에 대한 비판의 목소리가 높아진 가운데 11월 선거는 민주당의 압승으로 마무리되었다. 민주당은 하원에서 공화당보다 27석을 더 확보하며 103표의 의결권을 차지했다. 상원의 결과는 조금 달랐다. 민주당은 단 한 석을 더 얻는 데 그쳐 공화당은 54대 46으로 주도권을 이어갔다.

사회보장제도를 둘러싼 정치 공방은 결국 운용 자금 확보라는 문제로 귀결되었다. 레이건 대통령과 민주당 지도부는 사회보장제도의 재원을 확보하기 위한 초당적 위원회를 구성하기로 합의했다. 이 위원회의 의장에는 이후 연방준비제도이사회 의장을 맡기도 했던 앨런 그린스펀<sub>Alan Greenspan</sub>이 위촉되었다. 위원회는 이후

40년 동안 미국의 은퇴 연령을 67세로 상향 조정하고 지불급여세도 함께 인상했다. 1983년 의회에서 거의 만장일치로 통과된 이 계획안은 미국 사회보장제도가 수립한 75개년 계획에 대해 지불 여력을 완비하도록 고안되었다. (2005년 미국 국회예산처의 전망에 따르면 이 제도는 거의 목표치를 달성한 것으로 나타났다.)

레이건이 재선에 도전한 1984년 당시에는 미국 경제가 1982년보다 훨씬 호전되어 있었다. 실업률은 7.2퍼센트로 여전히 높은 수준이었지만 실업률이 두 자릿수까지 치달았던 경기침체기에 비하면 훨씬 낮은 수치였다. 미국 경제는 눈에 띄는 회복세를 보이며 2차 대전 이후 최악의 침체기를 빠르게 벗어나고 있었다. 경기침체를 이유로 카터에게 등을 돌렸던 많은 미국인들은 경기를 회복시킨 레이건에게 상당한 지지를 보냈다.

또한 1970년대의 유산인 물가 상승도 상당 부분 통제되기 시작했다. 1970년대 말 두 자릿수까지 치솟았던 미국의 물가 상승률은 1982년과 1984년 사이에 4퍼센트 이하를 기록했다. 이에 따라 미국의 주택담보대출 금리도 감소하여 선거 당시의 최고 금리에 비해 2~3퍼센트포인트가 줄어들었다. 물론 이러한 물가 인상률 감소는 1980~1982년 경제침체기 동안 높은 실업률을 대가로 치렀기에 가능했다. 미국의 실업률이 2차 대전 이후 정점을 찍을 당시 노동자들은 교섭력을 거의 갖지 못했고 그 결과는 커다란 실질임금 삭감으로 나타났다.

에너지 가격의 하락도 한몫했다. 1970년대 말 치솟는 에너지 가격에 적응하는 과정에서 기업과 소비자들의 수요는 점점 줄어들었고 새로운 에너지원들이 등장함에 따라 공급은 늘어났다. 이란의 석유 공급 축소로 유가가 천정부지로 치솟던 시기가 아니라 미국 소비자들이 낮아진 유가로 만족하던 시기에 대통령직을 맡았다는 사실은 레이건에게 커다란 행운이었다.

개선된 미국 경제 실적이 정치인으로서의 유능한 이미지와 결부되면서 레이건은 또다시 강력한 대통령 후보로 떠올랐다. 한편 민주당 내에서는 레이건에 맞설 대선 후보를 뽑기 위한 경선이 열기를 띠고 있었다. 경선에서 선두로 나선 후보는 두 차례 상원의원을 지내고 카터 행정부에서 부통령을 지냈던 월터 먼데일Walter Mondale이었다. 먼데일은 당내 지지 기반에 힘입어 콜로라도 상원의원인 게리 하트Gary Hart의 도전을 막아낼 수 있었다. 하지만 민주당 경선에서 가장 관심을 모았던 것은 1960년대 마틴 루서 킹Martin Luther King Jr. 목사와 함께 인권 운동을 이끌었던 제시 잭슨Jesse Jackson 목사의 활약이었다. 잭슨은 흑인 사회의 독보적인 지지를 받으며 예비선거에서 이전에 등장했던 어떤 흑인 후보보다 많은 350만 표를 모았다.

대통령 본선거에서 먼데일은 자신을 재정보수주의자fiscal conservative라고 주창하며 레이건 재임기의 재정 적자를 주로 공격했다. 민주당 전당대회의 대선 후보 수락 연설에서 그는 누가 차기 대통령직을 맡게 되든 세금을 인상해야 한다는 주장으로 말문을 열었다. 먼데일은 누가 대통령이 되어 세금을 인상하든 "(사회적 합의 없이) '내가 방금 인상했다'라고 말할 수는 없을 것"이라고 하며 레이건과 자신을 차별화했다. 먼데일은 상대적으로 온건한 외교 정책과 차별화된 사회 정책을 약속했지만, 선거 운동에서 이러한 부분을 부각하지 않았다.

먼데일의 1984년 대선 운동에서 눈에 띄는 점은 그가 부통령 후보로 뉴욕의 3선 의원 제럴딘 페레로Geraldine Ferraro를 선택했다는 점이다. 페레로는 미국 주요 정당의 부통령 후보로 뽑힌 최초의 여성이었다. 대선 레이스에 여성이 합류한 것은 매우 역사적인 사건이었음에도 불구하고 부통령 후보 선출 과정은 그 의미를 퇴색시켰다. 먼데일은 많은 예비 후보들과 면담하는 모습을 공개적으로 드러냈는데, 그 대상이 대부분 여성과 흑인 또는 히스패닉 계통의 인물들이었다. 언론은 이러한 선출 과정의 양상을 부각하면서 페레로의 선출 역시 하나의 명목주의tokenism라고 지적했다.

세금 인상을 핵심 전략으로 내세운 먼데일은 그다지 성공적인 결과를 얻지 못했다. 그와 달리 레이건은 세금 인상의 뜻이 없음을 거듭 주장했다. 레이건은 먼데일을 "세금 인상 코치Coach Tax Hike"라고 부르며 그가 실패한 진보주의를 답습하고 있다고 비판했다. 세금 인상 외에 이렇다 할 공약을 보여주지 못한 먼데일은 여론조사에서 한 번도 레이건을 위협하지 못했다. 결국 레이건은 두 번째 대선에서 59퍼센트의 득표로 압도적인 승리를 거두었다. 레이건은 먼데일의 출신지인 미네소타 주와 워싱턴 시를 제외한 모든 주에서 승리했다.

그러나 레이건의 압승이 공화당의 의석 확보에 커다란 도움을 주지는 못했다. 공화당은 하원에서 17석을 얻었지만 1982년 민주당이 차지한 의석을 상쇄하기에는 역부족이었다. 대선 이후에도 민주당은 하원에서 70석 이상을 차지하며 주도권을 잃지 않았다. 상원에서는 민주당이 2석을 추가해 공화당의 의석 주도권을 53대 47로 줄였다. 사실상 1984년 선거는 워싱턴 정가에 커다란 변화를 가져오지 못했다. 공화당이 백악관과 상원을 장악하고, 민주당이 하원의 결정을 좌우하는 구도는 계속 이어졌다.

무난히 재선에 성공했음에도 불구하고 레이건은 여전히 여러 면에서 대중의 반대에 부딪쳤다. 특히 군비 증강과 공격적인 외교 정책은 심각한 비판과 저항을 촉발했다. 미국의 노동 단체들은 항공관제사노조의 해체와 전국노동관계위원회의 친기업 성향 인사 임명, 그리고 여러 가지 반노조 법안 등에 대해 강력한 반대의 뜻을 나타냈다. 흑인과 히스패닉 계통의 미국인들 역시 레이건의 인권 정책과 사회보장제도의 예산 삭감, 그리고 보수적 대법관 임명 등에 분노했다.

경제가 성장세를 보이는 시기에 재선에 도전하는 현직 대통령들은 대부분 당선의 행운을 누린다. 레이건의 재선 성공 역시 이러한 상황의 도움이 컸다. 특히 월터 먼데일과 같은 워싱턴 정가의 오래된 핵심 인물과 경합을 벌이는 상황에서 경제 회복은 커다란 행운이 아닐 수 없었다. 그러나 대통령 임기 내내 레이건은 특별히 높은 지지를 받지 못했다. 여론조사에서 미국인들은 보통 현직 대통령에 대한 지지를 표시하지만 레이건의 지지도는 대부분 50퍼센트대에 머물렀다. 높은 지지를 받았던 과거 대통령들처럼 60퍼센트대나 70퍼센트대의 지지도를 기록하는 일은 레이건 임기 동안 거의 나타나지 않았다.[96] 미국의 대다수 유권자들이 로널드 레이건을 좋아했을지도 모르지만, 그가 미국을 이끄는 방향에 대해서는 분명 많은 이들이 우려했다.

이는 1986년 선거에서 여실히 증명되었다. 민주당은 하원에서 5석을 더 확보하는 동시에 상원에서 8석을 추가해 55대 45의 비율로 의회 주도권을 거머쥐었다. 1980년 레이건의 승리에 힘입어 의회에 입성했던 다섯 명의 공화당 상원의원은 1986년의 재선 도전에 실패했다. 그리고 민주당은 1980년 선거 이전처럼 의회를 다시 장악했다.

그러나 레이건의 임기 동안 민주당은 눈에 띄게 보수적으로 변했다. 연방정부나 주정부 선거에 나서는 후보들은 자신을 중도파로 내세울 필요를 느꼈으며, 특히 재정 문제에 있어서는 더욱 그러했다. 이를테면 민주당은 의료보험제도와 같이 중대한 사회복지제도를 추진하는 일에 미온적 태도를 보였다. 또한 민주당 주요 인사 대부분은 공화당 일각에서조차 극단적이라는 비판을 받았던 레이건의 외교 정책에 상당히 너그러운 입장을 보였다.

민주당의 보수화 과정은 정치 운동 자금의 규모 변화와도 관련이 있었다. 정치에 있어서 돈은 항상 중요한 요소로 작용해왔지만

----

96 《워싱턴포스트》 여론조사에서 레이건의 재임기 평균 지지도는 57퍼센트로 나타났는데 이는 빌 클린턴의 지지도와 같은 수치였다. 이 수치는 케네디의 지지도 70퍼센트와 아이젠하워의 지지도 65퍼센트에 비교했을 때 현격히 낮은 점수다. 레이건보다 1퍼센트 낮은 56퍼센트의 지지도를 기록한 린든 존슨의 경우에도 레이건보다 훨씬 적은 반대표를 얻었다. http://uspolitics.about.com/gi/dynamic/offsite.htm?site=http://abcnews.go.com/sections/politics/DailyNews/poll%5Fclinton legacy010117.html.

1980년대 미국 정계에서는 이러한 특징이 더욱 분명하게 나타났다. 1980년 민주당의 하원 선거 후보자는 평균 15만 달러를 선거 비용으로 지출했다. 이 선거 비용은 1986년에 22만 달러로 증가했고 1990년대에 들어서는 24만 달러에 육박했다(2005년 달러화 기준).[97] 이 수치는 의원 선거 비용을 상당히 보수적으로 산정한 결과다. 대부분의 선거는 경쟁이 치열하지 않았고 따라서 선거 운동 지출도 그리 많지 않았기 때문이다. 경쟁이 치열한 선거에서는 선거 운동에 필요한 자금을 모으기 위해 부유층의 지지가 필요했다. 부유층이나 후원 기업은 정책에 대해 한층 보수적인 입장이므로 이들의 태도가 후보들에게 반영되기 마련이다. 더구나 1980년대 들어 구도시를 기반으로 하는 민주당 조직이 붕괴되고 노조의 규모와 영향력이 급속히 감소함에 따라 재정적 불리함을 풀뿌리 조직으로 상쇄할 수 있는 여지가 줄어들었다. 그리하여 민주당은 선거에서 이기기 위해 점차 거액 후원자들에게 의존해야만 했다.

## 레이건 임기 말의 조세 지출 정책

1984년 레이건의 재선 성공 이후 양당 정치인들은 국가재정 적자

---

[97] U.S. Census Bureau's Statistical Abstracts of the United States from 1982(table 810), 1993(table 446). 선거 자금 증가의 중요성에 대해서는 다음의 논의 참조. R. Hague, "The United States," in *Power and Policy in Liberal Democracies*, ed. M. Harrop, 95~122 (Cambridge: Cambridge University Press, 1992).

의 심각성을 인정하고 이를 수습하기 위한 단계를 밟기 시작했다.[98] 이러한 목표를 달성하기 위한 핵심적 조치 중 하나가 1985년에 처음 통과된 그램-루드만-홀링스Gramm-Rudman-Hollings 재정수지균형법이었다. 이 법은 1990년에 재정수지 균형을 달성하기까지 점진적으로 적자를 줄이기 위한 목표들을 정해놓았다. 이 법에 따르면 의회가 목표를 달성하지 못할 경우 대통령이 여러 분야에서 예산 집행을 중지시킬 수 있었다. 이 법은 의회가 균형 재정을 달성하지 못했을 때의 보완책으로서 국방비를 제외한 대부분 분야─사회보장제도와 노인의료보험제도도 포함해─의 예산 삭감을 예고했다.

1986년 대법원은 이 법의 예산 집행 정지 부분이 의회와 대통령의 권력 분립을 위반한다는 취지로 위헌 판결을 내렸다. 그래도 이 법의 원안과 수정안(1987년 통과)은 재정 적자를 줄이는 데 일조했다. 1984년 미국의 재정 적자는 GDP 대비 4.8퍼센트로, 지속 가능하지 않은 수준이었다. 이 수치는 1989년에 2.8퍼센트로 감소해 다시 지속 가능한 범위에 들어왔다. 다시 말해 미국이 장기적으로 유지해나갈 수 있는 적자 규모는 1989년 재정 적자 수준이었다.

이 기간에 적자를 감소시킬 수 있었던 것은 미국 경제의 지출 축

----

[98] 흥미로운 사실은 미국보다 대부분 선진국에서 지출 증가가 재정 적자에 미치는 영향이 더 컸음에도 불구하고 레이건의 임기 동안 대부분 선진국들의 재정 적자가 상당히 커졌다는 사실이다. H. Oxley and J. Martin, *Controling Government Spending and Deficits: Trends in the 1980s and Prospects for the 1990s*, OECD Economic Studies no. 17 (Paris: OECD, 1991), http://www.oecd.org/dataoecd/33/12/34259242.pdf.

소와 세금 인상 덕분이었다. 미국은 냉전구도의 해체와 함께 기존의 지출을 크게 절감했으며 여러 분야의 공공 지출을 삭감함으로써 재원을 확보할 수 있었다. 또한 1986년에 의회를 통과한 세제 개혁안은 높은 세수입 확보에 크게 기여했다. (1984년과 1989년 사이에 증가한 세수입의 절반은 그린스펀의 연방준비제도이사회가 제시한 사회보장세의 인상을 통해 조달되었다.)

1986년 미국의 세제 개혁은 수십 년간 늘어난 조세 포탈 구멍들을 제거함으로써 세법을 한결 간소하게 정비하려는 의도에서 시작됐다. 기존 세법의 허점으로부터 부유층이 가장 큰 이익을 얻었기 때문에 세제 개혁은 소득세율을 낮추는 대신 세법의 허점을 줄이는 선에서 조율되었다. 세율 인하 방침은 거의 공화당이 주도해 나갔지만 이 법안을 결국 통과시킨 인물은 민주당의 리처드 게파트Richard Gephardt 하원의원과 빌 브래들리Bill Bradley 상원의원이었다. 이 법안의 특징은 최고한계세율을 29퍼센트로 정했다는 점과 자본이득에 대한 특별세 적용을 철폐했다는 점이다.[99] 기존 세법에서는 주식이나 사업으로 발생한 자본이득의 절반만이 소득세 부과 대상이었지만 1986년의 세제 개혁은 임금 소득과 동일한 세율을 자본이득에도 적용시켰다.

많은 미국인들은 더 간편하고 공정한 세법으로 중간 소득 계층의 세금 부담을 덜어주자는 제안에 공감했다. 레이건 대통령은

---

[99] 실제로는 최고 세율이 세금 면제의 양상에 따라 달라졌다. 또한 이 법안은 주택자산 소득에 대한 세제 혜택을 그대로 유지했다.

1986년 중간선거를 두 달도 채 남기지 않은 시점에서 기꺼이 이 법안에 서명했다. 레이건은 새로운 세법이 미국인들이 조세 포탈 구멍을 통해서가 아니라 노동과 투자를 통해 돈을 벌 수 있도록 만들 것이라고 선언했다. 레이건 대통령이 알고 있었는지는 모르겠지만 1986년의 세법은 1980년 선거 당시 그가 외쳤던 고소득층의 세금 인하와 부분적으로는 상반된 것이었다. 그렇다 하더라도 소득 상위층 납세자들이 적용받는 실효세율은 레이건 취임 이전에 비해 상당히 낮았다.

# 제 4 장

# 레이건 혁명의 제도화

어떤 행정부든 추문은 늘 나기 마련이다. 권력을 남용하는 사람들이 어디든 늘 있기 때문이다. 하지만 권력의 핵심인 대통령까지 연루되어 정권의 존립 자체를 흔드는 사건은 그리 흔치 않다. 레이건 임기 마지막 2년을 남기고 폭로된 이란-콘트라 사건이 바로 이런 흔치 않은 경우에 해당했다. 이 사건에는 두 명의 최고위 각료(국무장관과 국방장관)와 미 중앙정보국CIA 국장, 그리고 레이건의 국가안보보좌관 두 명이 직접 개입되어 있었다.

레이건 대통령이 미국의 불법 행위를 알고 있었는지에 대해서는 밝혀진 바가 없지만 위법한 계획이 국회와 대통령의 승인을 거치는 동안 그 윤곽만큼은 분명히 인지했을 것이다. 이 사건의 특별 검사를 맡은 로렌스 월시Lawrence Walsh는 레이건의 탄핵 여부를 심사

이란-콘트라 사건에 대한 대통령 논평을 내놓기 위해 토의 중인 (왼쪽부터) 캐스퍼 와인버거 국방장관, 조지 슐츠 국무장관, 에드윈 미즈 법무장관, 돈 리건 참모총장, 로널드 레이건 대통령(1986년 11월 25일).

하며 "레이건 대통령은 이란과 인질에 관해 밝혔던 국가 정책을 비밀리에 위반했으며, 콘트라스에 대한 원조를 법으로 금지했음에도 불구하고 반혁명을 연명하게 함으로써 다른 이들이 범죄를 저지를 수 있는 상황을 조성했다"고 밝혔다. 하지만 그는 이 사건만으로 레이건을 탄핵할 수 없다고 결론지으며 "원칙적으로 레이건 대통령이 이란-콘트라 사건의 범죄 사실을 알고 있었다거나 이와 관련해 허위 진술했다는 것을 입증할 수 없다"고 밝혔다.[100]

100 L. Walsh, *Final Report of the Independent Counsel for Iran/Contra Matters, vol. 1, Investigations and Prosecutions* (Washington, DC: United States Court of Appeals for the District of Columbia Circuit, 1993), 445, http://www.fas.org/irp/offdocs/walsh/.

이란-콘트라 사건은 사실상 두 개의 사건이었다. 여기서 '이란'은 레바논의 친이란 무장단체에 납치된 미국인을 구하기 위해 이란에 무기를 판매한 사건을 가리킨다. 이스라엘은 미 국가안전보장회의의 참모였던 올리버 노스Oliver North 대령의 지시 아래 두 차례에 걸쳐 이란에 미국의 대전차 및 대공 미사일과 기타 무기를 판매했다.

이는 극비리에 진행되었다. 인질을 무기와 교환하는 것은 매우 안 좋은 선례(인질 납치를 부추길 수 있기 때문에)를 남길 수 있고 레이건 정부가 세계에 보여주려고 했던 강한 이미지에 모순되는 행동이었기 때문이다. 미국의 무기 제공은 이란에 대한 레이건 정권의 공식 입장에도 반하는 일이었다. 미국은 이란을 테러 지원국으로 여겨 강력한 경제 제재를 가했기 때문이다.

'콘트라'는 미국이 이란에 무기를 팔아 얻은 대금을 니카라과 반혁명군인 콘트라스에 지원한 것을 가리킨다. 미국이 이렇게 비밀리에 자금을 지원한 것은 미 의회가 1983년 레이건 대통령이 서명한 세출 법안을 근거로 니카라과 콘트라스에 대한 자금 지원을 금지했기 때문이었다. 볼랜드 수정법안Boland Amendment이라고 불리는 이 법안은 정부 자금으로 콘트라스를 지원하는 것을 명백히 금했다. 민간인을 대상으로 한 공격을 포함해 콘트라스가 몇 차례의 공격을 일으킨 후 미 의회는 이 법안을 승인했으며 이로 인해 콘트라스에 대한 레이건 정부의 지원이 드러나게 되었다.

미국이 이란에 무기를 판매한 것이나 그 대금을 니카라과 반혁명군에게 지원한 것은 모두 심각한 법적 문제를 불러왔다. 특히 콘트라스에 대한 자금 지원은 미 의회가 명확히 금지한 대상에게 정부 자금을 유용한 것이어서 보다 명백한 법률 위반에 해당했다. 게다가 레이건 정부의 비밀공작을 밝히기 위해 미 의회와 연방수사국FBI이 함께 구성한 조사위원회에서는 허위 진술이 끊임없이 이어졌으며 한편에서는 대규모의 증거 인멸이 벌어지기도 했다. 인질 석방을 위한 무기 판매 또한 이란과 인질범들에 대해 강경 기조를 보이던 레이건 정부의 공식 입장과도 완전히 상반된 행동이었기 때문에 심각한 논쟁을 불러일으켰다.

볼랜드 수정법안의 발효 시점부터 대안 언론들은 콘트라스에 대한 무기 지원 문제를 다루기 시작했다. 하지만 이란-콘트라 사건이 처음으로 주요 언론의 주목을 받기 시작한 때는 1986년 11월, 중간선거가 끝난 직후부터였다. 이 사건을 제일 먼저 알린 것은 레바논의 한 신문사였다. 이 신문은 미국이 인질 석방을 조건으로 이란에 무기를 판매했다고 보도했다.[101] 레이건 행정부는 원래 이란-콘트라 사건의 양 측면을 모두 부인했으나 11월 말 더 많은 증거들이 밝혀지자 어쩔 수 없이 이란과의 무기-인질 거래 사실을 인정했다. 그리고 결국에는 니카라과 반혁명군에 대한 군수 자금 비밀지원 사실도 인정하지 않을 수 없었다.

이 사건에 대한 증거들이 갈수록 늘어나자 레이건 정부의 법무

---

[101] 이 사건이 불거진 후 미국 언론들은 군소 대안 언론과 해외 신문이 이 중대한 사건을 특종으로 보도하는 동안에 언론의 역할을 제대로 하지 못했다는 비난을 받았다. "The Reagan White House; Missing the Iran Arms Story: Did the Press Fail?" *New York Times*, March 4, 1987, A15.

장관 에드윈 미즈Edwin Meese는 1986년 12월 말 특별검사제 실시를 승인하고 전직 연방판사이자 공화당 온건파였던 로렌스 월시를 특별검사로 임명했다. 월시는 이후 7년간 수사를 진행하며 수차례의 기소와 재판을 이어나갔고, 완고한 보수 진영은 그가 레이건 행정부에 대한 항전을 벌이고 있다고 비난했다. 형사사법제도를 통해 기소한 월시의 노력은 대부분 수포로 돌아가고 말았는데, 그가 무고한 사람들을 기소했기 때문만은 아니었다.

레이건 정부의 고위 관료들이 연루된 이 사건에 대해 미국인들의 비판이 높아지자 상원과 하원 모두 이 사건을 조사하기 위한 특별 위원회를 구성했다. 민주당 지도부는 양원의 특별 위원회를 중도 성향의 의원들로 구성해 사건 수사에 대한 초당적 입장을 보여주려고 했다. 1973년 여름 상원에서 열린 워터게이트 사건 청문회 때와 마찬가지로 특별 위원회는 TV 공개 청문회를 열기로 결정했다. 이러한 방식은 사건의 성격에 대해 국민의 관심을 높이고, 청문회 참여자들이 주목받을 수 있는 좋은 기회기도 했다. 그리고 상원과 하원의 청문회가 경쟁 양상으로 흐르는 것을 막기 위해 양당은 합동 청문회를 열기로 합의했다.

워터게이트 청문회는 수사를 진전시킬 만한 사실들을 밝혀내면서 수많은 기소와 처벌을 이끌어냈고 결국 대통령까지 사임하게 만들었다. 그러나 이란-콘트라 청문회는 그와 딴판이었다. 첫 번째로 증인석에 나선 인물은 이 사건의 중심에 있던 올리버 노스 대령이었다. 노스 대령은 아주 당당하게 자신은 미국의 안보를 위해 대통령을 보좌했을 뿐이라고 주장했다. 특별 위원회의 민주당 위원들은 베트남 전쟁에서 혁혁한 공을 세웠던 노스 대령 앞에서 오히려 수세적이 되었으며, 레이건 정부가 콘트라스에게 운영 자금을 불법적으로 지원하게 만들었던 금지 법안에 대해 거의 사과하는 모습을 보이기도 했다. 이런 청문회 양상이 전파를 타면서 노스 대령은 미국인들 사이에서 일약 영웅으로 떠올랐다.

노스의 증언 이후 다른 증인들의 발언은 상대적으로 대중의 관심을 끌지 못했다. 이따금씩 사건과 관련해 중요하거나 흥미로운 사실이 밝혀지기도 했지만, 특별 위원회의 민주당 위원들은 조심스럽게 질의에 임한 반면 공화당 측은 적극적으로 증인들을 변호했다. 특별 위원회가 확보한 증거들은 레이건 대통령이 이 사건을 둘러싼 정황을 인지하고 있었음을 보여줬지만 그가 구체적 불법 행위를 직접적으로 알고 있었는지는 밝혀내지 못했다.

결국 청문회는 사건 연루자들을 사법 처리하고자 했던 로렌스 월시의 노력을 수포로 돌아가게 만들었다. 위원회는 올리버 노스를 비롯해 사건에 연루된 여러 고위 인사들이 수정헌법 제5조가 정한, 불리한 증언을 거부할 수 있는 권리를 사용하지 않고 위원회에 출석해 증언하는 것을 조건으로 하여 기소 면제를 약속했다. 월시는 기소 면제 철회를 요구했지만 위원회는 그대로 강행하였다. 그러자 월시는 각각의 증인이 증언에 나서기 전에 기밀 증거 자료들을 법정에 제출하여 그들을 기소할 수 있는 여지를 확보하려고 했다. 이 자료에는 그 당시까지 수집한 모든 사건 관련 증거가 포함돼 있었으며, 이는 법정에서 그의 주장의 바탕이 되었다. 봉인된 자료를 법정에 제출함으로써 월시는 자신이 확보한 증거가 의회로부터 기소 면제를 받은 증인들의 증언에서 나온 것이 아님을 보여줄 수 있었다.

결국 월시는 이 증거로 노스 대령과 여러 고위 관료들에 대한 유죄 판결을 얻어낼 수 있었다. 하지만 이러한 판결은 항소심에서 기각되었다. 항소 법정은 기소 면제된 피고들의 증언이 재판정에 나선 일부 증인들의 증언에 영향을 주었을 것이라고 판결했다. 따라서 기소는 기소 면제 조건에 위배된다는 것이었다.

이 사건에 연루된 인물들의 혐의를 밝히기 위한 월시의 오랜 분투는 1992년 레이건 대통령의 국방장관이었던 캐스퍼 와인버거 Caspar Weinberger를 기소함으로써 그 마지막 장을 장식했다. 월시는 와인버거가 이 사건의 전말을 구체적으로 기록해놓은 일지를 발견하고 그를 기소했다. 와인버거는 자신이 가진 사건 관련 문건을 모두 월시에게 넘기면서도 이 일지만은 제공하지 않았지만 월시는 다른 경로를 통해 이 일지의 존재를 발견했다. 월시는 일지를 근거로 와인버거의 위증 혐의를 입증하고 그를 기소했다. 하지만 이미 재선에 실패한 부시 대통령은 재판이 얼마 남지 않은 시점에서 와인버거를 비롯한 사건 관련 고위 관료들을 사면했다. 결국 이렇게 하여 이란-콘트라 사건으로 처벌을 받은 사람은 사실상 한 명도 없게 되었다.

## 레이건 임기 말의 미소 관계

1980년과 1985년 사이에 소련 지도부는 커다란 변화를 맞이했다. 1982년 11월, 1964년부터 소련 공산당 중앙위원회 서기장(소련 권력 서열 1위)을 지낸 레오니트 브레주네프Leonid Brezhnev가 사망했다. 이후 두 명의 후계자도 정권을 잡은 후 얼마 못 가 사망했다. 1985년 3월에 미하일 고르바초프Mikhail Gorbachev가 공산당 서기장이 되었다. 고르바초프는 이전 지도자들보다 훨씬 젊었고 개혁적인 성향이었다.

고르바초프는 당 서기장 취임 첫해에 글라스노스트glasnost와 페레스트로이카perestroika 계획을 발표했다. 글라스노스트는 반대의견의 표현을 더욱 폭넓게 허용하는 정치적 개방이었으며, 페레스트로이카는 소비에트 체제 내에 민간사업 영역을 구축하는 경제 구조 개혁 정책이었다. 이 두 정책 모두 이전 지도자들이 추구했던 노선과 확연한 차이를 보이는 것이었다.

또한 고르바초프는 냉전의 긴장감을 해소하기 위해 부단히 노력했다. 그는 1985년에 권력을 잡은 직후 레이건의 보수적 동지인 영국의 대처 총리를 만나 대처 총리로부터 "우리와 함께 일할 수 있는 인물"이라는 강한 신뢰감을 이끌어냈다. 이어 1986년 가을 아이슬란드의 레이캬비크Reikjavik에서 레이건과 정상 회담을 갖고 군비 규제를 폭넓게 논의했다.

비록 합의에 이르지는 못했지만 이 회의에서 양측은 미국 중거리 미사일의 유럽 배치 제한 등 여러 가지 핵심 사안에서 의견 접근을 보았다. 또한 레이건 행정부의 군축 협상에 대한 요구가 수용되면서 양측은 새로운 핵무기 시설 구축 제한에서 한 단계 더 나아가 핵미사일의 실질적 감축 논의를 시작했다. 앞서 군축 협상에 대한 요구는 군비 제한에 대한 진지한 협상을 회피하기 위한 구실로 여겨졌다. 레이건의 의도가 어땠든 고르바초프는 레이건의 제안을 진지하게 받아들였다.

레이건이 전략방위구상SDI(핵공격으로부터 미국을 방어하기 위해 고안된 미사일 방어 체계)의 철회를 거부하면서 양측의 협상은 결국 무산되었다. 전략방위구상의 기술적 실현 가능성에 대해서는 심각한 의문들이 제기되었다. (반대자들은 이 방어 체계를 '별들의 전쟁Star Wars'이라고 표현했다.) 하지만 만일 이 계획이 실제로 실행된다면 상호 확증 파괴 원칙을 크게 해치게 될 것이었다. 전략방위구상의 이면에는 소련이 더 이상 미국에 심각한 타격을 입힐 능력이 없다는 인식이 자리하고 있었다. 이는 또한 미국의 선제공격 가능성을 배제하지 않겠다는 뜻이기도 했다.

첫 협상은 무산되었지만 레이건과 고르바초프는 그 다음 가을에 만나 군축 협정에 합의했다. 이 협정은 차후 10년간 장거리 미사일을 상당 규모 감축하고 현재 배치된 중단거리 미사일을 제거하는 내용을 담고 있었다. 레이건은 전략방위구상에 관해서 물러서지 않았으며 오히려 소련에 이 방어 체계를 공유할 것을 제안했다. 고르바초프가 이 제안을 진지하게 받아들였는지, 아니면 단순히 (대다수 전문가들이 지적했듯이) 전략방위구상의 실현이 아직 먼일이라고 여겨 군축 협정의 의제로 삼을 필요가 없다고 생각했는지는 확실치 않다.

소련이 아프가니스탄을 침공하면서 촉발되고 레이건의 집권 이후 한층 심화되었던 냉전의 긴장은 고르바초프의 협상을 기점으로 해빙 국면을 맞이했다. 이는 미국의 국방 예산의 증감에서 분명하게 드러났다. 1979년 GDP 대비 4.7퍼센트에 해당했던 미국의 국방비 지출은 1986년에 거의 3분의 1이 증가한 6.2퍼센트를 나타냈다. 그리고 레이건 행정부가 마지막으로 예산을 편성한 1989년에는 GDP 대비 5.7퍼센트로 줄어들었다.[102]


## 1988년 대통령 선거

일반적으로 연임에 성공한 대통령의 임기 마지막 2년 동안에는 중요한 정책들이 별로 나오지 않는다. 레이건의 경우에는 특히 그러했다. 인질과 무기를 맞바꾼 이란-콘트라 사건으로 인해 입지가 좁아진 상황인 데다가 불법 행위에 관여했다는 의혹도 여전히 남아 있었기 때문에 이렇다 할 정책을 추진하기가 쉽지 않았다. 또한 민주당이 상원을 장악하면서 레이건 정부에 대한 의회의 적대적 입

---

[102] 군비 통제에 대해 레이건 정부가 한결 유화적인 정책으로 선회한 듯 보인 현상에 대해서는 소련 붕괴 직전에 쓰인 다음의 흥미로운 설명을 참조. C. Bell, *The Reagan Paradox: American Foreign Policy in the 1980s* (New Brunswick, NJ: Rutgers University Press, 1989). 고르바초프와 레이건의 협상 내용은 다음을 참조. J. Smith, *The Cold War 1945-1991*, 2nd ed. (Oxford: Blackwell Publishers, 1997).

장은 점점 심화되었다. 레이건이 노령에 접어들었다는 사실(두 번째 임기를 시작할 때 그는 72세였다) 또한 그의 정치적 추진력을 제한하는 한 가지 원인으로 꼽혔다. 일부 언론은 레이건이 더 이상 정치에 개입할 힘이 없다고 표현했으며, 한 기자는 레이건과의 비공식 회견 후 그가 치매가 든 게 아닌가 하는 우려를 나타냈다.[103]

1986년까지 레이건 행정부 내에 있던 많은 강경 보수주의자들은 보다 전통적인 공화당원들로 교체되었다. 레이건 행정부의 우파적 행보가 탄력을 잃은 것처럼 보였을 수도 있지만, 이는 레이건 정부가 의도했던 것들이 이미 상당수 달성됐기 때문이었다. 미국은 대외적으로나 대내적으로나 급격히 우경화되었다. 그리고 1988년 대통령 선거 결과가 어떻게 되든지 이러한 우경화가 역전될 리는 없어 보였다.

레이건은 이제 대통령 선거에 출마할 수 없기에 공화당과 민주당 내에서는 1988년 대통령 선거 후보가 되기 위한 경쟁이 치열하게 벌어졌다. 레이건의 임기 동안 부통령을 지냈던 조지 H. W. 부시는 공화당의 첫 번째 예비선거에서 놀랄 만큼 팽팽한 저항을 받았음에도 불구하고 가장 유망한 대권 후보로 여겨졌다. 그러나 공화당 내 보수파들은 부시를 탐탁지 않게 여겼으며 대권 후보로 지

---

[103] 《CBS》 기자 레슬리 스탈Leslie Stahl은 자신의 자서전에서 1986년 레이건 대통령과의 만남을 회상하며 당시 레이건은 정신이 혼미해 보였고 여러 차례 초점을 잃었다고 밝혔다(*Reporting Live*[New York: Touchstone Press, 1999]). 레이건 대통령은 백악관을 떠난 후 알츠하이머병을 앓았다. 재임 중에 이미 증상이 나타났는지는 모르지만 레이건의 주치의나 행정부 각료들이 이러한 사실을 공식적으로 인정한 적은 없다.

지하기를 꺼렸다. 이 때문에 부시는 대통령 후보 경선의 첫 번째 격전지였던 아이오와에서 패배했다. 아이오와 당원대회에서는 당시 상원의 야당 원내총무였던 로버트 돌이 승리했으며, TV 쇼 진행자로서 이름을 알렸던 보수파 목사 팻 로버트슨Pat Robertson도 부시를 근소한 차이로 밀어내고 2위를 기록했다. 하지만 이 패배 이후 부시는 부통령이라는 장점을 부각시켜 거의 모든 공화당 조직의 지지를 이끌어내며 빠르게 전세를 역전시켰다. 그리고 부시는 예비선거 기간에 일찌감치 경선 승리를 확정지었다.

민주당의 대통령 후보 경선 과정은 이보다 훨씬 치열했다. 그중에서도 가장 놀랄 만한 활약을 보인 인물은 제시 잭슨 목사였다. 잭슨은 남부기독교지도자회의Southern Christian Leadership Conference에서 마틴 루서 킹 목사와 함께 일하는 젊은 목사로서 전국적인 명성을 얻었다. 잭슨은 킹 목사가 멤피스에서 저격당할 때에도 그 자리에 함께 있었다. 이후 잭슨은 독자적으로 시민권 운동 단체 푸시PUSH, People United to Save Humanity를 시카고에 설립했다. 1984년 민주당 대선 후보 경선 때는 350만 표를 얻으며 민주당 내에서 강력한 입지를 확보했다.

1984년 경선에서 잭슨이 이뤄낸 결과는 1988년 경선의 든든한 기반으로 작용했다. 1988년 선거 과정에서 잭슨은 대중적인 경제 정책을 제시하며 흑인 사회를 뛰어넘는 광범위한 지지를 얻었다. 민주당 중진들은 대부분 다른 후보들을 지지하고 있었으나 잭슨은 그들을 넘어 당의 지지 기반에 호소할 수 있었다. 카리스마 없는 일군의 백인 정치인들 사이에서 잭슨은 확실히 돋보였다. 오랫

동안 시민권 운동의 최전선에서 활약한 재야인사였던 그는 매우 뛰어난 연설가였다.

경선 초기에 잭슨은 아이오와와 뉴햄프셔처럼 흑인 비율이 매우 낮은 주에서도 뛰어난 성적을 거뒀다. 그리고 3월 초에 있었던 '슈퍼 화요일Super Tuesday(미국 대선의 예비선거와 당원대회가 가장 큰 규모로 열리는 날)'에는 가장 많은 표를 모으면서 정치 실세들을 어리둥절하게 했다. 민주당 지도부는 진보적인 후보가 더 불리하도록 보수적인 주의 투표를 먼저 진행했지만, 잭슨이 흑인 유권자의 표를 거의 휩쓸면서 슈퍼 화요일은 오히려 그에게 날개를 달아주었다. 특히 잭슨이 2위도 못할 것이라고 여겨졌던 미시건 주 당원대회에서 여유 있게 승리하자 민주당 지도부는 충격을 감추지 못했다.

그때까지만 해도 잭슨의 경선 승리는 거의 확실해 보였다. 하지만 이를 막기 위해 민주당 중진들은 매사추세츠 주지사 마이클 듀카키스Micheal Dukakis를 전폭적으로 지원했고, 치열한 접전 끝에 결국 듀카키스는 미시건 주 이후의 거의 모든 예비선거에서 승리하며 민주당 대통령 후보로 지명되었다. 이와 관련해 뉴욕 예비선거의 삼파전이 두드러졌는데, 민주당 경선에 참여했던 앨 고어Al Gore 상원의원은 대통령직에 대한 잭슨의 자질을 공격했다.

앞서 먼데일이 그랬던 것처럼 듀카키스는 중도 세력을 중심으로 한 선거 운동을 벌여나갔다. 듀카키스는 민주당 전당대회의 대선 후보 수락 연설에서 "선거는 이념이 아니라 능력으로 판가름 난다"고 밝혔다. (듀카키스에게는 안타까운 일이지만, 대통령 선거에서 그가 패배한 이후 역시 그의 말이 옳았다는 농담이 회자되기도 했다.) 듀카키스의 대선 운동에는 활기가 없었다. 자문위원들의 만류에도 불구하고 그는 전당대회 직후 긴 휴가를 떠났고 그동안 전당대회에서 얻었던 정치적 탄력은 소멸해갔다. 대선 운동을 본격적으로 시작한 듀카키스는 레이건 정권의 감세와 군비 증강이 초래한 방대한 재정 적자를 쟁점으로 삼고자 했다.

반면 부시 진영은 듀카키스를 급진주의자로 묘사하며 그는 미국을 수호할 만한 자질이 없다고 비판했다. 또한 부시는 듀카키스가 집권할 경우 세금이 인상될 것이라고 경고했다. 부시는 공화당 전당대회의 대선 후보 수락 연설에서 이 점을 강조하며 "단언컨대 새로운 세금은 없다"라는 말로 세금 인상 반대를 서약했다.

대선 기간 동안 부시는 듀카키스가 미국자유인권협회American Civil Liberties Union의 일원으로서 사형제를 반대하고 있다는 사실을 거듭 언급했다. 부시는 또한 공립학교에서 일과를 시작하기 전 국기에 대한 맹세를 하도록 한 매사추세츠 의회의 법안에 듀카키스가 거부권을 행사한 사실도 끊임없이 강조했다. 같은 맥락에서 부시 진영은 살인죄로 무기징역을 살고 있는 매사추세츠 주의 흑인 죄수 '윌리 호튼Willie Horton'를 조심하라는 텔레비전 광고를 지원했다.[104] 듀카키스의 주지사 재임 기간 동안 매사추세츠 주에서는 모범수에 대한 주말휴가 제도를 시행했다. 이 제도를 통해 휴가를 얻었던 호튼은 가택에 침입하여 한 남성을 구타하고 흉기로 찔렀으며 그의 약혼녀를 강간했다. 부시 진영은 흑인에 대한 백인의 경각심을

------

104 윌리 호튼에 대한 이슈는 앨 고어가 민주당 경선 토론에서 먼저 제기한 바 있었다.

이용하기 위해 '윌리 호튼'을 누구나 아는 이름으로 만들어 듀카키스와 긴밀하게 연관시키려고 했다.[105]

선거 결과 부시는 안정적 표차로 대통령에 당선되었고, 민주당은 상하원에서 약간의 소득을 얻은 것에 만족해야 했다. 그렇게 하여 공화당이 대통령직을 맡고 민주당이 의회를 장악하는 기존의 구도는 계속 이어졌다.

조지 H. W. 부시 정권은 전혀 예상치 못한 외교적 사건들에 직면하게 되었다. 동유럽의 민주 정권 등장과 첫 번째 이라크 전쟁(걸프전), 그리고 소련의 붕괴가 바로 이러한 사건에 해당했다.


## 동유럽에서의 공산주의 붕괴

고르바초프가 소련에 글라스노스트를 도입한 직후부터 동유럽의 공산주의 정권은 붕괴되기 시작했다. 이전 수십 년 동안 소련은 동유럽의 종속국들이 반대 세력을 탄압하는 일을 지원해왔으며, 해당 국가의 정부가 반대 세력을 제대로 제압하지 못할 경우에는

---

105 조지 H. W. 부시의 최고 정치 자문이었던 리 앳워터Lee Atwater는 윌리 호튼 사건을 집중 부각하기로 결정했다. 인종차별이라는 비난을 피하기 위해 그는 윌리 호튼에 대한 광고를 진행시킬 독립위원회를 별도로 설립했다. 실상 호튼에게 '윌리'라는 이름을 부여한 사람도 앳워터였다. 호튼의 본명은 '윌리엄William'이었고, 분명 그 자신도 스스로를 이렇게 불렀다. 하지만 미국 언론은 앳워터의 의도대로 '윌리'라는 이름을 사용했다. J. Feagin, H. Vera, and P. Batur, *White Racism* (London: Routledge, 2001), 152~185.

1956년 헝가리와 1968년 체코슬로바키아의 경우처럼 직접 개입하는 것도 서슴지 않았다.

소련 안에서 반대 목소리를 낼 수 있는 여지를 넓힌 고르바초프는 동구권 국가의 반대 세력에 대해서도 점점 더 관대한 입장을 보였다. 이러한 소련의 변화에 가장 먼저 영향을 받은 곳은 헝가리였다. 1985년 6월, 헝가리에서는 공산당원이 아닌 후보가 참여한 가운데 선거가 치러졌고 43명의 무소속 후보들이 국회 입성에 성공했다. 이후 4년 동안 공산당에 반대하는 목소리가 점점 더 큰 힘을 얻으면서 공산당은 여러 가지 제한을 점점 완화하고 경제 개혁을 시행했다. 1990년, 공산당은 결국 복수 정당이 참여하는 선거를 실시했다.

폴란드도 비슷한 과정을 겪었다. 파업이 계속 이어지자 폴란드 정부는 1988년에 자유노조인 솔리데리티<sub>Solidarity</sub>와의 협상을 시작했다. 1970년대 말 레흐 바웬사<sub>Lech Walesa</sub>가 이끌던 투쟁적 노조 솔리데리티는 그단스크 시의 레닌 선적장에서 대규모 파업을 벌임으로써 정부에 압박을 가했다. 당시 정부는 요구사항을 대폭 수용하며 노동자들과의 협상에 동의했다. 이후 반정부 세력들이 대거 유입되면서 노조는 급속하게 성장했는데, 여기에 '농촌 솔리데리티<sub>Rural Solidarity</sub>'라고 불린 농민조합도 함께했다.

파업 횟수가 잦아지고 요구사항이 계속 늘어나자 정부는 결국 1981년에 계엄령을 선포하고 강제진압에 나섰다. 하지만 폴란드 정부는 솔리데리티의 지지 기반을 완전히 무너뜨리지 못했다. 그리고 1980년대 말 고르바초프의 글라스노스트 분위기와 함께 폴란드 정부가 유화적 태도를 취하면서 솔리데리티는 다시 중요한 정치 세력으로 부상했다.

폴란드 정부와 노조는 협상을 통해 1989년 여름에 복수 정당 선거를 실시하기로 합의했다. 반공산주의 세력이 국회에 진출할 수 있는 기회가 열린 것이었다. 선거 결과 반공산주의 세력은 한 석을 제외한 모든 의석을 차지하며 승리를 거두었고, 공산당 정권의 협소한 지지 기반이 명백히 드러났다. 그해 말까지 바웬사는 공산당과 연합했던 군소 정당을 설득해 솔리데리티 연합에 동참시키며 폴란드 최초의 비공산주의 정부를 수립했다.

1989년 헝가리가 오스트리아로의 자유로운 왕래를 위해 국경을 개방하기로 결정한 직후 동독의 공산주의 정권은 붕괴되기 시작했다. 1989년 9월 헝가리가 공식적으로 국경을 개방하자 동독 국민들은 1961년에 베를린 장벽이 세워진 이후 처음으로 자유롭게 자국을 떠나 서독으로 이주할 수 있게 되었다. 곧 수천 명이 이 기회를 이용해 동독을 떠났다.

놀랍게도 동독 정부는 이러한 이주 행렬을 단속하기 위해 아무 것도 하지 않았다. 그러자 대담해진 동독 국민들은 자유로운 이동을 가로막는 제약과 시민권에 대한 여타 구속들에 대항해 시위하기 시작했다. 동독 정부는 이러한 시위를 거의 진압하지 않았고, 시위는 계속 확산돼 결국에는 공산당 총서기로 장기 집권했던 에리히 호네커Erich Honecker를 물러나게 만들었다. 그리고 11월 9일, 베를린 장벽이 무너졌다. 경비대는 베를린 장벽을 넘는 동독 국민들을 더 이상 막지 않았다. 그리고 장벽 양쪽에서 사람들은 커다란 망치로 벽을 허물었다.

베를린 장벽이 무너진 후에도 동독을 단독 국가로 지켜내려는 노력들이 있었지만 오래가지 못하고 사라졌다. 1990년 봄까지 새로운 동독 정부는 서독 정부와 통일에 대한 회담을 가졌다. 이 회담에는 2차 대전 이후 점령국 중 하나로서 여전히 독일에 대한 법적 권한을 쥐고 있던 소련이 참석했다. 고르바초프는 독일의 통일을 가로막는 어떠한 장애물도 놓지 않으려 했다. 이를 위해서는 무엇보다 2차 대전 이후 동독에 주둔하던 소련군을 철수시켜야만 했다. 그리고 베를린 장벽이 무너진 지 채 1년이 되지 않은 1990년 10월 3일, 통일이 법적으로 성사되었다.

체코슬로바키아 공산당 정부의 붕괴는 앞서 살핀 세 국가들보다 더 신속하게 이루어졌다. 1989년 11월에 시작된 민주화 시위는 이전 20년간 거듭 투옥되었던 반체제 지식인들의 인도하에 연일 계속되었다. 그 결과 12월 중순에 정부가 붕괴되고 민주적 선거가 가능하게 되었다. 그리고 해를 넘기기 전 연방의회는 작가이자 가장 저명한 반체제 인사였던 바츨라프 하벨Vaclav Havel을 대통령으로 선출했다.

동구권의 나머지 두 국가, 루마니아와 불가리아 또한 기존 정치권을 놀라게 한 여러 사건들을 거쳐 결국 1990년 중반까지 민주적 선거를 통해 정부를 수립했다. 북대서양조약기구NATO와 바르샤바조약기구Warsaw Pact가 대치하던 전후 유럽의 지형이 단 1년 사이에 유혈 사태도 거의 없이 완전히 변해버렸다. (루마니아에서는 장기간 공산당 총서기를 맡았던 니콜라에 차우셰스쿠Nicolae Ceausescu의 강경 노선 지지자들이 권력 탈환을 시도하면서 충돌이 일어나기도 했다.) 이제 소비에트 블록에는 오직 소련만이 남게 되었다.

## 중앙아메리카의 긴장 완화

부시 정권이 들어선 첫해, 미국은 중앙아메리카에서의 전쟁에 대한 해법을 찾기 시작했다. 니카라과 정부는 1990년 말에 치르기로 예정되어 있던 선거를 2월로 앞당기는 제안에 동의했다. 미국의 지원을 받았던 반대 세력들은 1984년 선거에는 참여를 거부했지만 1990년 선거전에는 열정적으로 뛰어들었다. 부시 정권은 반대파가 승리할 경우에만 니카라과에 대한 무역 제재 조치를 풀겠다고 약속했다. 마찬가지로 미국의 지원을 받는 반대 연합이 선거에서 이기지 않는 한 콘트라 전쟁의 종식도 확신할 수 없었다. 산디니스타 정부가 재집권하게 되면 전쟁이 계속되고 경제도 더 악화될 것이라는 불안함 가운데 니카라과는 반대파에 표를 던졌다.

그리고 2년이 지나지 않아서 엘살바도르와 과테말라에서도 정부와 무장반군 사이의 평화협정이 이뤄졌다. 두 국가의 반대파들은 유엔 감독하에 치러지는 민주적 선거에 참여하는 것을 전제로 무장 해제를 약속했다. 평화협정에는 '진상 위원회'를 발족하여 이전 10년 동안 양국에서 일어난 수만 명의 학살에 대한 수사를 맡긴다는 내용도 포함되었다.

물론 이러한 협정이 이 지역 내 갈등을 완전히 종식시키지는 못했고 번영을 가져다주지도 못했다. (다른 라틴아메리카 국가들과 비교해도 중앙아메리카 지역은 여전히 극심한 가난을 겪고 있었다.) 하지만 투쟁의 폭력성은 거의 성공적으로 해소되었다. 흥미로운 사실은 양국의 진상 위원회 모두 레이건 정부의 정책을 비판적으로 바라봤다는 점이다. 특히 진상 위원회는 암살단이 자행한 수만 명에 대한 학살의 책임이 엘살바도르와 과테말라 정부에게 있음을 지적했다.[106] 양국의 진상 위원회는 암살단과 미 정부 고위 각료와의 유착 관계를 문서로 남겼지만 미국 언론은 이러한 사실을 거의 보도하지 않았다.

이 시기에 일어났던 사건 중 중앙아메리카와 미국과 관련된 중대 사건이 하나 더 있다. 1988년 2월, 미국은 파나마의 지도자 마누엘 노리에가Manuel Noriega를 마약 밀수 혐의로 기소했다. 당시 그 지역에는 많은 이들이 미국의 암묵적 동의 아래 마약 밀매를 하고 있었기 때문에 미국이 노리에가를 기소한 진짜 이유는 불분명했다.[107] 더욱이 노리에가는 오랜 기간 동안 미 중앙정보국과 연줄을

---

106 United Nation Commission on the Truth for El Salvador, *The Report of the United Nations Commission on the Truth for El Salvador* (New York: United Nations, 1993), http://www.hrw.org/reports/pdfs/e/elsalvdr/elsalv938.pdf, Guatemala's Historical Clarification Commission, *Guatemala: Memory of Silence* (New York: United Nations, 1999), http://shr.aaas.org/guatemala/ceh/report/english/.

107 콘트라스 반혁명군은 마약 밀매를 통해 니카라과 정부군과의 전쟁 비용을 조달했다. 다음의 사례를 참조. "Contra Arms Crews Said to Smuggle Drugs," *New York Times*, January 20, 1987, A1, and P. Scott and J. Marshall, *Cocaine Politics: Drugs, Armies and the CIA in Central America* (Berkeley, CA:

이어왔기 때문에 그의 행동은 이미 오래전부터 미국에 포착되었을 것이다. 노리에가는 또한 여러 사건에서 미국의 중요한 협력자로 활약하기도 했다. 일례로 그는 이란 혁명 후 추방당한 이란 국왕에게 은신처를 제공하기도 했다.

이유를 정확히 알 수는 없지만 미국과 노리에가 사이에 금이 가면서 이후 1년 반 동안 양국 관계는 점점 더 적대적으로 변해갔다. 이 기간 사이에 노리에가의 옛 동료는 그가 야당 지도자의 암살을 지시했으며, 미국과 파나마 운하 관리권을 두고 협상한 파나마의 존경받는 민족 지도자였던 오마르 토리호스Omar Torrijos의 비행기 사고에도 개입했다고 폭로했다. 노리에가는 야당의 승리가 확실해 보이자 1989년 5월 국제적인 감독하에 치러질 예정이었던 선거를 취소시켰다. 야당 후보 중 한 명은 노리에가를 지지하는 조직에게 목숨이 위태로울 정도로 폭행을 당하기도 했다.

또한 파나마 운하 지역에서는 미 주둔군과의 국지전이 끊이지 않았다. 교전 도중 미군 병사가 총에 맞아 사망하는 사건이 일어나자 부시 대통령은 1989년 12월 20일에 파나마 침공을 감행했다. 부시가 겉으로 내세운 명분은 노리에가의 체포였지만 그 뒤에는 파나마 정부의 전복과 새로운 정권의 수립이라는 노림수가 있었다. 침공 과정에서 부상당한 미군은 상대적으로 많지 않았다. 하지만 이때 사망한 파나마의 민간인은 적게는 2백 명(미군 추산)에서

<hr>

University of California Press, 1991). 파나마 침공 이전의 미국과 노리에가의 관계에 대해서는 다음을 참조. K. Buckley, *Panama* (New York: Touchstone, 1992).

많게는 3백 명 이상(인권을 위한 의사회Physicians for Human Rights 조사 결과)
에 이르렀다.[108] 또한 1만 5천 명이 집을 잃었으며 노리에가의 본
거지 인근에 살고 있던 대다수 주민들이 포격의 대상이 되었다.

## 1차 이라크 전쟁

1990년 냉전이 빠르게 막을 내리고 있던 상황에서 부시 행정부는
오래지 않아 새로운 적을 찾았다. 그해 6월, 이라크의 사담 후세인
은 쿠웨이트를 합병하기 위해 침공했다. 이라크의 쿠웨이트 침공
은 2년 앞서 1백만 명 이상을 사망자를 내며 끝났던 이란-이라크
전쟁의 직접적인 결과였다.

　이란-이라크 전쟁 초기에 이라크는 공세의 주도권을 쥐고 이란
의 혁명 정부를 혼란 상태에 빠뜨렸다. 이라크는 이란 영토의 상당
부분을 점령하고 양국을 가르는 샤트 알 아랍Shatt al-Arab 수로와 이
란 서부의 석유지대 일부에 대한 통제권을 확보했다. 그러나 반격
에 나선 이란은 1982년에 이라크군을 다시 국경 밖으로 밀어내고
교전을 이어갔다. 양국 간의 전쟁은 이후 6년 동안 계속되면서 1차
세계대전과 같은 잔혹한 양상을 보였다.

　인구도 더 많고 기꺼이 나라를 위해 목숨을 바치려는 병사도 더

---

[108] Physicians for Human Rights, *"Operation Just Cause": The Human Cost of Military Action in Panama* (Boston: Physicians for Human Rights, 1991).

많았던 이란이 이 같은 전쟁에서는 유리했다. 그러나 이라크 정부
는 상당한 국제 원조를 받고 있었다. 미국은 이라크에 무기와 함께
(비밀리에 이란에 판매한 무기와 별도로) 전투 협력을 위한 정보를 제공
했다. 미국은 또한 이라크의 석유를 미국 국기를 단 유조선으로 수
송할 수 있도록 허용해 이란의 공격을 피할 수 있게 도왔다. 미국
외에도 페르시아 만 지역의 석유 부유국들이 이라크를 지원했다.
이란의 혁명 정부가 이란을 장악하는 것을 불안하게 바라보았던
이들 나라들은 이라크에 수백억 달러를 전쟁 비용으로 차관해주
었다.

1988년 이라크와 이란의 전쟁이 종식되자 이라크는 커다란 채
무 부담을 떠안게 되었다. 이에 사담 후세인은 이라크가 이란의 혁
명 정부와 싸운 것은 아랍 세계 전체의 이익을 위한 것이었다고 주
장하며 사우디아라비아, 쿠웨이트 등 아랍 국가들에게 채무의 전
액 혹은 일부 탕감을 요구했다. 이라크는 특히 쿠웨이트에 대해 커
다란 반감을 가지고 있었다. 당시 쿠웨이트는 석유수출국기구OPEC
가 지정한 제한량을 훨씬 초과해 석유를 생산했고 이로 인해 전 세
계 유가가 떨어졌기 때문이었다. 또한 이라크는 쿠웨이트가 이라
크 접경에서 경사시추를 벌여 이라크 지역의 석유를 빼돌리고 있
다고 불만을 제기했다. 하지만 쿠웨이트는 이러한 주장을 받아들
이지 않았고 이라크는 결국 국경을 넘어 침공을 감행했다. 이라크
의 공세 앞에서 쿠웨이트의 약소한 군사력은 쉽게 무너졌다. 쿠웨
이트 합병을 선언한 이라크는 아랍 민족주의에 호소하며 탈식민
국가들의 연합을 제의했다. 페르시아 만 지역이 여러 나라로 나뉜

것은 주로 식민주의 열강(특히 영국)의 세력 싸움에서 비롯된 것이었다. 그런 면에서 후세인의 쿠웨이트 합병은 식민주의적 분리에 대한 도전이라고 할 수 있었다.

후세인이 미국에게 어떤 반응을 기대했는지는 분명히 알 수 없지만, 부시 행정부는 즉시 후세인을 쿠웨이트에서 철수시키겠다고 선언했다.[109] 그리고 나서 쿠웨이트 국경 부근에 있는 사우디아라비아 주둔 미군의 병력을 즉각 확대하기 시작했다. (미국이 표면적으로 내세운 명목은 사우디아라비아 방위였다.) 또한 부시는 유엔 안전보장이사회에서 이라크군의 쿠웨이트 철수를 촉구하는 결의안을 통과시켰다. 안보리는 또한 이라크군이 쿠웨이트를 떠날 때까지 경제 제재 조치를 취하기로 결의했다. 냉전의 종식 덕분에 미국은 이처럼 안보리를 이용할 수 있었다. 냉전 시대의 소련이었

---

[109] 언론은 부시 행정부가 후세인에게 쿠웨이트 침공을 용인치 않겠다는 뜻을 분명히 전했는지에 대해 여러 의문을 제기했다. 미국의 이라크 대사였던 에이프릴 글래스피April Glaspie는 침공 직전 후세인과 회동을 가졌다. 이 회동에서 글래스피는 이라크와 쿠웨이트와의 분쟁이 평화롭게 해결되고 동시에 미국과 이라크의 관계도 더욱 가까워지기를 바란다는 부시 행정부의 뜻을 전했다. 글래스피가 침공과 관련하여 후세인에게 경고 의사를 분명히 전달했는지에 대해서는 여러 가지 의견이 있다. 전쟁 이전의 배경에 대한 자세한 설명과 글래스피와 후세인의 회동 내용은 다음을 참조. M. Khadduri and E. Ghareeb, *War in the Gulf, 1990-91: The Iraq-Kuwait Conflict and Its Implications* (Oxford: Oxford University Press, 1997). 글래스피는 미 의회 연설에서 자신은 부시 정부가 쿠웨이트 침공을 용인하지 않을 것이라는 뜻을 분명히 전달했다고 말했다. 하지만 당시 국무부가 글래스피로부터 전달받은 바에 따르면 이라크의 무력 사용에 대한 부시 행정부의 반대 의사는 분명하게 전달되지 않았다. "Envoy's Testimony on Iraq is Assailed," *New York Times*, July 13, 1991, A1.

다면 우방이었던 이라크에 대한 조치에 거부 의사를 밝혔겠지만, 냉전 종식 후 고르바초프는 부시 행정부에 상당히 협조적인 자세를 보였다.

미국 내에서 이라크 전쟁에 대한 지지를 끌어내기 위해 부시 행정부는 사실을 다소 왜곡할 필요를 느꼈다. 예컨대 부시 행정부는 이라크가 남쪽으로 진격해 세계 최대 석유 수출국인 사우디아라비아까지 공격할 계획을 세웠다고 주장했다. 하지만 위성사진을 보면, 침공 지시를 기다리며 사우디아라비아 접경에 주둔하고 있는 이라크군은 없었으며, 대개 쿠웨이트 북부와 중심부에 주둔하고 있었다.[110]

부시 행정부는 또한 쿠웨이트 침공의 잔혹성을 과장하려고 노력했다. 미국의 거대 로비 회사와의 공조 아래 쿠웨이트 정부는 이라크 군사들이 쿠웨이트 병원의 신생아들을 인큐베이터에서 꺼내어 사망하도록 방치했다는 이야기를 날조했다. 그리고 이 이야기는 세계적 인권 단체인 국제엠네스티Amnesty International에 흘러들어간 후 각종 언론을 통해 그대로 보도됐다.[111] 그 이야기에서 사실이라고 할 수 있을 만한 부분은 쿠웨이트 시가전 당시 몇몇 병원에 전력 공급이 끊어진 일이 있었다는 것뿐이었다. 물론 그러한 전력 수

<hr>

[110] D. Keller, *Media Culture: Cultural Studies, Identity and Politics Between the Modern and the Postmodern* (London: Routledge, 1995), 199~226.

[111] 이에 대한 설명은 다음을 참조. J. MacArther, *Second Front: Censorship and Propaganda in the 1991 Gulf War* (Berkeley, CA: University of California Press, 2004).

급 차질로 인해 인큐베이터의 신생아들이 위험에 처한 것은 사실이지만 전쟁 중 전력이 차단된 것과 고의적으로 신생아들을 인큐베이터에서 꺼내는 것은 완전히 다른 성격의 문제였다.

그해 가을 동안 미국은 쿠웨이트 주둔 병력을 증강하고 쿠웨이트에서 이라크군을 함께 몰아낼 동맹국들을 결집했다. 아랍 국가들 몇몇도 미국을 지원했는데, 이들 아랍 국가는 상징적이면서도 실질적인 도움이 되었다. 이라크 정부에게는 별다른 동맹국이 없었다. 다만 소련만이 이라크의 쿠웨이트 철수 조건을 협상하기 위한 중재자 역할을 담당하려 했을 뿐이었다.

미국이 제시한 철수 시한이 다가오면서 부시 행정부는 후세인에 대한 강경 조치를 확정하고 이라크의 철수에 대한 보상 조치나 쿠웨이트에 대한 이권 보장 같은 제안을 모두 거부했다.[112] 이란-이라크 전쟁 기간 동안 이라크가 지역 내 강대국으로 부상하는 데 도움을 주었던 미국은 이라크 전쟁을 통해 다시 사담 후세인의 군사력을 축소시키고자 했다.

결국 후세인은 부시가 제시한 쿠웨이트 철수 시한을 지키지 않았고 미국은 1991년 1월 중순에 대대적인 공격을 감행했다. 전쟁의 결과는 시작부터 이미 예견된 것이었다. 미국은 공중전에서 압도적인 우위를 보였다. 전쟁의 여파를 대비해 공군력을 보존하기 위해 후세인은 공군 병력 다수를 이란으로 이동시켰다. (이란은 이

---

[112] "Standoff in the Gulf: A Partial Pullout by Iraq Is Feared as Deadline Ploy," *New York Times*, December 18, 1990, A1.

이라크군이 '사막의 폭풍' 작전에 밀려 후퇴할 때 이용했던, 쿠웨이트와 이라크를 잇는 80번 고속 도로는 미군의 공습 때문에 '죽음의 고속도로'로 알려졌다.

라크의 비행기들을 몰수했다.) 미국이 이끄는 연합군은 한 달에 걸쳐 이라크 지상군과 도시의 군사 목표물에 폭탄과 미사일 공격을 가했다. 또한 기초적인 사회기반시설까지 파괴해 바그다드 시의 전력 시설과 하수 설비를 마비시켰다.[113] 한 달여 동안 공중 공격을 감행한 후 투입된 연합군의 지상군은 단시간에 이라크군을 제압했다. 징집된 이라크 병사들은 대부분 곧바로 항복했다. 지상전이 시작되자 후세인은 즉각 부시가 제시한 정전 협정에 서명할 채비를 했다. 그리고 3월 3일 정전 협정이 이루어지면서 이라크 전쟁은 끝을 맺었다.[114]

----

[113] "War in the Gulf: Iraq; Raids Said to Cut Power in Baghdad," *New York Times*, January 19, 1990, A10.

[114] 이라크 전쟁에 사용된 군사 전략에 대한 분석은 다음을 참조. N. Friedman, *Desert Victory: The War for Kuwait* (Annapolis, MD: Naval Institute Press, 1991).

**레이건 혁명의 제도화**

미군은 시아파가 주도하고 있는 이라크 남부 지역 깊숙이 침투했지만 바그다드까지 진격하지는 않았다. 미국이 전쟁을 시작하면서 동맹국들과 합의한 내용에 후세인을 바로 제거하지 않는다는 조건이 있었기 때문이다. 여기에는 이라크 점령 기간이 늘어나 미국의 피해가 커지는 것에 대한 부담감도 함께 작용했다.[115] 더욱이 부시 행정부 입장에서는 세력이 약해진 사담 후세인이 이라크에서 정권을 유지한다고 해서 나쁠 것도 없었다.

부시 행정부는 이라크 남부 지역에서 후세인에 반대하는 시아파의 봉기를 자극하고 북부에서는 쿠르드족의 폭동을 조장했다. 독립을 위해 수년 동안 게릴라 투쟁을 하고 있었던 쿠르드족을 선동하는 데는 많은 시간이 걸리지 않았다. 이에 더해 미국은 후세인에게 지역 내에서 어떠한 군사 행동도 취하지 말 것을 경고했다. 하지만 시아파는 무사하지 못했다. 미국은 비행 금지 구역을 지정하여 후세인의 잔여 공군이 이라크 남부 지역을 공격하지 못하도록 했지만, 후세인은 탱크 등 중화기를 동원해 시아파 반란을 무자비하게 진압했다.

---

115 당시 정치권과 군 지도부 사이에서는 미국이 후세인 정권을 전복할 경우 점령 기간이 길어지고 유혈 사태 가능성이 높아질 것이라는 의견이 중론이었다. 다음을 참조. R. Atkinson, *Crude: The Untold Story of the Persian Gulf War* (New York: Houghton Mifflin, 1994). 종전 후 가진 기자회견에서 부시 대통령은 "베트남과 같은 수렁Vietnam-style quagmire"이라는 표현을 사용하며 미국이 후세인 정권을 전복하고 이라크를 점령해야 한다는 의견에 반대했다. "After the War: Excerpts from Bush's News Conference: Relief Camps for Kurds in Iraq," *New York Times*, April 17, 1991, A12.

전쟁이 끝난 후에도 후세인은 정권을 장악했지만 이라크는 군사적으로나 경제적으로 전쟁 전보다 훨씬 위축되었다. 이라크는 군사 공격으로 많은 피해를 입었을 뿐만 아니라 평화 조약의 체결 조건으로 다량의 무기를 파괴하는 내용에도 동의했다. 또한 평화 조약은 생화학무기, 핵무기 등 대량살상무기의 파괴와 이러한 무기를 만들기 위해 필요한 기본 재료와 시설의 폐기를 요구했다.

미국은 또한 경제 제재 조치를 통해 이라크가 수입할 수 있는 품목을 큰 폭으로 제한했다. 미국이 내세운 이유는 후세인의 군비 증강과 대량살상무기 제조를 방지하기 위해서라는 것이었다. 하지만 실제로 미국은 전쟁 중 파괴된 전기 시설이나 상하수도 설비 같은 사회기반시설을 재건하기 위해 필요한 수입 품목까지 제한했다. 이러한 경제 제재 조치로 전후 이라크의 경제는 더욱 악화되었다. 후세인이 오일 머니를 통해 구축한 (개발도상국 중에서는) 상당히 양호한 편이었던 이라크의 사회복지는 순식간에 붕괴되었고 이라크인의 생활수준은 심각하게 퇴보했다. 많은 이라크인들이 기초적인 생활 보장과 의료 혜택조차 받을 수 없게 되었다.

걸프 전쟁이 미국이 이전에 참전했던 전쟁들과 구별되는 점 중 하나는 언론이 거의 전적으로 미군이 전달하는 소식에만 의존해 보도했다는 것이다. 이라크 전쟁이 시작되기 직전 백악관은 미국의 공습이 시작되면 기자들의 신변 안전을 보장할 수 없다고 경고하고 기자들에게 이라크를 떠날 것을 촉구했다. 아주 소수만을 제외하고 거의 모든 언론이 이러한 요구에 따랐다. 이러한 상황에서 기자들이 전쟁 관련 기사를 쓰기 위해 의존할 것이라곤 오로지 고위 군 관계자가 전하는 언론브리핑 자료뿐이었다. 브리핑에서 미군은 성공적인 미사일 공격 영상과 타격을 입힌 지역의 지도상 위치, 그리고 미군이 일반에 전하고 싶은 여타 소식들을 전달했다. 브리핑에서는 목표물을 빗나간 오폭 사고나 민간인 사상자, 또는 미국인들이 부정적으로 받아들일 만한 전쟁 상황 등은 거의 다루지 않았다.

노련한 종군기자인 《CNN》 특파원 피터 아넷Peter Arnett은 바그다드에 남아 뉴스를 전했다. 아넷은 미군이 사용한 유도탄의 정확성뿐 아니라 군사적 가치가 전혀 없는 민간인 지역에 대한 미군의 오조준 및 오폭 사건 등을 보도했다. 이러한 뉴스가 전해지자 아넷과 《CNN》은 전쟁 지지자들로부터 비난을 받았는데, 이들은 이라크 전쟁 기간 동안 개별적 취재를 통한 뉴스 보도를 금지해야 한다고 생각했다.[116]

부시 행정부 입장에서 이라크 전쟁은 굉장히 성공적이었다. 미국은 군대를 파병하여 원하는 목표(사담 후세인의 쿠웨이트 철수)를 이뤄냈다. 미국은 대대적으로 승리를 자축했다. 많은 전문가들은

---

[116] 아넷은 보도에 대해 이라크의 검열을 받아야 했는데(나중에 그는 이라크가 거의 간섭하지 않았다고 주장했다), 이는 그의 뉴스 화면 하단에 분명하게 명시되었다. 이라크 전쟁에 대한 언론 보도에 관해서는 다음을 참조. W. Bennet and D. Paletz, des., *Taken by Storm: The Media, Public Opinion, and U.S. Foreign Policy in the Gulf War* (Chicago: University of Chicago Press, 1994); R. Weiner, *Live from Baghdad: Making Journalism History Behind the Lines* (New York: St. Martins Press, 2002); and P. Arnett, *Live from the Battlefield: From Vietnam to Baghdad, 35 Years in the World's War Zones* (New York: Touchstone,1995).

'베트남 증후군(미군의 해외 파병에 대한 미국 대중의 거부감)'의 종식을 선언하려 안달이었다. 이라크 전쟁 직후 조사한 부시에 대한 지지도는 역대 대통령 지지율 중 최고치인 91퍼센트를 기록했다.


## 소련의 붕괴

부시 대통령의 첫 번째 임기에 일어났던 또 하나의 역사적 사건은 소련의 붕괴였다. 1991년 말, 소련은 하나의 연합체로 존속하기를 멈추고 15개 공화국으로 분리되었다. 소련의 개혁에 시동을 걸었던 고르바초프는 갑작스럽게 자리에서 물러났고, 그의 과거 정치 동지였던 보리스 옐친Boris Yeltsin이 소련의 후신인 러시아 연방의 대통령으로 취임했다.

소련의 해체에는 크게 두 가지 힘이 작용했다. 첫째는 고르바초프가 촉발한 개혁 과정, 민주적 권리에 대한 열망, 민간 기업의 신장된 역할 등이다. 둘째는 민족주의였다. 소련은 원래 4백 년 동안 러시아 제국의 통치 아래 있던 수백 개 다양한 민족 그룹의 집합체였다. 러시아 혁명 이후 이들 민족 그룹은 소비에트 연방의 일부가 되었다.

러시아 계열이 아니었던 민족 그룹들이 상당히 순조롭게 소비에트 체제에 합류하기도 했다. 그렇지 않은 경우에도, 여전히 그에 대한 분개심은 있었겠지만 대체적으로 러시아의 지배권을 인정했다. 하지만 러시아의 몇몇 공화국들 사이에 잠재해오던 반反러시아 민족주의는 고르바초프가 정치 체제를 개방함과 동시에 표면으로 터져 나왔다. 그중 가장 두드러진 곳은 발트 해 연안의 리투아니아, 라트비아, 에스토니아였다. 이 나라들은 고르바초프가 정권을 잡은 후 얼마 안 된 시점부터 독립을 주장하기 시작했다. 이들 나라들처럼 조직적이진 못했지만 다른 여러 나라에서도 독립 또는 자치를 주장하는 운동이 나타났다. 그리고 1989년, 고르바초프는 권력 분산 노력의 일환으로 15개의 소비에트 연방 공화국 각국에 민주적 선거를 허용했다. 러시아에서는 고르바초프의 개혁 속도가 미진하다고 비판하는 후보들 사이에서 보리스 옐친이 정권을 잡았다.

이러한 소련의 개혁과 민족주의 움직임은 결국 1991년 소련의 해체를 가져왔다. 소련이 해체되기 전 8월에는 일부 군부의 허무한 마지막 쿠데타 시도가 있었다. 쿠데타를 주도한 고위급 장성들은 여름휴가를 떠난 고르바초프를 잠시 연금했다. 이들은 군중을 위협하고 시위를 저지할 목적으로 모스크바 시내에 탱크를 진격시켰다. 하지만 대부분의 군대는 진압에 참여하려 하지 않았고 쿠데타 군도 속속 이탈하면서 쿠데타 시도는 며칠 못 가 실패했다. 모스크바에 진격해온 탱크는 옐친과 다른 연사들이 쿠데타를 비판하는 연설대가 되었다. 옐친은 문자 그대로 탱크 위에 올라서서 시위 군중에게 연설을 했다.

옐친은 쿠데타에 반대하면서 그의 입지를 강하게 구축해나갔다. 반면 고르바초프는 상대적으로 변화 상황에 무관심한 것처럼 비쳤다. 가을 사이에 옐친은 러시아 내의 권력 기반을 더욱 강하게 장악했다. 그리고 12월, 옐친은 우크라이나와 벨라루스의 대통령과 함께 소련 동반 탈퇴를 성사시키며 소련의 해체를 주도했다.

냉전을 국내외적 정치의 주축으로 삼고 있던 미국에게 소련의 붕괴는 놀라운 일이었을 뿐만 아니라 전혀 예상치도 못한 엄청난 사건이었다. 미국은 순식간에 지상 최대의 적을 잃었다. 소련 붕괴의 근본 원인에 대해서는 의견이 분분하지만, 한 가지 굉장히 아이러니한 사실은 언급할 만하다. 레이건 정부의 강경파 인사들은 소련과 같은 전체주의 정권은 평화롭게 개혁될 수 없으므로 반드시 무력 개입이 필요하다고 주장했다. 반면 미국과 우방 관계에 있는 권위주의적 정권에 대해서는 설득을 통해 민주주의로 점차 이행할 수 있다고 주장했다. 하지만 소련과 동유럽 국가들은 총성 한 발 없이 민주주의로 이행했다.[117]


## 미국 내부의 문제

국외적인 상황은 전례를 찾기 힘들 만큼 부시 정부에 유리하게 전개되고 있었지만 미국 내 상황은 그만큼 좋지 못했다. 레이건과 달리 부시는 재임 기간 동안 국내 문제에 커다란 관심을 갖지 않았

---

[117] 소련 붕괴에 대해서는 다음을 참조. G. Sunny, *The Revenge of the Past: Nationalism, Revolution, and the Collapse of the Soviet Union* (Stanford, CA: Stanford University Press, 1993), and D. Remnick, *Lenin's Tomb: The Last Day of the Soviet Empire* (New York: Vintage, 1994).

다. 부시는 대선 기간 동안 '더욱 친절하고 관대한 나라kinder, gentler nation'를 슬로건으로 내걸었지만 당선 후 이러한 약속을 지키기 위한 노력을 별로 보여주지 않았다. 부시는 재임 기간 내내 국내 문제에 소홀하다는 정치적 비판을 피하지 못했다.

부시 대통령이 취임하고 두 달 후 알래스카 남부 해역에서 유조선 엑손 발데즈Exxon Valdez 호가 좌초되는 사건이 일어났다. 이는 사상 최대의 기름 유출 사건이었다. 유출된 기름은 미국에서 가장 청정한 지역의 야생동물들을 위험에 빠뜨렸다. 사건 후 실시된 조사에 따르면 당시 관계자들은 기름 유출에 대한 사전 대책이 없다시피 했으며 유출에 대비한 정화 대책도 없었다. 기름이 유출될 당시 유조선의 선장은 술을 마시고 있었으며, 정식 자격도 없는 선원이 배를 조정하고 있었다. 이 끔찍한 사건을 본 미국 대중은 엑손Exxon 사와 석유업계 전반에 대해 분노했다. 부시 대통령 자신이 한때 석유업계에 몸담은 바 있으며 이들과 긴밀한 유착 관계를 이어오고 있다는 사실은 사람들이 환경 보호에 대한 부시의 노력을 신뢰할 수 없게끔 만들었다.[118]

대통령 취임 후 부시가 직면했던 또 다른 국내 문제는 재정 적자였다. 미국의 재정 적자는 정치권에서 끊임없이 지적돼왔으며 때로는 국민들 사이에서도 심각한 우려를 낳았다. 미국의 재정 적자는 사회복지 예산 감축과 세금 인상(특히 1983년에 도입된 사회보장세

---

118 엑손 발데즈 호의 기름 유출 사건에 대해서는 다음을 참조. J. Keeble, *Out of the Channel: The Exxon Valdez Oil Spill in Prince William Sound* (Spokane, WA: Eastern Washington University Press, 1999).

의 인상)을 통해 레이건 정부 시절의 커다란 적자폭을 줄여나갔다. 또한 1986년의 세법 개혁은 갖가지 조세 탈루 구멍을 막음으로써 세수입을 증대했다. 하지만 여전히 미국의 통합 재정 적자는 경기 순환의 최정점이었던 1989년에 기록한 GDP 대비 2.8퍼센트 밑으로 절대 떨어지지 않았다.[119] 레이건 임기 이전까지만 해도 이 정도의 적자는 경기침체기에나 발생하는 수준이었다. 게다가 1990년 여름 미국 경제는 침체기에 빠져들었고 재정 적자는 다시 늘어나기 시작했다.

경기침체기는 세금을 인상하거나 정부 지출을 줄이는 정책을 시행하기 가장 어려운 시기다. 침체기에 접어든 경제는 어떤 부분에서든 수요를 만들어내고자 한다. 만일 세금 인하로 소비 심리가 개선되거나 정부가 추가 지출을 통해 고용을 창출한다면, 이는 일자리가 아주 적은 경제에 있어서는 순익이다. 반대로 세금 인상과 지출 감소는 경기침체를 더욱 악화시키기 쉽다. 그럼에도 1990년 여름 미국은 재정 적자가 다시 늘어날 것이라는 우려와 함께 적자 감소를 위한 정책들을 강력히 추진했다. (당시에는 미국 경제가 침체기에 빠졌다는 게 분명하게 드러나지 않기도 했다.)

부시 대통령은 지출 축소를 통해 적자를 줄여야 한다고 주장한 반면 민주당 의원들은 적자 감축안에 세금 인상도 포함돼야 한다고 주장했다. 미국 의회를 장악한 민주당이 세금 인상이 포함되지

---

[119] 미국 재계가 호황을 누리면서 고용이 확대되었고 그에 따른 정부 세수입의 증가로 미국의 재정 적자는 감소했다. 또한 정부의 실업수당, 복지비용 등 실업자가 늘어날수록 많아지는 비용도 줄어들어 미국의 지출도 감소했다.

않은 예산안을 거부하고, 부시 대통령이 지출 축소 내용이 없는 예산안에 대해 거부권 행사 압력을 가하는 가운데 그해 예산안에는 이 두 가지가 모두 포함될 수밖에 없어 보였다. 결국 부시 대통령이 서명한 예산안에는 전체 납세자의 10%도 안 되는, 최고 과세 등급의 세율을 소폭 인상하는 내용이 추가되었다.

이 절충안은 민주당에게 정치적 승리를 안겨주었다. 1988년 대선 운동 때 "더 이상의 세금은 없다"고 주창했던 부시가 기존 입장에서 한 발 물러났기 때문이었다. 세금 인상에 대해 보수적 공화당 지지자들은 부시가 자신들을 배신했다며 분노했다. 1990년 선거는 전반적으로 민주당에게 유리하게 흘러갔고 상하원에서 모두 의석을 조금씩 확대한 민주당은 레이건 취임 이후 가장 많은 의석을 차지했다.

## 대법원을 둘러싼 분쟁

1980년 대선 운동 때 레이건은 곧잘 사법부에 대해 이야기했다. 레이건은 진보 성향 판사들이 대중의 뜻을 무시하고 있다고 비난했다. 이러한 비판은 지난 30년간 시민권 신장과 피고인의 공민적 자유 보호, 낙태의 합법화 등에 앞서왔던 판사들을 겨냥한 것이었다. 이러한 부분들에 있어서 미 법원은 의회에서 통과된 법이라고 해도 헌법적 기본권이 우선한다며 판결을 뒤집곤 했다. 레이건은 자신이 당선된다면 '엄격한 법률 해석가'들을 판사로 임명하겠다

고 약속했다. 이는 곧 이제까지 판사들이 선출직 관료들의 의중을
잘 따르지 않았음을 지적한 것이었다.

두 차례의 임기 동안 레이건은 연방 사법부의 각급 판사들을 수
백 명 임명하면서 자신의 철학을 반영시킬 수 있었다. 하지만 대법
관 지명자들은 확연하게 눈에 띄는 데다 그 영향도 가장 크다. 보
수주의자들에게는 아주 실망스러운 일이었겠지만, 레이건의 8년
임기가 끝난 뒤에도 대법원은 여전히 보수주의자들이 중요하게
여기는 사안들에 대해 입장을 바꾸지 않았다. 특히 낙태에 관련해
대법원은 낙태를 불법으로 규정하지 못하도록 한 '로 대 웨이드'
판결을 고수했다.

레이건은 임기 동안 아홉 명의 대법관 중 세 명에 대한 지명권을
가지고 있었지만(레이건은 현직 대법관인 윌리엄 렌퀴스트William Rehnquist
를 대법원장으로 승진시키기도 했다) 그의 지명만으로 대법원의 구성
을 완전히 바꿀 수는 없었다. 레이건이 처음으로 지명한 인물은 미
국 최초의 여성 대법관이 된 샌드라 데이 오코너Sandra Day O'Connor였
다. 오코너는 중도보수 성향의 인물로 알려져 있었으며 전임 대법
관과 별다른 성향 차이를 보이지 않았다. 레이건이 두 번째로 지명
한 안토니오 스칼리아Antonio Scalia는 렌퀴스트가 대법원장으로 승진
하면서 생긴 공석을 채웠다. 스칼리아는 줄곧 보수적 입장을 견지
해왔지만, 퇴임하는 대법원장 워렌 버거Warren Berger 역시 보수적 인
사였다.

1987년 중도보수 성향의 대법관 한 명이 사임하면서 레이건은
세 번째로 대법관을 지명했다. 레이건이 처음 지목했던 인물은 상

소법원 판사였던 로버트 보크Robert Bork였다. 보크는 저명한 보수적 법학자였다. 민주당이 장악한 상원은 여성 단체와 민권 단체, 공민적 자유 수호 조직의 압력 속에서 보크의 임명을 거부했다. 자신에 대한 임명 동의안 부결이 확실해 보이자 보크는 지명 철회를 요구했다. 이는 상당한 파장을 몰고 왔다. 이제까지 상원에서는 보통 후보자의 대법관으로서의 자질을 바탕으로 임명 동의 여부를 결정해왔다. 그런 면에서 누구도 법학자로서 보크의 자질을 의심하지 않았다. 보크의 보수적인 이데올로기가 임명에 걸림돌이 된 것이었다. 결국 보크가 지명되었던 자리에는 앤서니 케네디Anthony Kennedy가 임명되었다. 중도보수 성향의 케네디는 전임 대법관과 별 성향 차이를 보이지 않았다.

부시 대통령이 처음으로 대법관을 임명한 것은 가장 진보적 대법관 중 한 명이었던 윌리엄 브레넌William Brennan이 퇴임한 1990년이었다. 부시는 상대적으로 덜 알려진 인물인 데이비드 수터David Souter를 대법관으로 지명했는데, 부시는 얼마 전 그를 상소법원 판사로 임명했었다. 대법원에서 수터는 중도진보 성향으로 드러났는데, 이는 그의 임명이 대법원의 균형을 크게 바꾸지는 못할 것이라는 걸 뜻했다.

1991년 미국 최초이자 유일한 흑인 대법관이었던 서굿 마셜Thurgood Marshall이 퇴임하면서 또다시 대법원에 공석이 생겼다. 당시 마셜은 대법원에서 가장 진보적인 판사였기 때문에 그의 퇴진은 대법원의 균형을 바꿀 수 있는 진정한 기회였다. 이에 부시 대통령은 강경보수 성향의 상소법원 판사 클래런스 토머스Clarence Thomas를 대법관 후보로 지명했다.

토머스의 대법관 지명은 보크의 지명을 철회시켰을 때와 마찬가지로 즉각 진보 단체들의 결집을 촉발했다. 하지만 토머스는 흑인 후보인데다가 가난한 환경에서 자수성가한 이력을 가지고 있었기 때문에 보크의 임명 동의를 거부했던 많은 상원의원들도 쉽게 거부권을 행사할 수 없었다.

첫 번째 청문회가 열린 후 토머스는 상원의 사법위원회로부터 임명에 필요한 표를 획득했는데, 이는 사실상 상원 전체에서의 임명 동의를 보장해주는 것이었다. 하지만 그 시점에서 사법위원회 직원 중 한 명이 토머스의 전 비서 애니타 힐Anita Hill의 진술을 언론에 흘리면서 상황은 반전되기 시작했다. 힐은 비서로 일하는 동안 토머스가 거듭 자신을 성추행했다고 주장했다. 이러한 보도가 퍼지자 남성으로만 구성된 상원의 사법위원회는 심각한 성추행 혐의를 은닉하려고 했다는 대중의 질타를 받았다. 이에 압력을 느낀 위원회는 토머스의 혐의를 조사하기 위해 청문회를 다시 열었다.

위원회는 며칠간에 걸쳐 텔레비전 중계 청문회를 열고 힐과 토머스, 그리고 문제의 기간 동안 이들과 가까이 지냈던 여러 증인들의 증언을 청취했다.[120] 힐은 자신의 입장을 고수했고 토머스는 성추행 사실을 강하게 부인했다. 힐을 지원하고 나선 증인들의 증언은 때로 어이없기도 했는데, 결정적인 증거를 제시하지는 못했다.

---

[120] 위원회는 토머스에게 성추행을 당했다고 주장하는 다른 전직 비서들의 증언은 받아들이지 않았다.

결국 위원회는 토머스의 임명 동의안을 상원의 표결에 맡기기로 결정했고, 토머스는 근소한 표차로 대법관 임명 동의를 받았다.

토머스의 임명 동의에 성공했지만 보수주의자들은 여전히 대법원을 둘러싼 싸움에 석연치 않아 했다. 이 사건을 통해 판사의 중요성이 부각되면서 각급 판사의 임명을 둘러싼 싸움은 과거 어느 때보다 치열해졌다.[121]

## 로드니 킹 사건

부시 재임기에 일어난 일들 중 주목할 만한 사건이 하나 더 있다. 바로 1991년 3월 로스앤젤레스 경찰이 로드니 킹Rodney King을 폭행한 사건이다. 1년 뒤인 1992년 3월, 해당 경찰관들이 무죄를 선고받자 사흘간 소요가 일어났다. 로스앤젤레스 경찰은 다른 주요 도시의 경찰들과 마찬가지로 흑인들에게 무자비하기로 악명이 높았다. 오랫동안 로스앤젤레스 경찰청장을 지낸 데릴 게이츠Daryl Gates는 흑인에 대한 잔혹한 처사가 불거질 때마다 사건에 연루된 경찰관들을 적극적으로 보호했다. 실제로 그는 로스앤젤레스 경찰의 손에 죽은 흑인들이 많은 이유를 해명하면서 흑인이 백인과 신체 구조가 다르기 때문이라고 말하기도 했다.[122]

---

[121] 토머스 검증 청문회의 사회적 중요성을 고찰한 흥미로운 글들은 다음을 참조. A. hill and E. Jordon, des., *Race, Gender and Power in America: The Legacy of the Hill-Thomas Hearings* (New York: Oxford University Press, 2005).

하지만 로드니 킹 폭행 사건은 현장 목격자가 촬영한 비디오 자료가 있었기에 엄청난 파장을 몰고 왔다. 대개 경찰의 잔인한 폭력이 연루된 사건에는 다른 경찰관들 말고는 증인이 따로 없다. 그래서 범죄 혐의로 기소된 사람이 경찰관의 폭행 사실을 주장한다 해도 확실한 증거가 없어 패소하기 일쑤다.

사건 당시 음주 상태였던 로드니 킹은 도시를 가로지르는 고속 추격전을 벌였다. 경찰 측은 킹이 체포된 후 심하게 반항하며 경찰의 명령에 따르지 않았다고 주장했다. 체포 초기의 상황은 이 사건 장면을 담은 비디오테이프에 녹화돼 있지 않았다. 다만 흑인 한 명이 경찰관들에게 둘러싸인 채 얼굴을 땅바닥에 대고 엎드린 모습이 담겨 있었다. 경찰관들은 돌아가면서 곤봉으로 흑인을 구타했다. 당시 현장에 있던 24명의 경찰관 중 체포 과정에 상관에게 보고해야 할 만큼 비정상적인 면이 있었다고 여긴 사람은 단 한 사람도 없었다. 오히려 킹의 체포는 그날 밤 경찰 무전에서 농담거리로 등장했다.

하지만 킹의 체포 장면을 담은 비디오테이프가 지역과 전국 텔레비전 방송을 통해 공개되면서 로스앤젤레스와 미국 전역에서 분노의 목소리가 터져 나왔다. 대중의 압력이 거세지자 로스앤젤레스의 지방검사는 킹에게 부과했던 형량을 줄이고 비디오테이프에 녹화된 경찰관 중 주도적으로 구타 행위를 한 네 명을 기소했

.......................................

[122] "Tape of Beating by Police Revives Charges of Racism," *New York Times*, March 7, 1991, A18.

1991년 로스앤젤레스 사태의 도화선이 된 경찰의 로드니 킹 폭행 영상.

다. 해당 경찰관들에 대한 재판은 이듬해에 백인 인구가 많은 교외 지역인 시미 밸리에서 열렸다. 피고들이 공정한 판결을 위해 로스앤젤레스 이외의 지역에서 재판이 열려야 한다고 주장했기 때문이었다.

그리고 1992년 4월 29일, 흑인이 한 명도 포함되지 않은 배심원단은 기소 경찰관 네 명에 대해 무죄 결정을 내렸다.[123] 사우스 센트럴 로스앤젤레스의 흑인 사회는 이에 분노하며 시위를 벌였고, 시위는 금세 과격해졌다. 이후 4일간 수백 개의 상점과 건물에 대한 파괴와 방화가 잇달았다. 수십 명의 운전자들이 차 밖으로 끌려나와 폭행을 당하기도 했다. 지역에 대한 통제력을 상실한 경찰은 결국 방위군에 지원을 요청하기에 이르렀다. 사태가 완전히 진정

---

[123] 배심원단은 한 경찰관의 혐의에 대해서는 아예 판정을 내리지 못했다.

될 때까지 44명이 사망했고 1700명 넘게 부상을 당했으며 6천 명 이상 체포되었다.

킹의 폭행 사건과 경찰관들에 대한 재판을 둘러싸고 일어났던 일련의 소요 사태는 아직까지도 많은 흑인들이 미국 사회에서 소외받고 있다는 사실을 보여주었다. 흑인 사회의 상황은 여러 가지 법안을 통해 개선돼왔지만 1992년의 로스앤젤레스 소요 사태는 1960년대 경찰 폭력으로 인해 촉발되었던 저항과 질적으로 큰 차이가 없었다. 그리고 킹의 체포와 경찰관의 무죄 판결은 흑인에 대한 경찰의 무자비한 폭력이 여전히 용인되고 있음을 보여주었다.


## 1992년 선거

1992년 선거는 경제 관련 공약들 일색이었지만, 1991년의 국제적 사건들은 선거에 지대한 영향을 미쳤다. 국제적 사건들은 민주당의 거물급 후보들이 대선 출마를 포기하게 만든 가장 주요한 변수였다. 현직 대통령의 지지율이 91퍼센트에 이르는 상황에서 대선 승리 가능성은 그리 높지 않아 보였기 때문이다. 그 결과 1988년 경선에 참여했던 민주당의 간판 정치인들인 하원 원내총무 리처드 게파트와 테네시 주지사 앨 고어가 출마를 포기했다. 제시 잭슨 또한 출마를 고사해 민주당 경선에는 상대적으로 덜 알려진 후보들이 나서게 되었다.

유력 후보들은 이러한 선택을 후회했을 것이다. 이라크 전쟁 이후의 자축 분위기는 그리 오래가지 않았다. 1990년 여름 미국 경제는 침체기에 빠졌고, 침체기는 공식적으로 1991년 3월까지 계속되었다. 그러나 미국이 공식적으로 침체기의 종료를 선언한 이후에도 노동자들의 고용안정성은 쉽게 회복되지 않았다. 1992년 봄부터 일자리 창출이 본격화되기는 했지만, 선거가 치러진 11월까지도 미국은 침체기 동안 발생한 실직자들의 일자리를 찾아주지 못했다.

노동자들을 불안하게 했던 것은 일자리 부족만이 아니었다. 노동자들의 임금 상승폭 역시 물가 수준을 따라 가지 못했다. 물가 상승률을 적용했을 경우 선거 당시의 시간당 평균 임금은 2년 반 전에 비해 4퍼센트 하락한 수준이었다. 게다가 가파르게 오르는 보건의료 비용은 노동자와 기업에 커다란 부담을 안겨주었다. 점점 더 많은 회사들이 노동자와 부양가족에 대한 의료보장 범위를 축소했고 이로 인해 4천만 명에 달하는 미국인들이 의료보장 혜택에서 제외되었다. 의료보험 문제는 펜실베이니아 주 상원의원 특별선거에서 핵심적인 주제로 다뤄졌고 이후 전국적인 관심사로 빠르게 떠올랐다.

빌 클린턴이 대선 후보 경선에서 승리하고 민주당 후보로서는 16년 만에 백악관에 입성할 수 있었던 데에는 이러한 배경이 있었다. 민주당 경선에 출마했을 당시 클린턴은 별로 알려진 인물이 아니었다. 클린턴은 다섯 번이나 당선되며 12년 동안 미국의 작고 가난한 주인 아칸소의 주지사를 지냈다. 주지사 경력 외에는 특별한 이력이 없던 클린턴은 당대의 누구보다도 카리스마 넘치는 굉장

히 유능한 정치인이었다.[124]

클린턴은 대학 시절부터 대선 출마를 계획하고 있었으며 끊임없이 정치계 인맥을 쌓아왔다. 그는 대선에 나서면서 자신을 "새로운 민주당원new kind of Democrat"이라고 지칭했다. 이 말 속에 클린턴은 자신이 친기업적이며 공격적인 외교 정책(민주당 의원 대다수와 달리 그는 레이건의 군비 증강을 지지했다)을 지지한다는 뜻을 담았다. 또한 클린턴은 사형제와 같이 강경한 처벌에 대해서도 찬성의 뜻을 나타냈다. 이러한 클린턴의 태도는 전통적 민주당원들에 반대하던 많은 중도주의자들에게 설득력을 가졌다. 이는 재계 인사들에게도 환영받으며 선거 자금 조달에도 유리하게 작용했다.

또한 클린턴은 단연 돋보이는 선거 운동 조직을 가지고 있었다. 이들은 어떠한 공격에도 강력하게 대응해 나갔다. 대선 운동 초기, 뉴햄프셔에서 첫 번째 예비선거가 치러지기 전 언론에는 클린턴의 불륜에 관한 소식이 퍼졌다. 또한 클린턴이 징병을 피하기 위해 미국 방위군에 지원했다(이는 베트남 전쟁 당시 흔했던 일이다)는 내용의 서신도 유출되었다. 하지만 클린턴은 이 둘 모두를 자신에게 유리한 방향으로 끌고 나갔다. 후보들에 대한 인지도가 낮았던 선거 초기에 언론은 클린턴의 불륜과 병역 문제를 집중적으로 다뤘다. 첫 번째 예비선거가 치러진 후 언론은 이 선거를 잣대로 미국인들

---

[124] 클린턴의 대선 과정에 대해서는 다음을 참조. D. Maraniss, *First in His Class: A Biography of Bill Clinton* (New York: Touchstone, 1996); G. Stephanopoulos, *All to Human* (Boston: Back Bay Books, 2000); and W. Clinton, *My life* (New York: Knopf, 2004).

레이건 혁명의 제도화

이 클린턴의 결혼 생활과 베트남 전쟁 참전 기피에 대해 어떻게 생각하는지 가늠하려고 했다. 반면 다른 후보들은 거의 언급조차 되지 않았다.

한편 부시 대통령은 이라크 전쟁 이후 급상승한 지지도에도 불구하고 공화당 경선 과정에서 보수적인 텔레비전 정치평론가였던 패트릭 뷰캐넌Patrick Buchanan의 도전에 맞서야 했다. 뷰캐넌은 부시 대통령이 충분히 보수적이지 못하다고 공격했는데, 무엇보다 그가 '새로운 세금은 없다'고 한 서약을 깨뜨렸다고 질타했다. 경기 침체 속에서 생활고를 겪고 있던 많은 미국인들은 뷰캐넌의 주장에 호응했다. 비록 경선에서 승리하지는 못했지만 뷰캐넌은 예비 선거 초반에 놀라울 정도로 선전하며 부시의 대선 후보 자리를 위협했다.

클린턴과 부시는 각 당의 예비선거에서 일찌감치 승리를 확보했지만 1992년 대선에는 또 하나의 변수가 있었다. 미국의 억만장자 로스 페로Ross Perot가 무소속으로 대선에 출마했기 때문이었다. 페로는 대선 운동에서 자신이 정치인들보다 정직한 인물이라고 표현했다. 또한 미국의 실제적인 문제에 집중했는데, 그는 연방 재정 적자를 가장 심각하게 여겼다. 페로는 선거 운동에 엄청난 자산을 투여해 재정 적자 감축에 대한 자신의 의견을 일반에 폭넓게 전달했다. 여론조사에서 상당히 높은 지지를 받아 페로는 가을에 열린 대통령 후보 토론에도 참여할 수 있었다.

선거 기간 내내 클린턴은 미국의 경제 악화를 강조하며 미국인들의 호응을 얻어냈다. 반면 부시가 외친 미국의 외교적 성공은 거의 주목을 끌지 못했고 결국 선거는 클린턴은 여유 있는 승리로 마무리되었다. 한편, 로스 페로는 대선 과정에서 드러난 변덕스런 행보에도 불구하고 무소속으로는 이례적으로 18퍼센트가 넘는 득표율을 기록했다.[125] 이는 1912년 루스벨트Theodore Roosevelt 대통령이 제3당의 후보로 나선 이후로 민주·공화 양당 후보자가 아닌 후보가 얻어낸 가장 많은 득표였다. 재선 도전에 나섰던 부시 대통령은 40퍼센트도 넘지 못하는 득표율을 나타냈다.

## 클린턴 정권 초기

1993년 클린턴이 대통령으로 취임할 당시 민주당은 상원과 하원 모두에서 견고한 주도권을 쥐고 있었다. 이러한 구도는 클린턴의 주요 정책을 추진할 수 있는 좋은 기회처럼 보였지만 실제 결과는 그리 성공적이지 못했다. 클린턴은 대통령 임기 첫 두 해 동안 세 가지 주요 정책, 즉 적자 감축을 위한 예산안 통과, 북미자유무역협정NAFTA의 통과, 그리고 국영의료보험의 시행을 추진했다. 클린턴은 세 가지 목표 중 처음의 두 가지 정책을 통과시켰는데, 그 과

---

125 페로는 선거 기간 도중인 여름에 갑자기 후보 출마를 철회했다가 가을에 다시 대선 경쟁에 뛰어들었다. 이후 페로는 여름에 대선 출마를 철회했던 이유를 설명하면서 자신의 소식통을 통해 들었다는 내용을 밝혔는데, 페로는 공화당이 그해 늦여름에 치를 예정이었던 자신의 딸의 결혼식을 방해할 계획을 가지고 있었다고 주장했다. 그러나 이 기묘한 주장을 입증할 만한 증거는 전혀 제시하지 못했다.

정에는 백악관의 엄청난 수고가 있었다.

클린턴은 취임 직후부터 예산 감축을 위한 신경전에 돌입했다. 그는 선거 유세 기간 동안 여러모로 다른 후보들과 차별된 공약을 내세웠다. 클린턴은 교육·훈련, 사회기반시설, 연구 개발 등 주요 공공 부문에 대한 투자를 약속했으며, 대통령 임기 중반까지 재정 적자를 통제 가능한 수준으로 끌어내리겠다고 약속했다. 이를 위해 클린턴은 부유층에 대한 세금 인상을 제안했지만 여기서 발생하는 추가 세입만으로는 공공 투자의 증가와 적자 감축을 동시에 달성하기 어려웠다.

클린턴 대통령은 최고 자문위원들과 몇 차례 내부 논의를 거친 후 예산 감축 추진에 대한 입장을 분명히 했다.[126] 이러한 결정은 공공 부문 투자 공약을 상당 부분 포기하겠다는 뜻이었으며, 유권자들의 기대를 저버리는 것이기도 했다. 대통령 후보 경선과 본선거 과정에서 다른 후보들이 예산 균형의 필요성을 강조하는 동안 클린턴은 공공 투자에 대한 지지 의사를 밝혔다. 유권자들은 예산 감축이 지나치게 강조되는 것에 반감을 가지고 클린턴을 선택했지만, 결국 이 같은 결과를 맞이하게 된 것이다.

클린턴은 표면적으로는 항상 공공 투자에 대한 지지 의사를 밝혔다. 클린턴은 여러 연설을 통해 교육·훈련 제도를 위한 예산을 어느 정도 확대하겠다고 강조했다. 하지만 실제 집행된 예산은 그

----

[126] 클린턴 행정부 첫해의 경제 정책에 대한 내부 논의에 대해서는 다음을 참조. R. Woodward, *The Agenda: Inside the Clinton White House* (New York: Simon and Schuster, 1994).

의 약속과 전혀 달랐다. 경제 규모에 대비하여 측정했을 때 미국 관리예산처가 이 분야에 투자한 예산은 1993년에 GDP 대비 1.8퍼센트였던 반면 클린턴의 첫 임기 마지막 해인 1997년에는 1.7퍼센트로 줄어들었다.[127]

클린턴은 예산안을 의회에서 통과시키기 위해 여러 차례 조율 과정을 반복해야 했다. 클린턴이 처음 제시했던 예산안에는 선거 기간에 공약했던 몇몇 공공 투자 부문을 아우르는 소규모의 경기 부양책이 담겨 있었지만 의회는 이를 받아들이지 않았다. 클린턴은 또한 에너지세를 제안하며 세수입 확대와 더불어 환경적 효과와 해외 원유 의존도 감소를 동시에 달성하고자 했다. 하지만 이 제안 역시 그대로 받아들여지지 않았고 연방 석유세의 소폭 인상으로 대체되었다. 이 예산안의 골자는 고소득 세납자에 대한 세율의 상향 조정이었지만 이러한 변화에 영향을 받는 사람은 미국인 전체의 10퍼센트도 채 안 되었다.

이 예산안은 상원과 하원에서 한 차례씩의 투표 과정을 거쳐 통과되었다. 공화당 의원 중 이 법안에 찬성한 의원은 양원을 통틀어 한 명도 없었다. 민주당 내에서 나온 이탈표의 대부분은 남부 지역 출신의 보수적 의원들이 던진 것이었다. 민주당의 진보와 중도 진영은 통과된 예산안이 본인들에게 별로 유리할 게 없음에도 불구하고 클린턴의 입장을 강력히 지지했다. 이들은 지미 카터 이후 첫

----

[127] Office of Management and Budget, *The Budget for the Fiscal Year 2006: Historical Tables* (Washington, DC: U.S. Government Printing Office, 2005), table 9-1.

민주당 출신 대통령이 차질 없이 국정 운영을 하는 것을 중요하게 여기며 클린턴의 정책을 지지했다.


## 북미자유무역협정을 둘러싼 싸움

클린턴은 예산안만큼이나 북미자유무역협정 법안을 통과시키기 위해 많은 노력을 기울였다. 반대 진영이 매우 다른 입장을 취하고 있었지만 백악관은 법안 추진의 공세를 늦추지 않았다. 북미자유무역협정을 통해 미국이 얻고자 하는 바는 멕시코를 미국의 경제 영역으로 더 확실하게 편입시키는 것이었다. '자유무역'이라는 이름을 붙이긴 했지만 이 협정의 실제 조항에는 자유무역과 관련된 부분이 그리 많지 않았다. 클린턴 행정부는 멕시코의 저임금 노동력에 주목했다. 북미자유무역협정의 핵심은 미국이 멕시코에 안정적인 투자를 할 수 있도록 일련의 규칙을 세우는 것이었다. 이를 위해 미국은 차후 멕시코 정부가 미국 기업이 수익을 자국에 송환하는 것을 금지하거나 이를 환수하지 못하게 하는 여러 가지 근거들을 협정에 포함시켰다. 이 협정은 멕시코 안에서 미국의 특허권과 상표권 보호를 확대하는 내용도 포함하고 있었는데, 이는 미국의 제약 산업과 엔터테인먼트 산업의 수익을 증대하기 위해서였다. 또한 다른 개발도상국과의 협정에도 적용 가능한 유리한 선례를 남기려는 의도도 있었다.

유럽연합을 향한 유럽 국가들의 노력과 비교해보면 북미자유무역협정의 성격을 더 분명하게 알 수 있다. 북미자유무역협정은 상업적인 조약에 한정된 반면 유럽연합은 통합된 사회 및 정치 구조를 만들고자 했다. 유럽연합은 회원국의 모든 국민에게 이주의 자유 등 여러 가지 권리를 보장해주는 '사회 헌장social charter'을 승인했다.[128] 또한 유럽연합은 유럽 내 부유한 지역이 가난한 지역에 도움을 주는 데 사용하기 위해 기금을 조성했다. 이는 가난한 지역의 성장을 촉진해 생활수준을 부유한 지역만큼 끌어올리기 위함이었다. 아일랜드를 비롯해 몇몇 유럽 국가들은 지난 20년 동안 이러한 지원을 매우 효과적으로 잘 이용해왔다. 현재 아일랜드는 유럽연합에서 가장 부유한 축에 든다.[129]

북미자유무역협정 조항에서는 멕시코의 생활수준을 미국 수준으로 끌어올리려는 의도를 전혀 발견할 수 없으며 가입국에 대한 거주 이전의 자유도 포함돼 있지 않았다. 또한 이 협정은 협정국 국민에 대한 어떠한 기본권 보장도 규정하지 않았다.

북미자유무역협정이 미국 생산직 노동자들을 멕시코의 저임금 노동자들과 직접 경쟁하게 만든다는 사실이 알려지면서 많은 미국인들은 협정에 부정적 태도를 보였다. 이 협정은 원래 부시 정권 때부터 은밀히 진행돼왔다. 이전의 다른 무역 협정들과 마찬가지로 북미자유무역협정도 원래는 대중의 관심 밖이었다. 하지만

---

[128] 유럽 사회 헌장에 대한 논의는 다음을 참조. European Union, *Activities of the European Union: Summaries of Legislation: Social Charter* (Brussels: European Union, 2005), http://europa.eu.int/scadplus/leg/en/cha/c10107.htm.

[129] 서브프라임 경제 위기 이전인 2005년 기준임. — 옮긴이

1992년 대통령 선거 유세에 나선 로스 페로가 멕시코의 저임금 노동력이 '굉음을 내며' 미국 노동자의 일자리를 빨아들일 것이라고 주장하면서 이 협정에 대한 대중의 관심이 크게 증가했다. 페로는 북미자유무역협정이 체결될 경우 미국이 6백만 개의 일자리를 잃을 것이라고 경고했다.

페로는 북미자유무역협정의 잠재적 부작용을 과장한 반면, 클린턴 행정부는 아무 거리낌 없이 이 협정이 가져올 이익을 근거 없이 부풀렸다. 정부는 저명한 경제학자들의 연구 결과를 출판해 이 협정이 멕시코와의 무역에서 커다란 흑자를 안겨줄 것이며 그로 인해 미국 내에 20만 개 이상의 일자리 창출 효과를 낼 것이라고 주장했다.[130]

의회에서는 북미자유무역협정을 둘러싸고 양당이 뒤바뀐 양상을 보였다. 협정을 지지하는 측은 대부분 공화당 의원이었던 반면 민주당 의원들은 대다수가 협정에 반대했다. 민주당 의원들은 노동계와 환경 운동 단체의 압력을 무시할 수 없었다. 특히 환경 단체들은 협상이 미국의 환경 규제에 미칠 영향을 우려하며 강력한

---

[130] 1994년 《대통령 경제 보고서》는 북미자유무역협정이 20만 개의 일자리를 창출할 것이라는 경제학자 게리 후프바우어Gary Hufbauer와 제프리 쇼트Jeffrey Schott의 연구를 인용하고 있다(Council of Economic Advisors, *Economic Report of the President* [Washington, DC: U.S. Government Printing Office, 1994]). 일반적인 무역 이론에서 무역이 일자리에 미치는 영향은 대부분 간접적이며 그리 크지 않다. 이것은 북미자유무역협정과 같은 조약이 일자리를 대규모로 창출해낼 수 없음을 뜻한다. 후프바우어와 쇼트는 이후 북미자유무역협정 토론에서 널리 사용되었던 자신들의 연구 결과를 부정했다.

반대의 뜻을 나타냈다. 그러나 북미자유무역협정에 대한 반대는 그 뿌리가 매우 깊었다. 클린턴 대통령과 공화당, 재계와 대형 언론들이 대대적인 대중 홍보(《워싱턴포스트》와 《뉴욕타임스》 같은 주요 신문은 노골적으로 협정을 지지하는 칼럼을 실었다)에 나섰음에도 불구하고 미국 시민들의 반응은 차가웠다.

의회의 동의를 얻기 위해 클린턴은 정계의 오랜 관행을 되풀이해야 했다. 그는 의원들을 개별적으로 만나 의원의 지역구에 대한 여러 가지 선심성 사업을 약속했다. 결국 클린턴은 의회에서 안정적인 표를 확보하며 협정안을 통과시켰다. 북미자유무역협정은 하원에서는 234대 200으로 통과되었다. 공화당 하원의원은 132대 42의 비율로 협정안에 찬성표를 던졌고, 민주당 하원의원들은 156대 102의 비율로 반대표를 던졌다.[131]


## 의료보험의 실패

예산안과 북미자유무역협정을 통과시켰던 클린턴은 의료보험 개혁 추진에서 무릎을 꿇으며 법제화 실패의 교과서적 사례를 남겼

---

[131] 북미자유무역협정 통과를 위한 미국 정계의 노력과 이에 대한 비판적 논의는 다음을 참조. J. MacArthur, *The Selling of "Free Trade": NAFTA, Washington, and the Subversion of American Democracy* (Berkeley, CA: University of California Press, 2001). 북미자유무역협정을 둘러싼 보다 호의적인 정치·경제적 설명은 다음을 참조. G. Hufbauer and J, Schott, eds., *NAFTA Revised: Achievements and Challenges* (Washington, DC: Institute for International Economics, 2005).

다. 실패는 그의 아내 힐러리 클린턴Hillary Rodham Clinton에게 의료보험 개혁안의 추진을 맡긴 것에서부터 시작되었다. 힐러리 클린턴은 매우 지적이고 명석한 여성이었으며(클린턴 대통령과 마찬가지로 그녀는 예일대 법대를 졸업했다) 남편의 정치적 명성과 함께 자신의 야망을 키워가고 있었다. 대선 기간 동안 힐러리는 극우 세력의 핵심 표적이었다. 정책 기획에 있어서 힐러리의 중요성은 애초부터 반대파에게 강력한 반대 빌미를 제공해준 셈이었다.

과거 레이건 대통령의 경우 세금 감축 계획안을 세우면서 일반적 원칙은 자신이 세우고 세부 사항에 대한 조율은 의회에 맡겼다. 하지만 힐러리는 의료보험 개혁에 관한 아주 세밀한 사항까지도 모두 스스로 챙겼다. 그녀는 의료보험 정책 전문가들로 구성된 위원회를 만들고 이들과 수개월 동안 비공개적으로 만나며 개혁안을 만들었다. 이들은 논쟁에서 강력한 이익단체들을 달래줄 절충안까지 수립했다. 이 절충안은 전 국민 의료보장 방식—폭넓은 혜택을 제공하지만 본질적으로 의료보험 산업을 붕괴시킬 수 있는—에 대한 대안으로 마련되었다. 이 위원회가 소집되는 동안 개혁안 수립 과정에 참여하지 못했던 관련자들, 특히 의료보험업계 관계자들은 클린턴의 의료보험 위원회가 어떤 내용을 가지고 나오든 이를 비판하고 나설 준비를 했다.

개혁안은 거의 완성될 무렵 일반에 유출됐는데, 이 개혁안을 이해할 수 있는 사람은 거의 없었다. 개혁안에는 4천만 명의 의료보험 미가입자에게 혜택을 주기 위한 방대한 공적 지원 내용이 있었지만 대부분의 미국인들은 이미 보험에 들어 있었다. 보험에 가입된 다수에게는 클린턴의 개혁안이 의료 혜택의 질을 떨어뜨릴 것이라는 위협이 먹혀들기 쉬었다.[132] 당시에는 대부분의 의료보험이 여전히 전통적인 '진료별 의료수가 지불 형태fee-for-service'였다. 이 방식은 환자가 자신이 선택한 의료 제공자를 찾아간 후 그 영수증을 보험회사에 제출하는 형태였다. 현재 미국의 거의 모든 보험회사에서 일반적으로 적용하고 있는 의사와 진료 선택에 대한 제한은 1990년대 후반부터 시행되었다.

힐러리 클린턴의 위원회가 만든 미완성 개혁안이 표류하고 있는 게 확실해지자 클린턴 대통령은 결국 의회에 이 개혁안에 대한 판단을 맡겼다. 1994년 연두교서에서 클린턴은 모든 미국인이 의료보험 혜택을 받을 수 있는 법안을 만들어줄 것을 의회에 당부했다. 하지만 의회가 그의 부탁을 그대로 들어주지 않자 클린턴은 점점 목표치를 낮춰나갔다. 그러면서 모든 미국인이 아니라 '거의 모든' 미국인에게 혜택을 주는 방향도 수용할 수 있다고 조율 가능성을 열어놓았다. 대통령의 강력한 추진력이나 분명한 메시지도 없는 가운데 의료보험 개혁 노력은 수렁에 빠져들었다. 상원과 하원 어느 곳에서도 이에 대한 법안은 전혀 제출되지 않았다.

1994년 가을 선거가 다가올 즈음 클린턴 대통령은 자신의 주요 정책 셋 중 두 가지를 관철시켰다. 하지만 정치에서 0.667의 타율

---

[132] 의료보험업계가 자금을 댄 광고는 기대 이상의 성공을 거두었다. 이 광고에 등장하는 가상의 부부 해리Harry와 루이스Louise는 클린턴의 의료보험 개혁안—아직 최종 완성이 되지 않은 형태의—을 읽고 나서 마음껏 의사를 선택할 수 없다는 사실과 앞으로 받게 될 의료 혜택의 질에 대해 걱정한다.

은 그다지 우수한 성적으로 보이지 않았다. 클린턴은 예산안을 통과시켰지만 그와 동시에 대선 후보 시절 많은 유권자들의 호응을 이끌어냈던 공공 부문 투자 약속을 어겼다. 통과된 예산안으로 실제 소득세가 인상된 집단은 별로 많지 않았지만 미국인들 대부분은 이 법안이 세금 인상을 가져왔다고 생각했다.[133] 클린턴은 북미자유무역협정안도 통과시켰지만 이를 위해 민주당 핵심 지지층의 강한 반발을 극복해야만 했다. 그리고 대다수 국민들의 생활에 가시적인 영향을 줄 수 있었던 약속—언제나 의료보험 혜택을 받을 수 있게 해주겠다는 약속을 지키지 못했다.

1992년부터 미국 경제는 많이 호전됐지만, 여전히 많은 노동자들은 불안함을 느끼고 있었다. 실업률은 6퍼센트 이하(당시 완전고용 상태라고 여겨지던 수준)로 떨어졌지만 물가 상승으로 인해 노동자의 실질임금은 정체돼 있었다. 노동자 대다수는 클린턴이 약속한 번영을 체감하지 못했다.

---

[133] 그해 의회에서 통과된 예산 동의안은 연방 석유세를 갤런당 3센트 인상했다. 이 정도 인상은 일반 시민의 생활에 거의 영향을 미치지 않았지만 공화당은 이를 클린턴이 중산층의 세금을 인상시켰다는 주장의 근거로 이용했다.

# 제 5 장

# 공화당의 득세와
# 클린턴 집권기의 호황

1990년대까지 민주당은 오랫동안 하원의 주도권을 놓치지 않았기에 미국 정계는 이런 구도를 마치 일상적인 일인 양 자연스럽게 받아들였다. 현역 의원들은 정치 자금 모금이나 인지도, 언론 접근성 면에서 항상 커다란 이점을 누린다. 게다가 하원 선거구는 현역 의원들이 진짜 선거 경쟁을 피해갈 수 있게끔 구획되었다. 그래서 하원의 공화당 원내총무 뉴트 깅리치Newt Gingrich(하원 내 공화당 2인자)가 다수당이 되고자 하는 계획을 꺼내들었을 때 대개는 그가 공화당 지지자들의 사기를 북돋기 위해 그냥 하는 소리라고 여겼다. 그가 정말 진지하게 이야기하는 것이라고 생각하는 사람은 거의 없었다.

적극적이고 혁신적이었던 깅리치는 현재 상태에 안주하고 있는 공화당 하원의원들의 의욕을 북돋으며 빠른 속도로 공화당 지도부에 입성했다. 깅리치가 등장하기 전까지 공화당 지도부는 공화당이 하원에서 만년 소수당으로서 머무는 것을 당연하게 받아들였다. 공화당은 다수당이 절대적 장악력을 행사하는 하원에서 자신의 영향력을 증명하기 위한 방편으로 이따금 타협을 추구할 뿐이었다.

깅리치는 이러한 태도에 반대하며 정치적으로 공화당에게 유리한 점들을 놓치지 않고 활용했다. 깅리치는 의회 실황을 중계하는 《C-SPAN》 케이블방송의 가치를 처음으로 발견해낸 인물이었다. 그는 비어 있는 의회에서도 종종 열정적인 연설을 했고 이 모습은 새로운 케이블방송을 통해 정치에 극성인 시청자들에게 전달되었다. 1989년 깅리치는 하원의 민주당 대변인이었던 짐 라이트Jim Wright가 대변인 급여에 대한 하원의 제한선을 회피하기 위해 자신의 저서 판매량을 이용했다는 사실을 폭로하여 그를 사임하게 만들었다.

공격적인 전략을 계속 이어나간 깅리치는 1994년에 자신이 다음 회기 당 대표에 도전할 것이라고 선언하며 하원 공화당 원내총무인 로버트 마이클Robert Michael에게 사임 압력을 가했다. 이로 인해 깅리치는 야당의 원내총무임에도 불구하고 당 간부회의에서 실세적 지위를 얻게 되었다. 이러한 여세를 몰아 그는 1994년 선거 때 미국 전역에서의 승리를 목표로 '국민과의 계약Contract with America'을 꺼내들었다. 여기에는 공화당이 의회의 주도권을 잡게 될 경우 1백 일 안에 통과시킬 열 개의 법안이 담겨 있었다. 전통적으로 봤을 때 미국 전역의 공화당 후보가 단일한 선거공약을 내세우는 것은 매우 이례적인 시도였다. 대개의 경우 선거의 쟁점은 특정 지역구의 협소한 관심사에 집중돼왔기 때문에 '국민과의 계약'은 어느 때보다 대담하고 위험한 전략이었다.

국민과의 계약은 세금 축소, 복지에 대한 엄격한 기준 적용, 예산 균형, 주정부에 대한 연방정부의 개입 제한 등 공화당이 오랫동안 견지해온 사항들을 담고 있었다. 하지만 여기에는 수십 년 동안 이어져온 의회 구도를 뒤흔들 수 있는 한 가지 법안이 포함돼 있었다. 의회는 일반적으로 최저임금제나 주 40시간 근무제 등의 노동기준법이나 차별금지법 등 의회가 통과시킨 법에 대해 면책권을 가지고 있었다. 이런 면책은 입법기관과 행정기관의 권력 분립을 위해 마련된 것이었다. 하지만 대통령이 직권으로 자유롭게 의원들의 연방 법규 준수 여부를 수사할 수 있게 된다면 이러한 구도는 크게 위협받을 수 있었다.

1994년에는 하원이 의원 전용 은행을 설립하고 별도의 비용 없이 계좌 잔액보다 많은 액수의 수표 발행을 허용했다는 사실이 일반에 알려졌다. 이 사실이 알려지면서 연방 법규에 대한 의회의 면책은 1994년 선거에서 커다란 변수로 떠올랐다. 하원의원 대다수가 아무런 비용도 없이 수표를 부도 처리할 수 있는 기회를 적어도 몇 번씩은 활용한 것으로 드러났다. 수십 장의 수표를 부도 처리한 의원들도 많이 있었으며 몇몇 의원은 수백 장의 수표를 부도 처리하기도 했다. 이들은 이자가 전혀 붙지 않는 대출 제도를 최대한도로 활용했다. 미국 내 수많은 가구가 대출금 상환을 두고 분투하는 상황에서 의원들이 지불할 필요도 없이 수표를 발행할 수 있다는 사실은 수백만 시민들을 분노하게 만들었다. 국민과의 계약을 꺼내들면서 깅리치는 이러한 국민적 감정을 사로잡길 원했다.

1994년 선거 결과는 정치 전문가들을 어리둥절하게 했다. 공화당은 하원에서 54석을 더 얻으며 176대 258의 소수당에서 230대 204의 다수당으로 탈바꿈했다. 민주당의 하원 대변인이었던 토머스 폴리Thomas Foley를 비롯해 민주당의 여러 다선 의원들이 공화당에게 지역구를 내주었지만 공화당은 기존 의석 중 한 자리도 잃지 않았다. 또한 공화당은 상원에서도 여덟 석을 추가하여 52대 48로 다수 의석을 확보했으며 이후에 민주당 의원 두 명이 당적을 바꾸면서 의석 차는 54대 46으로 더 벌어졌다. 깅리치가 '쓰나미'라고 불렀던 이 변화의 바람은 주정부와 지방정부에서도 나타났다. 공화당은 수많은 주의회를 장악한 반면 민주당은 뉴욕 주지사 마리오 쿠오모Mario Cuomo와 텍사스 주지사 앤 리처즈Ann Richards 같은 거물급 인사들이 여럿 패배를 맛보았다. (리처즈는 조지 W. 부시George W. Bush에게 패했다.)

1994년 선거는 미국 정치 지형을 완전히 바꾸어놓은 사건이었다. 공화당은 이 선거를 통해 1950년대 이래 처음으로 상원과 하원에서 과반 의석을 확보했다. 공화당은 명확한 보수적 의제들을 가지고 있었으며 당 내부에는 상승 분위기가 감돌았다. 이렇게 공화당이 양원에서 다수를 차지하고, 클린턴 대통령도 여러 사안에 걸쳐 민주당의 전통적 입장과 공공연히 선을 긋는 상황에서 민주당의 존재 의미는 불분명해졌다.

# 클린턴과 공화당 의회 – 삼각구도

공화당의 의회 장악에 대한 클린턴의 반응은 상당히 의연했다. 클린턴은 복지제도 개혁과 범죄에 대한 강경 처벌, 그리고 예산 균형과 같은 의제에 대해 깅리치와 협력해나갈 것을 시사했다. 그는 1996년 연두교서에서 아이들에게 교복을 착용시킬 것을 요구하기도 했다. 이는 분명 공화당이 학교 문제에 더 이상 간여하지 못하게 하려는 포석이었다. 교육을 포함해 여러 분야에서 클린턴은 의식적으로 민주당 의원들의 입장과 거리를 두었다. 그의 자문위원들의 표현에 따르면 소위 '삼각구도triangulation'를 형성하려는 것이었다.

깅리치는 자신의 의제에 따라 여러 가지 공약을 무사히 진척시켰다. 의회는 신속하게 '지역치안강화법Taking Back Our Streets Act'을 통과시켰고 클린턴은 이에 서명했다. 이 법은 연방 범죄에 대한 형량을 강화하고 항소에 대해서도 엄격한 제한을 두었다. 범죄자의 형량은 대개 주정부 차원에서 결정되기 때문에 이 법의 실제 효력에는 한계가 있었다. 그러나 이처럼 강경한 방범법에 민주당의 대통령이 찬성했다는 사실 때문에 경미한 범죄에 대한 처벌을 강화하려는 입법에 반대하던 주의회의 민주당 의원들의 주장은 힘을 얻지 못했다. 이러한 법안들이 통과되면서 미국 내 수감자 수는 급격하게 증가했다.

의회가 법정 변호사의 권한 남용을 억제한다는 명목을 내세워 통과시킨 또 다른 법안은 기업에게 피해를 입은 개인과 변호사의 증거 수집 활동을 제한했다.[134] 또한 깅리치가 이끄는 의회는 클린턴이 거부권을 행사했던 증권민사소송개혁법U.S. Private Securities Litigation Reform Act마저 통과시켰다. 이 법안은 주가 조작 혐의에 대한 소송을 제한했다.

세제 문제에 있어서 클린턴은 자본이득세를 감축하고 자녀 1인당 5백 달러의 세금 공제를 해주는 법안에 동의했다. 특히 이 법은 소득의 많은 부분이 자본이득에서 발생하는 부유층에게 중대한 영향을 미쳤는데, 이들이 자신의 소득을 세법상 자본이득으로 분류할 수 있을 경우에는 더욱 그러했다. 자본이득세가 축소되면서 가장 부유한 납세자들은 자본이득에 대해 20퍼센트의 한계세율을 적용받았지만, 많은 중산층 노동자들의 임금 소득에 부과되는 세율은 그보다 높은 28퍼센트였다.

클린턴은 한 가구가 받을 수 있는 복지 혜택의 기간을 엄격하게 제한하는 법안에도 서명했다. 이로 인해 한 가구가 혜택을 받을 수 있는 기간은 한 번에 2년, 평생에 걸쳐 총 5년으로 제한되었다. 이러한 변경이 추진된 배경에는 미국의 복지 혜택이 무제한적이라서 시민들이 그것을 일상적인 지원으로 여긴다는 비판이 자리 잡

134 대기업을 상대로 소송을 하기 위해서는 매우 큰 비용이 필요하다. 대기업은 관련성 판단이 어려운 주장을 내세워 소송을 수년간 지연시킬 수 있기 때문이다. 이 때문에 아주 재산이 많은 개인이나 기업이 아니고서는 대기업을 상대로 한 소송의 수임료를 미리 부담하기 어렵다. 그래서 이러한 재판에서는 원고 측 변호사가 일단 소송을 진행하고 소송에서 이길 경우에만 수임료를 받는 것이 일반적이다. 그러나 변호사들의 입장에서는 많은 비용을 사용하고 나서 패소할 경우 아무런 보상도 받을 수 없기 때문에 높은 임시 수임료를 요구하는 경우가 많다. 공화당은 이러한 변호사 임시 수임료 가격에 제한을 둠으로써 기업을 상대로 한 소송을 차단히고자 했다.

고 있었다. 실제로는 복지 수혜자 절대 다수가 실직, 가정 파괴, 질병 등의 사유로 상대적으로 짧은 기간 동안만 복지 혜택을 받았다.[135] 하지만 레이건 정권 때부터 복지 혜택을 받는 나태한 주부의 이미지가 문화적 상징으로 떠올랐기에 복지 혜택 기간 제한에 대한 법안은 상당한 대중의 지지를 받았다.

새로운 제한 사항을 반영하기 위해 기존 제도의 이름도 '아동부양가정부조Aid to Families with Dependent Children'에서 '빈곤가구 한시지원Temporary Assistance to Needy Families'으로 변경되었다. 원칙적으로는, 혜택 기간을 제한하는 대신 탁아와 저임금 노동자 의료보험과 같은 형태로 노동자에 대한 지원을 더 늘리기로 돼 있었다. 이러한 용도로 연방정부의 자금이 어느 정도 책정되긴 했지만, 이를 이행해야 하는 책임은 궁극적으로 주정부에게 있었다. 빈곤가구 한시지원 제도와 기타 저소득 가구 지원 기금은 '연방정부 교부금'의 형태로 운용되었다. 이는 곧 주정부가 복지 예산 집행에 대해 커다란 재량권을 가진다는 의미였다. 이전에는 연방정부가 정해놓은 엄격한 시행 규정에 따라 주정부가 연방 복지 기금을 집행해야 했다.

깅리치의 모든 공약이 성공적으로 추진된 것은 아니었다. 깅리치가 내세운 '국민과의 계약'에는 균형 예산을 요구하는 헌법 수정

---

[135] 1996년 복지제도 개혁법의 영향에 대해서는 다음의 유용한 설명들을 참조. I. Sawhill, R. Haskins, and R. Weaver, des., *Welfare Reform and Beyond: The Future of the Safety Net* (Washington, DC: Brookings Institution, 2003), National Research Council, *Evaluating Welfare Reform in an Era of Transition* (Washington, DC: National Academies, 2001).

안도 포함돼 있었다. 그는 하원에서 손쉽게 3분의 2의 찬성을 얻어 냈지만 상원에서는 한 표가 모자라 실패했다. (실제로, 정치적으로 인기 있는 이 수정안에 찬성표를 던지긴 했지만, 만일 자신의 표가 법안의 부결을 위해 필요했다는 것을 알았더라면 반대표를 던졌을 상원의원들도 여럿 있었을 것이다.) 또한 국민과의 계약에는 의원들의 임기 제한에 대한 사항도 있었다. 이것은 이전에도 한 번 거부된 적이 있던 법안이었다.

하지만 깅리치가 가장 큰 차질을 빚었던 부분은 2002년까지 추진하려고 했던 예산 균형이었다. 깅리치는 7년 안에 균형 예산을 달성하겠다는 의지를 밝히며 클린턴의 협조를 요구했다. 선거 당시에는 보건의료 비용의 인상으로 재정 적자가 향후 7년간 더 증가할 것으로 전망되었다. 깅리치는 세금 인상과 국방비 추가 감축에 단호히 반대했는데, 그렇다면 균형 예산을 달성하기 위한 유일한 방법은 사회복지 예산을 줄이는 것뿐이었다.

깅리치가 사회복지 예산을 감축하기 위해 주로 사용했던 방식은 여러 분야(교육, 국립공원, 대중교통 등)의 예산이 물가 상승이나 경제 성장에 따라 인상되지 못하도록 막는 것이었다. 이는 시간이 흐름에 따라 정부 제공 서비스에 대한 예산 삭감과 마찬가지의 효과를 냈는데, 물가 상승으로 가치가 떨어진 금액으로는 과거와 같은 수준의 서비스를 제공할 수 없었으며 경제 성장과 함께 서비스에 대한 요구도 더욱 많아졌기 때문이었다. 하지만 이러한 예산 삭감만으로는 2002년까지 균형 예산 목표를 달성하기 어려웠다. 따라서 연방 예산이 많이 지출되는 분야에 손을 뻗을 수밖에 없었다.

징리치는 노인의료보험Medicare과 저소득층 의료보장제도Medicaid에 주목했다. 노인의료보험은 65세 이상의 모든 미국인에게 의료 혜택을 제공하는 제도로서 중산층이 정부로부터 받을 수 있는 주요 혜택이었으며 대중적으로 굉장히 큰 호응을 얻고 있었다. 저소득층 의료보장제도 역시 빈곤층뿐만 아니라 중간소득층 노인들에게도 의료 혜택을 제공했다. 이 제도 또한 인기가 높았는데, 그것은 이 제도가 제공하는 혜택 때문이기도 했고 한편으로는 많은 유권자들이 이 제도와 노인의료보험을 잘 구분하지 못했기 때문이기도 했다.

예산 심의 기간 동안 징리치는 이 두 가지 제도에서 수천억 달러의 예산을 절약할 수 있는 방안으로서 부분적 민영화를 제안했다. 하지만 그의 제안은 심각하게 도를 넘은 것이었다. 하원의 민주당 원내총무였던 딕 게파트Dick Gephardt를 비롯한 민주당 하원의원들은 징리치의 의견에 반대했다. 이들은 징리치의 민영화 제안을 거부하고, 노동자 및 노인층과 연대해 민영화에 대한 전국적 반대 운동을 주도했다. 반대 운동의 위세를 확인한 클린턴 대통령은 결국 사안에 개입하며 징리치가 주도하는 의회로부터 두 의료보장제도를 지켜내겠다고 약속했다.

이 논란은 결국 1995 회계연도가 끝나는 10월에 중대 국면을 맞았다. 징리치는 새로운 회기의 예산을 확충하기 위해서 노인의료보험과 저소득층 의료보장제도의 예산을 삭감해야 한다는 입장을 고수했다. 클린턴은 예산이 삭감될 경우 공공 서비스 대부분에 차질이 생길 것을 우려하며 예산안 승인을 거부했다. 이 기간 동안 클린턴과 깅리치는 위험천만한 담력 시합을 벌이고 있었다. 정부의 공공 서비스 기능의 마비와 재정 적자 확대가 불러올 피해를 두고 서로 헐뜯으며 우위를 점하려고 했다.

노인의료보험과 저소득층 의료보장제도를 핵심적 공공 제도로서 유지하겠다는 원칙으로 밝힌 클린턴은 깅리치보다 훨씬 유리한 입장에 섰다. 깅리치는 클린턴이 자신을 무시했다고 불만을 토로하며(깅리치는 클린턴이 외국을 방문하고 오는 길에 대통령 전용기 안에서 자신을 홀대했다고 주장했다) 이러한 홀대가 공공 서비스 기능 마비를 연장하게 될 것이라는 뜻을 내비쳐 전국적인 웃음거리가 되기도 했다. 결국 깅리치는 입장을 철회하고 클린턴이 반대했던 노인의료보험과 저소득층 의료보장제도 예산 삭감 부분을 예산안에서 제외시켰다. 이로 인해 강경하게 밀어붙이던 깅리치의 보수적 개혁이 주춤하게 되었다.

공공 서비스 기능 마비를 둘러싼 클린턴과 깅리치의 대결 이후 미국 정치 구도의 변화를 가장 잘 보여준 사건은 1996년 최저임금 인상안의 통과일 것이다. 최저임금은 공화당의 보수층이 가장 기피하던 사안이었다. 레이건 대통령의 경우 자신의 임기 동안 최저임금 인상에 대한 모든 법안을 거부하기도 했다. 1989년 의회는 레이건 임기 동안의 물가 상승 때문에 축소된 구매력을 이유로 최저임금 인상을 추진한 바 있었다. 하지만 1995년 무렵 물가 상승은 구매력을 다시 1989년 수준으로 악화시켰다.

다수당인 민주당이 새 대통령인 클린턴이 제시하는 법안을 신속하게 처리해줄 수 있었음에도 불구하고 클린턴은 취임 후 초기

2년 동안 최저임금 인상을 우선순위로 여기지 않았다. 1996년의 최저임금 인상은 미국 노동총연맹 산업별 조합회의<sub>AFL-CIO</sub>가 이 주제에 대한 압력을 높이면서 탄력을 받기 시작했다. 새로운 노총 위원장으로 선출된 존 스위니<sub>John Sweeney</sub>는 지난 15년간 잦아든 미국 노동 운동의 부활을 위해 부단히 노력하던 인물이었다. 스위니는 최저임금 인상을 최우선적인 전국적 정치 의제로 설정하고 이를 추진했다. 그리고 얼마 지나지 않아 클린턴 정권의 노동부 장관인 로버트 라이시<sub>Robert Reich</sub>의 지원을 이끌어냈다.

최저임금 문제가 부각되자 저소득 노동자층을 지원해야 한다는 여론의 요구가 거세졌다. 최저임금 문제는 복지 문제와 관련해서도 반향을 일으켰다. 복지 정책의 수혜자들이 노동시장에 참여할 경우 과연 생계유지가 가능한 수입을 얻을 수 있느냐 하는 문제가 제기되었다. 공공 서비스 기능 마비에 대한 깅리치와의 클린턴의 대결 이후 공화당은 1996년 선거가 있기 전에 뭔가 긍정적인 정책을 내놓으려고 안간힘을 썼다. 결국 깅리치가 주도하는 의회가 마지막으로 통과시킨 법안에는 최저임금 인상안이 포함되었다. 이 법안은 향후 2년간 미국의 시간당 최저임금을 4.25달러에서 5.15달러로 인상하는 내용을 담고 있었다. 이는 공화당이 1994년 선거 이후 지각 변동을 일으킬 당시만 해도 전혀 상상하지 못한 결과였다.

# 1996년 선거

1994년 선거는 예상 밖의 결과를 보여주었지만 1996년 선거는 대체적으로 큰 이변 없이 마무리되었다. 클린턴 대통령은 깅리치와의 신경전에서 승리한 여세를 몰아 연임에 성공했다. 하지만 그는 두 번째 임기에 들어서면서 첫 번째 임기처럼 주목할 만한 의제를 꺼내들지 않았다. 민주당은 더 이상 수세적 입장이 아니었지만 그렇다고 딱히 대중의 관심을 끌어 모을 만한 좋은 의제를 가지고 있지도 못했다. 결과적으로 보면 1996년 선거는 미국의 기본적 정치 구도에 별 영향을 미치지 못했다.

1996년에 공화당이 내세운 대통령 후보는 상원의 여당 원내총무를 지낸 로버트 돌이었다.[136] 돌은 오랫동안 워싱턴 정가에 몸담았던 인물로, 1976년 제럴드 포드의 부통령 후보로 나서면서 처음으로 전국적 명성을 얻기 시작했다. 돌은 인상이 강렬한 인물은 아니었으나 오랜 정치 생활 동안 쌓아온 정치적 인맥을 통해 경선에서 승리했다. 돌은 보수적 성향을 띠고 있었으나 로널드 레이건이나 4년 후의 조지 W. 부시처럼 공화당 우익 진영에게 깊은 인상을 주지는 못했다. 73세라는 나이도 걸림돌이 되었다. 그의 나이는 대통령 초선에 도전했던 역대 양당 후보 중에서 가장 높았다.

돌은 선거 유세에서 감세 공약을 주요하게 내세우는 한편, 클린

---

[136] 돌은 경선 승리를 확정 지은 뒤 워싱턴 정계 내부의 인물이라는 이미지를 덜어내기 위해 5월에 상원의원직을 사임했다.

턴이 미국의 국방력 약화를 방관했다고 비판했다. (돌은 2차 세계
대전 참전용사였다.) 클린턴은 깅리치가 이끄는 의회에 반대하며
보건의료 제도와 교육, 환경 정책을 수호할 것을 약속했다. 또한
돌의 감세 계획에 대해서는 '무모한 구상'이라고 깎아내렸다.

　로스 페로는 새로 만들어진 개혁당<sub>Reform Party</sub>의 후보로서 대권에
재도전했다. 두 번째 도전에서 페로는 8퍼센트 득표에 그쳤는데,
이는 지난 1992년 선거에 비해 10퍼센트나 줄어든 것이었다. 여기
에는 페로가 대통령 후보 토론에 참여하지 못했다는 점이 크게 작
용했다. (페로가 1992년 선거 때처럼 선거에 많은 자산을 쓰지 않
았다는 점도 한몫했을 것이다.) 또한 기존 정치계에 대한 대중의
불만이 1992년만큼 크지 않았다는 점도 그에게 불리하게 작용했
을 것이다. 당시 미국 경제는 별 문제 없이 성장하고 있었기 때문
에 미국인들은 현재의 정치 구도에 큰 불만을 느끼지 않았다.

　저조한 성적을 올렸음에도 불구하고 페로가 끌어 모은 표는 클
린턴의 과반수 득표를 막는 역할을 해주었다. 클린턴은 여유 있게
승리하기는 했지만 우드로 윌슨<sub>Woodrow Wilson</sub> 이후 처음으로 과반수
표를 얻지 못한 재선 대통령이 되었다.


## 클린턴 정부 호황기의 시작

1996년 선거 당시 미국 경제는 이전 20년에 비해 상당한 호황을
누리고 있었다. 이때 미국의 실업률은 5.2퍼센트였는데 이는 이전

20년간 가장 낮았던 실업률보다 아주 약간 높은 수준이었다. 또한 노동시장이 활발해지면서 대부분의 노동자들의 실질임금도 상승하기 시작했다. 하지만 이는 시작에 불과했다. 이후 4년 동안 미국 경제는 1960년대 이래 찾아보기 힘든 놀라운 번영기를 누렸다.

이러한 호황에는 크게 세 가지 요인이 작용했다. 첫 번째 요인은 연방준비제도이사회였다. 연방준비제도이사회는 기준금리 조정을 통해 경제 성장에 막대한 영향을 미칠 수 있다. 이는 특히 경기 수축에 있어 더욱 분명한 효과를 나타낸다. 기준금리를 낮춘다고 해서 언제나 경기가 빠르게 되살아나는 것은 아니다. 하지만 높은 금리는 정부가 과열된 경기를 수축시킬 때 거의 항상 확실한 효과를 발휘한다. 그리고 너무 높은 금리 인상은 자칫 경기침체를 불러올 수도 있다. 높은 기준금리는 주택담보대출 금리를 인상시키고 이에 따라 주택 건설도 탄력을 잃는다. 또한 대부분의 소비자들이 대출을 통해 자동차를 구입하기 때문에 신차 구입비용도 기준금리와 함께 증가한다. 고금리 정책이 실시되면 투자 역시 둔화된다. 이러한 부문들은 경제에서 매우 큰 비중을 차지하고 있기 때문에 연방준비제도이사회가 기준금리 인상을 통해 전체 경기의 수축을 유도해낼 수 있다.

연방준비제도이사회가 1990년대 말 미국의 호황기에 중요한 영향을 미칠 수 있었던 것은 당시 이사회 의장이었던 앨런 그린스펀이 기준금리 인상을 단행하지 않았기 때문이었다. 당시 경제학자들 사이에서는 실업률이 6퍼센트 이하로 내려갈 경우 물가 인상률이 증가하기 시작하고, 6퍼센트 이하의 실업률을 계속 유지할 경우 물가 인상률은 계속 증가할 것이라는 것이 일반적인 견해였다. 이들은 이렇게 증가하는 물가 인상률이 위험 수준을 넘을 경우 경제에 막대한 타격을 입힐 것이라고 생각했다. 이른바 물가안정실업률nonaccelerating inflation rate of unemployment, NAIRU이라는 이론이다.[137]

연방준비제도이사회는 이전 10년 동안 이 이론을 충실하게 따르려고 노력했다. 그린스펀은 1980년대 말 실업률이 6퍼센트 이하로 떨어지자 급격히 금리를 인상했고 이는 1990년과 1991년의 경제침체로 이어졌다. 그린스펀은 1994년에도 실업률이 물가안정실업률 이론에서 규정한 6퍼센트 이하로 떨어지는 것을 보고 금리를 인상했다. 하지만 1995년 하반기에 들어서면서 그가 내린 결정은 물가안정실업률 이론에 반하는 것이었다. 당시 미국의 경기는 하강하고 있었지만 실업률은 물가안정실업률에 약간 못 미치는 5.7퍼센트를 기록했다. 그리고 그린스펀은 물가 상승 압력이 크지 않을 것이라고 판단하고 금리 인하를 선택했다.

많은 경제학자들과 몇몇 연방준비제도이사회 동료들의 우려에도 불구하고 그린스펀은 실업률이 물가안정실업률 이하로 떨어지는 것을 보면서도 특별한 경기 수축 조치를 취하지 않았다. 1997년 5월, 미국의 실업률은 사상 처음으로 5퍼센트 밑으로 내려갔다. 그리고 1998년 4월에는 4.5퍼센트, 1999년 12월에는 4퍼센트까지 떨어졌다. 미국이 2000년에 기록한 평균 실업률은 4퍼센트였으며

---

[137] 물가안정실업률의 기본 이론은 대부분의 거시경제학 교재에서 다루고 있다. Blinder and W. Baumol, *Macroeconomics: Principles and Politics* (Mason, OH: Thomson South-Western, 2005).

이는 1969년 이후 가장 낮은 수치였다. 하지만 이 기간 동안 미국의 물가 상승률에는 커다란 변화가 일어나지 않았다. 많은 경제 전문가들이 받아들이던 이론에 오류가 있다는 사실이 밝혀진 것이다.

1990년대 말 미국의 호황에 영향을 미친 것이 그린스펀의 결정뿐만은 아니겠지만 그의 행동이 없었다만 미국 경제의 호황은 아예 불가능했을지도 모른다. 그만큼 연방준비제도이사회의 역할은 중요했다. 금리 인상을 하지 않겠다는 그린스펀의 결정은 미국 전역에 엄청난 영향을 미쳤다. 그린스펀이 이러한 결정을 하게 된 배경에는 국제적 사건들의 영향도 어느 정도 있었다. 만약 1997년 동아시아 경제 위기와 같은 해외의 경제 위기 사건이 발생하지 않았다면 그린스펀은 과거와 같이 금리를 인상시켰을지도 모른다. 특히 주목할 만한 사실은 레이건 대통령에 의해 의장으로 지명되었던 그린스펀이 경제 전문가들의 통념을 벗어나 이전 30년을 통틀어 가장 낮은 실업률을 용인했다는 사실이다. 그리고 아이러니하게도 이러한 그린스펀의 정책에 반대했던 재닛 옐런Janet Yellen과 로런스 마이어Laurence Meyer는 클린턴 대통령에 의해 연방준비제도이사회 이사로 지명된 인물들이었다.

미국 호황의 두 번째 요인은 전혀 예상치 못했던 미국의 생산성 증가였다. 한 시간 동안의 노동으로 생산된 경제 가치로 측정되는 생산성은 한 사회의 생활수준을 가늠하는 주요 척도로 오랫동안 사용돼왔다. 미국의 생산성은 그 이유가 정확히 파악되지 않은 가운데 1973년부터 급격히 둔화되기 시작했다. 1947년부터 1973년 사이의 평균 연간 생산성 증가율은 2.8퍼센트였다.[138] 이 수치는

1973년과 1995년 사이에 1.4퍼센트로 줄이들었다. 이렇게 생산성이 크게 감소하자 대부분의 경제학자들은 미국 경제의 생산성 증가율이 만성적으로 낮아졌다고 생각했다.

그러나 1995년 하반기에 들어서면서 미국의 생산성 증가율은 오르기 시작했고 사상 최고 수준을 유지했다. 1995년 하반기부터 2000년 하반기까지 미국의 생산성 증가율은 연평균 2.7퍼센트를 기록했다. 1990년대 초의 경기침체처럼 1990년대 중반의 경기상승의 원인도 정확히 설명하기 힘들지만 한 가지 분명한 것은 정보 통신 산업의 획기적인 발전이 커다란 역할을 했다는 점이다. 이렇게 빠르게 생산성이 증가하면서 임금 상승률도 함께 증가했지만 물가 상승률은 증가하지 않았다.

1990년대 경제 호황을 이끌었던 세 번째 요인으로는 주식시장의 거품을 들 수 있다. 1982년부터 미국의 주식시장은 대세 상승을 이어갔다. 그러다 1987년 10월, 주식시장이 하루아침에 폭락하자 갓 부임했던 연방준비제도이사회 의장 그린스펀은 모든 대책을 동원해 시장 정상화에 나섰다. 미국 주식시장은 빠른 속도로 손실의 대부분을 회복했고 1989년에는 최고치를 경신하기에 이른다. 그리고 이러한 상황을 지켜본 투자자들은 상당한 주가 폭락이 일어나도 연방준비제도이사회가 개입하면 회복될 수 있다고 생각하며 주식시장에 모여들기 시작했다.

........................................

138 이 수치는 미국 노동통계청의 비농업 분야 생산성 통계에 따른 것이다. *Economic Report of the President*, 2006, table B-49.

주식시장의 강세가 1996년까지 계속 이어지자 많은 중산층 노동자들도 상승하는 주식시장에 뛰어들었다. 이 기간 동안 주식시장에 참여하는 인구는 급격하게 증가했으며 1998년에는 미국 전체 가구의 거의 절반이 직간접적 형태로 주식을 보유했다. 이에 비해 1989년 미국의 가구 중 직간접적으로 주식을 보유한 가구는 전체의 31.6퍼센트였다.[139] 하지만 새롭게 주식시장에 뛰어든 미국인들 대부분은 주식 경험이 거의 없었으며 강세를 이어가는 주식시장에서도 많은 이익을 얻지 못했다.

전통적 확정급여형연금제defined benefit pension plans가 사라졌다는 점 또한 주식 보유율을 치솟게 만든 중요한 원인이었다. 미국의 노동자들은 재직 기간 동안 받았던 임금에 비례하여 연금을 지급받았다. 401(k) 퇴직연금을 포함하여 1970년대 말에 수정된 세제 법안은 확정기여형연금defined contribution pension을 더욱 확대시켰다. 이 제도는 노동자나 그들의 고용인이 비과세 연금계좌에 돈을 넣어 노후 자금을 마련하게 하는 제도이다.[140] 이러한 계좌에 돈을 맡긴 노동자가 받는 연금은 이 자금의 운용 실적에 따라 달라졌다. 많은 회

---

[139]  A. Kennickell, M. Starr-McCluer, and B. Surette, "Recent Changes in U.S. Family Finances: Results from the 1998 Survey of Consumer Finances," *Federal Reserve Bulletin*, January 1998, 1~29.

[140]  미국 정부는 소규모 기업의 노동자들이 확정급여형연금을 가지고 있지 못하다는 논리를 내세워 이런 비과세 계좌를 만들어냈다. 하지만 기업연금과 같은 방식이 노동자에게 더 나은 혜택을 줄 것이라는 점에 대해서는 많은 이들이 의문을 제기했다. 그리고 이러한 계좌로 확정급여형연금을 대체할 수 있을 것이라고 생각하는 사람은 그리 많지 않았다.

사들은 주식 실적 악화의 위험을 노동자들에게 전가하려고 했다. 그 결과 새로 설립된 회사들 중 확정급여형연금을 제공하려는 회사는 거의 없었으며, 확정급여형연금제를 실시하던 많은 회사들도 기존 제도를 확정기여형연금제로 전환했다. 이러한 변화는 많은 노동자들이 부분적으로라도 주식시장에 의존할 수밖에 없게 되었다는 것을 뜻했다.

1980년대 주식시장은 굉장히 낮았던 1970년대의 주가 수준이 조정되면서 뛰어오르기 시작했다. 1980년대 말, 기업 이익 대비 주가 비율(주가수익률)은 장기 평균치와 거의 일치했다. 하지만 1990년대 들어 미국의 주가는 빠른 속도로 기업 이익보다 높아졌고 1996년 미국의 주가수익률은 장기 평균치인 14.5보다 훨씬 높은 20에 다다랐다. 투자자들이 과거와 같이 높은 수익을 포기하지 않는 이상 이런 식으로 높은 주가수익률은 계속 유지될 수 없었다. 하지만 주식시장에 뛰어든 투자자들은 모두 커다란 수익을 기대하고 있었다.[141] 당시 투자자들의 모습은 기업의 이익이나 주가수익률과 같은 현실적인 요소들에 전혀 신경을 쓰고 있지 않는 듯 보였다. 주식에 뛰어든 많은 미국인들은 경제의 일반적인 법칙과 계산을 모두 무시한 '새로운 경제'를 상상하고 있었다.

---

[141] 당시 예일대학교의 로버트 쉴러Robert Shiller를 비롯한 많은 경제학자들은 주식시장의 거품을 누누이 경고했다. Robert Shiller, *International Exuberance* (Princeton, NJ: Princeton University Press, 2000); D. Baker, "Bull Market Keynesianism," *The American Prospect*, January-February 1999, 78~83; D. Baker, *Double Bubble: The Implications of the Over-valuation of the Stock Market and the Dollar* (Washington, DC: Center for Economics and Policy Research, 2000).

1990년대 말까지 미국의 주가는 전통적인 조정 과정을 거치지 않고 계속 뛰어올랐다. 이러한 상승세를 이끈 것은 IT 분야였다. 마이크로소프트Microsoft 같은 회사들이 엄청난 이익을 올리는 모습과 IT 혁명의 선두주자들을 본 많은 투자자들은 이 분야의 주식을 구입하기 시작했다. 주식 투자자들은 제2의 마이크로소프트가 될 것 같은 회사들을 찾기에 급급했고 심지어는 이익을 내지 못하고 있는 회사, 어떤 경우에는 어떻게 이익을 내는지도 모르는 회사들의 주식에도 엄청난 돈을 쏟아 부었다. 그중에서도 가장 과대평가된 곳은 첨단기술 분야였다. 특히 1999년과 2000년 사이 거품이 꺼지기 전까지 인터넷 기반 유통회사들의 가치는 터무니없이 높게 평가되었다. 하지만 당시 미국 주식시장의 어떤 분야도 거품이 없는 곳은 없었다. 이러한 현상이 최고조에 달했던 2000년 3월, 미국의 주가수익률은 30을 넘어섰다. 이 수치는 미국 주식시장이 과거의 주가수익률과 비교해봤을 때 10조 달러 이상 과대평가되어 있다는 것을 뜻했다.

이러한 주식 거품은 미국 경제에 크게 두 가지 영향을 미쳤다. 첫째, 미국인의 소비 행태에 큰 변화가 나타났다. 자신의 주식 자산 가치가 커지는 것을 본 미국인들은 큰 부담 없이 지출을 늘리는 반면 은퇴 및 기타 필요에 대비한 저축에는 많은 돈을 사용하지 않았다. 이 기간 동안 주식 보유자들은 자동차, 여행 등 취미와 여가에 마음껏 돈을 지출했고 미국의 개인 저축률은 크게 떨어졌다. 그리고 이러한 소비 과열은 다시 1990년대 미국의 높은 경제 성장률을 유지시켜주는 원동력이 되었다.

둘째, 주식 거품은 미국 경제의 투자 부문에 커다란 영향을 미쳤다. 일반적으로 주식시장은 투자에 커다란 영향을 미치지 않는다. 대부분의 회사들은 실적 이익이나 은행 대출, 채권 발행 등으로 투자금을 조달했고 주식 발행으로 직접 모으는 투자금은 그리 많지 않았다. 하지만 이러한 상식은 1990년대 말부터 깨지기 시작했다. 첨단기술 분야의 선두 기업들은 새로운 주식 발행으로 수억 달러를 끌어 모았고 이 돈의 대부분은 첨단기술 분야에 다시 직접 투자되었다. 그 결과 1990년대 말 미국 사회에는 투자 열풍이 불었고 이는 다시 소비 열풍을 심화시켰다.

주식 열풍은 미국에만 국한된 현상이 아니었다. 이 기간 동안 전 세계 산업 국가들의 주식 가격은 상당한 폭으로 뛰어올랐다. 독일의 경우에는 미국의 나스닥NASDAQ 지수에 대응하기 위해 '노이어 마르크트Neuer Markt'라는 첨단기술주 시장을 따로 열기도 했다. 그러나 유럽에서는 주식 거품이 경제 성장으로 이어지지는 않았으며, 2000년과 2002년 사이 주식시장 거품이 꺼졌을 때에도 유럽은 미국만큼 큰 충격을 받지 않았다.

예상대로 주식 거품에 기반을 둔 경제 성장이란 계속 유지될 수 없었다. 거품 붕괴와 이후의 결과에 대해서는 다음 장에서 다룰 것이다. 하지만 붕괴되기 전까지 미국의 주식 거품이 높은 경제 성장률과 30년 만에 가장 낮은 실업률을 유지시켜줬던 커다란 원동력이었다는 것만큼은 분명했다.

1990년대 말 미국 경제의 호황에는 또 하나의 주목할 만한 특징이 있다. 미국의 무역 상대국에 비해 미국의 달러화 가치가 15퍼센트 상승한 것이다. 달러화의 가치 상승은 단기적으로 경제에 긍정적인 영향과 부정적인 영향을 미친다. 긍정적 영향은 수입품의 가격이 낮아진다는 점이다. 간단한 예를 들자면 1달러로 엔화(혹은 유로화)를 15퍼센트 더 살 수 있으므로 일본 제품(혹은 유럽 제품)을 구입하는 미국인은 이전보다 15퍼센트 저렴한 가격으로 같은 제품을 살 수 있다. 실제로 통화 가치의 상승폭만큼 제품의 가격이 인하되는 경우는 많지 않지만 원론적으로 달러화의 가치가 높아지면 수입 가격은 떨어진다. 이러한 점은 미국인들의 구매력을 높이고 물가 상승률을 낮추는 데 도움이 된다.

동전의 양면처럼 긍정적 영향에는 부정적 영향이 뒤따른다. 수입품과 경쟁하는 미국 기업들은 수입품의 낮은 단가를 따라잡기 위해 노동자를 해고하거나 임금을 삭감하게 된다. 특히 수입품과 직접 경쟁하는 공산품 업계의 타격이 가장 크다. 달러화 상승으로 미국의 무역수지 적자는 급격히 증가했으며 2000년 말에는 그 규모가 GDP의 4.1퍼센트에 달했다. 미국 제조업 분야의 생산직 노동자 인구가 가장 많았던 시기는 1998년 2월이었다. 하지만 미국 경제가 호황을 누렸던 이후 2년 동안에도 이 분야의 노동인구는 67만 명(전체 제조업 종사 인구의 5.2퍼센트)이 줄어들었다.

미국이 아무리 낮아진 수입 가격으로 이득을 얻는다고 해도 무역 적자의 엄청난 증가를 그대로 방치할 수는 없었다. 미국은 무역 적자를 해소하기 위해 차관을 도입해야 했지만 그 규모에는 한계가 있었다. 어느 시점에 도달하게 되면 무역 불균형이 조정되면서 달러화 가치는 다시 떨어질 것이고 이는 높은 수입 가격과 물가 인상, 그리고 생활수준의 지하로 연결될 수 있었다. 1990년대 말의 달러화 강세 정책은 2000년대까지 계속 이어졌다. 이 정책은 단기적으로 가시적인 성과를 가져다줄 수는 있어도 장기적으로는 엄청난 대가를 치러야 하는 것이었다.

하지만 1990년대의 미국은 이러한 대가를 별로 고려하지 않았다. 미국이 더욱 주목한 것은 경제의 강한 성장세와 저실업률이 가져다준 매우 가시적인 혜택들이었다.[142] 실업률은 모든 분야에서 고르게 나타나지 않는다. 가장 열악한 환경의 노동자들의 경우에는 다른 분야보다 실직 가능성이 훨씬 높다. 따라서 실업률이 낮아졌을 때 가장 많은 혜택을 느낀 집단은 바로 저임금 노동자들이었다. 미국의 전체 실업률은 1994년의 6.1퍼센트에서 2000년의 4퍼센트로 줄어들었지만 미국 흑인의 실업률은 11.5퍼센트에서 7.6퍼센트로 줄어들었다.[143] 히스패닉 계통 미국인의 실업률은 1994년의 9.9퍼센트에서 2000년도 5.7퍼센트로 감소했다. 10대 흑인의 실업률은 34.6퍼센트에서 24.5퍼센트로 낮아져 10퍼센트포인트의 감소를 보였다. 2000년에도 10대 흑인들의 실업률은 여전히 높은 수준이었지만 1994년과 비교했을 때 이들의 취업 가능성은 훨씬 높아졌다.

---

[142] 1990년대 경제 호황기의 혜택에 대한 구체적 내용은 다음을 참조. J. Berstein and D. Baker, *The Benefits of Full Employment* (Washington, DC: Economic Policy Institute, 2004), A. Blinder and J. Yellen, *The Fabulous Decade: Macroeoconomic Lessons from the 1990s* (New York: Century Foundation, 2001).

[143] 미국 노동통계청의 실업률 자료 인용.

노동 수요가 이전보다 증가하면서 노동자들은 임금 인상에서 유리한 입장에 서게 되었다. 1996년부터 2000년까지 미국에서는 모든 소득 계층의 실질임금이 지속적으로 상승했다. 이는 1960년대 말 이후 처음 나타난 결과였다. 물가 상승률을 반영했을 때 중간소득 노동자들의 임금은 연간 1.5퍼센트 상승했으며 저소득층으로 갈수록 임금 상승폭은 더 커졌다. 이렇게 노동자의 공급이 적어지자 고용주들은 새로운 노동자를 구하기 위해 더 멀리 나서야 했다. 도시 외곽에 있는 호텔과 식당들은 도시 내부 지역에 사는 노동자들을 고용하기 위해 매일 전세버스를 운행했다. 또한 고용주들은 노동자들의 가정생활도 배려해줘야 했다. 아이를 양육하거나 식구가 아픈 노동자들을 위해 근무 시간을 유연하게 조정해주기도 했다. 1990년대 말 미국의 주식 거품과 평가절상된 달러화는 근본적으로 계속 유지될 수 없는 것이었지만 이러한 요인들이 가져온 경제 호황으로 미국 노동자들 대다수가 실질적 혜택을 얻은 것은 분명한 사실이었다.


## 클린턴 2기의 정치


2002년까지 균형 예산을 실현하겠다는 깅리치의 목표를 달성하기 위해 클린턴과 의회가 애를 쓰면서, 1996년 선거 때까지 별 다른 변화가 없던 미국 정계에서는 또다시 재정 적자가 중요한 문제로 떠올랐다. 선거 직후에도 균형 예산은 여전히 달성하기 벅찬 목표었다. 이러한 논쟁을 더욱 치열하게 만들었던 것은 사회보장 혜택과 과세비율에 대한 물가 연동 방식을 수정하려는 계획이었다. 이 계획대로 된다면 미국의 예산은 기술적 해결을 통해 균형 상태를 달성할 것이고, 이를 통해 의회는 사회보장 혜택 감축과 세금 인상에 대한 비판을 피할 수 있었다.

미국의 기존 사회보장제도에서 은퇴자가 받는 혜택은 소비자물가지수와 연동돼 있다. 소비자물가지수가 한 해 동안 3퍼센트 증가하면 이에 따라 그 다음 해의 혜택도 3퍼센트가 증가하게 된다. 마찬가지로 과세 구간 역시 3퍼센트 상향 조정된다. 만일 10만 달러가 35퍼센트 과세 구간이었다면 다음 해에는 10만 3천 달러가 그 기준이 되는 것이다.

의회가 고려하고 있던 기술적 해결 방안은 사회보장제도와 과세 구간의 물가 연동 방식을 소비자물가지수보다 1퍼센트 낮게 조정하는 것이었다. 이 방안에 따르면 소비자물가지수가 3퍼센트 상승할 때 사회보장제도의 은퇴자 혜택은 2퍼센트만 증가하게 된다. 과세 구간에도 같은 절차가 적용된다. 이러한 조정이 이뤄지고 나고 1년 후에 나타나는 차이는 그리 크지 않겠지만, 5년 후 은퇴하는 사람들의 사회보장 혜택은 거의 5퍼센트 줄어들게 된다. 과세 구간에 있어서도 역시 그 차이는 점점 커진다. 시간이 흐름에 따라 은퇴자들이 실제로 받게 되는 돈이 계속 줄어드는 것이다.

만일 아무도 사안의 문제성을 인식하지 못했다면 이러한 조정안은 시민들의 정치적 저항 없이 그냥 진행될 수도 있었다. 이 방안의 충격은 시간이 지나면서 점차 나타나는 것이기 때문에 더욱 그러했다. 클린턴 대통령과 공화당이 주도하는 의회 지도부는 1997년 봄 이러한 내용에 합의했다. 그러나 모두가 이러한 제도적 변화의 의미를 묵인한 것은 아니었다. 하원의 민주당 원내총무이자 2000년 대선의 강력한 후보로 지목받고 있던 리처드 게파트가 수정안에 대해 승인을 거부한 것이다.

게파트의 반대는 미래의 사회보장 혜택을 크게 감소시키고 막대한 세금 인상을 불러올 이 수정안을 무력화시키기에 충분했다. 클린턴 정부의 부통령을 맡고 있던 앨 고어는 2000년 대통령 선거에 출마할 계획이었다. 두 번에 걸쳐 부통령을 지낸 고어는 경선에서 매우 유리한 입장이었다. 하지만 혜택을 줄이려는 정부에 대항하여 사회보장제도를 지키려는 게파트의 노력이 주목받으면서 고어의 민주당 경선 승리는 쉽게 장담할 수 없는 일이 되었다. 게파트의 반대는 클린턴을 한 발 물러서게 만들었고 이 계획은 철회되었다.

조정 계획이 실패한 후 얼마 지나지 않아 예산 균형 문제는 다른 사건들로 인해 해결되기 시작했다. 미국의 경제 호황과 예상보다 적게 오른 보건의료 비용이 예산에 대한 전망을 빠르게 바꿔놓은 것이다. 미국은 새로운 세금 도입이나 예산 감축 없이도 1997년도에 예산 균형에 근접할 수 있을 것이라고 예상했다. 그리고 1998년 1월에는 미국의 예산이 당분간 계속 흑자 상태를 나타낼 것이라고 전망했다. 이제 미국 정계에서는 레이건의 감세 정책 이후 계속 이어져온 미국의 재정 적자에 대한 논의가 사라졌다.

미국의 예산이 급격하게 흑자로 돌아서면서 과거의 예산 균형 달성 방안에 대한 논의는 흑자 예산 사용 방안에 대한 논의로 바뀌었다. 여기에 공화당은 '세금 감축'이라는 아주 간단한 해답을 내놓았다. 하지만 클린턴의 입장은 달랐다. 클린턴은 흑자 예산을 '사회보장제도 보전'을 위해 사용해야 한다고 주장했다. 클린턴 행정부는 사회보장제도를 부분적으로 민영화하기 위한 계획을 추진하고 있었다. 이러한 계획이 실행될 경우 단기적으로는 사회보장 세금들이 민간 계좌로 옮겨가는 과정에서 재정 손실이 생길 수 있고, 이를 만회하기 위해 미국 정부는 추가적 비용 부담을 감수해야 했다. 하지만 클린턴 행정부는 예산 흑자의 상황이 사회보장제도 민영화에 필요한 자금을 동원할 수 있는 특별한 기회라고 생각했다. 클린턴 대통령은 공개적으로 사회보장제도의 민영화를 밝히지 않았지만 1998년 연두교서를 통해 세금 감축에 대한 반대 입장을 밝히며 감세보다 우선 되어야 할 것은 사회보장제도라고 역설했다.

## 탄핵 추문

클린턴 대통령의 사회보장제도 수정 계획은 예상치 못한 사건을 만나면서 난관에 부딪혔다. 연두교서 발표를 앞두고 있는 시점에서 클린턴과 젊은 백악관 인턴 직원 사이의 성추문이 드러난 것이었다. 이 사건은 아칸소 주의 한 공무원이 클린턴을 상대로 성추행 소송을 제기하면서 처음 불거져 나왔다. 소송 벌어지자 많은 우익 단체들은 클린턴을 난처하게 만들 절호의 기회라고 생각하고 소송 자금 지원에 나섰다. 이들은 이 소송을 지켜보며 뭔가 더 밝혀낼 것이 있을 거라고 생각했고, 클린턴에게 더 큰 타격을 입힐 수 있는 정보를 수집하기 시작했다.

그리고 1998년 초, 이들은 결국 클린턴 대통령과 잠시 불륜 관계를 가졌던 전 인턴 직원 모니카 르윈스키Monica Lewinsky를 찾아냈다. 성추행 소송 관련 증언에서 르윈스키는 클린턴과의 불륜 사실을 모두 시인했다. 르윈스키의 구체적인 진술 내용은 모든 언론에 퍼져나갔고, 이는 대통령의 연두교서 관련 뉴스와 함께 헤드라인을 장식했다.

이에 대해 클린턴이 나타낸 반응은 최악의 선택이라고 할 만한 것이었다. 그는 불륜 관계를 솔직하게 시인하지 않았고 사생활에 대한 언급 자체를 회피하지도 않았다. 그 대신 수많은 정치인들이 그래 왔듯 강하게 사실을 부인하고 나섰다. 클린턴의 측근은 르윈스키를 대통령에 대한 별난 망상을 품은 스토커로 묘사해나갔다.

클린턴과 그의 지지 세력이 계속해서 사실을 부인하는 가운데 극우파 인사들은 클린턴에 대한 압박 수위를 더욱 높여갔다. 이들은《폭스뉴스Fox News》와 같은 신생 매체들과 여러 우익 라디오 방송, 그리고 강력한 정치 매체로 등장한 인터넷 블로그 등을 총동원하여 클린턴을 압박했다. 클린턴 반대 세력을 도왔던 인물 중에는 전직 상소법원 판사이자 부시 정권 당시 법무차관을 지낸 케네스 스타Kenneth Starr가 있었다. 1994년 그는 클린턴이 주지사 시절에 연루되었던 부동산 부당거래 의혹을 조사하기 위한 특검에서 활동하기도 했다. 이후 스타는 클린턴의 다른 의혹들에 대해서도 점차 수사 범위를 넓혀갔다. 그리고 르윈스키 사건이 터지자 즉각 이 사건의 수사를 맡겠다고 나섰다.

클린턴은 사실을 부인하는 것만으로 이러한 위기를 충분히 피해나갈 수도 있었다. 당시 대중은 대개 이 사건을 별로 신경 쓰지 않았고 극우 세력들도 그의 혐의를 정확히 입증해내지 못했기 때문이다. 하지만 1998년 여름, 스타가 이 사건이 실제로 일어났음을 입증해주는 DNA 증거를 제시하면서 상황은 뒤집히기 시작했다. 그리고 그해 8월, 클린턴은 마침내 공식석상에서 불륜 사실을 시인했다.

공화당은 새로운 증거를 내세워 탄핵 청문회를 추진했다. 공화당이 주도하는 하원 사법위원회는 가을 선거가 다가오기 전 르윈스키 사건과 관련한 여러 탄핵안을 통과시켰다. 하지만 이러한 공격적 행보는 오히려 미국인들의 비난을 받았고, 공화당은 1998년 선거에서 하원 의석 5석을 상실했다. 민주당이 백악관을 차지한 상황이었기 때문에 공화당이 우세할 것이라는 예상이 뒤집힌 것이다. 그럼에도 하원은 이 일을 끝마치기 위해 12월에 레임덕 회기를 열었다.[144] 하원의원들은 르윈스키 사건에 대한 위증을 이유로 클린턴에 대한 탄핵 표결을 실시했다. 미국 역사상 의회가 대통령의 탄핵을 표결에 부친 것은 이번이 두 번째였다.

---

[144] '레임덕 회기lame-duck session'란 총선이 치러져 차기 당선자와 낙선자가 확정된 상태에서 열리는 의회 회기를 뜻한다. ― 옮긴이

다음 해 1월에 새롭게 열린 의회가 처음으로 맞이한 과제는 상원의 클린턴 탄핵 심사였다. 미국 헌법상 현직 대통령을 사임시키기 위해서는 상원의 3분의 2 이상의 찬성표가 필요하다. 하지만 민주당 의원들이 클린턴을 강력히 지지하고, 일부 공화당 의원들조차 의사 표시를 주저하고 있었기 때문에 현실적으로 대통령의 사임 가능성은 거의 없었다. 그리고 2월 12일, 공화당은 결국 하원에서 통과된 두 가지 탄핵안에 대해 과반수의 찬성도 얻어내지 못했고, 탄핵에 대한 모든 소동은 그 시점에서 마무리되었다.

클린턴은 권력을 유지했지만 여전히 공화당이 주도하는 의회와 신경전을 벌여야 했다. 이 사건 이후 많은 미국인들은 공인의 사생활에 대한 수사에 강한 반감을 드러냈다. 한편에서는 공화당 고위 인사들이 연루된 여러 사건들이 일반에 보도되었다. 이때 보도된 인물들 가운데 밥 리빙스턴Bob Livingston도 포함돼 있었는데, 그는 저조한 선거 결과를 이유로 사퇴하는 깅리치의 후임으로 내정돼 있던 인물이었다. 이런 가운데 민주당과 공화당 양측 모두는, 적어도 성추문에 대해서만큼은 더 이상 논란을 일으키고 싶어 하지 않았다.

이 시기에 나타난 큰 변화 중 하나는 클린턴 대통령의 집권 2기 정치 의제들이 크게 후퇴했다는 점이다. 미국인들은 사회보장제도를 재편하려는 클린턴의 계획이 실행되는 것을 전혀 보지 못했다. 르윈스키 사건으로 인해 대통령직을 내놓을 뻔했던 클린턴은 지지도 만회를 위해 다시 민주당의 전통적 지지 기반인 흑인 사회, 노동계, 여성계로 눈을 돌려야 했다. 이들은 사회보장제도의 민영화에 가장 강하게 반대하고 있던 집단이었기 때문에 클린턴의 민영화 구상은 사실상 사장되고 말았다.

　이런 가운데 클린턴 대통령은 2년이라는 임기를 남기고도 적대적인 공화당에 맞설 마땅한 의제를 찾지 못했다. 또한 클린턴이 불륜 사실을 부인하고 나섰을 때 공개적으로 그를 변호했던 많은 정치적 동지들은 그의 거짓 진술에 배신감을 느꼈다. 이 시점부터 클린턴의 권력 누수 현상은 본격화되었다.


## 클린턴 임기의 외교 정책

냉전 종식과 함께 시작된 클린턴 정부의 외교 정책은 과거에 비해 훨씬 더 경제 부분에 집중돼 있었다. 클린턴이 취임할 당시 미국 GDP의 4.4퍼센트를 차지하던 국방비는 클린턴의 마지막 회계연도였던 2001년에는 3퍼센트로 줄어들었다. 이는 2005년 GDP를 기준으로 할 때 연간 약 1650억 달러에 해당하는 지출액이 절감되었음을 의미한다. 하지만 이렇게 대폭 감축된 국방비도 소련의 붕괴로 잠재적 적대국이 크게 줄어든 미국에게는 매우 커다란 예산이었다.

　개발도상국에 대한 클린턴의 경제 정책은 '워싱턴 컨센서스 Washington Consensus'라고 불리는 미국식 시장경제의 대외 확산에 집중돼 있었다.[145] 이러한 정책에는 여러 가지 무역 장벽과 정부 보조

---

[145] '워싱턴 컨센서스'라는 말은 국제경제연구소Institute for International Economics의 경제

금을 제거하고, 개발을 활성화하기 위해 해외 투자 의존도를 높이는 내용이 포함돼 있었다.[146] 워싱턴 컨센서스는 개발도상국에 국영 기업과 사회보장제도 서비스의 민영화를 요구했다. 또한 이러한 일련의 정책은 개방적 자본 이동을 통해 해외 투자자들이 자유롭게 자금을 투자 및 회수할 수 있도록 하는 내용을 포함하고 있었다. 워싱턴 컨센서스는 또한 개발도상국이 핵심 산업을 육성하기 위한 산업 정책을 펼치지 못하게 막았다. 하지만 선진국 대다수는 성장 단계 초기에 있는 자국 산업을 육성하기 위해 산업 정책들을 실시해왔었다.

클린턴 정부는 부시 1기 행정부 때부터 추진된 정책들을 계속 이어나갔다. 북미자유무역협정과 같은 상호무역협정이나 카리브 지역개발촉진계획Caribbean Basin Initiative과 같은 지역무역협정, 그리고 세계무역기구의 우루과이라운드협정과 같은 국제협정을 통해 워

<hr>

분석가 존 윌리엄슨John Williamson이 클린턴 정부의 일부 정책을 지칭하기 위해 처음 사용한 것으로 알려져 있다. J. Williamson, "What Washington Means by Policy Reform," in *Latin American Adjustment: How Much Has Happened?* ed. J. Williamson, 5~20 (Washington, DC: Institute for International Economics, 1990). 이러한 정책의 효과에 대한 비판적 논의는 다음을 참조. J. Stiglitz, *Globalization and Its Discontents* (New York: W. W. Norton and Co., 1990), N. Birdsall, D. Rodrick, and A. Subramaman, "How to Help Poor Countries?" *Foreign Affair* 84, no. 4 (2005): 136~152.

146 여기서 중요하게 살펴볼 점은 미국이 모든 분야의 무역 장벽 철폐를 요구하지 않았다는 것이다. 클린턴 정부는 개발도상국에서 상표와 저작권 보호를 강화하기 위해 힘을 쏟았다. 이는 개발도상국에게 저작권 및 상표권 비용을 부담시켜 미국 제약, 엔터테인먼트, 소프드웨어 산업의 이익을 확대하려는 정책이었다. 그리고 이러한 기업들은 미국 정부에 거대한 로비 활동을 벌이고 있었다.

싱턴 컨센서스를 확대해나가는 일이 바로 그것이었다.[147] 이를 위해 클린턴 행정부는 직접적 노력 이외에도 국제통화기금IMF과 세계은행World Bank의 영향력을 간접적으로 활용했다. 이 두 기관은 일반적으로 차관과 지원을 제공하면서 워싱턴 컨센서스의 조건을 내걸었다.

하지만 워싱턴 컨센서스를 받아들인 나라들의 경제 성적은 매우 부진했다. 많은 개발도상국이 지난 15년 동안 거의 경제 발전을 이루지 못했고, 특히 이 정책을 전폭적으로 받아들였던 라틴아메리카 국가들은 이 기간 동안 매우 부진한 경제 성장률을 나타냈다. 많은 비평가들은 워싱턴 컨센서스가 불평등을 심화시키고 환경 문제를 유발한다고 지적했다. 하지만 워싱턴 컨센서스를 옹호하는 측에서는 이들 나라들이 부진한 결과를 보인 이유가 요구된 개혁을 충분히 실행하지 않았기 때문이라고 주장했다. 그리고 개발도상국 인구의 거의 절반을 차지하고 있는 중국과 인도를 예로 들며 이 두 나라는 1990년 이후 강력한 성장을 보였다고 자신의 주장을 뒷받침했다. 하지만 이 두 나라에서는 광범위한 경제 분야에 정부가 개입하고 있었기 때문에 워싱턴 컨센서스가 명확히 이행됐다고 보기는 힘들었다.

클린턴 정부가 워싱턴 컨센서스 정책을 펼치는 가운데 개발도상국들에는 연쇄적으로 금융 위기가 닥쳤다. 처음 발생한 금융 위

------

[147] 우루과이라운드협정은 국제 무역 분쟁을 조정하는 상설 기구인 세계무역기구를 만들어냈다. 세계무역기구는 2차 대전 후 1947년에 설립된 관세무역일반협정GATT 의 후신이다.

기는 1995년 1월에 멕시코에서 발생한 '데킬라 위기Tequila Crisis'였
다. 아이러니하게도 이 시기는 북미자유무역협정이 발효된 직후
시점이었다. 멕시코 금융위기의 원인은 간단했다. 과대평가된 멕
시코 화폐의 가치가 계속 유지될 수 없었던 것이다. 이를 해결하기
위해 멕시코 정부는 당시까지 달러에 대해 적용하고 있던 고정환
율을 포기하고 멕시코 화폐에 대한 평가절하를 단행했다. 평가절
하 조치가 취해지자 멕시코에 투자했던 많은 사람들이 당황했다.
평가절하 조치 이전까지 멕시코에 막대한 투자를 했던 많은 투자
자들은 강세를 띤 멕시코 통화를 통해 높은 수익을 올리길 기대했
다. 하지만 1995년 멕시코 페소peso화가 평가절하되자 화폐 가치가
추가 절하될 것을 우려한 국내외 투자자들이 갑자기 투자금 회수
에 나섰고, 이로 인한 대량 투자금 이탈 사태는 데킬라 위기를 초
래했다.

클린턴 행정부는 멕시코의 급격한 경기침체와 실업률 폭증을 막
을 수는 없었지만 당장의 금융위기를 막기 위해 멕시코 화폐의 가
치를 지지할 수 있는 채무보증 대책을 마련했다. 하지만 멕시코의
금융위기는 개발도상국에 대한 투자자들의 투자 심리를 경색시켰
고, 이에 따라 전 세계 개발도상국의 금리는 가파르게 상승했다.

그 다음으로 금융위기가 강타한 곳은 1997년 말 동아시아 지역
이었다. 동아시아 지역에는 대표적인 개발도상국들이 많이 모여
있었다. 한국과 대만 같은 나라들은 세계대전 종식 이후 최빈국 상
태에서 출발해 급속한 발전을 이뤘고, 서유럽의 하위권 국가들에
견줄 만큼 생활수준도 향상돼 있었다. 그리고 태국, 인도네시아,

말레이시아와 같은 동아시아 국가들 역시 앞의 두 국가와 비슷한 발전 경로를 따르고 있었다.

이러한 성공적 경제 발전은 태국이 금융위기를 맞으면서 새로운 국면에 접어들기 시작했다. 이후 말레이시아, 인도네시아, 한국에서도 각국 통화의 매도가 쇄도했고 이는 화폐 가치의 급격한 추락으로 이어졌다. 이들 나라들은 개발도상국의 롤모델이라기보다는 '정실 자본주의Crony Capitalism'라는 오명을 얻으며 민간 부문과 공공 부문의 회계에 있어 투명성 부족을 지적받았다. 하지만 이러한 비판은 상당히 기만적인 것이었다. 국제통화기금과 같은 기관들은 금융위기가 있기 전까지 이들 나라의 재무 상태에 대해 안전하다는 평가를 내렸다. 또한 엄청난 자본을 통제할 수 있었던 해외 투자자들이 자발적으로 이 지역에 투자했다는 점도 생각해볼 여지를 남긴다. 그들이 비판하는 것만큼 재무 상태가 조악했다면 왜 그렇게 많은 자본이 이 지역에 투자됐을까?

동아시아 지역에서 금융대란이 일어났을 때 클린턴 정부가 가장 우선적으로 신경을 기울인 것은 금융 상태를 안정화시키는 작업이었다. 이러한 노력이 효과를 발휘할 수 있었던 가장 큰 원인은 중국이 화폐를 평가절하하지 않았기 때문이었다. 만약 중국이 화폐를 평가절하했다면 또 다른 화폐 폭락을 촉발할 수도 있었다. 미국이 두 번째로 신경 썼던 부분은 국제통화기금을 이 지역 금융위기의 조정 주체로 유지시키는 것이었다. 금융위기의 직접적 영향을 피해갔던 일본과 대만은 동아시아 구제금융기금 계획을 발표하며 사태 조정에 앞장서고자 했다. 하지만 클린턴은 이 계획이 영향을 미치기 전에 신속히 이를 차단하고 나섰다.

미국이 세 번째로 관심을 기울였던 부분은 서구 은행들의 이익을 보호해주는 것이었다. 동아시아 지역에서 서구 은행의 자금을 빌린 곳은 대부분 민간 은행과 기업들이었다. 그리고 이들 중 많은 기업이 파산하면서 서구 은행들은 자금을 회수하지 못하게 될 상황을 맞이했다. (당시 동아시아 지역에서는 파산법이 제대로 갖춰져 있지 않았기 때문에 회수 가능성이 거의 없었다.) 하지만 국제통화기금은 구제기금 지원 조건으로 이 지역 국가들의 정부에 민간 부채에 대한 책임을 요구했다.

미국의 네 번째 관심은 이들 국가들의 자본시장 개방을 더욱 확대해 해외 투자자들이 현지 국가의 기업을 쉽게 인수할 수 있게 하는 것이었다. 동아시아 국가들은 모두 해외 투자자들의 자국 기업 인수를 어렵게 만들기 위해 여러 가지 제한(비공식적인 방식이 다수였다)을 두고 있었다. 이들 국가들은 지난 40년 동안 이러한 산업 정책을 통해 경제 성장을 이루어왔다. 클린턴 정부는 이러한 제한을 제거함으로써 투자자들이 이 지역의 기업을 쉽게 인수할 수 있도록 만들고자 했다. 통화시장과 주식시장이 동시에 붕괴되면서 이들 나라들은 어쩔 수 없이 자국의 주요 기업들을 매각하게 되었다.

위기를 겪었던 국가들은 대부분 급격한 침체 이후 예상보다 빠른 경제 회복세를 보였지만 금융위기가 남긴 후유증은 상당히 컸다. 우선, 투자자들이 개발도상국에 투자하기를 꺼리면서 개발도상국들은 자금 확보에 커다란 어려움을 겪었다. 둘째, 국제통화기금과 세계은행의 역할과 목적에 대한 회의감이 널리 확산되었다.

셋째, 동아시아 국가들을 비롯한 많은 개발도상국들이 방대한 외환보유고 축적에 나섰다. 1997년 가을 동아시아 지역이 신용 위기를 겪었던 커다란 원인이 바로 외환보유고 부족에 있었기 때문이었다.

그 다음으로 커다란 경제 위기를 겪은 곳은 러시아였다. 소비에트연방의 해체 이후 러시아 경제는 커다란 혼란을 겪었다. 러시아가 세계은행과 국제통화기금의 조언에 따라 중앙계획경제체제를 시장경제로 전환한 결과였다. '충격요법shock therapy'이라고 부를 만큼 파격적인 경제 전환을 선택한 러시아는 공장과 토지 등 방대한 국가 자산을 매각하여 이를 민영화했다. 이전의 많은 공산주의 국가들이 그랬던 것처럼 러시아의 민영화 과정에는 엄청난 부정부패가 나타났다. 그리고 이 과정에서 러시아에서 가장 가치가 높은 국가 자산들은 실질적 자격과 상관없이 정치 세력과 결탁된 투자자들에게 넘어갔다.[148] 이로 인해 러시아가 입은 피해는 다른 동유럽 국가들보다 훨씬 심각했다. 러시아 경제는 무려 40퍼센트나 수축되었는데, 이는 전쟁이나 자연재해가 없는 상황에서는 상상하기 힘든 수준이었다.

이후 1996년과 1997년에 어느 정도 성장을 이뤘던 러시아 경제

---

[148] 세계은행 자료에 따르면 러시아가 거의 모든 국가 경제를 민영화하여 얻은 수입은 83억 달러에 그쳤다. (World Bank, *Global Development Finance* [Washington, DC: World Bank, 2001], 186). 당시 제너럴일렉트로닉GE사의 시장 가치는 거의 4천억 달러였으며 이는 러시아가 산업과 농업 자산 대부분을 매각하여 얻은 수익의 40배에 해당한다.

는 1998년에 다시 통화 가치 유지에 어려움을 겪으면서 심각한 위기를 맞았다. 투자자들은 러시아 통화의 가치가 떨어질 것을 우려했고 러시아 중앙은행은 이러한 투자 위험을 보상해주기 위해 기준금리를 이전보다 훨씬 높게 올렸다. 당시 필요한 해법은 통화의 평가절하였지만 클린턴 경제팀은 이를 막기 위해 가능한 모든 조치를 취했다. 결국 1998년 8월 옐친은 통화 지지 노력을 포기했고 러시아 통화는 급격하게 폭락했다. 그리고 옐친은 러시아의 부채 상환을 일시적으로 연기했다.

이후 러시아는 국제사회에서 외면당했고 경제는 급격한 침체를 맞았다. 하지만 러시아 경제는 1999년 초부터 다시 성장하기 시작했고 이전에 찾아보기 힘들었던 탄탄한 성장세를 이어갔다. 클린턴 정부의 재무장관이었던 로버트 루빈Robert Rubin은 당시 러시아 정부가 통화의 평가절하와 일시적 채무불이행을 피해가도록 유도하지 못한 것을 회상하며 러시아에 대한 노력이 실패로 돌아갔다고 술회하기도 했다.[149] 하지만 경제 성장이라는 면에서 생각해보면 그해 여름 러시아의 경제 정책 수정은 동유럽의 공산주의 붕괴 이후 가장 현명한 선택이었다.

이러한 일련의 금융위기들은 미국의 국내 경제에도 중요한 영향을 미쳤다. 해외의 중앙은행들이 달러를 많이 확보하려고 노력하면서 달러화의 가치는 상승했다. 그리고 이러한 움직임은 클린

---

[149] 이 이야기는 루빈의 자서전(제이콥 와이스버그Jacob Weisberg 공저)에 나와 있다. *In an Uncertain World: Tough Choices from Wall Street to Washington* (New York: Random House, 2003).

턴 정부가 의도적으로 추구했던 달러화 강세 정책을 계속 이어갈 수 있는 원동력이 되었다. 앞서 언급한 바와 같이 이 기간 동안의 달러화 강세 정책은 미국에 엄청난 규모의 무역 적자를 발생시켰다. 이 기간 동안 개발도상국들이 달러 보유고를 높이기 위해 노력했다는 것은 다시 말해 가난한 국가들이 부유국에게 돈을 빌리기 시작했다는 뜻이다. 그리고 이것은 주류 경제학 이론이 말하는 경제 성장의 일반적 과정과 완전히 상반되는 현상이었다.

## 코소보 전쟁

클린턴 대통령의 외교 정책은 대부분 경제 분야에 집중돼 있었지만 그의 두 번째 임기 말에 미국은 커다란 군사 분쟁에 개입하기도 했다. 코소보를 둘러싸고 일어난 세르비아와의 전쟁이 바로 그것이었다.

코소보 전쟁은 유고슬라비아 문제의 마지막 해결 과정에서 벌어졌다. 유고슬라비아는 1차 세계대전 이후 승전국들에 의해 탄생된 국가였다. 이 나라는 오랜 갈등의 역사를 가진 발칸 지역의 여러 혈통과 종교 집단을 한 데 모아서 만든 국가였다. 유고슬라비아가 생성된 지 얼마 지나지 않아 발발한 2차 세계대전은 이 신생국을 황폐화시켰다. 유고슬라비아의 정권을 잡고 있던 크로아티아인들은 독일의 비호 아래 세르비아인, 유태인, 그리고 집시들에 대한 대량 인종 학살을 감행했다. 전쟁이 벌어지는 동안 요시프 브로즈 티토Josip Broz Tito가 이끄는 게릴라 반군의 세력은 점점 커져갔다. 그리고 전쟁이 끝날 무렵 게릴라 반군은 크로아티아계 정부를 비호하는 독일군을 몰아내는 데 성공한다.

해방을 위한 항전에서 공을 세운 티토는 유고슬라비아의 정권을 잡고 조국의 독립을 지켜낼 것을 다짐했다. 티토는 소련과 서구 사회 사이에서 줄타기를 하며 양측 모두와 우방 관계를 이어나갔다. 경제 면에 있어서도 마찬가지였다. 유고슬라비아는 경제 분야 대부분이 국가 영역 안에 있었지만 일부에서는 민간사업체와 노동자소유기업이 생겨나기도 했다. 정치 면에서 보면 유고슬라비아는 민주주의 국가라고 부르기 힘들고 정치범도 상당히 많았지만 다른 동구권 국가들에 비해서는 국민에게 훨씬 많은 자유를 허용하고 있었다. 티토 또한 국민들의 애국심을 함양하고 유고슬라비아의 정체성을 확립하기 위해 총력을 다했다.

1980년에 티토가 사망한 후 얼마 지나지 않아 유고슬라비아에서는 다시 민족주의가 고개를 들기 시작했다. 유고슬라비아연방에서 인구가 가장 많던 세르비아에서는 슬로보단 밀로셰비치Slobodan Milosevic가 정계 실세로 등극했다. 밀로셰비치는 세르비아 영토인 코소보 지역의 주민 대다수가 알바니아계 혈통이라는 사실을 강력하게 주장하며 정치적 힘을 얻었다. 밀로셰비치의 민족주의는 당시 유고슬라비아의 다른 지역에서 일고 있던 민족주의에 더욱 큰 자극을 받았다. 특히 그중에서도 프라뇨 투즈만Franjo Tudjman이 집권한 크로아티아의 영향력이 컸다. 투즈만이 이끄는 정당은 2차 세계대전 당시 크로아티아의 대량 학살을 주도했던 정당의 상징을 그대로 사용했다. 투즈만은 또한 전쟁 기간 동안 행해졌던 대량 학살 사실을 부인하며 역사 기록을 왜곡했다. 특히 통일된 독일 정부가 1991년 12월 일방적으로 크로아티아의 독립을 선언한 투즈만 정권을 외교적으로 인정하자 이를 지켜본 세르비아는 더욱 동요하기 시작했다.

이후 몇 년에 걸쳐 유고슬라비아 내의 공화국들은 계속 독립을 선언했다. 그리고 이러한 독립은 새로운 독립 공화국 사이의 끊임없는 영토 분쟁으로 이어졌다. 그중에서도 가장 큰 유혈사태가 발생한 곳은 보스니아였다. 이 분쟁은 이곳 인구의 대부분을 차지하고 있던 크로아티아계와 세르비아계, 그리고 이슬람교도 세력들이 더 많은 지역을 점유하기 위해 각축을 벌이면서 일어났다. 이 세 종족은 모두 학살을 자행했지만 그중에서도 가장 큰 피해를 일으킨 것은 세르비아계 보스니아인들이었다. (대표적 만행으로는 1995년의 스레브레니카 대학살을 들 수 있다.) 이들은 '인종 청소' 정책을 앞세워 수천 명의 크로아티아계와 이슬람계 보스니아인들을 학살했다. 2년간의 내전과 수차례 학살이 일어난 후인 1995년 11월, 클린턴 정부는 이 전쟁을 종식하고 나토의 평화유지군을 배치하기 위한 평화협정 중재에 나섰다.

유고슬라비아에서 분리된 여러 공화국들 사이의 영토 분쟁이 안정을 찾아가고 있는 가운데, 코소보는 이 지역에 마지막으로 남은 문제였다. 코소보 지역의 인구는 90퍼센트가 알바니아계였고 나머지 10퍼센트 정도만이 세르비아계로 구성돼 있었으며 이들 사이에는 오랫동안 긴장이 이어져오고 있었다. 그러던 중 1989년 밀로세비치는 코소보 지역의 자치권을 박탈했고 이는 알바니아계 주민들의 강력한 저항을 불러일으켰다.

1990년대 들어 게릴라 저항군인 코소보해방군Kosovo Liberation Army은 여러 차례 공격을 감행하여 코소보 일부 지역에 대한 통제권을 확보했다. 하지만 강력한 무기로 무장한 세르비아군은 월등한 우세 가운데 이들을 공격했으며 이 과정에서 수많은 민간인 사망자가 발생하기도 했다. 전쟁이 점점 치열해지고 사망자 수가 증가하자 클린턴 정부는 세르비아군의 철수와 코소보의 자치 등의 해결책을 담은 협상을 시작했다.

미국의 강력한 군사 위협에 직면한 밀로세비치는 클린턴의 요구를 승낙하려고 했다. 하지만 클린턴은 협상에 또 다른 조건을 추가했다. 코소보뿐 아니라 세르비아 모든 지역에서 미군이 수시로 무기 감찰을 할 수 있게 하는 조건이었다. 밀로세비치는 이 조건의 수용을 거부했고 미국은 결국 1999년 3월부터 두 달 동안 세르비아를 폭격했다.[150]

미국의 폭격이 시작된 직후 세르비아군은 여러 지역에서 수많은 알바니아계 주민들을 추방시켰다. 하지만 당시 뉴스들은 이 사건의 전후를 뒤바꿔 보도했다. 많은 뉴스들은 클린턴이 세르비아의 알바니아계 추방 사건과 관련해 폭격을 시작했다고 전했다.[151]

--------

[150] 코소보 전쟁 이전의 역사적 상황에 대해서는 다음을 참조. T. Judah, *Kosovo: War and Revenge* (New Haven, CT: Yale University Press, 2002).

[151] 예컨대 《뉴욕타임스》의 사설은 "나토군이 78일 동안 세르비아를 폭격한 것은 치명적인 인종 청소에 대응하기 위한 것이었으며, 추방당한 1백만 알바니아인들에게

코소보 전쟁 때 미국과 나토의 공습으로 파괴된 채 방치된 세르비아 정부 기관 건물(베오그라드).

이런 보도 속에서 사람들은 클린턴 대통령이 전쟁을 시작한 진짜 이유를 제대로 알 수 없었다.

미 공군이 밀로세비치를 항복시키는 것은 분명 시간 문제였지만 세르비아군은 예상보다 훨씬 오래 병력을 유지했다. 밀로세비

집을 돌려주기 위한 것이자 밀로세비치가 발칸 지역을 공격하지 못하게 하기 위한 것이었다"고 주장했다("Lessons of the Balkan War," *New York Times*, June 17, 1999, A30). 다른 주요 매체들도 이와 유사하게 이 사건의 전후를 뒤집어 보도했다. 미국의 폭격이 시작된 것은 3월 24일이었다("NATO Authorizes Bomb Strikes: Primakov, in Air Skips U. S. Visit," *New York Times*, March 24, 1999, A1). 하지만 주민 대량 추방이 처음 보고된 것은 이로부터 3일 후인 3월 27일이었다("Conflict in the Balkans: The Refugees; White House Tells of Reports of a Forced March in Kosovo," *New York Times*, March 27, 1999, A1).

치는 탱크와 기타 중화기들을 효과적으로 은폐해 미군 공습에 의한 피해를 최소화했다. 결국 미군은 발전소, 국영 TV 방송국 등 주요 민간시설까지 공격하기 시작했다. (방송국 공격은 세르비아 정부의 선전 선동을 막는다는 이유로 정당화되었다.) 이러한 미군의 폭격 이후 민간인 사상자는 크게 늘어났다.

결국 밀로세비치는 엄청난 피해를 입고 코소보 철수에 동의했다. 세르비아에는 유엔의 평화유지군이 파병되었으며 추방당했던 코소보 주민들도 대부분 다시 돌아왔다. 그리고 여러 지역의 코소보 주민들은 밀로세비치의 패배를 세르비아인들에 대한 보복의 기회로 생각했다. 그런 가운데 코소보에 거주하던 세르비아인의 거의 절반이 위험을 피해 세르비아 영토로 달아났다. 2005년 현재까지도 코소보의 상황이나 흩어진 세르비아인들에 대한 최종 해결은 이루어지지 못하고 있다.


## 2000년 미국 대선

2000년 미국 대선은 팽팽한 대접전을 예고하고 있었다. 특별히 유력한 대선 후보가 없었기 때문에 양당 중 어느 쪽이 유리하다고 딱히 말할 수 없었다. 게다가 상원과 하원에서 양당이 거의 비슷한 의석을 차지하고 있었기 때문에 대선 결과에 따라 의회 주도권은 쉽게 좌우될 수 있었다.

공화당의 대선 후보 경선 과정은 특히 더 치열했다. 경선 초기부터 참여한 여러 후보 중에는 전직 공화당 원내총무이자 1996년 공화당 대선 후보였던 로버트 돌의 아내 엘리자베스 돌Elizabeth Dole과 부시 행정부 시절 부통령을 지낸 댄 퀘일Dan Quayle이 있었다. 하지만 다른 후보들이 빠르게 떨어져나가는 가운데 공화당 경선은 두 후보, 애리조나 주 상원의원 존 매케인John McCain과 전직 대통령의 아들이자 텍사스 주지사였던 조지 W. 부시의 경합으로 추려졌다.

초반에 선두에 나선 것은 부시였다. 부시는 엄청난 선거 자금을 후원받았으며 아버지를 통해 다져진 탄탄한 당내 지지 기반을 가지고 있었다. 또한 부시는 당내 강경보수 인사들의 지지도 얻고 있었다. 부시는 감세 공약을 선거 유세의 핵심으로 내걸었다. 그는 기독교 우파 세력에게도 매력적인 인물이었는데, 여기에는 그가 젊은 시절에 알코올중독 문제를 극복하면서 경험했던 종교적 회심, 그리고 '종교단체자금지원법faith-based initiatives'에 대한 그의 계획이 동시에 작용했다.

하지만 매케인 역시 만만치 않은 상대였다. 매케인은 베트남 전쟁 참전용사였으며 거의 6년 동안 전쟁 포로 생활을 했다. 1986년 상원에 입문한 매케인은 보수 인사이면서도 이따금씩 공화당의 주요 기조와 다른 입장을 밝히는 등 소신 있는 행보로 정치적 명성을 얻어왔다. 한 가지 예로, 매케인은 대부분의 공화당 지도부가 반대했던 선거 자금 개혁을 앞장서서 추진했던 인물이었다. 그는 뛰어난 화술로 여러 가지 사안에 대해 언제든 효과적인 연설을 할 수 있었다. 매케인은 공화당 내의 중도적인 유권자들과 지지 정당은 없지만 예비선거에서 투표권을 가진 유권자들 사이에서 호응을 얻어냈다.

매케인은 뉴햄프셔나 미시간 등 중요 지역 경선에서 승리를 거두며 공화당 경선 초기에 예상보다 훨씬 좋은 성과를 거뒀다. 하지만 부시 진영의 정치 전략은 탄탄하고도 효과적이었다. 그들은 부시를 대선 후보로 만들기 위해서 필요하다면 무엇이든 할 기세였다. 사우스캐롤라이나 주 예비선거가 있기 전에 부시는 인종 간 이성 교제를 금지한 것으로 유명했던 한 대학교에서 연설을 했다. 이러한 부시의 행동은 1960년대에 공식적으로 인종 차별이 폐지된 데 대해 여전히 반발심을 가지고 있던 많은 사람들을 자극했다. (부시는 이후 선거 유세 과정에서 이 연설에 대해 사과했다). 한편에서는 매케인의 애국심과 병역사항에 대해 의구심을 제기하는 (부시 진영과 연계된 것으로 보이는) 많은 단체들이 나타나기도 했다.

탄탄한 자금력과 정치적 배경에 이러한 전략들이 가세하면서 부시는 결국 경선 승리를 확정지었다. 부시가 사우스캐롤라이나 주 예비선거에서 승리한 후 매케인이 경선을 포기하면서 승리가 굳어진 것이다.

이에 비해 민주당의 경선은 상당히 짧은 시간 안에 판가름이 났다. 전직 뉴저지 주지사이자 NBA 농구스타 출신이었던 빌 브래들리는 앨 고어를 상대로 대권 후보에 도전했다. 하지만 고어는 두 번의 부통령 경력을 앞세워 빠르게 민주당 내 지지를 얻어냈다. 브래들리가 고어의 민주당 내 지지 기반을 따라잡기에는 역부족이었다.

2000년 가을, 대통령 선거 유세는 매우 치열한 양상을 보였으며 여론조사에서 두 후보는 아주 근소한 격차를 보였다. 고어는 유세 과정에서 다소 모호한 입장을 보였다. 미국이 상당히 안정적이고 여전히 경제 호황을 누리고 있는 상황에서는 여당 후보가 더 유리함에도 불구하고 고어는 클린턴 정부의 실적과 거리를 두려고 했다. 그가 부통령 후보로 지명한 조 리버만Joe Lieberman은 민주당 내에서도 클린턴의 르윈스키 성추문 사건을 가장 앞장서 비판한 인물이었다. 고어는 민주당 전당대회의 대선 후보 수락 연설에서 미국의 경기 호황 가운데서도 경제적 어려움을 겪고 있는 국민들에 대해 언급했지만 이후의 선거 유세에서는 이러한 주제를 거의 다루지 않았다. 부시 진영에서는 감세 공약을 최전선에 내세우며 선거 유세를 펼쳐나갔다. 또한 부시는 클린턴의 성추문 사건을 겨냥하며 백악관의 명예를 회복하겠다고 거듭 주장했다.

이 선거에는 양당 후보 외에도 제3당의 후보가 두 명 더 참가하고 있었다. 좌익 진영에서는 소비자 보호 운동가인 랠프 네이더Ralph Nader가 녹색당Green Party의 대선 후보로 출마하여 고어에게 도전했다. 네이더는 1960년대에 미국 자동차의 위험성을 밝혀내고 결국 자동차 회사들이 안전벨트를 기본 장비로 채택하게 만든 인물로 정평이 나 있었다. 네이더는 그 이후로도 수많은 소비자 보호 운동에 앞장서왔다. 그해 대선에 뛰어든 또 한 명의 후보는 보수적 텔레비전 정치평론가이며 1992년 공화당 경선에서 부시 대통령을 위협했던 패트릭 뷰캐넌이었다. 뷰캐넌은 로스 페로가 만든 개혁당의 대선 후보로 대권에 도전했다. 2000년 대선 결과 네이더는 미국 전역에서 2.7퍼센트의 지지를 받았다. 뷰캐넌은 0.4퍼센트 득표라는 초라한 성적을 보이며 무너져내렸다.


## 플로리다 주의 개표 공방

선거 전 마지막 주에 실시된 여론조사에서 부시는 고어에 근소한 차이로 앞서고 있었다. 하지만 선거 당일의 일반 투표popular vote에서 고어는 부시를 50만 표 차이로 이겼다. 그러나 미국의 대통령 당선은 일반 투표 결과로만 결정되지 않는다. 두 후보의 선거인단 투표electoral vote 결과는 거의 차이를 보이지 않고 있었으며, 마지막 플로리다 주의 개표 결과에 따라 당락이 결정되는 상황이 되었다. 플로리다 주의 개표 결과도 매우 치열한 접전 양상을 보였다. 두 후보는 6백만 표가 달린 플로리다에서 거의 같은 비중의 선거인단 표를 획득했다.

선거 당일 밤, 여러 뉴스들은 부시의 플로리다 주 승리를 보도하기 시작했고 고어는 부시에게 전화를 걸어 선거 패배를 인정했다. 하지만 잠시 후 개표된 추가 선거구의 결과는 승부를 다시 박빙의 상태로 되돌렸고 고어는 다시 부시에게 전화를 걸어 결과 승복을 철회했다. 결국 미국은 밤이 새도록 대통령 당선자를 확정하지 못하고 다음 날 아침을 맞았다.

선거가 끝난 후 두 후보 진영 사이에는 재개표를 둘러싼 갈등과 법정 공방이 줄을 이었다. 먼저 포문을 연 민주당은 플로리다 주지

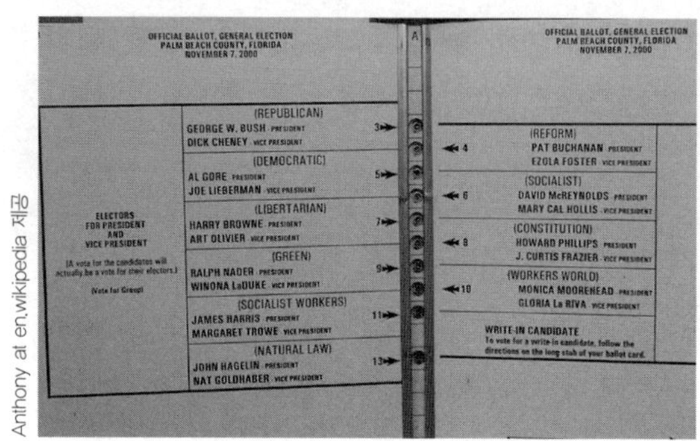


2000년 미 대선 때 논란이 되었던 플로리다 주 팜비치의 나비 투표지.

사가 조지 부시의 동생인 젭 부시Jeb Bush라는 점과 선거 감독의 공식적 책임을 가진 국무장관이 부시의 플로리다 선거본부 본부장이었다는 사실을 문제 삼고 나섰다.

또한 펀치 카드 방식(카드에 구멍을 뚫어 기계로 결과를 인식하는 투표 방식)으로 선거를 치룬 지역에서는 카드에 구멍이 제대로 뚫리지 않아 기계가 판독하지 못하는 경우가 발생했기 때문에 수많은 표가 유실되기도 했다.[152] 이러한 경우에는 유실된 카드에 대해 기계 판독을 재실시하는 것보다 수작업 개표를 진행하는 것이 더 정확했다. 고어는 이러한 오류가 발생한 선거구 중에서도 민주당을 지지하는 네 곳을 지목하여 수작업 개표를 요구했다.

[152] '나비 투표지butterfly ballot' 사건이라는 일도 있었다. 플로리다의 한 선거구에서 사용된 투표용지는 기표상 혼동과 실수를 유발할 수 있게 제작되었다. 이 선거구에서는 5천 명 이상의 유권자가 고어와 제3당 후보인 패트릭 뷰캐넌을 혼동하여 두 후보 모두에게 기표했다. 개표 기계는 한 후보만을 표기해야 인식할 수 있기에 고어는 자연스럽게 5천 표를 잃었다. 이 숫자는 플로리다에서 부시에게 승리를 안겨 준 930표 차이를 훨씬 뛰어넘는 것이었다.

지목을 받은 선거구의 선거관리위원들은 이 제안을 수용하고 수작업 개표를 시작했지만 이는 곧 가로막히고 말았다. 처음으로 재개표 작업을 가로막았던 것은 부시 진영이 제기한 법적 조치들이었다. 공화당 측 직원들이 개표 장소에 난입하여 개표를 방해한 선거구도 있었다. 이들은 수작업 개표가 진행되고 있는 공식 개표소에서 소란을 피우며 법원의 명령이 나오기 전까지 개표 진행을 방해했다. 물론 고어 진영에서도 이에 대응하고자 하는 세력들이 있었으나 민주당은 더 이상의 대치 상황을 만들지 않았다. 공화당은 난타전을 통해서라도 대선 승리를 차지하려 했지만 민주당은 그렇지 않았다.

선거에 대한 법정 공방은 여러 절차를 통해 진행되었다. 이 사건을 처음 심의한 플로리다 대법원(이 법원의 모든 판사는 민주당의 지명을 받았다)은 만장일치로 고어 진영이 요구하는 개표 방식에 찬성했다. 이후 이 사건에 대한 판단은 연방 대법원(아홉 명의 대법관 중 일곱 명이 공화당의 지명을 받았다)으로 넘어갔다. 그리고 공식적으로 플로리다의 당선자를 가리게 된 12월 12일, 미국의 연방 대법원은 민주당의 소송에 대해 각하결정을 내렸다. 5대 4의 결과로 대법원은 재개표 중지를 명령했다. 판결의 요지는 선거 기간이 지났다는 것이었다. 다수의 대법관들은 당선자 결정 시한이 지났다는 것을 근거로 이 사안에 대한 어떠한 사실도 플로리다 주의 개표 결과를 바꿀 수 없다고 주장했다.

이 결과는 수백만의 고어 지지자들을 분노케 했다. 보수 성향의 대법관들이 대부분 부시를 지지했다는 점은 아주 분명했다. 이들의 판결이 법과 증거에 기반을 두고 도출된 것이었는지, 아니면 단지 보수적 후보를 백악관에 들이기 위한 그들 자신의 바람에 따른 것이었는지에 대해 많은 의혹이 제기되었다.

길었던 개표 공방 소란은 상하원 합동회의에서 최종적으로 마무리되었다. 당시 현직 부통령이기도 했던 앨 고어는 선거인단의 최종선거를 승인하는 상하원 합동회의를 진행해야 했다. 고어가 의장을 맡은 이 자리에서 20명의 하원의원들(이들 대부분은 흑인이었다)은 한 사람씩 일어서며 플로리다의 선거 결과에 이의를 제기했다. 고어는 합동회의 규칙에 따라 상원의원들에게 이의 제기에 대해 동의하는지를 물었다. 하지만 상원의원들은 이에 동의하지 않았고, 고어는 이의 제기를 기각한 후 그날의 다른 안건들로 회의를 진행해야 했다.

플로리다 주 개표 공방은 미국 선거제도에 있어 여러 가지 시사점을 남겼다. 첫째, 미집계된 표가 이례적으로 많은 것이 아니었다. 일반적으로 미국 선거에서는 전체의 2~3퍼센트 정도의 표가 집계에서 누락된다.[153] 집계 누락이 가장 많이 발생하는 곳은 보통 비주류 지역이다. 플로리다 주가 이례적으로 문제가 되었던 것은 미집계된 표 때문이 아니라 그 미집계된 표가 문제가 될 정도로 근소했던 후보 간의 격차 때문이었다.[154]

---

[153] 2000년 대선 당시 투표제도의 기계적 문제에 대해서는 다음을 참조. M. Alvarez and T. Hall, *Point, click, and Vote: The Future of Internet Voting* (Washington, DC: Brookings Institution, 2004).

[154] 고어의 많은 지지자들은 랠프 네이더가 플로리다에서 9만 7천 표를 얻었다는 사실

두 번째로 주목할 만한 사실은 플로리다 주에는 특히 중범죄 이력으로 인해 투표권을 박탈당한 사람들이 많았다는 점이다. 미국 대부분 주에서는 중범죄를 저지른 사람이 실형을 선고받고 난 후 일정 기간 동안 이들의 선거권을 박탈한다. 하지만 플로리다 주의 경우에는 중범죄자들의 선거권을 영구 박탈했다. 이러한 이유로 플로리다에서는 5만 5천 명의 미국인이 선거에 참여하지 못했다. 이것이 특히 문제가 되었던 것은 중범죄자들 중에 흑인 비중이 압도적으로 높았기 때문이었다. 일반적으로 미국의 흑인들은 민주당을 지지하기 때문에 공화당은 전과자들에 대한 투표권 박탈을 강하게 추진했다. 플로리다 주 선거 결과의 근소한 차이로 미뤄볼 때 교화에 성공한 전과자들의 일부라도 선거에 참여할 수 있었다면 그해의 대통령 선거는 아마도 반대의 결과를 나타냈을 것이다.

마지막으로 고어가 처음 생각했던 재개표 방식은 그의 예상과 상당히 다른 결과를 낳을 수도 있었다. 대법원이 그의 손을 들어줬다 하더라도 결과를 뒤집지 못했을 수도 있었다는 말이다. 고어 측에서는 '모든 표에 대한 재개표'를 외쳤지만 실제로 이들이 원했던 것은 자신들에게 유리할 것이라고 생각되는 지역에 한정된 재개표였다. 이후 몇몇 언론이 밝힌 분석에 따르면 실제로 고어가 요청한 네 지역에서 재개표가 이뤄졌다고 하더라도 부시는 여전히 선거에서 승리할 수 있었다. 반대로 플로리다 전 지역에서 기계가 집

에 분노했다. 이 득표수는 부시와 고어의 공식적 표 차이보다 훨씬 큰 수치였다. 다시 말헤 네이더가 제3당 후보로 출마하지 않았더라면 고어가 승리할 수도 있었다는 것이다.

계하지 못한 표에 대한 수작업 개표를 실시했다면 (모든 지역의 개표에 일관된 기준이 적용되었다고 가정할 때) 오히려 고어가 승리할 가능성도 있었다.[155]

155 재개표 결과에 대한 언론 보도는 다음을 참조. A. Jacobsen and M. Rosenfeld, eds., *The Longest Night: Perspective on Election 2000* (Berkeley, CA: University of California Press, 2002).

**공화당의 득세와 클린턴 집권기의 호황**

# 제 6 장

# 부시 행정부와 테러와의 전쟁

2000년 대선 결과가 확정된 후 미국 정계는 부시 대통령이 정파적 논쟁을 일으키기보다는 초당파적인 국정 운영을 할 것이라고 기대했다. 일반 투표에서 승리하지 못하고 당선된 대통령은 부시가 백 년 만에 처음이었기 때문이었다. 하지만 부시는 선거를 둘러싼 여러 상황들과 관계없이 자신의 정치 의제를 추진해나갔다. 부시는 마치 대선에서 압승을 거둔 사람처럼 자신의 정책을 밀어붙였다.

부시가 가장 먼저 추진한 정책은 감세였다. 부시의 주장은 간단했다. 미국 정부의 예산 흑자가 큰 이유는 세금을 너무 많이 걷고 있기 때문이라는 것이었다. 부시는 첫 번째 의회 연설에서 세금 환급을 요구했다. 부시가 제시한 감세안은 기존 소득세를 약 15퍼센트 정도 줄이자는 내용을 담고 있었다. 그는 또한 상위 2퍼센트 부유층 가구에만 적용되는 상속세 폐지를 비롯해 자녀 부양 가정에 대한 비과세 혜택 확대 등을 함께 제안했다.

부시가 제안한 감세안이 적용될 경우 가장 큰 혜택을 받는 계층은 이제까지 가장 많은 세금을 납부한 부유층이었다. 상속세 감세를 포함하면, 부시의 감세안 덕에 절감되는 세금의 40퍼센트가 상위 1퍼센트의 부유층 납세자에게 돌아가게 되었다.[156] 세금 감축이 적실한 예산 정책인지에 대해서는 논란이 있었지만 당시 공식적인 예산 전망에 따르면 감세로 인해 발생하는 예산 축소액은 미국 정부가 감당할 수 있는 정도의 수준으로 나타났다. 의회예산처가 밝힌 수치를 보면 미국 정부는 사회보장기금에서 발생한 흑자에 손대지 않고도 감세액을 충당할 수 있었다. 달리 말해, 감세가 시행된다고 하더라도 정부의 통합 예산은 여전히 커다란 흑자를 유지할 것이라는 전망이 우세했다.

하지만 감세안의 통과는 예상처럼 순탄하지 않았다. 민주당은 상원과 하원 모두에서 과반 의석을 차지하지 못하고 있었지만, 주도권을 잡고 있던 공화당의 의원들이 예상만큼 감세안에 동의하지 않았기 때문이었다. 특히 공화당 의원들 중 레이건 정권 때부터 재정 적자를 통제 가능한 수준으로 끌어내리기 위해 오랜 시간 노력해왔던 의원들은 부시의 대규모 감세안에 선뜻 찬성할 수 없었다.

---

[156] 감세로 인한 분배 효과에 대한 분석은 다음을 참조. W. Gale and S. Porter, *An Economic Evaluation of the Economic Growth and Tax Reconciliation Act of 2001* (Washington, DC: Brookings Institution, 2002), http://www.brookings.edu/views/article/gale/200203.pdf.

상황이 이렇게 전개되는 가운데 연방준비제도이사회의 의장인 앨런 그린스펀이 부시 대통령에게 커다란 도움을 주었다. 의회에 출석하여 증언에 나선 그린스펀 의장은 감세안을 옹호했다. 그린스펀은 당시 예산 흑자가 너무 커지는 것이 우려된다고 발언했다. 정부는 예산 흑자를 과거 적자 행진을 계속하던 기간 동안 쌓인 부채를 해소하는 데 사용할 수 있었다. 하지만 그린스펀은 미국의 예산 흑자 수준으로 미뤄볼 때 엄청난 규모의 부채도 10년 안에 모두 상환할 수 있을 것이라고 지적했다. 그 시점에서 예산 흑자가 계속될 경우 정부는 회사채나 주식 등 민간기업 자산에 대한 매입 압력을 받을 수 있었다. 그린스펀은 정부가 민간기업의 자산을 소유하게 되는 것을 경계하며 차라리 대규모 감세를 통해 예산 흑자를 줄이는 편이 더 낫다고 주장했다.[157]

---

[157] 앨런 그린스펀의 증언 내용은 연방준비제도이사회 웹사이트에서 찾아볼 수 있다. http://www.federalreserve.gov/boarddocs/testimony/2001/20010125/default. htm. 미국 정부가 너무 빨리 부채를 상환하는 것에 대해 그린스펀이 정말로 우려했는지에 대해서는 여전히 의문이 남아 있다. 당시 미국의 대규모 예산 흑자에는 자본이득세 수입의 엄청난 증가가 한몫했다. 그리고 자본이득세 수입이 증가했던 주요 원인은 미국 주식시장의 거품 현상이었다. 주식시장이 과열되면서 미국인들이 내는 주식 수익에 대한 세금이 크게 증가했기 때문이었다. 그린스펀은 당시 주식시장에 거품이 껴 있었다는 것을 인지하고 있으며 주식 거품을 가라앉히는 것이 최선의 방법이라고 주장했다. (이는 연방준비제도이사회의 회의 기록에서도 찾아볼 수 있다.) 하지만 그가 미국 주식시장의 거품을 인지하고 있었다면 거품 붕괴가 불가피하다는 것도 알았을 것이다. 주식 거품의 붕괴는 곧 세수입의 감소로 이어질 것이고 그렇게 되면 당시 엄청난 예산 흑자를 예상하던 미국 정부의 목표도 달성될 수 없었다. 따라서 그린스펀이 이런 상황을 알고 있었다면 미국 정부가 부채를 빨리 상환하는 것에 대해 우려할 필요가 없다는 사실도 알고 있었을 것이다.

2005년 부시 대통령에게서 자유훈장을 받는 앨런 그린스펀 전 연방준비제도이사회 의장.

결국 감세안을 둘러싼 논쟁은 봄까지 계속 이어졌고, 그 사이에 미국의 경제 상황은 변하기 시작했다. 2000년 3월 최고조에 달했던 미국의 주식시장은 빠르게 하강하기 시작하여 투자가 급감하고 경제는 침체 국면에 들어섰다. 경제 악화가 완전히 표면 위로 드러난 상황은 아니었지만, 부시 대통령은 감세의 근거를 수정해 제시하는 유연함을 보였다. 부시는 감세안이 초과 세입에 대한 환급 차원이라기보다는 경제 악화에 대한 대비책이라고 주장했다. 결국 의회는 6월 초에 감세안을 통과시켰다. 역설적이게도 민주당이 포함시킨 감세안 조항—모든 소득세 납세자에 대해 3백 달러 환급—이 마침 경기 부양이 절실했던 시점에 발효된 것이었다.

부시 대통령이 보수적 의제를 강하게 추진한 분야는 감세뿐만이 아니었다. 부시는 내각의 요직에 극우 성향의 인사들을 다수 중용했다. 그중에서도 가장 눈에 띄는 인사는 법무장관에 임명된 존

애슈크로프트John Ashcroft였다. 미주리 주의 상원의원이었던 애슈크로프트는 직전에 치러졌던 선거에서 치열한 접전 끝에 재선에 실패한 상황이었다. 그는 복음주의 기독교 운동과 긴밀한 유대를 유지하고 있었으며 낙태나 동성애자 인권 문제에 있어서도 보수적인 입장을 공유하고 있었다. 미국의 주요 진보 단체들은 부시의 지명에 반대하며 상원의원 40명의 의사 진행 방해filibuster를 통해 그의 임명 동의를 막고자 했다. 하지만 대통령의 내각 임명에 대한 의사 진행 방해는 의회에서 드문 일이었고, 여러 민주당 의원들 또한 이러한 의사 진행 방해를 거부하면서 진보 세력의 노력은 실패로 돌아갔다.

이외에도 부시 대통령이 펼친 여러 분야의 정책들은 미국의 중도와 진보 세력을 분노케 했다. 지구온난화에 관한 교토의정서 준수에 대한 미국의 거부 입장도 그중 하나였다. 이전의 클린턴 행정부는 이 협약이 미국이 수용할 수 있는 수준으로 수정돼야 한다는 입장이었다. 하지만 부시 행정부는 이 협약이 명백한 결함을 가지고 있으며 미국은 여기에 전혀 동의할 수 없다는 입장을 고수했다. 부시는 전쟁 범죄 처벌이나 지뢰 금지 같은 국제협약에 대해서도 비슷한 입장을 취했다. 부시는 또한 클린턴 행정부 때 마련된 여러 규제 조치를 번복했다. 같은 동작을 반복하기 때문에 발생하는 건강 문제를 줄이고자 마련된 작업장 안전 규제를 철회한 것이 그 대표적 사례다.[158] 이 규제는 노동위생 전문가들의 수년에 걸친 연구

.....................................

[158] 부시가 철회했던 규제들 중 일부는 클린턴의 임기 말에 갑자기 쏟아져 나온 규제

끝에 나온 것이었다.

　부시 대통령이 초당적인 합의를 위한 노력을 보이지 않았던 분야 중 마지막으로 꼽을 수 있는 것은 사회보장제도다. 대통령 선거 기간 동안 부시는 민주당이 강하게 반대하는 사회보장제도의 부분 민영화를 적극적으로 주창했다. 그리고 취임 후 3월에는 사회보장제도의 수정을 논의하기 위한 위원회를 소집했다. 1982년 앨런 그린스펀이 의장을 맡았던 사회보장제도 위원회와 달리 부시는 위원회 구성에 대해 민주당 지도부의 의견을 묻지 않았다. 위원회에는 몇 명의 민주당 인사들도 포함됐지만 부시가 지명한 15명의 위원은 모두 사회보장제도의 민영화에 찬성한다고 이미 밝힌 바 있는 인물들이었다.

　이렇게 보수적 의제를 강하게 추진한 부시는 정치적으로 크게 신임을 잃었다. 부시 취임 당시 미국인들은 그의 대선 성적에도 불구하고 새 대통령에 대해 상당히 높은 지지를 보내줬다. 하지만 여름이 지날 무렵 부시에 대한 지지도는 수그러들기 시작했다. 또한 경제 악화와 극단적으로 비친 정책들은 부시에 대한 신임도를 더욱 떨어뜨렸다.

들이었다. 클린턴은 부시가 미국의 차기 대통령으로 확정된 후부터 자신의 임기가 끝날 때까지 단기간 안에 많은 규제들을 시행했다.

# 9·11 테러

9·11 테러는 미국 정계와 일반 시민 모두에게 미국 역사상 가장 큰 충격을 가져다준 사건이었다. 납치범들은 넉 대의 미국 민항기를 납치해 자살 폭탄으로 사용했다. 이 중 두 대는 뉴욕 시의 세계무역센터 World Trade Center로 돌진해 건물 두 개를 모두 무너뜨렸고, 또 한 대는 미 국방성으로 돌격했다. 나머지 한 대는 워싱턴의 다른 목표 지점을 향해 날아가고 있었으나 승객과 납치범이 조종권을 두고 사투를 벌인 끝에 펜실베이니아의 들판에 추락했다. 이 테러 공격으로 인한 사망자 수는 약 3천 명 정도였다. 사망자들 중 대부분은 세계무역센터의 직원, 건물이 붕괴되기 전에 건물에 진입한 경찰과 소방관들이었다.

　사건이 터지자 미국은 순식간에 분노와 경악, 그리고 공포에 휩싸였다. 누구도 예상치 못한 사건이었기 때문이다. 미국인들은 테러리스트들이 미국 한복판을 공격할 것이라고는 생각조차 못했다. 이들의 테러 공격이 매우 효과적이었다는 점, 즉 하루에 넉 대의 비행기를 성공적으로 납치했다는 점과 수많은 사망자와 파괴를 초래했다는 점은 미국인들의 안전에 대한 의식을 완전히 흔들어놓았다. 게다가 같은 시기에 탄저균 포자가 들어 있는 우편물이 여러 언론사와 두 명의 상원의원에게 배달되면서 테러의 공포는 더욱 확대되었다. 탄저균에 노출된 사람 중에는 다섯 명이 사망했고 그보다 많은 사람들이 중태에 빠졌다.[159] 미국인들은 비행기 타는 것이나 유명한 대형 건물에 가는 것을 두려워하기 시작했고 심

지어 우편물을 열어보는 것마저 무서워했다.[160]

사건에 대한 수사가 시작된 지 얼마 지나지 않아 미국은 이 사건이 오사마 빈 라덴과 연결돼 있음을 알아냈다. 빈 라덴은 아프가니스탄에 본거지를 둔 이슬람 근본주의 테러 조직인 알 카에다Al Qaeda의 지도자였다. 빈 라덴은 원래 사우디아라비아의 부유한 가정에서 태어났다. 그는 1980년대에 소련의 지원을 받고 있던 아프가니스탄 정부에 대항하기 위해 이슬람 전사로 활약했다. 그는 당시 미 중앙정보국과 교류하고 있었으며 전 세계에서 이슬람 전사를 모아 게릴라군에 편입시켰다.

소련이 아프가니스탄에서 철수한 후 빈 라덴은 사우디아라비아로 돌아가 잠시 머무르다가 1991년에 반정부 운동에 가담한 혐의로 다시 추방되었다. 빈 라덴은 사우디아리비아를 떠나 엄격한 근본주의 단체인 탈레반Taliban이 장악하고 있던 아프가니스탄에 돌아오기 전까지 수단에서 몇 년간 머물렀다. 아프가니스탄에서 소련이 물러난 후 빈 라덴은 미국을 이슬람의 가장 큰 적으로 여겼다. 1차 이라크 전쟁이 끝난 후 미국이 사우디아라비아에 미군 병력을

---

159 탄저균으로 사망한 미국인 중 두 명은 워싱턴 우체국에서 일하던 흑인 직원들이었다. 상원의원에게 탄저균 우편물을 배송한 후 이들이 사망하자 우체국 직원들은 크게 분노했다. 연방 관료들은 상원의 중상위급 직원들에 대해 즉각적인 건강 검사를 실시하고 항생제를 투여했지만, 탄저균 우편물에 직접 노출됐을 수도 있는 우체국 직원들(이들 중 다수는 흑인이었다)의 건강을 보호하려는 조치는 아무것도 취하지 않았다.

160 테러 공격 이후 미국의 모든 민항기 운항은 더 이상의 납치 위험이 없다는 것이 확인될 때까지 며칠간 중단되었다.

상시 주둔시키자 그의 분노는 더욱 커졌다.

또한 빈 라덴은 미국의 이스라엘 지원에도 공격을 가했다. 1967년의 6일 전쟁[161] 이후 미국은 이스라엘의 수호자로 자리매김해왔다. 미국은 매년 이스라엘에 수십억 달러의 원조와 무기를 지원했으며 유엔과 기타 여러 국제회의에서 이스라엘이 고립되지 않도록 비호해왔다. 팔레스타인을 지지하는 많은 아랍인과 이슬람교도들에게 있어서 이스라엘과의 전쟁은 곧 미국과의 전쟁을 의미했다.

빈 라덴은 자신의 전 세계적 연락망을 활용해 수차례 미국에 대한 극적이고 치명적인 공격을 기도했다. 1993년, 여섯 명의 사망자와 수십 명의 부상자를 낸 세계무역센터 폭탄 테러의 배후에는 빈 라덴이 있었다. 빈 라덴은 또한 1996년 사우디아라비아에서 일어난 미 해병대 막사 폭격 사건, 1998년 케냐와 탄자니아의 미 대사관 폭탄 테러 사건, 그리고 예멘의 항구에 정박 중이던 미 해군 구축함 폭파 사건에도 관련돼 있었다. 하지만 이러한 전력에도 불구하고 정보 요원들 외에는 오사마 빈 라덴이라는 이름을 들어본 사람이 거의 없었다.

9·11 테러의 배후에 이슬람 테러리스트들이 있었다는 증거가 밝혀지자 미국 사회는 커다란 복수심에 휩싸였다.[162] 미국 내에서

---

[161] 이집트, 시리아, 요르단, 이라크를 포함한 아랍 4개국과 이스라엘 사이의 전쟁. 막강한 공군력을 가진 이스라엘의 승리로 종결됐으며 '중동 3차 전쟁'이라고도 불린다. ― 옮긴이

[162] 9·11 테러가 일어난 당일, 증거와 상관없이 이 사건이 이슬람 테러리스트들의 소행이라고 비난한 전문가들도 있었다. 9·11 테러 이전 미국에서 일어났던 가장 치명적인 테러는 1995년 오클라호마 시의 연방 건물 폭파 사건이었다. 160명이 사망

는 아랍인과 이슬람교도, 또는 아랍인이나 이슬람교도로 보이는 사람들이 수차례 공격받았다. 9·11 테러가 일어난 후 몇 달 동안 미국 내의 외국인들은 엄청난 의심과 적대적인 대우를 받았다. 피부가 어두운 사람들은 신변 보호를 위해 사업장과 차에 성조기를 내걸기도 했다.

부시 대통령은 9월 20일에 공식 연설을 통해 '테러와의 전쟁'을 선포했다. 첫 번째 목표는 오사마 빈 라덴과 그 추종 세력이었다. 부시는 탈레반이 빈 라덴을 축출하지 않을 경우 공격을 감행할 것이라고 경고했다. 부시는 자신의 궁극적인 목표가 테러 근절이라는 더욱 폭넓은 위업을 달성하는 것이라고 밝혔다. 테러는 특정 단체나 적이 아니라 하나의 전술이기 때문에 부시는 사실상 끝이 정해지지 않은 무한한 전쟁을 선포한 것이었다. 당시 미국 사회는 많은 이들의 목숨을 앗아간 9·11 테러에 대한 충격과 적개심에 휩싸여 있었기 때문에 부시 대통령이 선포한 전쟁의 논리에 의심을 가지는 미국인은 거의 없었다. 연설을 마친 후 대통령의 지지율은 90퍼센트에 육박할 정도로 급상승했으며 부시 대통령과 그의 계획에 대한 공개적인 비판도 사실상 사라졌다.

테러와의 전쟁은 크게 두 방향으로 진행되었다. 국제적인 차원에서의 주목표는 빈 라덴의 포획과 처형이었다. 국내적으로는 수사 기관이 나서서 미국 내 여전히 존재할지 모르는 테러 관련 요인

한 이 사건의 범인은 모두 미국인 테러리스트들이었다. 따라서 9·11 테러 당일 이 사건의 범인을 이슬람 테러리스트로 지목한 것은 무리한 추측이었다.

들을 진압하고자 노력했다. 또한 부시는 테러범들의 공격에 대비하기 위해 국토안보부Department of Homeland Security를 창설해 보안 수준을 강화했다.

미 연방수사국은 미국 내 빈 라덴 잔여 세력을 소탕하기 위해 9·11 테러 직후부터 수백 명의 아랍인과 이슬람교도들을 색출해냈다. 색출 작업을 진행하는 가운데 연방수사국은 정상적인 법적 절차를 지키지 않고 혐의가 없는 인물들에 대해서도 무기한 구속을 강행했다. 이 과정에서 용의자들은 가족이나 친구에게 자신의 체포 사실조차 알리지 못하고 연행되기도 했다. 이후 의회는 연방 경찰의 공권력을 더욱 강화하는 애국자법Patriot Act을 가결해 부시 정권의 강압적 수사를 정당화해줬다.

국토 안보를 강화하기 위해 미국이 취했던 또 다른 노력은 테러 시도를 더 어렵게 만드는 것이었다. 가장 최우선으로 조치가 취해진 곳은 항공 분야였다. 9·11 테러범들은 모두 무기를 가지고도 보안검색대를 무사히 통과할 수 있었다. 이러한 허점이 발생한 데에는 보안검색 직원들의 근무 방식 탓도 있었다. 공항의 보안검색 직원들은 대개 협력 회사의 직원들로서 전문적인 실무 교육을 거의 받지 못한 채 매우 적은 월급을 받으며 근무하고 있었다. 연방 정부는 공항의 보안 수준을 강화하기 위해 보안검색 작업을 직접 관리하기로 하고 보안검색 직원들을 교통안보국Transportation Security Authority의 새로운 일원으로 편입시켰다.

또한 테러에 대비하기 위해 미국 정부는 미국인들에게 잠재적 테러 가능성을 주지시켰다. 2001년 가을 동안 부시 정부는 새로운 공격의 가능성에 대한 경보를 자주 발령했다. 어떤 경우에는 이러한 경보가 남발되어 앞서 발령된 것이 종료됐는지 확인되지도 않은 상황에서 다른 경보가 또 발령되기도 했다. (미국 정부는 테러 경보의 종료 여부를 일일이 일반에 공지하지 않았다.) 또한 미국 정부는 이러한 테러 경보가 발령되었을 때 국민들이 취해야 할 행동을 정확히 알리지 않았다. (부시 정부는 테러 경보가 발령되었을 때 출근하지 말고 집에 머물라거나 특정 행동을 취하라고 권고하지 않았다.) 한번은 국토안보부의 수장이었던 톰 리지Tom Ridge가 화학 무기 공격으로부터 집을 보호하기 위해서는 플라스틱 소재가 효과적이라고 언급하자 미국인들 사이에서 접착용 플라스틱 테이프 사재기 열풍이 일어나기도 했다.

결국 테러 경보 체계는 지정된 색으로 위험 수준을 표시하는 방식을 도입했다. 하지만 테러 위험 수준이 어떤 식으로 정해지는지는 일반에 공개되지 않았으며, 일각에서는 이 체계가 부시 정권의 정치적 목적을 위해 사용될 가능성이 높다는 우려를 제기했다. 한 예로, 2002년 5월에 부시 정부는 9·11 테러 전에 있었던 경고를 무시하여 참사를 미리 막지 못했다는 비판을 받았다. 이러한 비판에 대해 부통령이었던 딕 체니Dick Cheney는 또 다른 테러 공격이 임박해 있기 때문에 그런 문제를 공개적으로 논의할 시점이 아니라고 일축했다.[163]

국제적인 차원에서 부시 행정부는 오사마 빈 라덴과 아프가니

---

163 "Cheney Expects More Terror for U.S.," *New York Times*, May 20, 2002, A12.

스탄 탈레반 정권에 대한 공격을 준비했다. 미국이 요구한 빈 라덴의 축출을 탈레반 정권이 거부했기 때문이었다. 부시 행정부는 아프가니스탄을 침공하기 위해 아프가니스탄과 국경을 맞대고 있는 파키스탄 등 인접국에 신속히 협조를 요청해 승인받았다. 여기에서 파키스탄의 역할은 주목할 만한데, 파키스탄 역시 강력한 근본주의 성향을 가진 이슬람 국가이기 때문이다. 더욱이 파키스탄은 인권을 탄압하는 군부 독재 치하에 있었다. 즉, 겉보기에 파키스탄은 미국과 당연하게 동맹을 맺을 만한 나라는 아니었다. 하지만 아프가니스탄 공격을 준비하던 부시 행정부는 파키스탄과 인근의 다른 나라들에 대해서도 이러한 문제들을 전혀 개의치 않았다.

10월 7일 시작된 전쟁은 두 달이 지나 거의 종료되었다. 미군의 전술은 주로 공군력에 집중되었고, 소련군의 철수 이후 아프가니스탄의 주도권을 잡기 위해 투쟁을 벌이던 몇몇 군벌들을 소탕하기 위해 지상군이 투입되었다. 이러한 전술 덕분에 미군은 피해를 최소화할 수 있었다. 탈레반과 알 카에다 군대가 미군 전투기를 격추시킬 가능성이 거의 없었기 때문이었다.

탈레반을 권좌에서 내모는 일은 생각보다 쉽게 이뤄졌지만 애초에 미국이 가장 큰 목표로 삼았던 오사마 빈 라덴의 체포는 실패로 돌아갔다. 빈 라덴이 어떻게 미군과 아프가니스탄 동맹군을 피할 수 있었는지에 대해서는 의견이 분분하지만, 파키스탄으로 뻗은 산악지대를 통해 달아나 추종자들이 제공한 은신처에 머물고 있을 것이라는 주장이 가장 큰 설득력을 얻었다. 전쟁 직후 부시 행정부는 미군의 폭격으로 빈 라덴이 사망했을 가능성을 내비쳤지만 이후 간헐적으로 공개된 비디오테이프는 빈 라덴이 전쟁 뒤에도 생존해 있음을 증명해주었다.

미군이 산악지대 추격 작전의 지휘를 미군 특전사 대신 아프가니스탄 군에게 맡겼다는 점은 빈 라덴의 탈출 가능성을 높여주었다. 미군은 아프가니스탄 군대에 비해 잘 훈련되었고 신뢰할 만했기에 만약 이들이 먼저 빈 라덴을 발견했다면 그 자리에서 체포하거나 처형했을 것이다. 하지만 언덕과 동굴을 통과하며 빈 라덴을 추격하는 작전은 미군을 게릴라 공격의 표적이 되게 할 수도 있었다. 그래서 미군의 피해를 최소화하기 위해 택한 방법이 바로 이러한 위험을 아프가니스탄 군에게 넘기는 것이었다.

미국은 미군의 사상자를 최소화하는 것에 가장 큰 중점을 두었다. 코소보 전쟁 때와 마찬가지로 미군의 전투기는 매우 높은 상공에서 비행하며 지상의 반격을 무력화했다. 이러한 전술은 미군 병력을 보호해주었지만 사거리가 멀어질수록 폭격은 그만큼 부정확해진다. 그리고 이 부정확한 폭격은 수많은 아프가니스탄 민간인을 죽거나 다치게 했다. 전쟁이 거의 마무리된 1월까지 미군은 한 명의 사망자도 내지 않았다. 미군은 전쟁 중 발생한 아프가니스탄 민간인 사상자의 수를 집계하지 않기로 결정했다. 그러나 사상자 규모를 추적 관찰한 자료들에 따르면 미군 공습 초기에 사망한 아프가니스탄 민간인의 수는 적게는 1천 명에서 많게는 4천 명에 달했다.[164]

부시 행정부의 아프가니스탄 침공은 포로 처우에 대한 중요한 문제들을 촉발했다. 부시 정부는 아프가니스탄에서 붙잡힌 포로들에게 '적 전투원enemy combatant'이라는 명칭을 붙이고 이들을 전쟁 포로prisoners of war로 취급하지 않으려 했다. 이 말은 곧 이들이 가족이나 친구에게 전혀 연락할 수 없는 상태로 무기한 억류될 수 있다는 뜻이었다. 또한 부시 행정부는 포로들에게 정보를 얻어내기 위해 심리적·물리적 압박을 가할 수 있다고 주장했다. 게다가 이들을 적 전투원으로 구분하는 것에 대해서 미국 법원이나 국제재판소의 심사를 받을 필요가 없다는 입장을 고수했다.

이러한 주장은 2005년 말 현재까지도 계속 이어지고 있다. 아프가니스탄에서 잡힌 포로들 중 상당수는 이후에 쿠바의 관타나모 만에 있는 미군 기지로 이송되었다. 미국 법원은 최소한 이들 포로들이 군사법정에서라도 적 전투원이라는 지위 판정을 받아야 한다는 입장을 보였지만 실제로 이러한 재판에 필요한 법령을 명확히 제시하지는 않았다. 부시 행정부는 적십자사가 포로들의 수감 환경을 조사하는 것을 허용했지만 전쟁 포로에 관한 제네바 협약이 요구하는 접촉의 자유는 허용하지 않았다. 또한 부시 행정부는 해외에 수감된 전쟁 포로의 대우에 대해서는 별다른 제한을 받지 않는다는 입장을 고수했다. 미국은 항상 포로들에게 인도적 대우를 취하고 있으며 고문이 이뤄진 적은 없다고 주장했지만 미군의 감독 아래 있던 젊고 건강했던 포로들이 사망하는 일은 계속 이어졌다.

........................................

[164] "Uncertain Toll in the Fog of War: Civilian Deaths in Afghanistan," *New York Times*, February 10, 2002, A1.

미군은 결국 오사마 빈 라덴 체포에 실패했지만 그에게 협력했던 탈레반 세력을 축출하는 일에는 성공했다. 미국의 침공 이후 아프가니스탄은 내부 상황이 매우 좋지 않았음에도 불구하고 미군의 감독 아래 역사상 첫 번째 민주 선거를 치르고 국회의원과 대통령을 선출했다. 미군은 아프가니스탄에 계속 주둔했다. 공식적으로 미군의 지위는 나토군의 일원이었는데, 여기에는 독일, 프랑스, 그리고 몇몇 미국의 우방국 병력들이 포함돼 있었다. 침공 이후 이들은 탈레반 잔여 세력의 공격 목표인 아프가니스탄 정부를 보호하는 임무를 계속하고 있다.

## 이라크 전쟁

### 전쟁의 준비

아프가니스탄에서 탈레반을 굴복시킨 부시 행정부의 관심은 다시 이라크에 집중되었다. 미국은 성명서에서 사담 후세인의 대량살상무기 제조와 유엔 무기 사찰단에 대한 협조 거부가 이라크의 주된 문제점이라고 밝혔다. 하지만 실제로 부시 행정부가 원했던 바는 이라크 정권을 붕괴시키는 것이었다. 당시 이라크가 이미 대량살상무기를 대부분 혹은 전량 폐기했다는 증거들이 있었기에 대량살상무기 문제는 기껏해야 부차적인 이유였을 따름이다. 또한 후세인은 (선뜻 허락하지는 못했지만) 부시 정부가 요구한 시찰 조건을 상당 부분 수용했다.[165] 실제로 부시 대통령이 전쟁을 선포할 당시 유엔의 사찰단은 이라크에서 무기 사찰을 하고 있었다. 무기 시찰단은 첫 번째 공습에 앞서 신변의 안전을 위해 이라크에서 빠져 나와야만 했다.

이러한 정황으로 볼 때 부시 대통령이 후세인 정권을 전복하고자 하는 데에는 또 다른 이유가 있을 것이라는 짐작이 가능하다. 가장 설득력 있는 설명은 후세인 축출이 중동 지역에서 새로운 정치적 판을 짜려는 계획의 일부라는 것이다. 부시 행정부의 고위 관료들 몇 명은 내각에 합류하기 이전부터 이미 이러한 계획에 관여하고 있었다. 딕 체니 부통령, 도널드 럼즈펠드Donald Rumsfeld 국방장관, 폴 울포위츠Paul Wolfowitz 국방차관, 기타 외교 정책 관련 고위급 관료들 몇 명은 '미국의 새로운 세기를 위한 프로젝트Project for a New American Century, PNAC'와 연관된 인물들이었다. 이 보수적 싱크탱크는 1990년대 말부터 후세인을 몰아내기 위해 군사력을 동원해야 한다고 공공연히 주장해왔다.[166] 부시 대통령 입장에서는 분명히 그

---

[165] H. Blix, *Disarming Iraq: The Search for Weapons of Mass Destruction* (London: Reed Elsevier, 2004). 2005년 봄, 《런던타임스London Times》가 보도한 한 메모에는 이라크 전쟁 발발 8개월 전인 2002년 7월에 토니 블레어Tony Blair 영국 총리와 국가 안보 고위 관료들이 가졌던 회의의 의사록이 포함돼 있었다. 이 메모에는 부시 정부의 고위급 관료와 만났던 영국 정보부 수장의 평가가 담겨 있었는데, 그것은 미국이 이미 사담 후세인을 정권에서 축출하기로 결정했으며 그 목표를 위해 정보부의 보고서를 수정할 것이라는 내용이었다. 영국 관료들은 이 메모의 신빙성을 부인하지 않았다("the Secret Downing Street Memo," *London Times*, May 1, 2005, A1, http://www.timesonlines.co.kr/article/0,,20871593607,00.html).

[166] "How to Attack Iraq," *Weekly Standard*, 1998. PNAC 웹사이트에서 열람 가능. http://newamericancentury.org/AttackIraq-Nov16,98.pdf.

의 고위 관료들이 내각에 합류하기 전부터 주창해온 계획을 시행하려고 했을 것이다. 후세인 축출에 대한 이들의 관심은 분명 9·11 테러 이전부터, 심지어 부시 집권 이전부터 존재했다.

PNAC 관련 정책 전문가들이 원했던 것처럼 이라크 전쟁의 목적이 중동의 정세를 재편하기 위한 것이었다면, 부시 대통령은 전쟁의 이유로 어렵지 않게 다른 근거들을 댈 수도 있었을 것이다. 미국 시민들이 거대한 지정학적 전략을 위한 군사적 행동을 지지하지는 않을 것이기 때문이다. 하지만 부시 정권의 고위 관료들이 어떤 요인이 전쟁 결정을 초래했는지 입을 열지 않는 한, 부시 대통령이 전쟁을 통해 진짜로 원했던 것이 무엇인지는 정확히 알기 힘들 것이다.

전쟁에 대한 사전 준비로, 사담 후세인의 잠재적 위협과 대량살상무기의 사용 가능성에 대한 성명이 빗발쳤다. 미국의 주요 언론들은 부시 정부가 제공하는 자료를 자체적인 검토도 없이 그대로 일반에 보도했으며, 이는 후세인의 대량살상무기에 대한 공포를 확산하려는 부시 정부의 노력에 큰 도움을 주었다. 미국에서 가장 권위 있는 신문인 《뉴욕타임스》는 이 과정에서 특히 중요한 역할을 했다. 이 신문은 부시 정부가 개입한 부정확한 자료를 근거로 후세인의 생화학 무기, 핵무기에 관해 여러 면에 걸쳐 보도했다.[167] 《뉴욕타임스》를 뒤따라 다른 뉴스 매체들 역시 이라크의 대량살

---

167 《뉴욕타임스》의 편집장은 이라크 전쟁 다음 해에 보도 실수에 대한 사과문을 게재했다. "The Times and Iraq," *New York Times*, May 26, 2002, A10.

이라크의 대량살상무기에 대한 공포를 확산한 주디스 밀러 기자의 오보(《뉴욕타임스》 홈페이지).

상무기에 대해 보도하기 시작했는데, 이들은 종종 《뉴욕타임스》의 기사에 근거해 보도했다. 아무도 이러한 보도들 사이의 불일치나 보도에 반론하는 전문가들에게 신경 쓰지 않았다.

이라크 정부와 9·11 테러 사이의 연관성에 대한 아무런 증거가 없음에도 부시 대통령은 미국인들이 이 둘을 연결지어 생각하도록 만들었다. 집권당인 후세인의 바아스당Baath Party은 세속적 민족주의를 표방하고 있었으며 빈 라덴이 이끄는 이슬람 근본주의에 매우 큰 반감을 가지고 있었다. 후세인과 빈 라덴이 연관돼 있다고 주장하는 이들은 9·11 테러의 비행기 납치 주범이었던 모하메드 아타Mohammed Atta와 이라크의 정보기관 요원들이 체코에서 만났다는 증거를 제시했다. 하지만 대부분의 정보 전문가들은 이러한 만

남은 일어나지 않았다고 보았다.[168]

이라크가 9·11 테러에 개입했다는 구체적 주장들이 제기되는 가운데 부시 대통령과 관료들은 대중 연설에 나설 때마다 9·11 테러를 언급했다. 이러한 부시 대통령의 노력은 상당히 효과적이었다. 미국이 이라크를 침공한 2003년 3월에 실시된 여론조사에 따르면 미국인 대부분은 후세인이 9·11 테러에 개입했다고 실제로 믿고 있었다.

부시의 전쟁 수행에 대해 민주당 지도부는 대체로 동조했다. 의회는 2002년 12월에 관련 결의안을 승인하며 부시의 이라크 침공에 청신호를 켜주었다. 민주당 하원의원 다수가 전쟁 승인에 반대했지만 당시까지 하원의 야당 원내총무를 맡고 있던 딕 게파트는 이 결의안을 전폭적으로 지원했다.

이라크 침공의 마지막 난관은 유엔이었다. 미국 안에서는 이라크를 공격하려면 유엔 안전보장이사회의 지지를 받아야 한다는 목소리가 높았다. 부시는 결국 이러한 대중적 압력에 굴복해 콜린 파월Colin Powell 국무장관을 유엔 안전보장이사회로 보냈다. 이사회에 참석한 파월은 사담 후세인이 기존의 안전보장이사회 결의안을 무시하고 대량살상무기를 축적하고 있다고 주장했다.

안전보장이사회에서 파월이 한 증언은 분명 미국 대중을 의식한 것이었다. 미국 정보기관이 밝혀낸 결정적 증거라고 제시했지

---

[168] "Iraqi Agent Denies He met 9/11 Hijacker in Prague Before Attacks of the U.S.," *New York Times*, December 13, 2003, A10.

만, 분석가들은 그 실체를 매우 의심스러워했다. 예컨대 파월이 증거로 제시한 사진에는 무기 제조에 사용될 수 있는 독성 화학 물질이 든 용기들이 나와 있었다. 실제로 용기에 담긴 것이 무엇이었든 그 화학 물질은 후세인과 아무 상관이 없는 것이었다. 제시된 사진은 이라크의 쿠르드 지역에 있는 한 테러 단체의 본부에서 촬영된 것이었다. 이 지역은 첫 번째 이라크 전쟁 끝난 직후 이미 후세인의 통제를 벗어난 곳이었다. 사진과 함께 제시된 다른 증거 자료는 미국의 정보기관이 아니라 영국의 대학원생 한 명이 작성한 수업용 보고서로, 이라크의 대량살상무기 가공 능력을 조사한 자료였다.

유엔 안전보장이사회 상임이사국 대다수는 파월의 증언을 의심했으며, 영국만이 미국의 입장에 동의했다. 그러나 파월의 증언은 예상대로 미국의 여론에 영향을 주었다. 미국 언론은 그의 증언 내용을 이라크 관련 논의를 종결짓는 중요하고도 확실한 증거로 보도했다. 미국의 전통적 우방인 프랑스, 독일, 캐나다 등을 비롯해 전 세계 많은 나라들이 반대하는 가운데서도 부시 대통령은 사담 후세인 축출에 필요했던 미국인의 지지를 얻어내는 데 성공했다.

## 전쟁의 전개

전쟁에 필요한 지지를 확보하는 과정은 복잡했지만 전쟁 자체는 상대적으로 단순하게 전개되었다. 최근의 전쟁들과 마찬가지로 미군은 아군의 피해를 최소화하기 위해 공중전에 전력을 집중시켰다. 이라크 공군은 미군 전투기 앞에서 별 위협이 되지 못했다. 이라크의 전투기들은 수년간의 제재 조치 기간 동안 낡아 버린 데다 상당히 구형 모델들이었다.

미국의 폭격으로 전쟁이 시작된 후로 3주가 지난 4월 9일, 미군은 이라크의 수도 바그다드에 진입했다. 이라크군은 압도적으로 우세한 미군에 신속히 투항하거나 와해되었기에 중대한 대치 상황은 거의 없었다. 하지만 빈 라덴의 경우와 마찬가지로 후세인도 미군의 체포를 피해 달아났다. 후세인의 고위 관료들 또한 미군에 항복하기보다는 대부분 은신했다.

후세인 타도에 대한 이라크인들의 반응은 여러 가지로 엇갈렸다. 대부분 이라크인들이 억압적 독재자가 물러나기를 바라고 있었던 것은 사실이지만 그렇다고 이들이 미군을 해방군으로 환영한 것은 아니었다. 부시 행정부의 고위급 관료들도 이러한 결과에 대해서는 어느 정도 예상하고 있었다. 미국은 후세인 시대의 종식을 상징할 만한 사건을 만들기 위해 바그다드 한가운데 있는 후세인 동상을 철거했다. 동상 철거를 보며 환호하는 이라크 군중의 모습이 전 세계에 보도되었다. 하지만 실제로 미군은 동상 주변 출입을 통제하고 있었으며 동상 철거를 지지하는 특정 이라크 단체만을 참여시켜 그러한 장면을 연출했다. 미국은 후세인 동상 철거가 베를린 장벽의 붕괴와 같은 장면이 되기를 원했지만, 억압의 상징인 장벽이 무너졌을 때 독일인들이 보여준 축제의 분위기는 전적으로 자발적인 것이었다.

전쟁에서 상대적으로 쉽게 승리를 거둔 미군은 점령 과정에서 난항을 겪기 시작했다. 미군은 후세인 정권이 붕괴된 후 이라크 사회의 질서 유지에 대해 아무런 계획을 가지고 있지 않았다. 후세인

2003년 4월 9일 바그다드에 진격한 미군이 사담 후세인의 동상을 철거하고 있다. 많은 시민들이 지켜보고 있는 것처럼 보인다.

철거 당시 후세인 동상이 서 있던 광장의 전체 모습을 담은 항공 사진. 사실은 미군이 출입을 통제해 동상 주위에만 사람이 몰려 있을 뿐이다.

**부시 행정부와 테러와의 전쟁**

정권이 무너진 직후부터 이라크 각지에서는 대규모 약탈이 일어났다. 학교와 병원 등의 공공건물에 있던 가구와 기재들이 대부분 사라졌고, 박물관에 있던 갖가지 귀한 유물들도 약탈자들의 손에 들어갔다. 결국 미군은 치안을 회복했지만 전쟁 직후에 발생했던 무법 사태는 미국의 이라크 점령이 순조롭게 시작될 수 없게 했다.

이라크 전쟁이 끝난 지 오래 지나지 않아 미국은 조직적인 게릴라 저항에 부딪혔다. 대표적 저항 세력은 이슬람 근본주의 세력과 수니파 이슬람교도 세력이었다. 이슬람 근본주의 세력은 오사마 빈 라덴과 느슨한 동맹 관계에 있었고, 외국인들도 많았다. 수니파 이슬람교도는 이라크 인구의 약 5분의 1을 차지한다. 이들은 수니파였던 후세인 정권 아래서 상대적으로 특권적 지위를 누렸다. 하지만 후세인이 무너지자 이들은 새로운 정권 아래서 기존의 특권적 지위를 잃게 되지 않을까 염려했다. 이라크 인구의 대다수가 시아파 이슬람교도이기 때문이었다. 또한 시아파들이 한층 더 근본주의적인 정권을 지지하고 있었기에 수니파 이슬람교도들은 새 정권이 근본주의적인 성향을 띠게 될까 봐 걱정했다.

미국의 이라크 침공 목적이 무엇이었든 간에 침공 이후의 점령 과정에서 미국은 많은 지지를 받지 못했다. 수니파의 반란과 빈 라덴 추종 세력과의 대치가 계속되는 가운데 미국은 또한 무크타다 알 사드르Moktada al-Sadr와 거듭 충돌했다. 알 사드르는 이라크의 젊은 급진 성향 성직자로서 저소득층 시아파의 폭넓은 지지를 받고 있었다. 알 사드르는 미군이 이라크에서 철수할 것을 요구했으며 점령군과의 충돌을 통해 이라크 내에서 자신의 입지를 더욱 강화해가고 있었다.

후세인 타도 이후 실시된 총선에서 친미 성향의 이라크 정당들이 거둔 성적은 모두 부진했다. 2005년 말 정권을 잡은 정당은 시아파 세력이었는데, 이들은 부시 행정부의 가장 대표적 적대국인 이란과 긴밀한 관계를 맺고 있었다. 이 정당은 2005년 12월에 치러진 선거에서의 지지율을 기반으로 이라크 정부 내에서도 주도적인 역할을 이어갈 태세였다.

미군의 공격을 상대적으로 덜 받았던 이라크 남부의 시아파 지역에서는 여성의 권리가 심각하게 후퇴하기 시작했다. 후세인이 통치할 당시의 이라크는 상당히 세속적인 국가였다. 하지만 새로 등장한 정부는 남부의 여성들이 공공장소에서 몸을 가릴 것을 요구했으며, 얼굴을 완전히 가리지 않은 여성들을 공격하는 행위가 잇달았다. 이라크 남부에 수개월간 체류한 미국 기자 스티븐 빈센트Steven Vincent는 2005년 여름에 이러한 상황을 《뉴욕타임스》를 통해 보도한 후 살해당했다. (지역보안군에 의해 살해된 것으로 추정된다.) 부시 행정부도 후세인 축출 이후 이라크에 이러한 성향의 정부가 들어설 것이라고는 예상하지 못했을 것이다.

한편, 미군이 검문과 순찰 과정에서 비무장 이라크인들을 총격하거나 살해하는 사고가 속출하자 애초에 미군 점령을 반대하지 않았던 많은 이라크인들도 점차 저항하기 시작했다. 이러한 사고가 불가피한 것이었다고 해도 이라크인들은 친구와 가족의 죽음에 대해 분노할 수밖에 없었다.

또한 미군이 체포된 포로를 학대하고 고문하는 사건도 여러 차

레 발생했다. 이는 2004년 여름에 공개된 사진들을 통해 일반에 처음 알려졌다. 잡지와 텔레비전을 통해 보도된 사진들에는 이라크 포로들이 옷이 벗겨진 채 여러 가지 작업을 하는 모습이 담겨 있었다. 이후에도 미군이 저지른 수많은 포로 학대와 조롱, 고문 행위들이 밝혀졌다. (아프가니스탄에서 체포한 포로들이 수용돼 있는 관타나모 수용소에서도 이와 비슷한 일들이 일어났다.)

2005년 말 당시 이라크의 상황이 어떤 식으로 해결될지 예상하는 것은 매우 어려웠다. 미군은 이라크 내부의 반란에 맞섰는데, 표면적으로 이는 이라크 인구의 대부분을 차지하는 시아파의 전폭적 지지를 받는 이슬람 근본주의 정부를 보호하기 위해서였다. 하지만 미군이 보호하고 있는 이라크의 새 정부는 부시 정부가 최대의 적국으로 꼽는 이란과 긴밀한 동맹 관계이기도 했다.

2005년 12월까지 이라크 전쟁에서 사망한 미군은 2100명을 넘어섰으며 이는 베트남 전쟁 이후 미군이 단일 전쟁에서 기록한 가장 많은 사망자 수였다. 한편, 이라크 사망자의 수는 수만 명으로 추산되지만 정확한 집계는 이뤄지지 않았다. 이라크 전쟁은 수많은 사상자를 발생시켰을 뿐 아니라 미국 정부에 매달 거의 60억 달러에 가까운 비용을 안겨줬다. 이라크 전쟁에 대한 미국인들의 지지도는 사담 후세인 정권 붕괴 이후 급격히 하락하기 시작했다.

## 부시 재임기의 경제

한 대통령이 임기 동안 이루어내는 경제적 성과는 어느 정도 그의 경제 정책에 좌우된다고 할 수 있다. 하지만 대통령으로 취임하는 시점 자체가 경제적 성과에 커다란 영향을 미치기도 한다. 부시가 대통령에 취임한 시기는 허버트 후버Herbert Hoover 이래로 가장 안 좋은 시점이었다. 당시 미국의 주식시장에서는 거품이 붕괴되고 있었고 경제는 침체기로 치닫고 있었다.

주식시장의 거품이 1990년대 후반 미국 경제 호황의 원동력이 되었던 것은 사실이지만 결국 거품 붕괴를 피할 수는 없었다. 거품 붕괴의 요인이 무엇인지는 분명하지 않았다. 미국의 주식시장은 1998년부터 2000년도에 이르기까지 강력한 성장세를 보였으며 이를 주도한 것은 최첨단 기술 분야, 구체적으로는 인터넷 유통업체들의 주식이었다. 주식시장의 거품은 결국 2000년 3월부터 꺼지기 시작했다. 첨단기술주 중심의 나스닥은 주가가 하루 만에 15퍼센트 폭락했다. 기타 시장지수들도 함께 추락하기 시작했으며 이러한 하락세는 1년 동안 계속되었다.

주식 거품이 결국 붕괴되면서 예상치 못했던 파장들이 속출하기 시작해 2005년 말 현재까지도 영향을 미치고 있다. 가장 심각했던 것은 과열된 주식 거품 속에 감춰졌던 기업의 사기 행각이었다. 커다란 성공을 거두었다는 기업 중에는 회계 조작을 통해 성과를 부풀린 기업들이 있었다. 미국 신경제의 상징이었던 에너지 기업 엔론Enron 역시 이러한 이유로 파산했다. 엔론의 고위 간부들은 주주들에게 수십억 달러에 달하는 부채를 숨겨왔다. 이러한 사실이 밝혀지면서 타격을 받은 것은 엔론뿐만이 아니었다. 전통과 권위를 자랑하는 대표적 회계법인 아서 앤더슨Arthur Anderson은 엔론의 감사기관으로서 이들의 회계장부를 정기적으로 증명해주고 있었다. 다른 많은 기업들도 이와 같은 부정을 저지른 것으로 밝혀졌지만 엔론은 기업 회계 사기의 상징처럼 여겨졌다. 파산 직전까지 엔론은 여러 경제지에서 미국의 최우수 기업으로 꾸준히 선정돼왔다. 또한 엔론은 정치적으로도 막강한 인맥을 가지고 있었다. 엔론의 최고경영자인 케네스 레이Kenneth Lay는 부시 대통령과 서로 이름을 부를 정도로 가까운 사이였다. 그러나 엔론의 성공은 거의 전부 회계 사기를 통해 이루어진 것이었다.

주식 거품의 붕괴로 미국의 많은 대형 연금들은 계획에 심각한 차질을 빚게 되었다. 연금들이 주식으로 소유하고 있었던 자산이 많았기 때문이었다. 1990년대 미국 주식시장의 호황은 이러한 연금들의 자산을 크게 증가시켰다. 이에 따라 제너럴일렉트로닉스, 제너럴모터스, 유나이티드 항공 등 연금을 후원하던 많은 기업들이 몇 년간 직원 연금에 아무런 지원을 하지 않아도 됐다. 하지만 주식 거품 붕괴와 함께 이러한 상황은 변화되었는데, 연금의 자산 가치가 순식간에 폭락했기 때문이었다. 자금 압박을 받던 회사들은 자산적립요건을 충족하지 못하고 파산에 내몰렸다. 그리고 이들의 연금 지급 의무는 연금기금을 보호하는 정부 기관인 연금지급보증공사PBGC로 넘어갔다. 연금지급보증공사로 연금 지급 의무를 떠넘긴 회사들이 많았기 때문에 연금지급보증공사는 현재 심각한 적자를 겪고 있다.

또한 주식 거품의 붕괴는 수천만 미국 노동자가 가입한 401(k) 퇴직연금과 같은 확정기여형연금의 가치를 하락시켰다. 주식시장이 호황을 누리는 동안 많은 노동자들은 기꺼이 이 연금 계좌에 돈을 적립했다. 그리고 이들은 자신의 연금 자산 상당 부분이 주식 거품 붕괴와 함께 사라지는 것을 목도했다. 젊은 노동자들의 경우에는 이러한 손실을 만회할 기회가 있었지만 다수의 고령 노동자들의 경우에는 사정이 달랐다. 기대에 훨씬 못 미치는 연금액을 갖게 된 이들은 불가피하게 은퇴 계획을 수정해야 했다.

첨단기술 분야에 종사하던 노동자들이 받은 타격은 특히 더 심각했다. 이 분야에 종사하던 다수의 노동자들이 급여를 스톡옵션 형태로 받았다. 스톡옵션으로 급여를 받을 경우 시세보다 낮은 가격으로 주식을 살 수 있었기 때문에 상승세의 주식시장에서는 이러한 방식이 더 유리했다. 하지만 주식 거품이 붕괴되면서 이들이 주식을 살 수 있는 가격은 시세보다도 훨씬 높아졌다. 다시 말해 스톡옵션이 쓸모가 없어진 셈이다. 결과적으로 이들은 첨단기술의 선두 기업에 수년간 긴 시간의 노동력을 제공하고도 그에 대한 대가를 거의 받지 못하게 되었다.

주식시장의 추락으로 급격하게 줄어든 자본이득은 미국의 세수입에 악영향을 주었다. 감세, 전쟁 비용 지출과 함께 자본이득세의 감소를 겪은 연방정부의 예산은 대규모 흑자에서 적자로 돌아섰다. 자본이득세의 감소는 주정부의 예산에도 커다란 영향을 미쳤다. 특히 캘리포니아 주의 경우에는 더욱 그러했다. 캘리포니아는 실리콘 밸리의 IT 업계 호황이 계속되고 그에 따라 주정부도 커다란 자본이득세 수입을 얻을 수 있을 거라고 예상하고 있었다. 하지만 이러한 기대 수입이 사라지자 캘리포니아는 엄청난 재정 공백에 직면했다. 캘리포니아 이외의 다른 주정부들 또한 자본이득세의 감소와 경기침체로 심각한 재정 압박을 겪어야 했다.

2000년 가을로 접어들면서 투자가 줄어듦에 따라 주식시장의 폭락이 경제에 미치는 영향이 뚜렷하게 나타나기 시작했다. 고용 증가율 역시 요동했고 2001년 3월부터는 고용률이 하락세를 나타냈다. 게다가 9·11 테러는 미국 경제에 심각한 악재로 작용했는데, 특히 항공업과 여행업계가 가장 큰 피해를 입었다. 중요한 사실은 9·11 테러가 일어났을 당시 미국은 이미 6개월 동안 침체기를 겪고 있었다는 점이다. 2001년 2월부터 9월까지 민간 분야에서 일자리를 잃은 미국의 노동자 인구는 1300만에 달했다. 9·11 테러가 경제에 악영향을 미친 것은 분명한 사실이지만 미국의 경기침체는 이미 그보다 6개월 전에 시작된 것이었다.

미국은 2001년 11월에 경기침체가 끝났다고 공식적으로 밝혔다. 그리고 이는 전쟁 후에 찾아온 단기적이고 경미한 침체였다고 평가했다. 하지만 미국의 경제는 쉽게 회복되지 않았다. 2002년에서 2003년에 이르기까지 미국의 일자리는 계속 줄어들었고 이러한 하락세는 2003년 5월까지 계속되었다. 이후 1년 반 동안 일자리는 아주 서서히 증가했지만 미국은 2004년 11월까지도 침체기에 상실한 일자리를 회복하지 못했다. 그리하여 부시 대통령은 허버트 후버 이래 처음으로 일자리 손실을 회복하지 못하고 재선에 나서는 대통령이 되었다. (부시 대통령은 첫 번째 임기에서 일자리 감소를 겪고도 재선에 성공한 유일한 대통령이다.)

노동시장에 대한 다른 통계 자료들도 동일하게 성장 둔화를 나타냈다. 2004년 미국의 성인 고용률은 2001년에 비해 2퍼센트포인트 하락했다. 이는 그 사이 줄어든 고용 인구가 4백만 명에 달한다는 것을 뜻했다. 주식 거품의 붕괴와 함께 많은 조기 퇴직자들이 노동시장으로 돌아온 것을 감안하면 청장년층 노동자(25~55세)의 실업률은 더욱 높았다. 대부분 연령대의 노동자의 고용률은 낮아진 반면, 55세 이상 노동자의 고용률은 2001년 1월에서 2005년 1월 사이에 15퍼센트 넘게 증가했다. 고령 노동자들이 퇴직연금에서 입은 손실을 만회하기 위해 노동시장에 참여했기 때문이었다.[169]

노동시장이 약화되면서 임금 인상 또한 억제되었다. 1990년대 말 연간 1.5퍼센트였던 실질임금 증가율은 2003년 0퍼센트로 떨어졌다. 그리고 평균 시급은 2003년 중반부터 2005년 중반까지 1퍼센트 이상 감소했다. 놀라운 점은 이 기간 동안 임금 수준은 감소한 반면 생산성은 매우 빠른 속도로 계속 증가했다는 사실이다. 높은 생산성으로 발생한 이익이 모조리 회사의 수익이나 고연봉 직원들에 대한 보상으로 돌아간 것이다.

---

[169] 성별과 연령에 따른 고용률 하락세 추이는 다음을 참조. H. Boushey, D. Rosnick, and D. Baker, *Gender Bias in the Recovery? Declining Employment Rates for Women in the 21st Century* (Washington, DC: Center for Economic and Policy Research, 2005), http://www.cepr.net/publications/labor_markets_2005_08_29.pdf.

**부시 행정부와 테러와의 전쟁**

미국 노동시장의 상황은 경제 회복 시기의 일반적인 모습과는 정반대의 양상을 보여주었다. 보통의 경우 침체기가 끝나고 경제가 회복되기 시작하면 일자리가 증가하고, 높아진 고용률은 다시 소비를 진작시키며, 이는 또다시 경제 성장을 촉진한다. 경제가 성장하면서 늘어난 고용은 노동시장의 경색을 가져오고, 노동자는 임금 인상을 요구하기에 유리한 입장이 된다. 임금 상승은 가계 소득을 증가시키고 이는 또다시 더 많은 소비와 고용 증가로 이어진다.

고용이 증가하지 않고 임금도 실제적으로 줄어드는 상황에서 노동 수입의 감소는 시장의 소비 활동 위축으로 이어졌다. 오히려 감세 정책과 대출이 소비 진작에 부분적으로 영향을 미쳤다. 주택담보대출은 2000년과 2005년 사이에 급격하게 증가했다. 소비자 부채는 4조 달러에 육박했는데, 이 중 상당 부분이 바로 주택담보대출로 인한 부채였다.[170]

2001년 미국의 경기침체는 주식시장 거품의 붕괴에서 비롯된 것이었다. 미국을 이러한 침체에서 벗어나게 해준 원동력은 주택 시장의 거품이었다. 주식 거품 붕괴 이후 악화된 경제를 회복하기 위해 연방준비제도이사회는 기준금리를 근래 50년 동안 가장 낮은 수준으로 조정했다. 금리가 낮아지자 미국인들은 구입할 주택을 담보로 하여 낮은 이자의 대출을 받아 쉽게 주택을 구입할 수 있게 되었다. 저금리 정책이 이어지면서 주택 시장의 거품도 계속

170 Federal Reserve Board, *Flow of Funds Accounts*, table L.2, line 18, http://www.federalreserve.gov/releases/z1/current/default.htm.

커졌다. 물가 인상률을 반영하고도 1997부터 2005년 사이에 주택 가격은 45퍼센트가 넘게 증가했다. 이 기간 동안 가격이 지나치게 상승하면서 주택 시장에는 5조 달러가 넘는 금액이 추가로 유입되었다. 2001년과 2005년 사이에 주택 시장에 몰려든 대규모 자금은 대출과 주택 건설 붐을 동시에 일으키면서 미국 경제에 박차를 가했다. 하지만 주식시장의 거품이 붕괴되었던 것처럼 주택 시장의 거품 또한 붕괴를 피할 수 없다. 다만 어떤 시점에 어떠한 현상과 함께 거품이 붕괴될 것인지 정확히 알 수 없을 뿐이다.[171] (서브프라임 경제 위기가 일어나기 전인 2005년 말 기준 - 옮긴이)

2005년 미국 경제의 문제는 주택 시장 거품뿐만이 아니었다. 이 때 미국의 경상수지 적자는 7천억 달러 이상이었는데, 이는 GDP 의 6퍼센트에 해당했다. 경상수지 적자는 미국의 무역 적자를 만회하기 위해 해외에서 빌려와야 하는 금액의 규모를 뜻한다. 선진 공업국들 가운데 경제 규모에 대비했을 때 미국처럼 큰 경상수지 적자를 보인 국가는 없었다. 통상적으로 이 정도 규모의 경상수지 적자는 개발도상국이 급격한 성장을 보이거나 경제가 붕괴되었을

---

[171] 주택 시장 거품에 대해서는 다음을 참조. R. Shiller, *Irrational Exuberance*, 2nd ed. (Princeton, NJ: Princeton University Press, 2005), D. Baker, *The Run-up in Home Prices: Is It Real, or Is It Another Bubble?* (Washington, DC: Center for Economic and Policy Research, 2002), http://www.cepr.net/publications/housing_2002_08.pdf, and D. Baker and D. Rosnick, *Will a Bursting Bubble Bother Bernanke?* (Washington, DC: Center for Economic and Policy Research, 2005), http://www.cepr.net/publication/housing_bubble_2005_11.pdf.

때 나타나는 수치였다. 후자의 경우에는 외국 자본이 대출을 꺼리면서 적자가 조정되는 것이 일반적이다.

미국이 이 정도 규모의 경상수지 적자를 지속할 수 있었던 커다란 이유는 일본과 중국의 중앙은행이 자국 상품의 대미 수출을 위해 미국 달러화를 지지하고 있었기 때문이었다. 미국은 외국 중앙은행들이 계속해서 달러화를 지지해주는 한에서만 이렇게 막대한 규모의 경상수지 적자 규모를 유지할 수 있다. 만일 언젠가 외국 중앙은행들이 미국 소비자에게 자국 상품을 수출할 필요를 느끼지 못하게 된다면(일본과 중국의 소비자들이 자국 상품의 대체 소비자로 부상하게 될 경우) 이들은 달러화에 대한 지지를 중단할 것이다. 그렇게 되면 달러화 가치는 급격히 하락할 것이며, 이는 다시 수입 가격의 폭등으로 이어질 것이다. 달러화 가치 하락으로 수입 가격이 상승하게 되면 일반적으로 금리도 따라서 인상된다. 그리고 이런 식으로 금리가 급격하게 인상되면 주택 시장의 거품은 (다른 이유로 이미 붕괴되지 않았다면) 반드시 붕괴될 것이다. 그리고 장기적으로는 경상수지가 이전보다 더 균형 상태를 찾아갈 것이다.

## 2004년 선거의 준비 과정

2000년 대선에서 실패를 경험한 민주당 인사들은 공화당과 다시 경합을 벌이기 위해 심기일전하고 있었다. 2002년 중간선거에 돌입했을 때 이들의 전망은 밝아 보였다. 공화당이 하원을 장악하고 있었지만(상원에서는 민주당이 단 한 석 차이로 주도권을 쥐고 있었다) 민주당과의 의석 차이는 아주 작았고, 일반적으로 백악관을 차지한 정당은 중간선거에서 많은 의석을 얻지 못했기 때문이었다. 9·11 테러의 여파로 국민들의 단결력이 높아지면서 반사이익을 보았던 부시 대통령의 지지도는 2002년 여름 무렵 가파르게 추락하고 있었다. 계속되는 경제 악화와 기업의 회계 부정 사건들이 겹치면서 부시의 지지도 역시 함께 추락한 것이다.

그러나 실제 선거 당일이 되었을 때 이러한 하락 추세는 뒤집어졌다. 이러한 변화에 가장 큰 원인을 제공한 것은 이라크에 대한 우려 증가였다. 부시 행정부는 후세인과 대량살상무기 사용 가능성을 주요 정치 의제로 삼고 지속적으로 그 위험성을 강조했다. 2002년 10월, 부시는 의회로부터 이라크 전쟁 결의안을 승인받아 냈다. 국가 안보라는 주제가 미국 정계를 뒤덮고 있는 가운데 공화당은 선거에서 승리를 거뒀고 하원에서 8석을 더 얻었다. 그리고 상원에서도 2석을 추가하며 주도권을 회복했다.

민주당의 대통령 후보 경쟁은 이미 2002년 선거의 열기가 수그러들기 전부터 시작되었다. 그리고 이러한 경쟁은 이라크 전쟁 반대 운동의 확산과 맞물려 진행되었다. 반전 운동은 인터넷을 통한 정보 확산과 함께 매우 빠른 속도로 퍼지기 시작했다. 이라크 전쟁 발발 직전까지 뉴욕과 샌프란시스코, 그리고 워싱턴 등 대도시에서 수십만 명의 미국인들이 반전 운동에 참가했고, 다른 도시들에서도 소규모 시위가 수없이 이어졌다. 거의 대부분 시민들의 자발적 참여로 진행되었기에 이러한 반전 운동의 확산은 특히 더 인상적이었다. 당시 전쟁 승인 결의안에 반대했던 인물들을 포함해 유력 정치인들은 반전 운동에 거리를 두고 있었다.

하지만 3월에 전쟁이 시작되면서 전쟁을 막으려던 노력은 결국 실패로 끝났다. 그러나 이라크 전쟁에 대한 반전 운동은 야심 찬 정치인들에게 잘 다져진 정치적 기반을 제공해주었다. 이러한 기반을 가장 효과적으로 이용한 정치인은 전년도에 대선 출마를 선언한 전 버몬트 주지사 하워드 딘Howard Dean이었다. 버몬트 주는 미국에서도 가장 작은 주에 속하는 지역인데, 딘은 버몬트 주 밖에서는 거의 알려지지 않은 인물이었다. 그런 그가 여러 유력 정치인들이 경합을 벌이고 있는 대선에 나선 것은 전혀 승산 없는 모험으로 보였다.

딘은 주지사 시절에 중도적 성향의 인물로 알려져 있었다. 하지만 이라크 전쟁을 강하게 반대하고 의회의 전쟁 승인 결의안을 비판하면서 진보적 민주당 인사들의 주목을 받기 시작했다. 물론 오하이오 주의 데니스 쿠치니크Dennis Kucinich 의원 등 다른 후보들도 전쟁 반대 입장을 나타냈지만 딘은 언론을 통해 가장 뚜렷하게 반전 이미지를 굳혔다. 2003년 여름 내내 딘은 수많은 군중을 끌어 모으며 언론의 관심을 받았고, 반전 입장을 가진 후보자로서 엄청난 기부금을 모금했다.

시민운동을 통해 정치 기부금을 마련한 딘의 능력은 새로운 현상이었다. 미국에서 선거 운동에 들어가는 자금은 점점 더 늘어나고 있었다. 그래서 많은 정치인들은 성공적인 선거 운동을 위해 자금을 조달해줄 수 있는 로비스트와 광범위한 인맥을 가진 자금 조

달자들을 중요시했다. 그러면서 이들의 선거 공약은 자연스럽게 선거 자금 기부자들의 이익을 반영하게 되고, 기업과 부유층은 미국 정계에 점점 더 큰 목소리를 낼 수 있게 되었다.

하지만 딘의 선거 운동은 기존의 방식과 달랐다. 딘은 인터넷을 활용해 선거 운동을 조직했다. 딘의 선거 운동 본부는 전화를 걸거나 편지를 쓰고, 집회를 열거나 선거 운동 현장에 참석해줄 수만 명의 지지자들을 인터넷을 통해 동원할 수 있었다. 딘은 선거 자금 또한 인터넷을 통해 모을 수 있었다. 2004년 1월까지 딘이 대선 경쟁을 위해 모금한 선거 자금은 4천만 달러가 넘었는데, 이는 경선에 나선 다른 후보들의 선거 자금보다 훨씬 큰 금액이었다. 비록 딘의 선거 운동이 여러 가지 이유에서 잠시 반짝했던 것이라 하더라도, 그는 미국 정치에 새로운 가능성을 열어주었다. 딘은 전통적인 배후 실세 없이도 대선 운동 과정에서 경쟁력을 가질 수 있다는 사실을 보여주었다. 인터넷은 정치적 가능성의 범위를 엄청나게 넓혀주었다.

첫 번째 예비선거에서 딘의 기세가 꺾인 가운데 민주당 경선의 선두 주자로 나선 인물은 4선 경력의 매사추세츠 상원의원 존 케리John Kerry였다. 케리는 베트남 전쟁에서 수훈을 세운 참전용사였지만 베트남 복무를 마친 이후로는 반전 운동에 참여했다. 케리는 중도진보적 성향의 민주당 핵심 인사였지만 이라크 전쟁 승인 결의안에는 찬성했다. 국가 안보가 가장 중점적인 선거 이슈인 상황에서 케리의 참전용사 경력이 유리하게 작용할 것이라고 판단한 민주당 당내 인사들은 일찌감치 케리를 지지하고 나섰다.

딘이 경선에서 밀려난 후 케리는 빠르게 민주당 경선 승리를 확정지었다. 그리하여 통상적인 시기보다 조금 앞서 대통령 본선거를 위한 선거 운동에 착수했다. 케리는 선거 운동에서 국가 정책과 외교 정책 이슈를 동시에 강조했다. 국가 정책 면에서 케리는 부시의 일자리 창출 실패를 비판했다. 케리는 이와 더불어 클린턴 정부의 엄청난 예산 흑자가 부시 정권 들어 대규모 정부 재정 적자로 바뀌었다는 사실을 강조했다. 그는 또한 부시의 이라크 전쟁 수행 방식에 대해서도 비판하며 전쟁 결정을 내리기 전에 더 많은 우방들의 지지를 받아내지 못한 점을 지적했다. 하지만 케리는 전쟁 자체에 대한 반대 입장과는 분명히 선을 그었다. 그는 이라크 문제의 평화적 해결을 위해 더 많은 병력을 이라크에 파병하겠다고 공약했다.

부시는 선거 운동에서 국가 안보 문제를 강조했다. 부시는 케리가 미국의 적들에 강력하게 맞설 수 있는 인물이 아니라고 주장했다. 특히 부시는 케리가 상원 표결 과정에서 이라크 주둔 미군에 대한 특별자금 지원 법안에 반대표를 던졌다는 사실을 언급했다.[172] 또한 미국 경제가 겪고 있는 문제의 원인으로 주식시장의 거품 붕괴와 9·11 테러를 꼽으며 자신의 감세 정책이 침체된 경제

---

[172] 케리는 이 법안이 자금 사용에 대한 규제를 거의 명시하고 있지 않다는 점을 이유로 반대표를 행사했다. 케리는 자금의 특정 사용 내역이 명기되었던 이전 법안에 대해서는 찬성표를 던졌다. 이에 대해 불거진 이슈를 해명하면서 케리는 공화당이 자기편에 유리하게 일부 사실만을 언급하고 있으며 자신은 그 법안에 반대하기 전에 먼저 찬성표를 던진 바 있다고 설명했다.

를 부양하는 데 도움을 줬다고 주장했다.

부시의 선거 운동 본부는 별 관련이 없는 주제들까지 선거 운동에 끌어들이기도 했다. 매사추세츠 주 대법원은 2004년 봄에 동성 결혼 금지법을 폐지했다. 이에 따라 매사추세츠 주에서는 동성 결혼이 허용된 것이다. 케리가 이미 동성 결혼에 대해 반대 입장을 밝혔음에도 불구하고 부시 진영과 연대한 단체들은 이를 보수적 기독교인들 사이에서 이슈로 부각시켰다.

부시는 케리의 병역 기록에 대해서도 의문을 제기했다. 부시 진영이 후원한 한 참전용사 단체는 케리가 훈장을 받기 위해 자신의 베트남 전쟁 참전에 관해 거짓말을 했다고 주장했다. 부시는 병역 기록을 빌미로 케리를 수세에 몰아넣는 데 성공했다. 하지만 정작 부시 자신은 베트남 전쟁을 지지하면서도 베트남 땅을 밟아보지도 않았다. 부시는 전쟁 기간 동안 텍사스 방위군에서 복무했는데, 당시 부시처럼 젊은 미국 남성들 중 정치적 인맥이 있던 사람들은 베트남 전쟁 징병을 피하기 위해 방위군에 들어갔다. 하지만 케리의 병역 기록은 화제가 된 반면 부시 대통령의 병역은 시선을 끌지 못했다. 다시 말해 부시 선거 진영이 병역 주제를 더 효과적으로 이용한 것이었다.

가을 내내 나타난 여론조사 결과처럼 대선 경쟁은 아주 근소한 차이로 결말났다. 하지만 2000년 대선처럼 동점에 가까운 상황은 아니었다. 부시는 일반 투표에서 케리보다 3퍼센트포인트 더 많은 표를 얻었다. 선거인단 투표에서 부시의 승리를 좌우할 수 있었던 곳은 박빙의 승부를 벌이던 오하이오 주였다. 선거 과정이 지연된 곳도 있었지만(흑인 인구가 압도적으로 많은 여러 선거구에서는 투표 기계 부족으로 투표가 지연되었다. 일부에서는 유권자들이 투표를 하기 위해 다섯 시간 이상 기다리는 일도 발생했다) 2000년 플로리다 주에서 재개표 공방이 일어난 것처럼 큰 반발이 일어나지는 않았다. 결국 이렇게 부시 대통령은 두 번째 임기를 맞이했고, 공화당도 상원과 하원에서 의석을 조금씩 더 추가했다.

## 부시 대통령 집권 2기

### 사회보장제의 민영화 추진

부시 대통령은 2000년 선거와 2004년 선거 기간 동안 계속해서 사회보장제도 문제를 부각했다. 부시는 사회보장제의 부분적 민영화를 주장하면서 기존 혜택을 줄이는 대신 일정 세금을 감면하여 개인 계좌에 환급해주는 방식을 제안했다. 그리고 2001년도에 사회보장제 민영화 작업을 위한 위원회를 구성했다. 하지만 이 위원회가 보고서를 발표하기 전 미국 주식시장의 거품이 붕괴되면서 개인 계좌의 이익도 줄어들었다. 위원회는 이 보고서가 주목받는 것을 피하기 위해 발표 날짜를 크리스마스 하루 전날인 금요일 저녁으로 옮겼다. 하지만 재선에 성공하자 부시는 사회보장제 민영화 논의를 다시 꺼내기로 결정했다. 선거 이틀 후 부시는 기자회견을 열어 재선에 성공함으로써 얻게 된 정치적 자산을 사회보장제의 구조 재편 작업에 활용하겠다고 밝혔다.

사회보장제도의 점검을 주장한 것은 부시 대통령이 처음이 아니었다. 레이건 정권이 들어서면서부터 보수주의자들은 꾸준히 사회보장제를 민영화하기 위해 노력해왔다. 이들은 사회보장제도가 미국인들 다수의 호응을 얻고 있으며 하루아침에 개정될 수 없다는 사실을 인지하고 장기적 전략을 수립했다. 그중 한 가지 전략은 대중에게 사회보장제의 기금이 점점 바닥나고 있다고 선전하는 것이었다. 또한 사회보장제 민영화를 지지하는 이들은 금융업계의 든든한 지원을 받을 수 있었다. 사회보장기금이 민간에 예치될 경우 금융기업들은 수백억 달러의 운영비와 수수료를 얻을 수 있기 때문이었다.

사회보장제 민영화로 이득을 보는 또 다른 집단은 고소득 노동자들이었다. 미국의 사회보장제는 누진적 보상 구조이기 때문에 고소득 노동자보다는 저소득 노동자에게 돌아가는 혜택의 비율이 더 컸다. 사회보장제가 민영화될 경우 고소득 노동자들이 더 유리해지는데, 민영화된 제도하에서는 이들이 사회보장제에 납부한 지불급여세에 대하여 기존보다 더 많은 혜택을 돌려받을 수 있기 때문이었다.

금융업계와 고소득 노동자층은 사회보장제를 비롯해 미국의 복지제도를 후퇴시키길 원하는 재정 보수주의자fiscal conservative들의 민영화 노력에 동참했다. 이들 보수주의자들은 세대 간 평등에 중점을 두고, 점점 늘어가는 노년층을 위한 복지 지출이 현재 노동 현장에 있는 그들의 자녀와 손주들에게 엄청난 부담을 떠안길 것이라고 주장했다. 이에 가장 앞장섰던 단체는 콩코드 연합Concord

<sub>Coalition</sub>이었다. 이 단체는 리처드 닉슨 대통령 시절에 상무장관을 지낸 부유한 투자은행가였던 피트 피터슨<sub>Pete Peterson</sub>이 설립한 초당적 조직이었다.[173]

노령화로 인한 비용 증가가 본질적으로 새로운 문제를 가져오지는 않을 것임에도, 피터슨은 자신의 재력과 정치적 인맥을 활용해 이를 심각한 문제로 부각하며 민영화 주장에 대한 근거로 삼았다.[174] 그 결과 많은 미국인들은 미국의 사회보장제가 곧 파산할 것이며 미래 세대가 노인에게 제공되는 혜택들로 인해 막대한 세금 부담을 안게 될 것이라고 믿게 되었다. 이러한 인식이 일반에 퍼지자 부시 대통령은 노동자들이 사회보장제에 맡겼던 금액을 개인 계좌로 이체할 수 있도록 하는 대안적 제도를 제시했다.

---

[173] 인구 문제로 인한 위험을 경고한 피트 피터슨의 저서 참조. *Will America Grow Up Before It Grows Old: How the Coming Social Security Crisis Threatens You, Your Family and Your Country* (New York: Random House, 1996); *Gray Dawn: Hoe the Coming Age Wave Will Transform American and the World* (New York: Crown, 1999); *Running on Empty: How the Democratic and Republican Parties Are Bankrupting Our Future and What Americans Can Do About It* (New York: Farrar, Straus and Giroux, 2004).

[174] 노인을 위한 의료보장제도 비용이 심각한 부담이 될 것이라는 전망들이 있지만, 이는 그러한 전망들이 민간의 의료 비용이 계속 증가하여 다수의 미국인들이 감당할 수 없을 정도로 오를 것이라고 가정했기 때문이다. 이러한 전망들이 제기한 문제는 의료보장제도의 비용 문제일 뿐 노령 인구에 대한 비용 지출 문제는 아니다. 이 점은 미 의회예산처의 장기 예산 전망을 보면 분명히 알 수 있다. 이 자료는 사회보장제도 비용보다 의료보장제도 비용이 훨씬 크게 증가할 것이라고 전망하고 있다. Congressional Budget Office, *The Long-Term Budget Outlook* (Washington, DC: Congressional Budget Office, 2005), http://www.co.gov/ftpdocs/69xx/doc6982/12-15-LongTermOutlook.pdf.

다른 국가들 중에도 사회보장제를 민영화한 사례는 많이 있었지만 그 실적은 그리 좋지 못했다. 세계은행의 집계에 따르면 대부분의 중남미 국가들은 1990년대에 이미 사회보장제의 부분적 민영화를 실행했다. 선진국들 가운데서는 대처 총리 집권 당시의 영국이 사회보장제를 부분적으로 민영화한 바 있다. 스웨덴의 경우에도 개인 계좌를 사회보장제도에 접목시키기도 했다. 그래도 개정된 사회보장제도에서 스웨덴 정부가 보장하는 혜택이 개정 이전의 미국 제도가 제공하던 혜택보다 여전히 3분의 1 정도 높은 수준이었다.[175]

미국에서 사회보장제의 민영화 및 축소를 위한 사전 작업은 이미 20년 전부터 진행돼왔지만 기존 제도에 대한 미국인들의 지지는 부시 대통령이 예상했던 것보다 훨씬 강했다. 민주당은 기존 제도를 유지하는 것으로 당내 의견을 통일했다. 상원에서는 민주당 의원들이 이를 위해 의사 진행 방해를 계획하고 있었다. 대통령의 정책을 통과시키려는 공화당이 의사 진행 방해로 지장을 받지 않으려면 적어도 민주당 의원 네 명의 찬성표를 얻어내야 했다.

미국은퇴자협회American Association of Retired Person를 비롯해 여러 노조, 시민권 단체, 여성 단체 등이 부시 대통령의 제안에 반대하며 전국

---

[175] 중남미 국가들의 사회보장제도 개혁에 대한 논의는 다음을 참조. I. Gill, T. Packard, and J. Yermo, *Keeping the Promise of Social Security in Latin America* (Washington, DC: Stanford University Press and the World Bank, 2005). 영국의 연금제도 개혁에 대해서는 다음을 참조. *Challenges and Choices: The First Report of the Pensions Commission* (Pensions Commissions, 2004), http://www.pensionscommission.org.uk/pubications/2004/annrep/index.asp.

적인 시민운동을 벌였다. 미국 전역에서 수많은 시위와 집회, 토론이 크게 확산되자 공화당 의원들 일부는 부시 대통령의 민영화 제안에 대한 지지를 철회했다. 또한 몇몇 공화당 의원은 공개적으로 민영화에 대한 반대 입장을 표명하기도 했다. 사회보장제의 민영화를 집권 2기의 중심 의제로 삼았던 부시 대통령의 계획은 이런 식으로 6개월간 표류했다.

2005년 여름 무렵 공화당 의원들 대다수는 사회보장제의 민영화 계획이 통과되지 못할 것이라는 사실을 받아들였다. 공화당 지도부는 하원에서 충분한 표를 모아 민영화 법안을 통과시킬 수 있었지만 상원에서의 의사 진행 방해를 피해갈 수 있는 방법을 찾지 못했다. 사실 상원 재정위원회에 중도 성향의 공화당 위원들이 여럿 있었기 때문에 민영화 법안이 상원 본회의 의결에 부쳐지기 이전에 우선 재정위원회에서나 통과될 수 있을는지도 확실치 않았다.


## 부시 집권 2기의 다른 의제들

2005년, 부시 정부는 사회보장제 민영화뿐만 아니라 여러 분야에서 심각한 난관에 부딪혔다. 한 해 동안 여러 가지 정책 실수와 불운이 겹치면서 부시 정부는 계속되는 위기를 맞이했다. 그 결과 부시에 대한 지지도는 공화당에 대한 지지도와 함께 크게 하락했다. 지지도의 급격한 반등 없이는 부시 2기 정부의 정책 계획들은 대부분 추진하기 어려워 보였다.

부시 대통령이 맞닥뜨린 가장 가시적이고 시급한 악재는 계속되는 이라크 반군의 저항이었다. 이로 인해 미군 측에서는 끊임없이 사상자가 속출했다. 전쟁 발발 당시 미국 정부는 의도적으로 사상자 중 몇 명을 추려 사실 중 일부를 왜곡해서라도 이들을 영웅으로 묘사했다.[176] 하지만 사상자 수가 계속 증가하자 정부와 전쟁 지지자들은 방향을 바꿔 사상자에 대한 미국인들의 관심을 최소화하고자 했다. 실제로 사상자에 대한 보도는 상당히 정치적인 문제가 되었다. 미국 정부는 사망자들을 존중한다는 명목으로 사망한 병사들이 운구되는 모습을 촬영하지 못하게 했다. 또한 미국 전역에 방송되는 텔레비전 뉴스 프로그램에서 한 시간을 할애해 이라크에서 사망한 미군 병사들의 명단을 읽어내리자 전쟁 지지자들은 이들이 부시 정부의 정책을 비판하다고 주장하며 방송망을 훼손하기도 했다.

연이어 발생하는 사상자는 이라크 전쟁에 대한 미국인의 인식

---

[176] 미국 정부가 전쟁 영웅을 선전하기 위해 사실을 왜곡했던 예로는 아프가니스탄에서 사망한 전직 NFL 미식축구 선수 팻 틸먼Pat Tillman과 이라크 전쟁 초기에 포로로 잡혔다가 풀려난 제시카 린치Jessica Lynch의 사례를 들 수 있다. 팻 틸먼의 경우 미군은 그가 격전지에서 동료 병사들을 보호하기 위해 어떤 자세를 취했는지에 대해서까지 이야기를 지어냈다. 하지만 이후 밝혀진 여러 증거들은 그가 아군의 오폭으로 사망했음을 보여주었다. 또한 미군은 제시카 린치가 총탄이 바닥날 때까지 이라크군에 용감하게 반격하다가 체포돼 구타를 당했다는 이야기를 퍼트렸다. 하지만 린치는 당시 타고 있던 장갑차가 사고를 당하면서 바로 의식을 잃었다. 린치의 구출은 연출된 장면이었다. 린치는 후세인의 통제권을 벗어난 지역의 병원에서 머물고 있었으며, 병원 직원은 그녀를 순순히 병원 출입구까지 데려다줬을 것이다. 린치의 병실로 특수부대가 급습할 필요는 전혀 없었지만, 이 장면은 전국에 TV로 방영하기 위해 촬영되었다.

을 악화시켰을 뿐 아니라 새로운 병사를 모집하는 데도 커다란 걸림돌이 되었다. 현역 육군과 육군 주방위군Army National Guard은 2004년과 2005년에 선발 기준을 대폭 완화했음에도 불구하고 정원을 채우지 못했다.

계속 증가하는 전쟁 비용 역시 부시 행정부의 골칫거리였다. 부시 행정부는 이라크전이 시작되기 전까지 침공에 소요될 예상 비용을 공개하지 않았다. 그러면서 전쟁 비용은 조정 가능하며 전쟁 실행 결정에 영향을 줄 만큼 비용이 크지도 않다고 주장했다. 정부 관료들은 전후 이라크 재건 비용도 그리 크지 않을 것이며, 그 비용은 이라크가 석유 판매 대금으로 충당할 수 있을 것이라고 밝혔다. 2005년 말 현재까지 이라크 전쟁과 재건에 소요된 누적 비용은 2500억 달러에 달하는데, 이는 미국 GDP의 2퍼센트이자 연간 연방 예산의 거의 10퍼센트에 해당하는 금액이다. 이라크 전쟁 비용으로 인해 미국의 재정 적자는 계속 커져갔다. 2005년 가을, 의회는 적자 규모를 축소하기 위해 여러 분야의 공공 지출을 삭감하는 것을 승인했다. 다시 말하면 전쟁 비용을 충당하기 위해 저소득층 의료보장제도나 등록금 대출 등에 대한 예산이 삭감된 것이었다. 당분간은 적자 규모가 상당히 클 것으로 예상되는 상황에서 2005년 현재와 같은 추세로 이라크 전쟁 비용이 계속 지출된다면 미국 재정은 심각한 압박을 받게 될 것이다.

이라크 전쟁 수행 과정에서 나타난 악재 외에도 부시 행정부는 전쟁에 이르기까지의 상황을 둘러싼 논란에도 휘말렸다. 전쟁을 정당화하기 위해 대중에게 제시했던 여러 가지 정보(특히 대량살상무기에 대한 정보)가 허위였음이 밝혀지면서 부시 행정부는 난감한 입장에 처하게 되었다. 잘못된 정보에 근거해 전쟁을 일으켰다고 말할 수도 없고, 의도적으로 대중을 속였다고 말할 수도 없었기 때문이었다. 만약 전후 이라크 상황이 순조롭게 해결되었다면 전쟁에 이르기까지의 상황에 대한 대중의 관심은(적어도 언론의 관심은) 그리 크지 않았을 것이다. 하지만 이라크에서 계속해서 나쁜 소식들이 전해오자 언론은 이러한 전쟁의 명분에도 관심을 쏟게 되었다.[177]

같은 맥락에서, 백악관이 중앙정보국 비밀요원의 신분을 유출한 것에 대한 수사가 이뤄져 뉴스거리가 되었다. 백악관의 정보 유출은 이라크의 핵무기 프로그램에 대한 부시 행정부의 주장에 의문을 제기하는 비판 세력들의 신뢰성을 떨어뜨리기 위한 노력의 일환이었다. 2005년 가을, 사건을 맡은 특별검사가 백악관의 고위 관리를 정보 유출 혐의로 기소하면서 전쟁의 정당화를 위해 사용되었던 정보들은 다시 세간의 관심을 받았다. 이 수사는 또한 국가 안보가 최우선이라고 밝혔던 정부가 자신의 정치적 의제를 진행하기 위해 기꺼이 정보기관의 비밀작전까지도 노출했다는 사실을 드러내주었다.

---

[177] 부시 대통령은 실제로 사담 후세인이 제대로 폐기하지 않은 구식 무기라 할지라도 대량살상무기를 조금은 가지고 있을 것이라 생각했을지도 모른다. 수많은 무비판적 언론들은 이라크에서 발견되는 것이라면 뭐든 대량살상무기의 증거로 간주했다. 그러나 미국의 이라크 침공 이후 후세인이 대량살상무기 폐기에 대한 약속을 상당히 철저하게 이행하고 있었다는 사실이 밝혀지면서 세간에 많은 놀라움을 안겨주었다.

　2005년에는 강력한 파괴력을 지닌 허리케인이 미국을 강타하면서 부시 행정부는 심각한 정치적 곤경을 맞았다. 그해 미국을 강타했던 허리케인은 빈도나 강도 면에서 모두 이전보다 심각한 수준이었다.[178] 이러한 악천후가 부시 행정부에 정치적 부담을 안겨주었던 이유는 크게 두 가지다. 첫째, 이 기간에 집중적으로 발생한 허리케인은 기상 이변이 발생하고 있으며 이미 지구온난화가 기후에 뚜렷한 영향을 미치고 있다는 또 하나의 증거가 되었다. 지구온난화의 부정적 잠재 효과를 최대한 축소해 평가하던(인간이 지구온난화를 초래했다는 사실조차 부정했던) 부시 정부에게 2005년의 허리케인 피해는 지구온난화가 얼마나 심각한 파괴를 초래할 수 있는지를 잘 보여줬다. 두 번째로 문제가 된 것은 가장 큰 피해를 당했던 지역의 주정부나 지방정부는 물론이고 연방정부도 이렇게 심각한 허리케인에 대해 아무런 대비책도 없었다는 사실이었다.

　미국을 강타했던 허리케인 가운데서도 가장 큰 피해를 발생시킨 것은 8월 말에 뉴올리언스 동부를 강타한 카트리나였다. 카트리나의 이동 경로는 이미 사전에 포착되었고 실제로 허리케인이 이 지역에 상륙하기 전 며칠 동안 사전 경고도 있었다. 하지만 이 지역의 미국인들, 특히 뉴올리언스 시민들을 보호하기 위한 사전 예방 조치는 제대로 취해지지 않았다. 뉴올리언스 주지사는 허리케인 상륙 이틀 전에 대피령을 내렸지만 자동차가 없던 수만 명의

---

[178] 허리케인에 이름을 붙이기 시작한 1933년 이래 처음으로 미국 기상청은 로마 알파벳으로 지을 수 있는 이름이 다 떨어졌다. 이 시기에 발생한 마지막 여섯 개 허리케인의 이름은 그리스 알파벳으로 붙여졌다.

시민들은 지역을 벗어나지 못한 채 남아 있었다. 뉴올리언스는 시민들에게 비상시 허리케인 피신처로 마련된 미식축구 경기장으로 이동할 것을 권고했다.

8월 29일, 카트리나가 최초로 뉴올리언스 해변을 강타했을 당시에는 피해가 예상만큼 심각하지 않았다. 하지만 허리케인으로 인해 발생한 강한 해일은 도시 북부의 폰차트레인 호수로부터 뉴올리언스를 보호하고 있던 제방을 약화시켰다. 이 제방은 결국 이날 무너졌고 뉴올리언스는 호수에서 밀려든 물에 잠겼다. 이로 인해 미식축구 경기장으로 피신했던 (6만 명가량으로 추산되는) 시민들은 물과 식량, 의약품 부족 속에 고립되었다. 시 컨벤션 센터에는 1만~2만 명의 시민들이 고립돼 있었다.

이들 대부분은 9월 2일 후송 작업이 시작되기 전까지 사흘 동안 아무런 식량과 물품을 지원받지 못했다. 이 기간 동안 피난민들은 기본적인 생필품 부족을 겪었으며 약이나 기타 물품이 없어 목숨을 잃어가는 사람들도 있었다. 허리케인이 강타한 직후 시민들이 피신해 있던 경기장과 컨벤션 센터에는 전력 공급이 끊어졌다. 밤이 되자 실내는 완전한 암흑 상태가 되었고 통풍도 되지 않았다. 또한 허리케인을 피해 모인 시민들이 모두 이용하기에는 위생시설 역시 턱없이 부족하고 열악했다. 게다가 공포감에 빠진 시민들을 안전하게 보호하기 위한 행정 인력이 거의 없는 상황에서 질서도 무너졌다. 언론이 이러한 혼란 상태를 과장해서 보도하긴 했지만(강간과 살인이 일어났다는 근거 없는 소문들이 빠르게 전 세계로 보도되기도 했다) 뉴올리언스에 남아 있던 수만 명의 시민들이 커다란 공

허리케인 카트리나가 습격한 다음 날 지붕까지 물에 잠긴
뉴올리언스 주택가(2005년 8월 30일).

포에 시달린 것은 분명한 사실이었다.

이러한 비극을 두고 지방정부와 주정부, 그리고 연방정부의 관료들은 서로에게 책임을 떠넘기며 논란을 벌였다.[179] 하지만 어느 정부든 간에 정부가 분명하게 예견되었던 재해에 전혀 대처하지 못했다는 사실이 전 세계에 알려졌다.[180] 뉴올리언스에 진입했던 TV 카메라맨들은 도움을 요청하는 수많은 시민들의 모습을 영상에 담았다. 3일 동안 연방정부를 비롯한 각급 정부는 뉴올리언스

---

[179] 미국이 허리케인에 제대로 대처하지 못했던 이유 중 하나는 루이지애나 주방위군 병력의 상당수가 필요장비들과 함께 이라크에 파병되었기 때문이었다.

[180] 재난대책전문가들은 카트리나 정도 규모의 허리케인이 제방을 붕괴시킬 수 있다는 사실을 충분히 인지하고 있었다. 카트리나로 인해 무너졌던 제방은 강도 3의 허리케인까지 견딜 수 있게 설계되었다. 하지만 해변을 강타했을 때 카트리나의 강도는 5였으며 지상까지 도달했을 때의 강도는 4정도로 약화되었다. 따라서 제방의 붕괴는 충분히 예견할 수 있는 일이었다.

의 피난민들에게 필요한 식량과 물, 의약품 등을 제대로 공급하지 못했다.

또한 이 비극에는 인종적 측면도 있었다. 뉴올리언스에 고립된 피난민들 대부분이 흑인이었기 때문이다. 의심할 바 없이 바로 이 점이 언론이 경기장과 컨벤션 센터 안에서 발생한 폭력에 대한 근거 없는 소문을 내보낸 요인이었다. 하지만 피난민들 다수가 흑인이었다는 점은 다음과 같은 질문을 남겼다. 만약 수만 명의 백인들이 비슷한 상황에 고립돼 있었더라면 과연 정부가 그토록 무력한 대응을 보였을 것인가 하는 의문이다. 많은 가난한 개발도상국들도 국민이 자연재해를 당했을 때 미국보다 훨씬 효과적으로 대처했다.

재해 대책 방안에 직접적 책임이 있는 기관은 연방재난관리청Federal Emergency Management Administration, FEMA이었다. 클린턴 정부 당시 재난관리청은 매우 전문적인 인력으로 구성돼 있었다. 하지만 부시 대통령은 집권 후 재난관리청장 자리에 자신의 정치적 후원자인 마이클 브라운Michael Brown을 임명했다. 브라운은 이 자리에 임명되기 전까지 재난 관리에 대한 경력이 전무했다. 그는 재난관리청에 오기 전에 국제아랍종마협회International Arabian Horse Association 위원으로 재직했다.

재난관리청은 허리케인에 제대로 대비하지 않았으며, 그 사실은 허리케인이 지나간 후 분명히 드러났다. 허리케인이 뉴올리언스를 강타했을 당시 부시 대통령은 텍사스의 목장에서 긴 휴가를 보내고 있었다. 부시는 허리케인이 상륙한 지 3일 만에 백악관에 돌아와 재난 대책을 지휘하기 시작했다. 뉴올리언스에서는 수만 명이 고립돼 있었지만 부시는 브라운의 위기 대응을 공개적으로 칭찬했다. 결국 재난관리청은 구호품을 공급하고 고립된 피난민들을 구출했지만 그때는 이미 1천 명이 넘는 시민이 목숨을 잃은 상태였다. 재난관리청이 제때 재난 대책을 실시했다면 사망자와 기타 피해는 이보다 훨씬 줄어들 수 있었다.

부시 행정부의 정책 추진을 가로막았던 또 한 가지 악재는 바로 부시 행정부가 만들었던 노인의료보험 처방의약품 혜택Medicare prescription drug benefit이었다. 2003년에 의회를 통과한 이 혜택은 2006년에 발효될 계획이었다. 2000년 대선 유세 당시 부시와 고어 두 후보는 모두 노인의료보험 처방의약품 혜택을 노인의료보험제도에 추가하여 의약품 구입비가 급격하게 증가하는 노년층을 돕겠다고 공약했다. 의약품은 원래 비용이 맞지 않아 노인의료보험에 포함되지 않았다. 하지만 2000년 무렵 미국의 평균 노인 가구가 처방의약품에 지출하는 금액은 연간 1천 달러가 넘었으며 이 비용은 해마다 10퍼센트씩 증가하고 있었다.

부시 대통령은 집권 초기 2년 동안 다른 분야에 관심을 집중하느라 의약품 혜택에 대한 법안을 거의 추진하지 못했다. 하지만 그는 자신의 공약을 실행하고 나서 대통령 재선에 나서고 싶었고, 2003년 가을부터 의약품 혜택에 관한 법안을 추진하기 시작했다. 이 법안은 노인의료보험에 대한 법안이 통과된 이래로 가장 큰 복지 혜택을 담고 있었다. 하지만 민주당 인사들과 진보 단체들은 이에 반대하며, 이 법안이 너무 복잡하게 구성돼 있고 법이 시행된다해도 많은 노년층이 여전히 엄청난 의약품 구입비를 지출하게 될 것이라고 지적했다.

공화당이 제시한 의약품 혜택안은 민간보험 가입자들도 혜택을 받을 수 있게 만들어졌다. 이 법안은 민간보험 가입자들도 정부가 운영하는 노인의료보험에 준하는 혜택을 제공받을 수 있도록 재정을 지원하는 방안을 포함하고 있었다. 또한 이 법안은 노인의료보험이 낮은 가격으로 의약품을 공급받기 위해 제약회사와 직접 협상하는 것을 금지했다. 민간보험 가입자를 포함시키는 것과 의약품 가격 협상을 금지하는 내용은 이 법안을 복잡하게 만들 뿐만 아니라 막대한 추가 비용을 발생시키는 것이었다. 공화당의 입장은 의약품 혜택안이 시장 원리에 따라야 한다는 것이었다. 하지만 구체적으로 살펴보면 이 법안은 공화당의 주요 후원 세력인 보험업계와 제약업계의 이익을 보호해주는 내용을 담고 있었다.

이 법안을 추진한 동기가 무엇이었든 2005년 말 실제로 의약품 보험 가입이 시작됐을 때 미국의 노년층이 보인 반응은 매우 부정적이었다. 개정된 혜택 방식은 노년층에게 수많은 의약품 보험 방안(50가지가 되는 경우도 있었다) 중에서 선택하도록 했다. 각 보험 방안은 보장 대상 의약품, 제공되는 할인, 가입자 부담금, 공제금액 등이 달랐다. 이 가운데서 고르는 것은 누가 보더라도 쉽지 않은 일이었다. 더군다나 컴퓨터 사용에 익숙지 않고 시력과 집중력도 감퇴하는 노년층에게는 더더욱 어려운 일이었다. 노인들은 새로운 혜택을 반기기보다 법안을 더 단순하게 만들지 않아서 번거로움을 초래한 것에 대해 불만을 드러냈다.[181]

2005년 말 부시 행정부가 직면했던 마지막 악재는 공화당 지도부 인사들이 연루된 부패 사건들이었다. 그중 가장 눈에 띈 것은 하원 원내대표를 맡고 있던 톰 딜레이Tom DeLay가 선거 운동을 위해 돈세탁을 한 혐의로 기소된 사건이었다. 상원의 원내대표인 빌 프리스트Bill Frist는 내부거래 혐의로 증권거래위원회의 수사를 받았다. 프리스트 일가는 미국에서 가장 큰 건강관리기구의 대주주였다. 프리스트는 부정적 실적 전망이 발표되기 직전에 자신이 가지고 있던 수백만 달러의 주식을 매도했다. 또한 공화당 지도부와 긴밀한 관계를 가지고 있던 한 로비스트는 사기 혐의로 기소되기도 했다.

공화당 고위 인사들의 부적절한 행동과 함께 여러 악재들이 이어진 후 2005년 하반기에 실시된 지지도 조사에서 많은 미국인들은 공화당에 대한 불신을 나타냈다. 민주당에 대한 지지도 역시 그리 높지 않았다는 점이 그나마 부시 행정부에게 위안이 되었다. 그렇지만 2005년 말 부시 대통령의 지지도는 40퍼센트에도 미치지 못했는데, 이는 재선에 성공한 대통령으로서는 이례적으로 낮은 수치였다.

<hr>

181 2005년 12월에 《월스트리트저널Wall Street Journal》이 실시한 설문조사에 따르면 조사에 응한 노년층 인구 중 노인의료보험 의약품 혜택에 대해 부정적 의견을 가진 응답자가 40퍼센트, 긍정적 의견을 가진 응답자가 23퍼센트로 나타났다. "Senior Citizens' Unhappiness with Issue Has Implications for Midterm Elections," *Wall Street Journal*, December 15, 2005, A4.

# 제 7 장

# 2005년의 미국

## 지난 사반세기의 충격

　　　　2005년의 미국은 1980년도와 매우 다른 모습으로 바뀌어 있었다. 미국은 정치적으로나 사회적으로나 인구 구성 면에서 모두 커다란 변화를 보였다. 미국 노동자들의 기대수명과 선택 직종이 늘어나면서 미국의 경제 구조는 이전과 매우 다른 모습으로 재편되었다. 세계 질서 속에서 미국의 위상 또한 사반세기 동안 크게 변했다. 이번 장에서는 1980년 이후 미국 사회에 나타난 주요 변화에 대해 살펴보고자 한다.

## 인구 구성

1980년도와 비교했을 때 2005년 미국 사회는 연령은 매우 높아졌으며 인종도 더 다양해졌다. 전체 인구에서 65세 이상 인구가 차지하는 비율은 10퍼센트 증가했고(1980년 11.1퍼센트에서 2005년 12.2퍼센트로 증가), 20세 이하 인구는 12퍼센트 넘게 줄어들었다(1980년 31.7퍼센트에서 2005년 27.8퍼센트로 감소).[182]

하지만 가장 심각한 노령화를 보인 계층은 1946년부터 1964년 사이에 태어난 7900만 명에 달하는 베이비붐 세대였다. 1980년 당시 이들의 나이는 16세에서 34세 사이였으며 이제 막 사회에 진출해 가정을 이루고 있었다. 그러나 2005년에 들어선 베이비붐 세대는 모두 어른이 되었으며 그중에서도 연령이 높은 이들의 나이는 59세로 이미 은퇴 정년에 근접해 있었다. 이 거대한 집단의 노령화는 미국 사회의 모습을 크게 바꾸었다. 이들은 연령만 높아진 것이 아니라 수명도 함께 길어졌다. 65세 미국인의 기대수명은 1980년에 16.2년이었지만 2005년에는 17.6년으로 증가했다. 그리고 이 수치는 2020년에 18.4년까지 증가할 것으로 전망된다.[183] 이러한 노령 인구의 상대적 증가가 일각에서 우려하는 것만큼 심각한 경제적 파국을 몰고 오지는 않겠지만(생산성 증가가 생활수준에 영향을 미치면서 노령화의 부정적 효과를 감소시킬 것이다) 정치·문화·경제적으로 노년층과 은퇴자들에 대한 대책은 예전보다 훨씬 더 중요해질 것이다.[184]

---

182 *2005 Annual Report of the Board of Trustees of the Federal Old-Age and Survivors Insurance and Disability Insurance Trust Funds* (Washington, DC: U.S. Government Printing Office, 2005), table V.A.2.

183 같은 책, table V.A.3.

　　1980년부터 2005년 사이에 미국 아동의 상황에도 중요한 변화가 일어났다. 1980년에는 아이가 있는 가정의 80퍼센트 이상이 혼인한 부부로 이뤄진 가정이었다. 하지만 2003년 조사에서 이 수치는 72퍼센트로 감소했다.[185] 이러한 감소의 원인 중 하나는 여성이 혼자 아이를 키우는 '싱글맘'의 증가다. 1980년에 집계된 자료에서 미국의 아동 부양 가구 중 싱글맘 가정은 17.6퍼센트를 차지했지만 2003년에는 22.6퍼센트로 증가했다. 2003년 조사에서 아동 부양 흑인 가구 중 52.3퍼센트가 싱글맘 가정이었으며 혼인한 부부로 이뤄진 가정의 비율은 42퍼센트에 그쳤다. 가장 빠른 증가세를 보인 아동 부양 가구는 남성이 혼자 아이를 키우는 가정이었다. 이러한 가정은 1980년 당시 2퍼센트에 그쳤지만 2003년에는 5.3퍼센트로 두 배 이상 증가했다.

　　1980년 이후 25년간 미국의 인구 구성에서는 비유럽계 인구의 증가세가 두드러졌다. 이러한 현상은 중남미 출신 이민자들의 유입이 주원인이었다. 1980년도에 6.4퍼센트였던 히스패닉 계통 미국인 비율은 2005년에 14.1퍼센트로 증가했다. 중남미 출신 이민자들 대다수는 멕시코와 중앙아메리카에서 온 사람들이었다.[186]

---

[184] 노년 인구 증가가 경제에 미치는 영향에 대한 논의는 다음을 참조. D. Baker and M. Weisbrot, *Social Security: The Phony Crisis* (Chicago: University of Chicago Press, 1999), chap. 2.

[185] U.S. Census Bureau, *Statistical Abstract of the United States 2005* (Washington, DC: U.S. Government Printing Office, 2005), tables 56 and 60.

[186] 미국 인구 구성에 대한 자료는 미국 통계청U.S. Census Bureau의 미국 인구 통계 자료에서 인용했다. 2005년 자료는 전망치다. http://www.census.gov/population/www/.

이들은 식당과 호텔 일, 건물 관리인, 봉제업, 부유층의 가사도우미, 건설직, 식품 가공직 등 미국에서 상대적으로 낮은 임금을 받는 일자리를 찾아 이민을 선택했다. 이전까지 건설직과 식품 가공직의 임금은 그리 낮은 편이 아니었지만 회사 측이 노조의 힘을 약화시키고 인건비가 저렴한 이주노동자들을 고용할 수 있게 되면서 이 분야의 임금은 크게 감소했다. 중남미에서 이민자들이 몰려온 배경에는 또 다른 이유도 있었다. 소규모 농지를 경작하던 중남미 사람들은 저가로 밀려드는 미국의 수입 식품과 경쟁할 수 없었다. 1980년대 중앙아메리카에서는 전쟁으로 인해 미국 이민을 택하는 경우가 많았다.

중남미 이외의 지역에서도 전쟁은 미국 이민의 주원인이 되었다. 미국의 지원을 받던 남베트남 정부가 몰락하면서 동남아시아 지역에서는 1970년대 중반부터 이민 열풍이 일어났다. 또한 미국에 이민 갔던 사람들이 친구와 가족을 미국으로 불러들이면서 동남아시아 인구의 유입은 계속 이어졌다. 1980년에서 2005년 사이에 인도차이나 지역에서 미국으로 이주한 이민자는 50만 명이 넘었다. 2005년 현재, 미국 인구 중 아시아계 인구가 차지하는 비중은 4.2퍼센트로 1980년도의 1.5퍼센트에 비해 세 배 가까이 증가했다.

아시아 인구는 대부분 한 지역에 집중적으로 거주하기 때문에 캘리포니아 같은 주에서는 이들이 차지하는 비중이 10.9퍼센트에 달한다.[187] 이외에도 에티오피아처럼 오랜 내전을 겪고 있던 사하라 남부 아프리카 국가와 인도 등지에서도 많은 인구가 미국으로

● 표 7-1  인종별 미국 인구 분포

| 인종 | 1980 | 2005 |
| --- | --- | --- |
| 백인 | 83.2% | 80.4% |
| 흑인 | 11.7% | 12.9% |
| 히스패닉계 | 6.4% | 14.1% |
| 아시아계 | 1.5% | 4.2% |

출처: U.S. Census Bureau, *Statistical Abstract of the United States 2006*, table 12–13, *Statistical of the United States 1982*, table 6. 2005년 자료는 전망치. 두 가지 이상의 분류에 속하는 인원이 있기 때문에 각 수치의 총합은 100을 넘는다.

건너왔다.

표 7-1은 1980년도와 2005년도의 인종별 인구 분포를 보여준다.

1980년 이후 엄청난 이민자 유입을 겪었던 나라는 미국뿐만이 아니었다. 이 기간 동안 선진국들 대부분은 대규모의 이민자 유입을 경험했다. 유럽 전체로 보면 해외 출신 인구가 그리 높지 않았지만 독일이나 오스트리아와 같은 나라에서는 해외 출신 인구의 비율이 미국과 큰 차이를 보이지 않았다.[188] 개발도상국에서 온 이민자들이 선진국 사회에 통합되는 과정에서 많은 문제들이 드러났다. 모든 선진국에서 이들 이민자들은 자신들의 고향에서보다 더 높은 실업률과 열악한 생활수준을 경험했다.

어떤 면에 있어서는 미국의 이민자들이 유럽 국가의 이민자들

----

[187] Department of Justice, Immigration and Naturalization Service, *Statistical Yearbook of the Immigration and Naturalization Service* (Washington, DC: U.S. Government Printing Office, 1981~2001).

[188] 선진국의 이민자 유입에 대한 자료는 다음을 참조. *Trends in International Migration: 2001* (Paris: Organisation for Economic Co-operation and Development, 2001), http://www.oecd.org/dataoecd/23/41/2508596.pdf.

보다 나은 조건을 가지고 있었다. 유럽과는 달리 미국 이민자의 자녀들은 시민권의 모든 권리를 누릴 수 있었기 때문이다. 하지만 유럽의 이민자들은 의료보장 혜택과 기타 복지 혜택을 받을 수 있었던 반면, 미국에서는 미국 시민들에게조차 이러한 혜택이 보장되지 않았다.

1980년 이후 사반세기 동안 미국은 인구의 지역적 분포에서도 커다란 변화를 겪었다. 세계대전 이후 미국의 인구와 일자리는 북동부와 중서부의 프로스트벨트Frostbelt에서 선벨트Sunbelt[189]로 이동하기 시작했으며, 이러한 움직임은 1980년 이후 더욱 가속화되었다. 주요인은 경제와 노령화였다. 경제적인 측면에서, 미국의 중서부와 북동부 지역의 도시들은 지역 경제의 근간이던 제조업 일자리가 사라지면서 커다란 타격을 입었다. 20세기 중반만 해도 미국에서 가장 큰 도시에 속했던 클리블랜드와 세인트루이스 같은 중서부 지역 공업도시들이 2005년에는 캘리포니아 주의 평범한 도시 정도밖에 안 될 만큼 쇠락했다. 2005년 클리블랜드의 인구는 45만 8천이었는데 이는 캘리포니아 주에서 여섯 번째로 큰 도시 수준이었다. 34만 인구의 세인트루이스는 캘리포니아 주 10위권 도시 안에 겨우 들어갈 수 있을 정도의 규모였다.

미국이 1980년대 군비 증강을 위해 지출한 비용이 선벨트에 집중되면서 이곳의 경제 성장은 더욱 탄력을 받았다. 그리고 많은 기업들이 노조가 없고 인건비가 저렴한 지역을 찾기 시작하면서 생

---

[189] 버지니아 주에서 캘리포니아 주에 이르는 미국 남부의 온난 지대. — 옮긴이

| 지역 | 1980 | 2004 |
|---|---|---|
| 북동부 | 21.7% | 18.6% |
| 중서부 | 26.0% | 22.3% |
| 남부 | 33.3% | 36.1% |
| 서부 | 19.1% | 23.0% |

출처: U.S. Census Bureau, *Statistical Abstract of the United States 2006*, table 24, *Statistical Abstract of the United States 1982*, table 9.

산직 일자리도 남부로 이동했다. 1990년대의 첨단기술 산업 열풍은 캘리포니아와 태평양 연안 북서부 지역 경제의 주요 원동력이었다. 인구의 노령화 현상 역시 선벨트에 유리하게 작용했는데, 많은 은퇴자들이 북부에 비해 겨울이 따뜻하고 주택 가격이 상대적으로 저렴한 남부로 이주했기 때문이었다.

표 7-2는 1980년과 2004년 미국의 지역별 인구 구성을 보여준다. 1980년에는 미국 북동부와 중서부에 미국 전체 인구의 47.7퍼센트가 살았지만, 2004년에는 40.9퍼센트로 줄어들었다. 이러한 인구 변화는 지역의 정치적 세력 변화를 의미하기도 한다. 1980년 인구 조사를 기준으로 선거구가 조정되기 전까지 미국의 북동부와 중서부 지역은 하원에서 다수 의석(52퍼센트)을 차지하고 있었다. 2000년 인구 조사를 기준으로 선거구가 재조정된 후 이 두 지역이 차지하는 하원 의석은 20퍼센트 이상 줄어들었다. (2002년에는 하원 전체 의석의 42퍼센트를 차지했다.) 1995년에 의회의 주도권을 잡은 공화당은 하원 의장을 조지아 주에서, 원내대표와 부대표를 텍사스 주에서 선출했다. 그리고 이듬해 선출된 상원 원내

대표는 미시시피 주 출신이었다. 이는 미국 정치에서 중요성이 부쩍 커진 남부 지역의 위상이 반영된 것이었다.

## 여성의 지위 변화

1980년 이후 미국 여성의 경제적·사회적 지위에는 커다란 변화가 일어났다. 이 기간 동안 여성의 경제 활동 참여는 빠르게 증가했다. 2005년 미국 남성과 여성의 경제 활동 참여율(직장을 가지고 있거나 구직 활동을 하고 있는 성인의 비율) 격차는 1980년에 비해 절반 수준으로 줄어들었다. 아직까지 여러 가지 진입 장벽이 남아 있긴 하지만, 여성들은 대부분의 고소득 전문직에도 대거 진출했다. 여성에 대한 사회적 인식과 법 집행 태도에도 큰 변화가 있었다. 강간이나 가정 폭력 등 여성이 직접적 피해를 당하는 범죄는 25년 전에 비해 매우 심각하게 다뤄지고 있다. 하지만 일부 여성들의 상황은 오히려 더욱 열악해지기도 했다. 미국의 많은 주에서 가난한 여성들이 낙태 시술을 받을 수 있는 기회는 1980년보다 크게 줄어들었다. 마찬가지로 1996년에 개정된 미국 사회보장제도는 저소득 여성 가장에게 지원되던 주요 혜택들을 폐기해버렸다. 요컨대 양성 평등 면에서는 진전을 이루기도 했지만 역행한 부분도 있었다.

여성의 노동시장 참여 증가세는 세계대전 이후부터 계속 이어져왔다. 1960년부터 1980년 사이에 여성의 경제 활동 참여율은 37.6퍼센트에서 51.3퍼센트로 증가했다. 이러한 추세는 계속 이어져서 1999년에는 여성의 경제 활동 참여율이 60.8퍼센트를 기록하며 정점을 찍었다. 2000년과 2005년 사이에는 이 수치가 소폭 감소했는데, 이는 노동시장 전체가 위축돼 생긴 현상일 뿐 경제 참여에 대한 여성들의 태도에 변화가 있었던 것은 아니었다.[190]

미국의 여성 경제 활동 참여율이 증가하는 동안 다른 선진국에서도 여성의 경제 활동이 크게 늘어났다. 그리고 많은 국가들이 미국보다 높은 여성 경제 활동 참여율을 나타냈다. 2005년에 발표된 자료에 따르면 미국의 여성 경제 활동 참여율 순위는 선진국들 가운데 중간 정도에 해당했다. 프랑스, 독일, 포르투갈과 같은 나라들은 1980년 당시 미국보다 훨씬 낮은 수준의 여성 경제 활동 참여율을 기록했지만 2005년 무렵에는 미국보다 높은 수치를 보였다.[191]

이 기간 동안에는 성별에 따른 임금 격차도 크게 줄어들었다. 표 7-3은 1979년과 2003년의 미국 남성과 여성의 학력별 평균 시급을 보여준다. 이 기간 동안 여성과 남성의 임금 차이가 크게 줄어들기는 했지만, 2003년 대졸 여성의 평균 시급은 같은 대졸 남성의 임금과 비교했을 때 4분의 3 수준에 그쳤다.

여성들이 고위직에 오를 기회 역시 크게 확대되었다. 미국의 주

<hr>

[190] H. Bousley, Are Women Opting Out: Debunking the Myth (Washington, DC: Center for Economic and Policy Research, 2005), http://www.cepr.net/publications/opt_out_2005_11.

[191] 여성의 경제 활동 참여에 대한 자료는 다음을 참조. Female Labor Force Participation: Past Trends and Main Determinants in OECD countries (Paris: Organisation for Economic Co-operation and Development, 2004), http://www.oecd.org/dataoecd/25/3/3174836.pdf.

● 표 7-3  성별 및 교육 수준별 평균 시급

| 연도 | 성별 | 고졸 미만 | 고졸 | 대학 중퇴 | 대졸 | 석사 이상 |
|---|---|---|---|---|---|---|
| 1979 | 남자 | 14.81달러 | 17.35달러 | 18.05달러 | 23.69달러 | 23.96달러 |
| | 여자 | 9.50달러 | 11.27달러 | 12.10달러 | 15.32달러 | 19.62달러 |
| | 여자/남자 | 64.2% | 65.0% | 67.0% | 64.6% | 81.9% |
| 2003 | 남자 | 11.74달러 | 16.02달러 | 18.10달러 | 28.31달러 | 35.41달러 |
| | 여자 | 9.11달러 | 12.62달러 | 14.46달러 | 21.46달러 | 27.07달러 |
| | 여자/남자 | 77.6% | 78.8% | 79.9% | 75.8% | 76.5% |

기준: 2005년 달러 가치
출처: L. Mishel, J. Bernstein and S. Allegretto, *The State of Working America 2004/2005*
   (Ithaca, NY: Cornell University Press, 2005), table 2.18 and 2.19.

요 기업 가운데 최고경영자가 여성인 곳은 매우 적지만, 1980년만 해도 미국 주요 기업에서 여성 최고경영자는 아예 찾아볼 수도 없었다. 정치에서는, 클린턴 대통령이 임명한 16명의 내각 중에 여성은 국무장관과 법무장관을 비롯해 다섯 명이었다. 조지 W. 부시 대통령이 임명한 26명의 내각 중 다섯 명이 여성이었으며, 부시 2기 정부의 국무장관 역시 여성이었다. 반면 레이건 대통령이 임명한 33명의 내각 중 여성은 단 세 명뿐이었으며, 모두 상대적으로 비중이 작은 직책이었다. 레이건의 첫 번째 내각에는 여성이 한 사람도 포함되지 않았다. 1980년에 상원에 진출한 여성 의원은 단 한 명뿐이었지만 2005년에는 14명으로 증가했다. 하원의 경우에는 같은 기간 동안 여성 의원의 수가 17명에서 59명으로 늘어났다. 또한 미국에서 여성이 처음으로 대법관에 지명된 것도 이 기간 동안에 일어난 일이었다. (두 명의 여성이 대법관으로 임명되었다.)

법이나 의약 분야 같은 고소득 전문직 분야에서도 여성 진출이 활발해졌다. 이 분야에서 고위직은 아직 남성들이 대개 점유하고 있다 하더라도 고소득 직종에서 여성의 비율은 남성을 따라잡을 만큼 높아졌다. 1979~1980학년도에 미국의 의대 재학생 중 여성 비율은 27.8퍼센트였지만 2002~2003학년도에는 49.2퍼센트로 증가했다.[192] 2005년도 법학 학위 수여자 가운데 여성의 비율은 51퍼센트였다.[193] 이에 비해 1979~1980학년도 법대 재학생 중 여성 비율은 31퍼센트에 그쳤다.[194] 이외에도 공학 등의 몇몇 분야를 제외한 거의 모든 전문 직종에서 여성의 진출은 눈에 띄게 늘어났다.

여성의 지위 신장을 가장 잘 드러내주는 사례로는 스포츠 분야를 들 수 있다. 남자 스포츠가 언론의 관심을 더 많이 받고 더 큰 돈을 벌어들이는 것이 사실이지만 테니스, 골프, 축구 등에서 유명해진 여자 스포츠 스타들은 웬만한 남자 선수들이 엄두도 내지 못하는 엄청난 이적료를 요구할 수 있게 되었다. 또한 양성 평등이 법제화된 덕분에 고등학교나 대학교에서도 여자 스포츠가 크게 활성화되었다. 다른 분야와 마찬가지로 아직까지도 스포츠 분야에는 여성에 대한 높다란 진입 장벽들이 존재한다. 그래도 1980년

---

[192] American Association of Medical Colleges, *Women in U.S, Academic Medicine Statistics, 2002-2003* (Washington, DC: American Association of Medical Colleges, 2005), http://www.aamc.org/members/wim/statistics/stats03/table1.pdf.

[193] American Bar Association, Commission on Women in the Profession, *A Current Glance at Women in the Law* (Washington, DC: American Bar Association, 2005), http://www.abanet.org/women/ataglance.pdf.

[194] C. Epstein, *Women in Law* (Champaign, IL: University of Illinois, 1993), 53.

이후 미국 스포츠계에서 양성 평등이 크게 진척되었다는 점은 분명한 사실이다.

강간과 가정 폭력 등 여성을 상대로 한 범죄를 보다 심각하게 다루게 됐다는 점 또한 여권 신장의 한 측면이다. 1974년 미시간 주에서는 처음으로 강간 피해자 보호법을 통과시켰다. 이 법은 강간 피해자의 이전 성생활에 대한 질문들이 법정에서 채택될 수 없도록 했다. 이러한 법이 통과되기 전까지는 강간 소송을 맡은 가해자 측 변호사들이 피해 여성이 스스로 소송을 포기하도록 하기 위해 성적 수치심을 자극하는 질문들을 던지고는 했다. 미국 연방에서는 1978년에 강간 피해자 보호법을 통과시켰으며, 1980년대 초에는 거의 모든 주가 강간 피해자 보호를 법제화했다. 그리고 1980년 이전에는 처벌 대상으로 간주하지 않았던 '데이트 강간'이나 '부부 강간' 등도 법정에서 범죄로 인정되면서 법이 규정하는 강간의 범위도 확대되었다.[195]

아울러 가정 폭력이 심각한 범죄라는 인식도 점차 높아졌다. 이 전까지 미국 경찰들은 부부 혹은 동거 남녀 사이의 폭력을 사적인 문제로 취급해왔다. 이러한 인식은 1970년대 페미니즘 운동의 영향으로 바뀌기 시작했다. 이후 가정 폭력이 범죄라는 인식이 널리 확산되었다. 지방정부들은 가정에서 여성을 보호할 수 있는 법과 절차를 시행했으며, 1994년에 의회가 '가정 보호 및 가정 폭력 방

---

[195] 이 문제와 관련된 유용한 논의는 다음을 참조. M. Ferree and B. Hess, *Controversy and Coalition: The New Feminist Movement Across Four Decades of Change* (New York: Routledge and Kegan Paul, 2000).

지법'을 가결하면서 국가적인 기준이 마련되었다. 이 법안은 가정 폭력으로 의심되는 사고에 대해 병원은 보고하고 경찰서는 기록을 남기도록 요구했다. 또한 이 법은 가정 폭력의 피해자가 상시적인 폭력의 위협을 느낄 수 있는 자택을 떠나 지낼 수 있도록 하는 절차를 마련했다. 아직도 경찰들이 여성에 대한 가정 폭력을 방관하는 경향이 있긴 하지만, 가정 폭력에 관한 미국의 법과 제도는 1980년 이후 엄청나게 변화했다.[196]

이 기간에는 직장 내 성희롱에 대해 처음으로 엄격한 판결이 내려졌다. 1986년에 미국 대법원은 해고와 승진 권한을 가진 관리자와 직원 사이의 성관계를 상호 합의에 의한 것이라고 볼 수 없다는 판결을 내렸다. 이 판결 후 그동안 성희롱을 겪은 많은 노동자들이 소송을 제기하기 시작했다. (대개는 여성 노동자들이었다.) 1993년에 나온 판결은 '부당한 근무 환경hostile work environment'에 대한 정의를 확장시켰다. 이 판결은 공공장소에서 음란 영상을 노출하거나 성적인 농담을 하는 행위가 여성의 근무 환경을 부당하게 침해한다고 보고 이를 성차별 행위로 간주했다.[197]

하지만 직장 내 성희롱에 대한 미국인의 태도를 뒤바꾼 가장 중요한 사건은 바로 애니타 힐의 증언이었다. 힐은 대법관 지명자인 클래런스 토머스의 인준청문회에 증인으로 나섰다. 청문회에 나

------

[196] E. Buzawa and C. Buzawa, *Domestic Violence: The Criminal Justice Response* (Thousand Oaks, CA: Sage Publications, 2003).

[197] A. Conte, *Sexual Harassment in the Workplace: Law and Practice* (New York: Panel Publisher, 2000).

선 힐의 증언은 전국에 방송되었으며 이후 며칠간 헤드라인을 장식했다. 많은 이들이 증언의 진실성에 의구심을 가졌지만 실제로 성희롱 논란을 진화하기 위해 나서는 인물은 없었다. 결국 토머스의 인준안은 적은 표 차이로 상원을 통과했지만 그의 인준청문회는 직장 내 성희롱이 용인돼서는 안 된다는 인식을 미국 사회에 심어주었다.

마지막으로, 아동에 대한 무상 지원도 1980년 이후 여성의 권리가 신장된 부분이다. 이혼 후 남성이 자녀를 양육하거나 공동으로 보호하는 일이 예전보다 일반화되기는 했지만, 근래까지도 별거나 이혼을 할 경우에 여성이 혼자 자녀 양육을 책임지는 경우가 대부분이었다. 이러한 이유로, 아동 부양에 관한 법률을 시행하는 것은 수백만 미국 여성들에게 매우 중요한 문제였다. 1980년 이후 대부분의 주정부는 연방정부의 방침에 따라 아동 부양에 상당한 노력을 쏟아 부었다. 의회가 1992년에 통과시킨 아동 부양법Child Support Recovery Act은 다른 주에 살고 있는 아동에게 부양비를 지급하지 않는 행위에 대해 징역형에 해당하는 형사 책임을 부여했다. (이처럼 아동 부양비 지급을 이끌어내려는 미국 정부의 노력에는 여성의 평등권을 보장하기 위한 동기보다는 복지 정책이나 저소득 가구를 위한 공공 지출을 줄이기 위한 동기가 더욱 컸다.)[198]

반면 같은 기간 동안 여성의 상황이 악화된 부분들도 있다. 그중

[198] J. Crowley, *The Politics of Child Support in America* (Cambridge: Cambridge University Press, 2003).

에서도 가장 큰 문제가 되었던 것은 저소득 여성들에게 제공되던 사회복지제도 혜택의 감소였다. 1996년의 사회복지제도 개혁은 수천만 중저소득 여성들에게 돌아가던 중요한 지원들을 크게 약화시켰다. 이 개혁안이 통과되기 전까지 복지 혜택을 받고 있는 여성의 수는 4백만 명 정도였지만 10년 동안 이 제도의 혜택을 한 번이라도 받았던 수혜자의 수는 소득 수준 하위 40퍼센트 가구의 40퍼센트에 해당할 만큼 많았다.[199] 이는 수많은 수혜자들이 상당히 짧은 기간 동안 이러한 혜택을 받았기 때문이었다. 1996년의 사회복지제도 개혁이 있기 전까지 질병, 실직, 이혼 등을 겪은 가구는 일시적인 지원을 제공받았다.

1996년의 사회복지제도 개혁은 미국의 가장 핵심적인 복지 프로그램의 명칭을 '빈곤가구 한시지원'으로 바꿨고, 수혜자들의 혜택은 이전보다 훨씬 열악해졌다. 개정된 제도는 수혜자들에게 상당한 노동 의무를 덧붙였다. 그리고 이러한 노동 의무 때문에 많은 아동 부양 여성들이 더 나은 보수의 직장을 얻기 위한 교육이나 훈련을 받지 못하게 되었다. 또한 변경된 제도는 한 수혜자가 연속해서 2년 이상, 평생 5년 이상 현금 지원을 받을 수 없도록 제한을 두었다. 하지만 이 법은 해당 지역의 주정부가 융통성 있게 제도를 시행할 수 있도록 재량권을 부여했다. 예컨대 주정부는 자체 판단에 따라 수혜 기간을 더 연장할 수 있었지만 새로운 법이 명시한

---

[199] H. Chernick, *Wide Cast for Safety Net: Over Time Middle Class, as Well as Poor, Rely on Entitlement Help* (Washington, DC: Economic Policy Institute, 1995).

기한을 넘겼을 경우에는 그 비용을 주정부 재정에서 충당해야 했다. 이에 따라 대부분의 주에서는 연방정부의 방침대로 혜택을 크게 줄여 사회안전망을 약화시켰다.

여성의 낙태 시술이 더욱 어려워진 것도 미국에서 여권이 퇴보한 부분이다. 1977년에 연방정부는 임부의 목숨이 위태로운 경우를 제외하고는 저소득층 의료보장제도를 통한 낙태 비용 지원을 중단했다. (1993년에는 강간과 근친상간까지 예외 범위를 넓혔다.) 캘리포니아와 뉴욕 등 몇몇 주에서는 큰 제한 없이 낙태 시술에 대한 저소득층 의료보장제도 혜택을 받을 수 있었지만 대부분 지역에서는 예외적인 경우를 제외하고는 혜택이 제한되었다. 이로 인해 미국의 수많은 저소득층 여성들은 낙태 시술 비용 지불에 어려움을 겪게 되었다. 이뿐만 아니라 낙태 시술을 할 수 있는 의사의 수도 크게 줄면서 시술 가능한 의사를 찾는 일 자체도 커다란 문제가 되었다.

낙태 시술을 하는 의사들은 낙태에 반대하는 단체들의 조직적인 행동으로 인해 심각한 위협을 받았다. 이들의 위협은 낙태 시술 병원 앞에서의 시위와 출입구 봉쇄에서부터 살해 위협, 폭탄 테러, 암살에 이르기까지 다양했다. 그 결과 미국의 많은 지역, 특히 남부와 중서부 지역에서는 상시적으로 낙태를 시술하는 병원이 자취를 감췄다. 이런 상황에서는 낙태 시술을 받으려면 여성들이 먼 거리를 이동하는 수밖에 없다. 힘들긴 하더라도 평균 소득의 여성들은 장거리 여행에 드는 비용을 감당할 수 있을 것이다. 그러나 저소득층 여성들에게 있어서 근처에 낙태 시술자가 없다는 점은

넘을 수 없는 장벽이나 다름없다.[200]

## 소수 인종의 지위 변화

1980년 이후 미국 여성의 지위는 전체적으로 크게 향상되었지만, 인종 간 평등의 문제는 이보다 훨씬 복잡한 양상을 보였다. 분명 중요한 진전도 있었다. 예를 들어 미국의 빈곤층 흑인의 비율은 1979년 31퍼센트에서 2004년 24.7퍼센트로 줄어들어 약 5분의 1 정도 감소했다. 흑인들의 고소득 전문직과 정계 진출도 크게 늘어났다. 하지만 1980년대에 나타났던 인종 간의 사회경제적 격차는 2005년에도 크게 줄어들지 않았으며 일부에서는 오히려 그 차이가 커지기도 했다. 2005년 현재 미국의 모습은 인종 평등을 향해 나아가고 있다고 단언하기 어려운 모습이다.

1980년 이후 많은 흑인들이 고소득 전문직, 기업 임원, 정치인으로 등장했다는 사실은 미국이 인종 문제에서 이뤄낸 진전을 가장 분명하게 보여준다. 전체 인구에서 흑인 인구가 차지하는 비중을 생각한다면 고위직에 진출한 흑인 비율은 여전히 낮은 수준이지만, 1980년 초만 해도 고위직에 오른 흑인은 아예 찾아보기 힘들 정도였다. 1982년 당시 미국의 변호사 중 흑인 비율은 2.9퍼센

---

[200] R. Solinger, ed., *Abortion Wars: A Half Century of Struggle 1950–2000* (Berkeley, CA: University of California Press, 1998).

트, 의사는 2.3퍼센트, 회계사는 5퍼센트에 불과했다. 이 수치는 2003년도에 들어서 각각 3.6퍼센트, 5퍼센트, 9.6퍼센트로 증가했다.[201] 2003년 당시 미국 전체 인구에서 흑인이 차지하는 비율은 12.9퍼센트였다. 인구 비율에 비해 흑인의 전문직 진출이 여전히 낮은 수준이긴 하지만 1980년 이후 고소득 직종을 가진 흑인이 크게 늘어난 것은 분명한 사실이다. 고위직에 진출하는 흑인들이 많아지면서 중상류층—경제적으로 안정되어 있고 정치적인 영향력을 보다 쉽게 발휘할 수 있는—흑인의 비율도 함께 증가했다.

연방과 미국 각 지역에서 흑인 공직자의 비중은 크게 증가했다. 1980년 하원의 흑인 의원 수는 17명이었으며 상원에는 단 한 명의 흑인 의원도 없었다. 2005년 하원의 흑인 의원 수는 42명으로 1980년에 비해 두 배 이상 증가했고, 상원에도 한 명의 흑인 의원이 배출되었다. 레이건은 자신의 내각에 단 한 명의 흑인을 지명한 반면, 클린턴은 네 명의 흑인을 내각에 임명했다. 조지 W. 부시 역시 네 명의 흑인을 내각에 임명했으며 이 중 둘은 국무장관을 지냈다.

이렇게 고위층 흑인 인구는 확연히 증가했지만 흑인 사회 전체는 이보다 복잡한 양상을 보였다. 백인 가구의 소득 대비 흑인 가구의 소득 비율은 전체적으로 증가했지만 그 폭은 그리 크지 않았다. 1980년의 백인 가구 중위소득[202] 대비 흑인 가구 중위소득의

----

201 U.S. Census Bureau, *Statistical Abstract of the United States 1984*, table 696, *Statistical Abstract of the United States 2005*, table 597. 1982년 이전 자료들은 '흑인과 기타 인종'으로 항목을 분류했기 때문에 1982년 자료를 사용했다.
202 총 가구 중 소득순으로 순위를 매긴 후 정확히 가운데를 차지한 가구의 소득을 말

비율은 57.9퍼센트였으나 2004년에는 64.5퍼센트로 상승했다.[203] 1980년에 흑인 아동 중 빈곤층 비율은 42.1퍼센트였으나 2004년에는 33.3퍼센트로 줄어들었다. (2004년 백인 아동의 빈곤층 비율은 9.9퍼센트였다.) 인종 간 소득 불균형은 2005년에도 여전히 매우 심했다.

흑인의 상황이 눈에 띄게 악화된 부분도 있었다. 1980년 이후 수감되거나 보호관찰 받는 흑인의 수는 엄청나게 증가했다. 미국이 범죄에 대해 강경하게 대응하기 시작하면서 법정의 처벌 수위는 더욱 높아졌고 형량도 길어졌다. 2004년에 집행유예로 보호관찰을 받는 흑인의 수는 123만 5천 명이었으며 가석방 후 보호관찰을 받는 흑인의 수는 31만 4천 명이었다.[204] 이 둘을 더한 155만 명의 보호관찰 대상자는 전체 흑인 성인 인구의 5.9퍼센트에 해당했다. 이외에 수감된 흑인의 수는 86만 9천 명으로 전체 흑인 성인 인구의 3.3퍼센트를 차지했다.[205] 결론적으로 2004년 현재 전체 흑인 성인 인구의 9.2퍼센트가 투옥 중이거나 보호관찰 상태였다. 특

--------------------------------------------

한다. ─ 옮긴이

[203] The Census Bureau, *Historical Income Tables - Families* (Washington, DC: U.S. Government Printing Office, 2005), table F-6, http://www.census.gov/hhes/www/imcome/histinc/f06w.html.

[204] 보호관찰을 받는 인원수에 대한 자료는 다음을 참조. L. Glaze and S. Palla, "Probation and Parole in the United States, 2004," *Bureau of Justice Statistics Bulletin, November 2005*, http://www.ojp.usdoj.gov/bjs.pub.pdf/ppus04.pdf.

[205] P. Harrison and A. Beck, "Prisoners in 2004," *Bureau of Justice Statistics Bulletin, October 2005*, http://www.ojp.usdoj.gov/bjs/pub/pdf/p04/pdf. 이 자료는 인종별 교도소 수감 인구 통계를 보여준다.

히 젊은 흑인 남성의 경우에는 그 비율이 20퍼센트를 훨씬 넘었다.

반면 1980년 흑인 수감자 수는 19만 5명 정도로 2004년에 비해 그 수가 4분의 1도 되지 않았다. 1980년에 보호관찰을 받는 흑인의 수 역시 2004년에 비해 훨씬 적었을 것이다.[206] 1980년 이후 미국이 범죄에 대해 강경한 태도를 보이기 시작하면서 흑인들은 일상적으로 형사사법제도의 감시와 처벌을 받았다. 이 기간 동안 미국은 폭력 범죄뿐 아니라 경제사범과 마약사범에 대한 처벌도 함께 강화했으며 이에 따라 수감 인구도 폭발적으로 늘어났다. 2003년 주정부 교도소에 수감된 죄수들 중에는 폭력범이 절반 이상이었던 반면, 연반정부 교도소의 폭력범은 전체 수감 인구의 11퍼센트 정도에 그쳤다.[207]

흑인의 경제적 여건이 악화된 데에는 1980년 이후 미국 경제가 저학력 노동자에게 특히 더 불리한 방향으로 흘러온 탓도 있었다. 예컨대 흑인은 백인보다 제조업에 더 많이 종사하고 노조 가입률도 높다. (노조에 가입했을 경우 얻게 되는 임금 혜택 또한 백인보다 흑인이 더 많았다.) 따라서 미국 제조업계의 인력 감축과 노조 교섭력 약화로 가장 큰 타격을 받은 집단은 흑인 사회였다.

제한적이나마 1980년 이후 흑인 사회가 얻은 소득은 적극적 차

---

[206] 1980년도의 투옥률을 정확히 명시한 자료는 없다. 본문에 사용한 수치는 1978년의 주립 교도소 흑인 수감 인구 비율(41.1퍼센트)을 1980년 전체 수감 인구(47만 3천 명)에 대입하여 산출한 근사치다. 1978년 주립 교도소 흑인 수감률은 1981년 미국 통계 자료의 표 334를 참고했으며, 전체 수감 인구는 표 330을 참고했다.

[207] Harrison and Beck, "Prisoners in 2004."

별 철폐 조치인 소수계 우대 정책이었다. 이 정책은 진학이나 취업을 위해 필요한 자격이나 인맥이 부족한 흑인들에게도 이전에 없던 기회를 열어주었다. 이러한 인종에 기반을 둔 소수계 우대 정책을 두고 미국 사회는 뜨거운 정치적 공방을 거듭했으며, 캘리포니아를 비롯한 여러 주에서는 인종을 대학 입학이나 공공 기관의 선발 기준으로 사용하는 것을 금지시켰다. 이런 추세가 증가하면서 흑인들의 고소득 직종 진출 가능성에는 다시 적신호가 켜지기 시작했다.

1980년 이후 흑인 사회가 얻은 소득을 어느 정도로 평가하는지는 사람들마다 달라질 수 있다. 하지만 그 평가에 있어서 백인과 흑인 사이에는 분명 커다란 차이가 있었다. 이는 O. J. 심슨o. J. Simpson의 살인 혐의 재판에 대한 백인과 흑인의 태도 차이에서 가장 잘 드러났다. 심슨은 전직 미식축구 선수이자 스포츠 해설가, 배우로 미국인들에게 널리 알려진 인물이다. 심슨은 이혼한 전처와 그 친구들을 살해한 혐의로 법정에 섰다. 심슨은 흑인이었으며, 죽은 전처와 그 친구들은 모두 백인이었다.

재판이 진행되는 과정에서 심슨의 혐의를 수사하던 경관 중 한 명이 인종차별 단체의 일원임이 밝혀졌다.[208] 또한 검찰 측이 제기한 주장에는 여러 가지 허점들이 있었다. 심슨은 최고의 변호인단을 고용할 수 있을 만큼의 경제력을 가지고 있었다. 그리고 그의

---

[208] 심슨 재판에 대한 미국인들의 태도는 다음을 참조. D. Hunt, *O. J. Simpson Facts and Fictions: News Rituals in the Construction of Reality* (New York: Cambridge University Press, 1999).

변호인단은 검찰 측 주장의 허점을 모두 반박하고 법정에서 무죄 판결을 이끌어냈다. 이러한 결과를 바라보는 백인과 흑인 사회의 태도는 전혀 달랐다. 백인들 다수는 살인자가 석방되었다고 생각했던 반면, 흑인들은 대부분 심슨이 인종차별적인 검찰에 대항해 승리했다고 갈채를 보냈다. 한 사건에 대해 이처럼 극명하게 반응이 갈리는 경우도 드물 것이다.

히스패닉계 미국인의 상황은 흑인보다 조금 낫긴 했지만 역시 발전과 퇴보가 뒤섞여 있었다. 1980년 이후 히스패닉계의 노동 여건은 다소 좋아졌지만 히스패닉계와 히스패닉계가 아닌 백인의 소득 격차는 여전히 컸다. 2004년 미국 백인 인구(히스패닉 포함)의 실업률은 4.7퍼센트였던 반면, 히스패닉계 미국인의 실업률은 7퍼센트였다. 이는 백인의 실업률이 6.4퍼센트였고 히스패닉계 미국인의 실업률이 10.2퍼센트였던 1980년에 비해 다소 낮아진 수치였다. 백인 대비 히스패닉계 미국인의 소득 비율은 1980년에 59.1퍼센트를 기록했지만 2003년에는 54.8퍼센트로 오히려 줄어들었다.[209] 이는 같은 기간 동안 히스패닉계 미국인의 중위소득이 백인에 비해 감소했다는 것을 보여준다.[210] 다른 분야에서도 히스패닉계 미국인의 사회경제적 지위 약화 현상이 드러났다. 일례로, 2004년에 의료보험이 없는 히스패닉계 인구의 비율은 32.7퍼센트였던 반면, 흑인은 19.7퍼센트, 비히스패닉계 백인은 14.9퍼센트

---

[209] U. S. Census Bureau, *Historical Income Table-Families*, table P-1.

[210] L. Mishel, J. Bernstein, and S. Allegretto, *The State of Working America 2004/2005* (Ithaca, NY: Cornell University Press, 2005), table 2.24.

만이 의료보험에 가입돼 있지 않았다.

하지만 이러한 통계 수치의 의미를 더욱 정확하게 살피기 위해서는 1980년대 이후 급격하게 증가한 중남미 국가의 이민자들을 고려해야 한다. 2000년 미국 인구 통계에 따르면 히스패닉계 미국인 중 40퍼센트가 해외에서 출생했으며 절반 이상이 최근 10년 사이에 이민 온 사람들이었다.[211] 히스패닉계 미국인 중에서도 새로 이민 온 계층과 미국에서 태어났거나 오랫동안 거주했던 계층 사이에는 경제적인 지위에서 상당한 격차를 보였다. (이러한 차이는 1980년 이후 점차 확대되었다.) 1980년 이후 급격히 늘어난 히스패닉계 인구는 히스패닉계 미국인 전체의 평균 임금을 크게 낮추고 실업률을 증가시켰다. 요컨대 최근 유입된 히스패닉계 이민자들을 제외하고 본다면 1980년 미국에 있었던 히스패닉계 인구의 경제 사정은 상당히 좋아진 것으로 보인다.

흑인과 마찬가지로 1980년 이후 히스패닉계 미국인들도 고위직에 많이 진출했다. 1980년에 다섯 명에 불과했던 히스패닉계 하원의원은 2005년에 24명으로 증가했다. 또한 1980년에는 단 한 명의 히스패닉계 상원의원도 없었지만 2005년에는 두 명의 히스패닉계 상원의원이 활동하고 있었다. 레이건 정부 시절에는 33명의 내각 임명자 중 단 한 명만이 히스패닉계였지만, 클린턴은 두 명, 조지 W. 부시는 법무장관을 비롯해 세 명의 히스패닉계 미국인을 내각에 임명했다. 또한 주요 기업들에서 히스패닉계 고위 임원들을 찾

------

[211] U.S. Census Bureau, *Statistical Abstract 2004–2005*, table 41.

아볼 수 있게 되었다. 여전히 최고경영자나 기타 최고위직의 히스패닉계 미국인 비율은 무척 낮지만, 1980년 이전에는 이들의 고위직 진출 자체가 드물었다.

현재 히스패닉계 인구는 흑인 인구와 다소 다른 전망을 보이고 있다. 히스패닉계 미국인들은 노조가 강한 제조업 분야에 몰려 있지 않았다. 그래서 제조업과 노조 상황의 악화로 받은 타격이 흑인들만큼 크지 않았다. 히스패닉계 미국인들이 주로 밀집해 있는 곳은 미국 남부의 선벨트 지역으로, 이 지역의 히스패닉계 인구는 흑인 인구보다 많다. 선벨트는 히스패닉계 이민자들의 유입에 힘입어 빠르게 성장하고 있다. 과연 이 점이 득이 될는지는 두고 봐야 할 일이다. 선벨트 지역의 경제가 빠르게 성장하면서 더 많은 기회들이 제공되고 있지만, 인구 증가로 이 지역의 학교와 기반시설은 포화 상태가 되었다. 만약 선벨트 지역의 주정부들이 인구 증가에 발맞춰 사회기반시설을 확충하지 않는다면, 가장 취약한 계층이 가장 큰 고통을 받을 수밖에 없다.

다양한 아시아 국가 출신의 미국인 등 기타 인종의 경우에는 일관된 통계 자료를 찾기가 어렵고, 출신 국가별로 (히스패닉계 미국인들 사이에서 격차가 크게 나타난 것처럼) 경험의 편차가 매우 커서 평가가 쉽지 않다. 1980년 이후 아시아계 미국인들의 평균 소득은 상대적으로 양호한 수준을 보였다. 최근에 조사된 가계 소득을 살펴보면 아시아계 가구의 중위소득은 백인 가구의 중위소득보다 17.3퍼센트가 높은 것으로 나타났다.[212] 또한 고소득 직종에 종사하는 아시아계 인구의 비율은 전체 미국 인구 중 아시아계 인구의 비율보다 높은데, 이는 이들이 인종적 장벽을 비교적 잘 극복해냈다는 사실을 보여준다.


## 동성애자 인권의 변화

1980년 당시 미국의 수백만 동성애자들은 자신의 성적 지향이 밝혀질 경우 겪게 될 고통, 실업, 비난, 괴롭힘, 심지어는 자녀에 대한 양육권 박탈 등을 두려워하며 이를 엄격하게 감추며 지냈다. 뉴욕과 샌프란시스코 등 일부 진보적 성향의 도시를 제외한 미국 대부분 지역에서는 동성애자들의 법적 권리를 보호해주는 법안을 발의하는 정치인이 거의 없었다. 심지어 정치인들은 이러한 법안을 옹호하는 사람들과 연루되는 것조차도 꺼렸다. 당시만 해도 사람들은 영화나 텔레비전, 또는 공개석상에서 공공연하게 동성애자들의 성적 지향을 놀림거리로 삼고 있었다. 또한 동성애자들을 교사나 기타 책임 있는 자리에 고용하는 것이 옳은가를 두고 진지한 논란이 일기도 했다. 당시 의회에는 공개적으로 자신이 동성애자임을 밝힌 의원이 한 명도 없었으며, 동성애자로 밝혀지는 것은 곧 정치 생명의 끝이나 다름없었다. 미국에서 동성애로 처벌받는 경우는 거의 없었지만 실제로 1980년 당시 여러 주에서 동성애 행

----

[212] U.S. Census Bureau, *Income, Poverty, and Health Insurance Coverage in the United States, 2004* (Washington, DC: U.S. Census Bureau, 2005), table 1, http://www.census.gov/prod/2005pubs/p60-229.pdf.

위는 불법으로 규정돼 있었다.[213]

1980년 이후 동성애자들에 대한 미국인들의 태도는 눈에 띌 만큼 크게 변했다. 2005년 현재 미국 정계에서 성적 지향에 따른 고용 차별을 공개적으로 옹호하는 인물은 거의 없다. (하지만 군대만큼은 분명하게 성적 지향에 따른 차별을 고수하고 있다.) 근래에 미국에서 뜨겁게 논의되고 있는 동성 결혼은 1980년 당시 미국 정계에서는 생각하기도 힘든 주제였다. 하지만 이제는 보수적인 공화당 인사들 중에서도 동성 부부에게 혼인 부부와 거의 동등한 법적 권리를 부여해야 한다고 주장하는 정치인들이 있을 정도다. 이는 상당히 짧은 시간 안에 동성애에 대한 미국인들의 태도가 크게 변화되었음을 단적으로 보여준다.

동성애자들의 인권 보호에 대한 목소리가 높아지면서 미국 내 각급 정부 안에서는 수많은 정치적 논쟁이 일어났다.[214] 많은 동성애자들이 공개적으로 성적 지향을 밝혔던 진보적인 도시에서는 동성애 운동가들이 정계에 진출하기 시작했다. 1972년, 샌프란시스코는 처음으로 성적 지향에 따른 고용 차별을 금지하는 조례를 통과시켰다. 이후 20년 동안 다른 여러 도시들도 차별금지법을 추진했으며 뉴욕 시도 1979년에 차별금지법을 통과시켰다. 위스콘

---

213 미국 대법원이 서로 동의한 동성애 행위를 금지하는 것은 위헌이라는 판결을 내린 것은 2003년의 일이었다.

214 성적 지향에 따른 차별 금지와 기타 동성애 관련 법적 논쟁은 다음을 참조. L. Keen and S. Goldberg, *Stranger to the Law: Gay People on Trial* (Ann Arbor: MI: University of Michigan Press, 2003).

신 주는 1982년 주 단위로서는 처음으로 성적 지향에 따른 고용 차별을 법으로 금지했고, 1989년 매사추세츠 주도 그 뒤를 이었다. 2003년까지 캘리포니아 주와 뉴욕 주를 비롯한 11개 주가 공공 부문과 민간 부문에서의 성적 지향에 따른 고용 차별을 법으로 금지했다. 그리고 다른 10개 주에서도 법이나 행정명령을 통해 공공 부문에서의 고용 차별을 금지했다.[215]

동성애 운동가들은 또한 동성 부부의 권리를 이성 부부만큼 확대하기 위해 노력했다. 2002년 캘리포니아 주와 뉴욕 주를 비롯한 7개 주와 83개의 지방정부는 고용 혜택 대상에 동거인을 포함시켰다.[216] (여기서 동거인은 성적 지향에 따른 구분 없이 함께 살고 있거나 함께 살기로 합의한 사람을 가리킨다.) 1997년 여름, 하와이 주는 처음으로 동성 결합civil union for same-sex couple을 인정했고, 이를 통해 동성 부부들에게 혼인한 부부가 가지는 권리를 대부분 제공했다. 버몬트 주에서도 이와 유사한 법안을 1999년에 통과시켰다. 이러한 법안은 당시로서는 혁신적인 것이었는데, 2000년에 공화당의 부통령 후보로 나선 딕 체니는 후보 토론회에서 동성 결합에 대한 지지를 밝혔다.

2004년 매사추세츠 주 대법원은 동성 결혼을 허용하지 않는 매사추세츠 주 혼인법이 위헌이라는 판결을 내렸다. 이 결정으로 인

---


[215] A. Wilkinson and M. Belli, *Everybody's Guide to the Law* (New York: Harper Collins, 2003), 238.

[216] M. Riccucci, *Managing Diversity in Public Sector Workforces* (Boulder, CO: Westview Press, 2002), 144.

결혼 평등권 운동가들이 매사추세츠 주에서 미국 최초로 동성 결혼이 합법화된 것을 기념하고 있다.

해 매사추세츠 주는 미국에서 처음으로 동성 결혼을 합법화한 주가 되었다.

미국 동성애자들의 권리 신장은 법적인 테두리 안에만 국한되지 않았다. 동성애자들 중에는 여전히 자신의 성적 지향을 공공연하게 드러내지 않는 경우가 많았지만—예컨대 동성 파트너를 직장 행사에 데리고 오지 않는 식으로—미국인들이 동성애를 바라보는 시각에는 커다란 변화가 있었다. 자신이 동성애자임을 공개적으로 밝힌 저명인사들도 있고, 주요 도시들에는 동성애자들을 위한 식당과 술집, 기타 사업장들도 있다. 또한 대부분의 대학에는 동성애자와 양성애자 학생들의 조직이 있다. 비이성애자들의 권리를 둘러싼 미국 정치권의 공방은 여전히 진행 중이다. 그러나 1980년부터 2005년 사이에 이들의 권리가 눈에 띄게 신장되었다는 사실을 의심할 수는 없을 것이다.

물론 미국에서만 1980년 이후 동성애자들의 권리가 신장된 것은 아니다. 2005년 현재 대개의 서유럽 국가들은 동성 부부에 대해 혼인 부부가 누리는 권리를 대부분 허용하고 있다. 네덜란드와 벨기에처럼 동성 결혼을 허용한 나라들도 있다. 동성애자 인권 부분에서 미국은 다른 국가들보다 특별히 앞서거나 뒤처지지 않은 정도였다.[217]


## 종교 경향


2005년 현재 미국의 공적 영역에서 종교가 수행하는 역할은 다른 선진국과 상당히 다른 양상을 보인다. 특히 2005년 미국을 뜨겁게 달군 줄기세포 연구나 진화론 수업에 대한 논란은 다른 선진국에서는 찾아보기 힘든 일이다.

미국은 여타 선진국들에 비해 종교성이 상당히 강하다. 최근 조사에서 미국인의 60퍼센트는 자신의 일상생활에서 종교의 역할이 '매우 중요하다'고 대답했다.[218] 이에 비해 독일인은 21퍼센트, 프

---

[217] 유럽 내 동성 부부의 지위에 대한 법률은 다음을 참조. *Same-Sex Marriage and Partnership, Country-by-Country* (Brussel: International Lesbian and Gay Association-Europe, 2005), http://www.ilga-europe.org/europe/issues/marriage_and_partnership/same_sex_marriage_and_partnership_country_by_country.

[218] Pew Research Center for the People and the Press, *Among Wealthy Nations... U.S. Stands Alone in Its Religion* (Washington, DC: Pew Research

랑스인은 11퍼센트가 이와 같은 대답을 했다. 두 번째로 종교성이 강한 국가로 뽑힌 캐나다에서는 국민의 30퍼센트 정도가 종교의 역할을 매우 중요하게 여기는 것으로 나타났다. 1980년 이후 이러한 종교 성향의 격차가 더 커진 것은 사실이지만 이미 오래전부터 미국은 다른 국가들보다 종교성이 강했다. 다른 선진국에서는 점점 세속화 경향이 나타났지만 미국에서 종교의 지위는 크게 변하지 않았다. 미국인의 일상생활과 세계관 형성에서 종교는 여전히 중요한 영향력을 미치고 있다.

1980년 이후 미국인들의 종교적 헌신에는 몇 가지 변화가 있었다. 가장 중요한 변화로는 기존 개신교 교파들의 교세는 줄고 복음주의 기독교 교파가 부쩍 성장했다는 점을 꼽을 수 있다. 1980년과 2002년 사이에 남침례회연맹Southern Baptist Convention 소속 교인은 15퍼센트 증가했으며, 하나님의 성회Assemblies of God는 56퍼센트, 후기성도교회Church of Latter-Day Saints(모르몬교)는 두 배가 증가했다.[219] 이에 비해 가장 큰 루터교 교인은 5퍼센트 감소했으며 성공회는 교인이 16퍼센트 줄어들었다. 또한 1980년 이후 중남미에서 이민자들이 대거 유입되면서 미국의 천주교 인구는 32퍼센트 증가했다.

1980년 이후 복음주의 교파가 성장하면서 이들의 정치적 영향력도 함께 커졌다. 백인 복음주의 개신교인들 대다수는 공화당을 지지했지만 항상 공화당 지도부의 입장에 찬성한 것은 아니었다.

Center, 2002), http://pewglobal.org/reports/pdf/167.pdf.
[219] 종교 관련 통계는 다음의 자료 참조. U.S. Census Bureau Statistical Abstract, 1982, table 80; 2005, table 68.

한 예로, 보수적 사회단체인 가정연구협회Family Research Council의 회장 게리 바우어Gary Bauer는 미국의 가정, 특히 전업주부가 있는 가정을 보호해주는 현재의 사회보장제도가 민영화되는 것을 반대했다.

이 기간 동안 천주교는 당파적 이해관계를 잘 드러냈다. 천주교는 낙태의 합법화를 앞장서서 반대했으며 동성애자들의 권리를 제한하기 위해 활발한 활동을 벌였다. 이와 동시에 천주교 지도자들은 빈곤층을 위한 제도들을 지키기 위해 눈에 띄게 노력했으며 사형제에도 반대했다. 또한 중남미 국가 및 다른 국가들에 대한 미국의 외교 정책에 대해서도 강한 반대 입장을 나타냈다.

천주교 성직자들이 아동 성추행 추문에 잇달아 연루되면서 미국의 천주교는 도덕적 권위와 정치적 영향력에 큰 타격을 입었다. 이러한 추문은 1990년대 말부터 주목받기 시작했다. 이 사건들이 밝혀지면서 수많은 성직자들이 자신의 지위를 이용해 어린 소년들을 성추행했다는 사실뿐만 아니라 그동안 천주교 지도부가 범죄 사실을 은닉하기 위해 이러한 행위를 눈감아왔다는 사실이 함께 드러났다. 2002년 12월, 보스턴의 대주교이자 미국 천주교에서 가장 저명한 인사였던 버나드 로Bernard Law 추기경은 아동 성추행 혐의를 받고 있는 신부들을 오랫동안 보호해왔다는 사실이 밝혀지자 자리에서 물러나야만 했다.

또 하나 중요하게 살펴볼 사실은 미국의 흑인 교회들이 계속해서 정치적인 역할을 이어갔다는 점이다. 1950년대와 1960년대 미국의 인권 운동은 흑인 교회에 그 뿌리를 두고 있었다. 마틴 루서 킹을 비롯해 그 당시 인권 운동을 이끌었던 여러 지도자들은 흑인

교회의 목사들이었다. 여러 면에서 흑인 사회는 한층 다변화되었
지만 흑인 교회는 여전히 흑인들의 생활에서 중요한 역할을 하고
있다. 이러한 흑인 교회와 가까운 관계를 형성하기 원했던 공화당
지도부는 여러 사회적 이슈들에 대한 흑인 교회의 관점이 민주당
보다는 공화당의 관점과 가깝다고 주장했다. 하지만 이러한 공화
당의 노력에도 불구하고 미국 흑인의 90퍼센트 가까이가 여전히
민주당을 지지하고 있다.


## 인터넷 시대의 대중 매체

1980년부터 2005년까지 대중 매체와 뉴스에 대한 접근 방식에는
엄청난 변화가 일어났다. 이 기간 동안 전통적인 뉴스 매체―저녁
뉴스 방송과 신문―의 중요성은 크게 약화됐다. 또한 규제 완화와
기술 변화, 지구화 등으로 인해 인수합병이 급물살을 타면서 매체
집중 현상도 증가했다. 이와 함께 디지털 기술과 인터넷의 발달은
새롭고 대안적인 매체들의 성장을 이끌었다. 이러한 신종 매체들
은 아직 기초 단계에 있지만 점점 정치적·문화적 영향력을 확대해
나가고 있다.

　1980년 미국에서 매일 저녁 공중파 방송의 뉴스를 시청하는 가
구의 비율은 40퍼센트에 달했으며 성인의 3분의 2 이상이 매일 신
문을 본다고 대답했다.[220] 반면 2005년에는 저녁 뉴스를 시청하는
가구의 비율이 전체 가구의 20퍼센트로, 1980년에 비해 절반이 줄

어들었다. 또한 신문을 읽는 미국인의 수도 전체 성인의 40퍼센트로, 1980년에 비해 3분의 1 이상 줄어들었다. 이러한 감소 현상의 원인에는 세대적 측면이 있다. 젊은 층으로 갈수록 뉴스 시청이나 신문 구독을 하는 비율이 낮아졌으며 40세 이하에서는 이러한 특징이 더욱 뚜렷하게 나타났다. 전통적인 뉴스 매체의 수요는 점점 줄어드는 반면 케이블 TV 뉴스나 인터넷에 대한 수요는 점차 증가했다. 이러한 뉴스 매체는 1980년대에 아예 존재하지도 않았던 것들이었다. 2003년 현재 미국에서 케이블 TV를 통해 뉴스 속보를 접하는 미국인의 수는 공중파 방송을 통해 같은 뉴스를 접하는 시청자의 두 배에 달했다. 또한 연간 1억 명가량의 미국인들이 뉴스를 보기 위해 인터넷을 이용하는 것으로 나타났다. 2005년 현재까지도 전통적인 저녁 뉴스 방송과 신문은 중요한 뉴스 매체로 자리를 지키고 있다. 하지만 그 영향력은 1980년보다 현저히 약화되었으며, 반면 대안적 매체들의 영향력은 계속해서 증가하고 있다.

220 신문 열람 경향에 대한 자료는 다음을 참조. Newspaper Association of America, *Daily Newspaper Readership Trend: Total Adults (1964-1997)* (Vienna, VA: News Association of America, 2006), http://www.naa.org/marketscope/pdfs/Daily_National_Top50_64_97_pdf. 최근 뉴스 시청 경향에 대한 자료는 다음을 참조. "Network TV" section of the publication *The State of the News Media 2004* (Washington, DC: Protect for Excellence in Journalism, 2004), http://www.stateofthenewsmedia.org/narrative_networktv_intro.asp?media=4. 최근의 신문 열람 경향에 대한 자료는 다음을 참고. "Newspapers" section of the publication *The State of the News Media 2004* (Washington, DC: Protect for Excellence in Journalism, 2004), http://www.stateofthenewsmedia.org/narrative_newspapers_intro.asp?cat=1&media=2.

전통적인 뉴스 매체들의 영향력이 감소한 것은 편리하게 접할 수 있는 새로운 뉴스 매체의 등장 때문이기도 하지만, 텔레비전과 신문을 통해 보도되는 뉴스들이 신뢰를 잃었기 때문이기도 하다. 1980년에는 공중파 텔레비전 뉴스를 가장 신뢰한다고 응답한 비율이 전체의 35퍼센트였으나 2002년에는 23퍼센트로 떨어졌다. 마찬가지로, 1985년에는 신문을 가장 신뢰한다고 응답한 비율이 전체의 28퍼센트였지만 2003년에는 20퍼센트로 줄어들었다. 여기서 주목할 만한 점은 이러한 설문조사가 일련의 중대한 미디어 추문들이 폭로되기 전에 실시되었다는 점이다. 잇달아 밝혀진 바에 따르면 《뉴욕타임스》는 뉴스 출처에 대한 정확한 조사 없이 이라크의 대량살상무기의 증거를 보도했고, 《CBS》 뉴스는 허위 문건을 근거로 부시 대통령이 텍사스 주방위군 복무를 다하지 않았다고 보도했다. 이러한 보도 실수(혹은 고의적 왜곡)는 전통적 뉴스 매체에 대한 대중의 신뢰를 더욱 실추시켰다.

케이블 TV나 인터넷 뉴스가 대안적인 뉴스 매체로 정착할 수 있을는지는 시간을 두고 더 지켜봐야 할 것이다. 미국의 주요 케이블 채널 4사 중 둘은 기존 공중파 방송 채널과 직접적으로 연결돼 있다. 하지만 케이블 TV의 성장과 채널을 무한대로 확장할 수 있는 위성 TV는 미국 시청자들의 선택의 폭을 넓혀주었으며 미국 내 새로운 뉴스 채널뿐만 아니라 캐나다, 영국 등 다른 국가의 뉴스도 함께 시청할 수 있게 해주었다. 2005년 현재 미국인들 대다수는 전통적 뉴스 매체들의 웹사이트에 접속해 뉴스를 접하고 있다. 하지만 웹사이트는 제작과 운영비가 저렴하기 때문에 훨씬 더 많은 공급자들이 뉴스 수요자들의 선택의 폭을 넓혀주고 있다. 또한 블로거blogger(인터넷상에 자신의 의견과 분석을 게재하는 개인)의 영향력은 이미 사회 여러 분야에서 나타나고 있으며, 이들은 주요 뉴스 매체들이 간과한 사건들에 대해 대중의 관심을 불러 모으는 역할을 해내고 있다.

뉴미디어가 발전하는 동안 전통적 매체들 사이에서는 대규모 통합이 이뤄졌다.[221] 1980년 이후 전통적 매체들은 기존 영역에서 규모를 더 키워가는 한편 새로운 영역으로도 범위를 확장해나갔다. 한 예로, 미국 최대의 잡지사인 타임라이프사Time-Life Corporation는 1990년에 미국 최대 규모의 영화 및 음반 제작 기업인 워너브라더스사Warner Brothers와 합병했다. 그리고 이렇게 합병한 회사는 1996년에 미국 최대의 케이블 뉴스 채널인 CNN을 사들였고, 그런 뒤 당시 미국 최대의 인터넷 서비스 공급자였던 AOL과 합병했다. 이렇게 잡지, 영화, 인터넷, 케이블 뉴스를 모두 갖추게 된 타임워너사 Time-Warner Company는 이외에도 여러 케이블 TV 방송사와 주요 출판사들을 매입했다.

이러한 통합은 모든 매체에 걸쳐 일어났다. 신문사들은 다른 신문사들을 흡수하거나 텔레비전과 라디오 방송국의 주식을 사들이면서 몸집을 키워나갔다. 예를 들어, 뉴욕타임스사New York Times

---

[221] 대중 매체 통합 현상에 대해서는 다음을 참조. B. Bagdikian, *The New Media Monopoly* (Boston: Beacon Press, 2004), R. McChesney, *The Problem of the Media: U.S. Communication Politics in the Twenty-First Century* (New York: Monthly Review Press, 2004).

Corporation는 미국에서 가장 오래되고 권위 있는 신문인《보스턴글로브Boston Globe》를 비롯해 여러 소규모 신문사들을 사들였다.《시카고 트리뷴Chicago Tribune》과 《로스앤젤레스타임스Los Angeles Times》, 그리고 몇몇 소규모 신문을 발행하던 트리뷴사Tribune Corporation는 텔레비전 방송국에 대한 지분을 늘려나갔는데, 2005년 현재 트리뷴사가 지분을 소유한 방송국들이 내보내는 방송은 미국 전체 인구의 80퍼센트 이상에게 전달되고 있다. 라디오 시장 역시 전국적 방송망을 갖춘 라디오 방송국들이 증가하며 판도가 바뀌었다. 클리어 채널 커뮤니케이션스Clear Channel Communications는 2005년 미국 전역에 걸쳐 1200개가 넘는 라디오 방송국을 소유하고 있었다. 이러한 방송망을 가진 회사는 같은 내용의 방송을 수십 개의 지역 채널에 내보내면서 엄청난 규모의 경제 효과를 보았다. 또한 2005년 미국에서는 수백만 명의 청취자들이 위성 라디오 방송을 유료로 수신하고 있었다. 빠르게 성장하는 위성 라디오 시장은 경제력 있는(따라서 가장 가치가 높은) 청취자들 다수를 이미 공중파 라디오 시장에서 유인해왔다.

이러한 통합 현상은 1980년에는 상상할 수도 없었을 정도의 제휴마케팅과 상업화를 가져왔다. 일례로, 영화사들이 영화(특히 어린이를 대상으로 한 영화) 캐릭터 인형과 게임 판매로 벌어들이는 수익은 영화 자체 판매 수익만큼이나 커졌다. 또한 영화나 TV 프로그램, 책에 '간접 광고PPL'를 노출시키는 것도 매우 일반화되었다. 간접 광고를 통해 화면에 등장한 제품은 보기 좋게 연출돼 소비자에게 전달된다. 예를 들면, 영화 속 주인공이 해가 지는 도로를 질주하기 전에 브랜드명이 분명하게 보이도록 특정 자동차를 강조해 보여주는 식이다. 이런 식으로 콘텐츠와 광고를 뒤섞는 방식은 1980년에는 사실상 존재하지도 않았다.

뉴미디어의 발달은 뉴스 보도뿐만 아니라 창작 및 예술 작품의 유통 확산에도 중요한 역할을 했다. 수백 개의 채널을 동시에 전송할 수 있는 위성 TV의 발전은 개인의 창작물을 수많은 시청자에게 전달할 수 있는 길을 열어주었다. 초고속 통신망이 보편화되고 영상 전송 속도가 빨라지면서 인터넷 역시 이러한 역할을 할 수 있게 되었다. 뉴미디어의 잠재력을 잘 알고 있었기에 연방통신위원회 Federal Communications Commission를 필두로 한 규제 당국은 전통적 매체의 통합에 대한 제한을 완화할 수 있었다.

하지만 뉴미디어의 영향력을 온전히 판단하기는 아직 이르다. 전통적 매체를 지배하고 있는 거대 기업들은 뉴미디어 시장에서도 영향력을 확보하기 위해 공격적으로 뛰어들었다. 하지만 뉴미디어는 거의 무한한 양의 콘텐츠를 전달할 수 있다. 게다가 인터넷이나 위성 TV를 통해 콘텐츠를 생산하고 유통하는 비용은 매우 낮아서 (전통적 매체를 이용할 수 없었던) 많은 이들이 얼마든 활용할 수 있었다.

거대 미디어 기업들이 전통적 매체에서 그랬듯이 사실상 뉴미디어를 지배하게 된다 하더라도 위성 TV와 인터넷을 통해 엄청나게 증가한 창작물은 현재의 미디어 재벌들이 제공하는 콘텐츠를 뛰어넘게 될 것이다.

## 건강의 변화

기술의 발전과 생활방식이 변화 덕분에 1980년부터 2005년 사이
에 미국인들의 건강에도 중요한 진전이 있었다. 의학 기술이 발전
하면서 미국인들의 기대수명은 상당히 길어졌으며 삶의 질도 향
상되었다. 하지만 같은 기간 동안 공중 보건 면에서 퇴보한 부분도
있었다. 그 대표적인 예가 바로 비만이다. 적게 움직이는 생활방식
과 좋지 못한 식습관은 미국인들의 건강에 악영향을 미쳤다.

아마도 이 기간 동안 미국인의 건강 개선에 가장 큰 영향을 미친
요인은 흡연율의 급격한 감소일 것이다. 1980년 조사에 따르면 미
국 성인 중 상시 흡연자의 비율은 32.8퍼센트였다. 그러나 2002년
에 조사된 흡연자의 비율은 22.4퍼센트로, 1980년에 비해 거의
3분의 1이 줄어들었다.[222] 미국 남성의 흡연율은 1980년의 36.5퍼
센트에서 2002년 24.8퍼센트로 감소했다. 같은 기간 여성의 흡연
율은 29.1퍼센트에서 20.1퍼센트로 떨어졌다.

흡연의 위험성에 대한 공공 교육과 흡연 규제의 확대가 흡연율
을 떨어뜨렸다. 1980년에는 식당, 사무실, 기내 등의 공공장소에
서도 흡연을 할 수 있었다. 규제가 있다 하더라도 보통 금연 구역
을 지정해놓는 정도로 그쳤다. 이는 대개 식당 한쪽 구석에 테이블
몇 개를 따로 두거나 비행기 앞쪽 좌석 중 몇 줄을 금연석으로 지

---

[222] U.S. Census Bureau Statistical Abstracts for 1984 (table 198) and 2004 (table
188).

정하는 수준이었다.

그러나 이후 흡연에 대한 규제는 점차 강화되었으며 흡연이 허용되는 장소도 점점 줄어들었다. 2005년 현재 미국의 연방정부와 주정부는 비행기와 직장, 공공건물 내에서의 흡연을 법으로 금지하고 있다. 물가 상승률을 고려했을 때 담배 가격은 2백 퍼센트 넘게 인상되었다.[223] 미국 정부가 담배에 높은 세금을 매겼을 뿐만 아니라 대형 소송에서 여러 차례 패한 담배 회사에 엄청난 과징금을 부과했기 때문이었다. 또한 아이들을 겨냥한 광고뿐 아니라 텔레비전 광고를 전면 금지하는 등 담배 마케팅에도 상당한 제한을 두었다.

담배만큼 급격한 변화는 아니었지만 미국의 1인당 알코올 소비량 또한 1980년과 2002년 사이에 11.3퍼센트 감소했다.[224] 소비가 가장 많이 감소한 술은 알코올 도수가 높은 증류주로, 이 기간 동안 35퍼센트의 소비 감소를 보였다. 미국의 알코올 소비량이 감소한 배경에는 음주와 관련된 건강 문제에 대한 인식이 일반에 크게 확산되었다는 점과 알코올 남용에 대한 처벌이 강화되었다는 점이 함께 작용했다. 특히 음주운전반대어머니모임Mothers Against Drunk Driving, MADD은 음주 사고 처벌 강화에 중심적인 역할을 했다. 이 단체는 미국의 음주 가능 연령을 21세로 올리기 위해 노력했고 음주운전에 대해서도 더욱 강력한 처벌을 요구했다. 또한 대부분의 주

---

[223] 이는 담배에 대한 노동통계청의 소비자물가지수를 근거로 산출했다.

[224] U.S. Census Bureau, *Statistical Abstract of the United States 2005*, table 201.

에서는 식당과 술집이 손님이 술에 취한 줄 알고도 술을 제공했을 경우 그와 관련해 일어나는 사고에 대해 책임을 지도록 하는 법이 마련되었다.

한편 2005년 미국의 비만 인구는 1980년에 비해 크게 늘어났다. 2002년에 조사된 바에 따르면, 미국 인구의 거의 4분의 1이 비만이었으며 그 외 35퍼센트의 미국인은 정상 체중을 초과한 것으로 나타났다.[225] 비만 및 과체중이 증가한 것은 건강에 해로운 식습관이 늘어났기 때문이다. 1980년에서 2000년 사이에 미국인의 1일 평균 섭취 칼로리는 22퍼센트 증가했다.[226] 그리고 1일 평균 섭취 지방의 양은 같은 기간 동안 14퍼센트 증가했다.

공중 보건의 악화에는 계급적 측면도 있었다. 2002년 당시 대졸 학력의 미국인 중 비만 인구는 17.4퍼센트였지만 고졸 이하의 학력을 가진 미국인 중에서 비만 인구는 29.7퍼센트인 것으로 조사되었다. 이러한 격차는 소득에 따라 건강 상태의 불균형 현상이 심화되고 있음을 보여준다. 대졸 학력의 미국인들은 의식적으로 건강한 생활방식을 추구하고 건강한(그리고 더 비싼) 음식을 찾았던 반면, 같은 기간 동안 중저소득층이 먹는 음식의 질은 더 나빠졌다. 의료 혜택을 받기는 더 어렵고, 건강에 해로운 환경에는 더 많이 노출되며, 경제적 형편 때문에 스트레스는 더 많이 받게 되는 상황과 겹쳐 가난한 사람들의 열악한 식단은 점증하는 소득 차이

---

[225] 같은 책, table 194.
[226] 같은 책, table 197.

에 비례해 건강 상태의 격차가 더 벌어지는 결과를 낳았다.[227]

## 미국과 세계

1980년 당시 미국은 서유럽 국가들과 일본, 호주, 한국, 그리고 서반구 전역을 포괄하는 냉전 동맹국들의 확고한 리더였다. 미국은 2005년에도 여전히 세계적인 군사력과 정치·경제적 힘을 갖고 있지만, 미국과 동맹국들 사이의 분열은 훨씬 더 커지고 잦아졌다. 특히 국제 분쟁들에 있어서 미국과 유럽 주요국들은 자주 대립하고 있다.

가장 대표적인 예로는 2003년에 프랑스와 독일이 미국의 이라크 침공 지원을 거절했던 사건을 꼽을 수 있다. 당시 미국은 이라크 정부가 1991년 1차 이라크 전쟁의 종전 조건이었던 대량살상무기 폐기를 거부했다는 이유로 이라크 침공을 정당화하고 있었다. 프랑스와 독일 정부는 유엔의 무기 사찰단이 이라크에 들어가 실제로 후세인이 1991년의 약속을 어기고 대량살상무기를 보유하고 있는지 조사해봐야 한다고 주장했다. 프랑스와 독일 정부를 비롯해 과거 미국의 신실한 동맹이었던 여러 나라들이 이라크 전쟁 지원을 거절하자 부시 정권은 매우 난처해했다. 이들 국가들의 전쟁

---

[227] M. Marmot, *The Status Syndrome: How Social Standing Affects Our Health and Longevity* (New York: Times Books, 2004).

지원 거부는 미국 안팎의 이라크 전쟁 반대자들에게 큰 힘을 실어 주었다.

프랑스와 독일이 이라크 전쟁 지원을 거절한 배경에는 전쟁의 정당성에 대한 고려보다는 정치적인 계산이 더 크게 작용했을 것이다. 하지만 그 동기가 무엇이든 미국의 난처한 입장이 달라질 것은 없었다. 이제 미국은 세계 곳곳에서 수행하고 있는 군사 행동에 대해 유럽 동맹국들의 지원을 확신할 수 없게 되었다. 전쟁 초기에는 동맹국의 지원이 별로 중요하지 않아 보일 수도 있었지만, 이라크 전쟁이 게릴라전 형태로 장기화될 경우 지상군 병력과 전쟁 비용 양 측면에서 미국은 동맹국들의 지원이 필요해질 수밖에 없었다. 또한 이라크 전쟁에 동참한 나라들이 참전 사실로 인해 테러리스트들의 공격 대상이 된다면, 계속 전쟁에 참여하는 동맹국과 참전을 거부하는 동맹국들 사이에는 중대한 이해관계 차이가 생길 수 있었다.[228]

한 가지 더 중요하게 살펴볼 점은 미국이 이라크에서 계속 문제를 겪게 된다면 다른 지역에 대한 파병에 심각한 제약을 받게 된다는 점이다. 미국은 군사 자원의 상당 부분을 이라크 전쟁에 사용하고 있다. 현재의 군사 규모를 볼 때, 비슷한 규모로 교전을 다시 하

---

[228] 2004년 3월, 스페인 마드리드의 지하철에서 일어난 폭탄 테러는 191명의 사망자를 발생시켰다. 이 사건은 스페인의 이라크 전쟁 참전에 대한 보복으로 자행된 것이라는 게 일반적 견해였다. 폭탄 테러가 일어난 지 3일 후 스페인의 유권자들은 스페인군의 이라크 철수를 공약으로 내건 정권을 선택했다. 이러한 선택의 배경에는 기존 정권이 폭탄 테러범에 대한 보고에 정직하지 못했다는 사실도 일부 작용했다.

려면 충분한 인력을 확보하기 위한 징병이 분명 필요할 것이다. 그러나 징병제를 다시 실시한다면 대중의 엄청난 반감을 불러일으킬 것이기 때문에 어느 정권이든 그것만은 피하려고 할 것이다.

유럽 국가들 사이의 의견 대립으로 유럽연합은 독자적 정치 세력으로 자리 매김하는 데 어려움을 겪고 있다. 하지만 유럽 국가들이 한 목소리를 내야 한다는 압력이 높아지고 있다. 유럽 정부들이 온실가스 배출을 규제하는 교토의정서를 채택한 것은 자국 내 강력한 환경 운동에 호응한 것이었다. 부시 정부가 모호한 구실로 그러한 협정에 관심 없다며 돌아설 때 유럽 정부들은 예정대로 추진해나가도록 압력을 받았다. 유럽이 미국을 배제하고 또 다른 국제 협정들을 추진할 때에도 비슷한 압력이 작용했다. 유럽 정부들은 미국이 참여를 거부한 여러 조약—여성 차별 금지 조약, 지뢰 매설 금지 조약, 전쟁 범죄에 대한 처벌 등에 관한 조약—에 서명했다. 유럽 정부들은 기타 부유한 나라의 정부들과 더불어 미국보다 훨씬 많이 개발원조에 기여해왔다. 유럽연합은 세계 최빈국에 대한 원조를 2015년까지 연간 GDP의 0.7퍼센트 수준으로 끌어올리겠다는 목표를 설정했다. 반면 2005년 현재 미국이 최빈국 원조에 사용하는 금액은 GDP의 0.1퍼센트를 조금 웃도는 수준이었다.

이러한 사례들만 보면 미국과 기타 선진국들 사이에 의견 대립이 매우 큰 것 같지만, 실제로 이들은 더 많은 부분에서 공감대를 이루고 있다. 일례로, 교토의정서에 서명한 나라들이라고 해도 세계무역기구의 관세 축소 의무나 기업 규제 제한 의무만큼 교토의정서를 중요하게 이행하지는 않는다. 그러나 유럽 정부들은 대중의 압력에 따라 환경 규제와 해외 원조 및 기타 이슈들에 대해 책무를 다했다. 유럽 정부의 수장들이 미국의 지도부를 따르는 걸 선호한다 하더라도 대중의 압력은 유럽 정부가 미국과 더욱 뚜렷하게 단절하도록 만들 수 있었다.

세계적으로 미국의 영향력이 가장 크게 약화된 곳은 중남미 지역이었다. 20세기 초 중남미 국가들의 산업이 성장하기 시작한 이래로 미국은 중남미 지역에 어마어마한 영향력을 미쳐왔다. 미국은 중남미 국가의 주요 원자재 소비국이자 자본 및 공산품 공급자로서 경제적으로 중요한 역할을 담당했다. 미국은 자국의 이익을 위해 군사적 개입을 감행하기도 했다. 직접적으로는 20세기 초 아이티와 니카라과를 침공했으며, 간접적으로는 과테말라, 칠레 등 중남미 국가들의 쿠데타를 지원했다.

1980년 이후 미국은 공개적으로 중남미 지역 군사 독재 국가의 민주화를 지지해왔다. 하지만 한편으로는 중남미 지역의 경제를 무너뜨릴 수 있는 '워싱턴 컨센서스' 경제 정책을 지지했다. 1960년에서 1979년 사이 중남미 지역의 1인당 소득은 80퍼센트 증가했지만 1980년 이후 25년간 이들의 소득은 15퍼센트 증가에 그쳤다. 이같이 부진한 성장은 중남미 국가들이 1980년 이후 빈곤 해소나 생활수준 개선에 있어서 별다른 진전을 이루지 못했다는 것을 의미한다. 이에 비해 1980년 이전 20년 동안에는 상당한 진전이 있었다.

이 같은 경제 성장 실패는 민주적 선거로 뽑힌 중남미 정부들의 태도에 영향을 주었다. 이들은 미국이 직접적으로 제시하는 방향이나 국제통화기금과 세계은행을 통해 간접적으로 제시하는 방향을 거부하기 시작했다. 이러한 변화를 가장 분명하게 보여주는 예로는 중남미 지역의 여러 국가들이 미주자유무역협정Free Trade of the Americas Agreement에 관심을 보이지 않았다는 점을 들 수 있다. 이 협정은 미국이 북미자유무역협정을 통해 멕시코에 부과했던 조건을 미주 전체로 확대하기 위해 제안된 것이었다. 2001년에 채무불이행 상태에 처한 아르헨티나는 오랫동안 국제금융계를 지배해온 법칙을 무시하고 3년이 더 지난 후 채권자들에게 달러당 25센트를 상환했다. 국제통화기금은 이러한 상환 조치에 강하게 반대했지만 결국 아르헨티나의 태도를 바꿀 수는 없었다.

중남미의 정치지도자들은 반미 입장을 확실히 밝힘으로써 대중의 지지를 얻어냈다. 이것이 특히 두드러진 곳은 베네수엘라였다. 베네수엘라의 대통령 우고 차베스Hugo Chavez는 2002년에 부시 정부의 동의(적극적 지원이 아니었다면)를 받은 쿠데타 세력의 표적이 되기도 했다.[229] 브라질과 아르헨티나, 우루과이, 그리고 최근에는 볼리비아에서도 미국식 경제 개발 모델에 분명하게 반대하는 정부들이 집권에 성공했다. 심지어 멕시코에서도 북미자유무역협정 이후 겪게 된 경제적 어려움으로 인해 강한 반발이 일어났다. 2006년 멕시코 대선에서 2위를 기록한 후보는 북미자유무역협정과 미

---

[229] 부시 정부는 베네수엘라에서 쿠데타가 일어났을 당시 쿠데타를 둘러싼 여러 사건에 대해 허위 성명서를 발표했다. 이후에 밝혀진 문서에 따르면 부시 정부는 쿠데타 모의 세력과 연락을 취하고 있었으며 쿠데타 계획에 대해서도 이미 파악하고 있었다.

국식 신자유주의 노선을 강하게 비판한 인물이었다. 이 선거의 공식 집계 결과에 대해서는 의문이 제기되었지만 그런 가운데서도 그가 당선자와 보인 표 차이는 0.5퍼센트도 채 되지 않았다.

2004년과 2005년에 중남미 국가들은 중국과 정치·경제적 연대를 강화하기 위해 적극적으로 나섰고, 중국과의 관계 개선은 중남미 지역에 대한 미국의 영향력 감소로 이어졌다. 중국 경제의 성장 전망을 고려해볼 때 중남미 국가들의 전환은 이해할 만하다. 향후 10년 동안 미국의 수입은 줄어들 것이 거의 확실했지만 같은 기간 동안 중국의 연간 수입량은 최소 2천억 달러 증가할 것이라고 전망되었다.[230] 다양한 농산물과 원자재에 대한 중국의 수요 증가를 고려할 때 중남미의 무역에서 아시아의 비중이 더 커질 것이 분명했다. 또한 2005년 현재 미국은 엄청난 부채를 안고 있지만 중국은 주요 자본 공급자 역할을 담당하고 있었다.

자본 차입국으로서 미국의 지위는 향후 몇 년 내 다른 경제 강국들의 조치에 쉽사리 영향을 받게 될 것이다. 해외 투자자들은 12조 5천억 달러 가치의 미국 금융자산을 소유하고 있다.[231] 이는 미국

---

[230] D. Baker and M. Weisbrot, *Fool's Gold: Projection of the U.S. Import Market* (Washington, DC: Center of Economic and Policy Research, 2004), http://www.cepr.net/publications/trade_2004_01_08.pdf.

[231] 이 수치는 2004년 말 미국 자산 중 외국인 보유액의 총합이다. 여기에 미국이 보유한 해외 자산의 가치를 뺀 수치는 2조 5천억 달러였다. E. Nguyen, "The International Investment Position of the United States at Yearend: 2004," *Survey of Current Business*, July 2005, 30~39. http://bea.gov/bea/ARTICLES/2005/07July/0705_IIP_WEB.pdf.

의 GDP보다 많은 액수다. 이러한 해외 자본의 대부분은 고수익을 기대한 민간 투자자들이 투자한 것이었다. 하지만 2004년 말 외국 중앙은행들은 미국의 금융자산 가운데 1조 9천억 달러를 보유하고 있었다. 일본과 중국(홍콩 포함) 두 나라의 중앙은행이 가지고 있는 미국 자산을 합치면 거의 1조 달러에 달했다. 이들 중앙은행들은 외환보유고로 달러를 확보하기 위해, 혹은 자국 화폐에 대한 달러의 가치를 지지하기 위해 미국 금융자산을 사들였다.

외국 중앙은행들이 사소한 이유로 달러 자산을 청산하지는 않을 것이다. 하지만 이들이 정치·경제적 상황에 따라 달러를 쏟아내거나 혹은 보유량을 점점 줄여가는 상황을 상상해볼 수는 있다. 이는 미국 경제에 심각한 결과를 초래할 수 있다. 미국 금융자산의 외국인 보유량이 급격하게 감소하게 되면 다른 주요 통화에 대한 달러화의 가치는 크게 하락할 것이다. 달러화의 가치가 하락하면 미국은 같은 수입 물품에 대해 더 많은 달러를 지불해야 하고 이는 수입 가격의 상승으로 나타날 것이다. 그리고 더 높아진 수입 가격은 미국의 물가 상승과 금리 인상으로 이어질 것이다. 결국 이러한 일련의 현상들은 미국 경제에 매우 심각한 침체를 가져올 것이다. 그렇다고 외국 중앙은행들이 달러 보유고를 줄이기로 한 결정의 모든 경제적 영향을 따지느라 고심할 필요는 없다. 중앙은행의 막대한 달러 보유고를 통해 이들 나라가 미국에 대한 잠재적 영향력을 확보했다는 사실을 확인하기 위해 그러한 결정을 내리기도 하는 까닭이다.

세계 속에서 미국의 역할은 많이 변했지만 놀랍게도 미국의 정책결정자들은 이를 거의 고려하지 않은 채로 미국의 외교 정책을 계속 수립했다. 외교 정책 전문가들은 미국이 군사 행동을 할 경우 상대 국가가 나타낼 군사적 반응에 대해서는 무게 있게 다룬다. 하지만 관계가 적대적으로 변할 경우 많은 나라들이 미국에 상당한 경제적 타격을 입힐 수도 있다는 인식은 거의 전무하다.

또한 미국은 1980년 이후 변화된 미국의 경제적 지위에 대해서도 제대로 인식하지 못했다. 구매력 평가 기준 GDP(국가 간 경제성과를 비교하는 가장 대표적인 기준)에 따르면, 2005년 현재 인도의 경제 규모는 미국 경제 규모의 30퍼센트 정도이며[232] 중국의 경제 규모는 미국 경제 규모의 약 65퍼센트에 달한다.[233] 세 나라의 경제 성장 추세로 보았을 때 중국의 경제 규모는 향후 10년 남짓한 기간 내에 미국의 경제 규모를 넘어설 것이며, 2015년에 인도의 경제 규모는 미국 경제 규모의 40퍼센트 수준에 이르게 될 것이다. 중국

[232] 인도와 중국의 GDP 자료는 the Penn World Tables version 6.1(http://datacentre.chase.utoronto.ca/pwt/에서 열람 가능)의 2000년도 구매력 평가 기준 GDP(중국과 홍콩을 합쳐서 계산) 예상치와 골드만삭스Goldman Sachs의 GDP 증가율 전망치("Dreaming with the BRICS: The Path to 2050" [New York: Goldman Sachs, 2004], http://www.gs.com/insight/research/reports/report6.html)를 참고해 도출했다. 미국의 GDP 증가 전망치는 다음을 참조. Congressional Budget Office, *The Budget and Economic Outlook 2006-2015* (2005).

[233] 중국 정부가 2005년 말에 내놓은 자료를 보면 중국의 경제 규모는 이전 자료보다 17퍼센트 더 커진 것으로 나타났다("That Blur, It's China Moving Up in the Pack," *New York Times*, December 21, 2005). 중국의 경제 규모에 대한 부분이 상당히 불확실하긴 하지만, 이 자료대로라면 2005년 말에 중국의 경제 규모는 이미 미국 경제 규모의 80퍼센트에 근접한 셈이었다. 예상대로 연간 7퍼센트의 경제 성장을 이어간다면 중국 경제는 2012년에 미국과 같은 규모를 가지게 될 것이다.

과 인도의 경제가 미국 경제를 추월하게 되면 국제적 사안에서 이들 국가의 정치적 영향력은 미국보다 높아질 것이다. 이는 군사력의 경우도 마찬가지다. 하지만 미국의 외교 정책 기획자들은 미국이 앞으로도 영원히 세계 최강자의 지위를 이어나갈 것이라고 상정하고 있다.

2004년 여름, 미국의 가장 권위 있는 외교 전문지《포린어페어 Foreign Affairs》에 실린 논문은 미래에 미국이 세계 속에서 차지하게 될 위상을 잘못 이해하고 있는 대표적 사례라 할 만하다. '다가오는 세계 권력 변동 A Global Power Shift in the Making'이라는 제목의 이 논문은 중국의 규모와 빠른 경제 성장 추세로 볼 때 중국 경제가 조만간 독일 경제를 따라 잡을 것이며 2020년에는 일본 경제를 추월할 것이라고 전망했다.[234] 하지만 저자와 편집자는 각국의 경제를 비교하면서 잘못된 GDP 기준을 사용했다. 이 논문을 작성할 당시 중국의 경제 규모는 이미 독일의 두 배에 달했으며 일본의 경제 규모보다도 훨씬 더 컸다. 이 논문이 중국(과 인도)으로의 권력 이동에 대해 미국인들의 관심을 불러일으킨 것은 사실이었지만, 그러한 권력 이동은 저자와 논평자가 인식하는 것보다 훨씬 더 많이 진전돼 있었다.

......................................

[234] J. Huge, "A Global Power Shift in the Making," *Foreign Affairs*, July-August 2004, http://www.foreignaffair.org/20040701facomment83401-p0/james-f-hoge-jr/a-global-power-shift-in-the-making.html.

# 다른 길, 잃어버린 기회

역사는 두 번의 기회를 주지 않는다. 그럼에도 미국이 최근 수십 년간 지나온 길 외에 다른 길을 택할 수는 없었는지 되묻는 것은 나름의 의미가 있을 것이다. 1980년의 대통령 선거는 미국에게 커다란 전환점이 되었고, 레이건 대통령의 정책은 2차 세계대전 이후 미국 사회의 주요 흐름을 크게 바꿔놓았다. 레이건 행정부의 정책은 노동조합의 힘을 약화시키고 저학력 노동자들의 교섭력을 위축시켰다. 또한 미국은 복지국가로서의 성장에 제한을 받았고 일부 퇴보하기도 했다.

국제적으로 레이건 행정부는 일방주의 노선을 고집했다. 국제 공조를 통한 제도적 해결책이 어떤 면에서는 미국의 권력을 제한할 수도 있지만 궁극적으로는 미국의 이익에도 부합하는 방안이었을 것이다. 하지만 레이건 행정부는 그 대신 일방주의 전략을 추구했다. 이러한 노선은 니카라과 정부를 전복하려던 기획에서 가장 잘 드러나는데, 미국은 이에 대해 주요 동맹국들로부터 지지를 이끌어내지 못했다. 미국의 이러한 일방적 노선은 레이건 퇴임 이후에도 계속 이어졌다.

과연 미국은 다른 방향으로 갈 수도 있었을까? 카터 대통령의 재선 성공은 불가능한 일이 아니었다. 선거일 이전 몇 주간 실시되었던 지지도 조사에서 카터와 레이건은 매우 치열한 접전을 보였다. 만약 카터 대통령이 대선이 치러지기 전 이란에서 미국인 인질들을 탈환해 백악관에 초대했더라면 그의 재선 가능성은 꽤 높아졌을 것이다. 이러한 맥락에서 본다면 레이건이 정권을 잡지 못했을 경우를 상상하는 것은 그리 어려운 일이 아니다.

같은 시기에 레이건은 실재하는 경제적·정치적 압력에 호응하고 있었다. 분명 레이건 취임 전부터 국내외적 사안들에 대한 레이건의 입장을 지지하는 강력한 정치적 지원세력이 존재했다. 예컨대 항공, 운수 등 주요 산업에 대한 규제 완화 요구는 카터 정권 때 시작되었다. 노동조합들은 레이건이 취임하기 전에도 고용주의 적대적 태도와 노조 결성의 어려움에 대해 불만을 제기했다. 같은 맥락에서 카터 행정부는 1978년 자본이득에 대한 과세 범위를 50퍼센트에서 40퍼센트로 감축하며 부유층에게만 유리한 감세 정책을 실시했다. 또한 카터 대통령은 연방준비제도이사회 의장으로 폴 볼커를 임명했는데, 물가 상승에 대한 그의 강경책을 기대했기 때문이었다.

국제적으로 보면, 카터는 임기를 2년 남긴 시점부터 미군의 군비 증강을 시작했다. 카터는 니카라과 혁명을 매우 불편하게 생각했고 산디니스타의 집권을 막기 위해 상당한 시간과 노력을 기울였다. 만일 미군의 대규모 투입 없이도 이란 국왕의 집권을 유지시킬 수 있는 방법이 있었더라면, 아무리 절대 다수의 이란 민중이 국왕의 통치를 반대한다 하더라도 카터는 그 방법대로 했을 것이다.

이런 사실들을 볼 때, 레이건의 정책들이 결코 직전 행정부의 정책 기조와 상관없이 나타난 것이 아니었다. 하지만 레이건은 카터 대통령이 재집권했을 경우보다, 또한 어떠한 공화당 후보가 당선됐을 경우보다 더 강력하게 이러한 정책들을 추진해나갔다. 이전의 대통령들과는 달리 레이건은 대립을 주저하지 않았다. 그 대표적인 사례가 바로 취임 첫 달에 단행한 항공관제사들의 대량해고 조치였다. 결과적으로 레이건의 정책들은 미국 사회의 여러 분야에 광범위하고 지속적인 영향을 미쳤다.

지나간 일을 바꿀 수는 없다는 것은 분명하다. 하지만 미국이 향후에 직면하게 될 문제들에 대해 지난 사반세기 동안 어떤 준비를 해왔는지 질문해볼 수는 있을 것이다. 이 질문에 대한 대답은 그리 긍정적이지 않다. 미국이 1980년 이후 추구한 노선은 정치·경제·환경적으로 지속 가능한 방식이 아니었다. 미국의 정치체계는 공공 정책의 장기적 비용을 고려하지 않아도 되게끔 구축돼 있다. 이를 염려하며 문제를 제기하는 목소리는 공적 논의에서 조직적으로 배제되고 있다.

이러한 문제 제기가 배제되는 과정은 다음과 같다. 언론은 장기적 차원의 문제들에 대해 보도하지 않고, 언론을 통제하는 인사들은 대중이 그 문제에 별 관심이 없다는 이유로 자신들의 소홀한 보도를 정당화한다. 국민들 대다수가 (뉴스에 잘 등장하지 않는 까닭에) 이러한 문제들을 거의 알고 있지 못하므로, 대중적 관심이 없다는 말이 사실 틀린 말은 아니다. 이런 식으로 미국이 직면한 매우 중요한 많은 문제들이 논의의 대상조차 못 되고 있다.

경제적인 면에서 미국은 보건의료제도 비용과 무역 적자라는 두 가지 지속 불가능한 문제에 직면해 있다. 미국은 이 문제들을 국가 차원의 정치적 공론장에서 논의해본 적이 사실상 없다. 미국은 1인당 보건지출액이 다른 선진국 평균의 두 배에 이르지만, 평균 기대수명이나 의료 혜택 수준 면에서는 하위권에 머물고 있다. 미국에서는 가장 교육 수준이 높은 사람들도 이런 기초적인 사실조차도 제대로 알지 못하고 있다.

더욱이 미국의 의료 비용이 다른 선진국에 비해 가파르게 상승함에 따라 미국과 여타 선진국의 보건의료 비용 격차는 계속해서 벌어지고 있다. 이러한 격차는 고령화가 진행됨에 따라 더욱 커다란 결과를 가져올 것이다. 65세 이상 노인들에게 들어가는 보건의료 비용은 젊은 사람들에 비해 훨씬 많다. 따라서 향후 베이비붐 세대들이 은퇴 정년을 넘을 경우 미국이 떠안게 되는 부담은 지금보다 훨씬 더 커질 것이다.

대다수 미국 정치인들은 보건의료 제도의 비용에 대해서라면 어떤 것도 언급하기를 꺼린다. 간혹 이 주제를 공론화하려고 노력하는 인물들은 국가적 논의 과정에서 철저히 배제당했다.[235] 강력한 이익집단들, 특히 보험업계와 제약업계, 의사 단체 등은 보건의료 제도의 개정에 강력히 반대했다. 그리고 지금까지 그들의 뜻대로 되어왔다.

미국의 무역 적자 문제도 사정이 비슷하다. 무역 적자 문제는 경제학 개론 시간에 배우는 것처럼 비교적 단순하다. 무역 적자는 해외에서 빌려온 돈으로 충당된다. 이러한 적자는 일정 기간 동안 국민의 삶의 질을 높여주지만, 일정 기간이 지나 부채에 대한 이자를 지불하기 시작하면서 국민의 삶의 질을 떨어뜨리게 된다. 이런 면에서 무역 적자는 재정 적자와 비슷하다. 국가가 일정 기간 동안 세수입보다 더 많은 예산을 지출했다면, 재정 적자를 줄이기 위해 미래의 어느 시점에서 반드시 세수입을 늘리고 지출을 줄여야 하기 때문이다. 무역 적자의 경우에는 늘어난 적자와 함께 이자의 부담까지 감당해야 하는 문제가 있다.

무역 적자가 발행하는 이유 역시 간단하다. 달러화 가치가 높아지면 미국인이 지불해야 하는 수입 가격은 낮아지고, 저렴한 수입

---

235 한 예로, 2004년 대선 유세 과정에서 민주당 경선 후보 세 명은 보건의료 비용 문제를 포괄하는 전 국민 대상 의료보험 제도universal Medicare system에 대해 지지 입장을 나타냈다. 이 주제에 대한 토론회가 끝난 후 이를 보도한 언론은 많지 않았는데, 《뉴욕타임스》와 《워싱턴포스트》는 이들 경선 후보들이 제안한 의료보험 제도를 기사로 다뤘다("Other Candidates Again Target Dean," *Washington Post*, October 16, 2003, A4, "Democrats Focus on Health Plans at Iowa Forum," *New York Times*, October 16, 2003, A25). 그러나 이 두 기사는 전 국민 대상 의료보험 제도가 가진 장점에 대해서는 일절 언급하지 않았다. 또한 이 기사들에서는 의료보험 제도를 제안한 후보들을 '군소 후보'로 간주했는데, 토론회가 열렸을 당시 아직 후보들에 대한 어떠한 투표도 진행되지 않았으므로 이는 전적으로 언론의 판단이었다.

가격은 미국인들이 국산품보다 수입 제품을 구매하도록 유도한다. 동시에 달러화 가치가 높아지면 해외 소비자가 지불해야 하는 미국 수출품의 가격이 올라가기 때문에 미국 제품의 해외 판매는 감소하게 된다.

재정 적자에 대해서는 미국 정치계가 계속 논의해온 반면 그보다 훨씬 규모가 큰 무역 적자에 대한 논의는 거의 찾아볼 수 없었다. (의회예산처는 2006 회계연도 미국의 통합 재정 적자가 3370억 달러이며 사회보장기금에서 빌린 금액을 포함하면 5180억 달러에 이를 것이라고 전망했다.[236] 이와 비교해 2005년 4/4분기 미국의 무역 적자는 연 7840억 달러에 달하며 그 규모는 빠르게 증가하고 있다.) 사실상 모든 경제학자들은 미국이 머지않은 미래에 무역 적자를 원점으로 돌려야만 할 것이라는 데 동의하고 있다. 2005년 말의 무역 적자 규모를 그대로 대입했을 때 미국이 무역수지 균형을 이루기 위해서는 연간 7840억 달러 규모(GDP의 약 6퍼센트)의 추가 세금 징수에 맞먹는 충격을 미국 경제에 끼쳐야만 한다.

미국의 무역 적자 규모로 볼 때 무역수지 균형을 이루는 일은 어떤 상황에서도 쉽지 않을 것이다. 그 과정에는 높은 물가 상승과 금리 인상, 급격한 경기침체가 동반될 수 있다. 미국이 무역수지 조정을 위해 아무런 조치를 취하지 않았다는 사실, 그리고 무역 적자가 이렇게 커지는 것을 애초에 방지하지 않았다는 사실은 미국

---

[236] Congressional Budget Office, *Economic and Budget Outlook: 2007-2016* (Washington, DC: U.S. Government Printing Office, 2006), summary table 1, http://www.cbo.gov/ftpdocs/70xx/doc7027/01-26-BudgetOutlook.pdf.

정치권의 커다란 실책이었다.

미국 정치권의 두 번째 실책은, 미국이 경제적·군사적으로 세계 최강국이 못 될 경우에 미국의 이익을 보호해줄 국제기구를 마련하는 일을 등한시했다는 것이다. 2차 세계대전이 끝나기 전 미국은 모든 나라들이 경제력, 군사력과 상관없이 보호받을 수 있는 국제적 조직을 만들기 위해 노력했고, 유엔도 이러한 맥락에서 탄생했다. 미국은 이러한 국제기구를 탄생시키는 과정에서 가장 앞장섰던 나라였다. 하지만 이러한 기구들이 항상 미국의 이익을 지지해주는 것은 아니라는 점이 분명해지자 미국의 지원은 줄어들기 시작했다. 1980년 이후 미국은 유엔 및 기타 국제기구에서 한 걸음 물러나 일방주의 노선을 택했으며 그때그때마다 이익을 좇아 어떠한 국가와도 손을 잡았다. '유지연합(有志聯合, 뜻이 맞는 국가들의 연합)'의 지원 아래 감행한 이라크 침공은 이러한 일방주의 노선을 보여주는 대표적 사례다.

이러한 태도의 타당성은 차치하더라도, 미국의 일방주의적 행동은 미국이 군사적으로나 경제적으로나 세계 최강국의 지위에 있을 때에만 가능한 방식이다. 미국 양대 정당의 지도부는 미국이 영원히 세계 최강국의 위치에 있을 것이라고 가정하며 외교 정책을 논의해왔다. 이러한 가정은 이들이 기본적인 경제 자료의 의미조차 제대로 파악하지 못하고 있다는 점을 보여준다. 구매력 평가 기준 GDP를 봤을 때 중국의 경제 규모는 2005년 현재 이미 미국의 3분의 2 수준에 육박했다.[237]

또한 중국 경제는 지난 20년간 연간 7퍼센트가량의 성장을 이어왔으며 최근에는 9퍼센트가 넘는 경제 성장률을 기록했다. 이러한 성장 추세는 규모 면에서 중국 경제가 10년 안에 미국 경제를 추월하게 될 것임을 시사한다. 미국이 압도적인 경제 강국의 지위를 누릴 수 있는 시간은 분명히 유한하며, 남은 시간도 그리 많아 보이지 않는다. 경제력의 성장이 곧 군사력의 성장으로 이어진다는 사실 또한 간과할 수 없다. 그렇다면 중국의 경제력 성장은 군사력 증강으로 이어질 것이고 머지않은 미래에 중국은 군사 규모와 전투력에서 미국을 따라잡을 것이다.

인도의 경제 규모 역시 구매력 평가 기준 GDP로 볼 때 미국의 3분의 1 수준에 가까우며, 2038년까지 미국의 경제 규모만큼 성장할 것으로 전망된다.[238] 인도 역시 머지않아 미국의 경제적·군사적 경쟁자가 될 것이다.

이렇게 급속히 부상하고 있는 국가들이 미국의 이익을 얼마나 존중해줄 것인지는 지켜봐야 할 일이다. 미국이 진정한 자주성과 정통성을 가진 국제기구를 만들기 위해 노력한다면 미래의 신흥 강국들이 미국의 이익을 존중할 가능성은 더욱 높아질 것이다. 소

---

[237] 2005년 말에 발표된 자료들에 따르면 중국의 경제 규모는 미국 경제의 80퍼센트 수준까지 성장한 것으로 나타났다. "That Blur, It's China Moving Up in the Pack," *New York Times*, December 21, 2005, C1.

[238] 중국과 인도의 GDP 성장 전망은 the Penn World Tables (table 6.1)의 2000년도 구매력 평가 기준 GDP(중국과 홍콩을 합쳐서 계산) 예상치와 골드만삭스의 GDP 증가율 전망치("Dreaming with the BRICS: The Path to 2050" [New York: Goldman Sachs, 2004], http://www.gs.com/insight/research/reports/report6.html)를 바탕으로 도출했다.

련 붕괴 이후 미국은 절대 권력을 누리면서 이러한 국제기구 수립에 대한 노력을 등한시했다. 앞으로도 이러한 노력을 게을리 한다면 미국은 수십 년 내에 크게 후회하게 될지도 모른다.

미국 정치권의 세 번째 실책으로는 기후 변화에 대한 문제의식 부재를 들 수 있다. 기후 변화가 빠른 속도로 진행되고 있으며 인간이 만들어낸 온실가스가 그 결정적 원인이라는 점에 대해서는 과학자들 사이에 이견이 없다. 기후 변화는 수천 종의 서식지를 파괴할 뿐만 아니라 2005년 여름 허리케인 카트리나가 멕시코 만을 강타한 사건처럼 매우 실제적인 기상 피해를 불러일으킬 것이다.

기후 변화에 대해 진지하게 논의하기 위해서는 기후 변화가 초래할 모든 형태의 기상 관련 피해를 수량화하려는 구체적인 노력

영리 기업이 주도하는 기후 정책을 비판하며 '기후 정의'를 주장하는 미국의 시민 활동가들.

이 필요하다. 그런 다음 온실가스 배출을 감축해 기후 변화가 몰고 올 충격을 줄이고자 하는 조치들에 들어가는 비용과 비교해봐야 할 것이다. 이러한 비용과 효용에 대한 몇몇 선행 연구들이 있었음에도 지금까지 기후 변화에 대한 정책 논의에서 한 번도 다뤄지지 않았다.

기후 변화에 대한 교토의정서는 규제 대상에 개발도상국을 포함시키지 않는 것 때문에 (미국 입장에서) 표면상 교착 상태에 빠져 있다. 클린턴과 부시 행정부의 공식 입장은 개발도상국 역시 온실가스 배출 제한을 받아야 한다는 것이다. 2001년에 승인된 협정은 선진국의 온실가스 배출에 대해서만 제한을 뒀다.

물론 개발도상국들은 선진국에 비해 적은 양의 온실가스 배출을 요구하는 배출 규제에 쉽게 동의하지 않을 것이다. 온실가스 배출 규제는 이들 국가의 경제 성장을 가로막는 장벽이 될 것이기 때문이다. 또한 선진국들은 현재의 기후 변화를 야기한 온실가스의 대부분을 배출하며 경제 성장을 이루었기 때문에 개발도상국들에게 배출 제한을 강요하는 것은 형평성의 문제를 유발할 수 있다. 결국 기후 변화에 대한 실질적인 해결방안은 선진국들이 가난한 국가들의 온실가스 배출 증가를 막을 수 있도록 비용을 지원하는 동시에 선진국 자신의 온실가스 배출 절대량을 감소시키는 것이다.[239]

당장 온실가스 배출 규제에 드는 비용이 너무 크다고 판단해 차

---

[239] J. Barret and D. Baker, *Cleaning Up the Kyoto Protocol* (Washington, DC: Economic Policy Institute, 1999).

라리 더욱 강력해지고 빈번해진 허리케인과 기타 지구온난화가 초래하는 재해에 그때그때 대처하는 편을 택할 수도 있을 것이다. 하지만 이러한 방법을 택할 경우 선진국들은 자국 경제에 직접적인 타격을 받을 뿐만 아니라 지구온난화로 피해를 입은 개발도상국들에 대한 보상 조치도 함께 취해야 할 것이다. 예컨대 인구가 많고 경제력이 약한 방글라데시와 같은 나라들이 기후 변화로 인한 기상재해나 인명 손실에 대해 선진국들에게 보상을 요구할 수 있다는 것이다. 물론 향후 20~30년의 기후 변화에 어떻게 대처할 것인지에 대한 논의는 상당히 추론적일 수밖에 없다. 하지만 기후 변화는 장기적인 계획을 가지고 다뤄야 할 사안이기 때문에 그와 같은 추론이 필요하다. 그렇지만 미국의 정치권과 언론은 이러한 장기적 계획을 논의할 공간을 만들지 않아왔다.

어떠한 정치체계를 합리적으로 평가하기 위해서는 그 정치체계 자신이 만들어낸 문제에 대해 얼마만큼의 해결 능력을 가지고 있는지를 살펴보면 된다. 이런 기준으로 봤을 때, 1980년부터 지금까지 미국 정계가 보여준 성적은 그리 좋다고 말하기 힘들다. 물론 몇 년이 더 흐른 뒤에 우리는 더욱 정확한 평가를 내릴 수 있을 것이다.

보론

# 2006년 이후의 미국

이 책이 처음 출간된 2006년 이후 미국은 굉장히 중요한 변화를 겪었다. 먼저 부정적인 면을 살펴보면, 6장에서 다루었던 주택 시장 거품은 결국 2006년에 최고조에 달했고 이 거품이 꺼지면서 미국 경제도 함께 가라앉았다. 그리고 지금도 미국은 주택 시장 거품 붕괴의 영향을 체감하고 있으며, 앞으로 10년이 더 지나도 이것이 완전히 회복되기는 힘들 것이다. 긍정적인 변화로는 무엇보다 미국 최초의 흑인 대통령 탄생을 꼽을 수 있겠다. 불과 10년 전만 하더라도 대부분 정치 분석가들은 생전에 미국에서 흑인 대통령을 보게 되리라곤 예상하지 못했다. 이 보론에서는 미국이 지난 5년 사이에 겪었던 중요한 변화들을 조명해볼 것이다.

# 경제 – 주택 시장 거품의 붕괴와 그 파장

아무도 주택 시장 거품의 붕괴 시점을 정확히 예측할 수는 없었지만, 대강의 경로와 그 여파는 충분히 예측 가능한 것이었다. 미국의 주택 시장 거품은 2006년 여름 최고조에 달했다. 당시 주택 가격은 추세 수준trend level보다 70퍼센트 이상 고평가돼 있었다. 그해 하반기에 접어들면서 주택 가격은 약하게 하락세를 보이긴 했지만 일부에서는 여전히 가격 상승을 이어가기도 했다. 하지만 거품에 대한 시장의 기대심리는 이미 꺼져 있었다.

이제 더 이상 주택 가격이 끝없이 상승할 것이라고 전망할 수 없게 되었다. 이는 주택 구매자들에게 주의를 요구하는 것이었다. 또한 금융기관이 더 이상 무분별한 주택담보대출을 해줄 수 없게 되었다는 사실을 의미했다. 거품이 최고조에 다다를 때까지 온갖 수단과 방법을 동원해 모기지 증권을 남발했던 은행들은 더 이상 그러한 상품을 유통시장에서 팔 수 없게 되었다. 이러한 맥락에서 서브프라임 시장은 급격하게 위축되었고, 2006년 말에는 거의 모든 모기지 증권 거래가 사라지게 되었다.

당시 투자은행들은 대출금 회수에 문제가 생길 것을 염려하기 시작했고, 이전보다 훨씬 복잡한 상품으로 손실을 만회할 방법을 고안했다. 이러한 노력은 어느 정도 성과를 거두긴 했지만 결국 모든 대형 투자은행들은 막대한 양의 대출금을 회수하지 못해 커다란 손실을 떠안게 되었다. (미국 최대 투자은행 골드만삭스Goldman Sachs는 거품이 꺼질 때 재빨리 수십억 달러어치의 모기지 증권을 매도해 이득을 취하는 비도덕적 행태를 보였다.) 이로 인해 2008년 9월, 150년 역사의 투자은행 리먼브라더스Lehman Brothers가 파산하게 되었는데, 리먼브라더스의 붕괴는 전 세계 금융 시장을 흔들어놓았다.

리먼브라더스가 무너진 시점은 미국의 주택 시장 거품이 한창 꺼지던 시기였다. 당시 미국 전역의 주택 가격은 매달 2퍼센트 가까이 떨어지고 있었다. 이는 주택 자산 가치가 매달 거의 4천억 달러씩 손실되고 있음을 의미했다. 거품 현상이 가장 심했던 곳에서는 한 달에 3~4퍼센트씩 주택 가격이 하락했다. 대부분 중산층 가구에게는 주택이 유일한 자산이었는데, 주택 소유자들은 눈앞에서 자산 가치가 사라지는 것을 바라볼 수밖에 없었다. 급격하게 추락하는 주택의 자산 가치보다 주택담보대출 부채액이 더 커지자 수백만 주택 소유자들은 곤경에 처하게 됐다.

미국 경제는 2007년 12월 침체기에 접어들었다. 금융위기의 첫 번째 피해자는 베어스턴스Bear Stearns였다. 신망 있는 투자은행이었던 베어스턴스는 2008년 3월 파산 위기를 맞았다. 사태가 이렇게 되자 연방준비제도이사회와 재무부는 주말 동안 고심해 구제 방안을 내놓았고, 이에 따라 거대 종합금융기업인 JP모건J. P. Morgan이 베어스턴스를 헐값에 인수하게 되었다. 연방준비제도이사회는 JP모건이 인수에 나서게 하기 위해 베어스턴스의 자산 중 3백억 달러의 손실에 대해 공적자금 지원 조건을 제시했다.

이 구제책은 대형 은행 하나가 도산할 경우 많은 전문가들이 우려한 대로 다수의 부실 은행들이 연달아 도산하는 것을 막기 위한 선택이었다. 하지만 한편으로는 대형 은행은 망하지 않는다는 시각을 강화하기도 했다. 투자자들은 대형 은행에 문제가 생기면 연방준비제도이사회와 재무부가 개입해 보험에 들지 않은 채권자의 손실까지도 막아줄 것이라는 믿음을 이어갔다.

하지만 2008년 9월 초 두 개의 대형 은행이 연달아 도산했다. 대규모 모기지 운용사였던 패니메이Fannie Mae와 프레디맥Freddie Mac은 파산의 일종인 경영관리conservatorship 상태에 들어갔고 정부가 이 두 기관을 인수했다. 패니메이와 프레디맥은 업계에서 이례적인 회사들이었다. 두 회사 모두 주택 소유 확대를 목적으로 미국 정부가 시작한 민간 기업이었다. 패니메이는 1937년에 루스벨트 행정부가 설립했다. 당시 패니메이는 은행들로부터 모기지 증권을 사들이는 정부 소유의 회사였다. 이로 인해 주택담보대출 채권을 증권화한 모기지 증권이 거래되는 유통시장이 형성되었다. 그 이전까지 은행들은 보통 주택담보대출금이 상환되거나 담보 주택이 매각될 때까지 모기지, 즉 주택담보대출 상품을 자체 보유했다. 하지만 패니메이의 등장으로 은행들은 현금이 필요할 때마다 모기지 증권을 매각할 수 있게 되어, 별 위험부담 없이 주택담보대출을 할 수 있게 되었다. 패니메이의 등장으로 주택담보대출 상품이 다량 발행되면서 2차 대전 이후 미국에서는 주택 구입 붐이 일었다. 그리고 이때 수많은 중산층 가구가 주택을 소유하게 되었다.

1960년대 말 패니메이는 매각되면서 민간 기업으로 바뀌었고, 이 무렵에 패니메이의 경쟁자로 프레디맥이 등장했다. 이 두 기관은 주택 소유를 확대하려는 공적 역할을 계속 수행했으며, 정부는 두 기관이 본연의 임무에 충실하도록 규제했다. 하지만 두 기관은 많은 수익과 배당을 원하는 주주들에 의해 운영되었다. 또한 금융 업계 표준이 된 수천만 달러의 연봉을 기대하는 경영진이 이 기관들을 경영했다. 그 결과, 두 기관은 주택 시장 거품의 열기를 부채질하기 원했다.

주택 시장의 거품이 급격하게 증폭되던 시기 내내 패니메이와 프레디맥은 배후 역할을 했다. 이들 기관은 쉴 새 없이 수백만 모기지 증권을 사들였지만, 이 두 기관의 시장 점유율은 급격히 감소했다. 결국 추락하는 시장 점유율을 만회하기 위해 이들이 내린 결정은 저신용자 대출 시장<sub>non-prime market</sub>에 진출하는 것이었다. 두 기관은 수천억 달러에 달하는 저신용자 대상 모기지 증권을 사들였다. 하지만 이것은 주택 시장 거품이 꺼지기 시작하는 시점에 내려진 최악의 결정이었다. 이로 인해 두 기관은 엄청난 손실을 입었다.

주택 시장 거품 붕괴에 따른 패니메이와 프레디맥의 파산은 예정된 일이었다. 이들은 항상 아주 적은 자본준비금(정상적인 주택 시장에서 우량주택담보대출<sub>prime mortgage</sub>을 취급할 경우에 적합한 수준)으로 운영되긴 했으나, 저신용자 주택담보대출 시장에서 이들이 차지하는 지분은 파산을 앞당겼다. 2008년 9월, 이 두 대형 모기지 운용사가 경영관리 대상이 된 것은 매우 중대한 사건이었다.

이 사건은 리먼브라더스 파산의 배경이 되었다. 대형 은행들에게 대출해주는 것의 위험부담이 전례 없이 높아진 금융 혼란기가 1년 넘게 이어지자 리먼브라더스는 대형 은행도 실제로 파산할 수 있다는 사실을 입증하고 말았다. 리먼브라더스 파산의 즉각적인 여파로, 미국 최대의 단기금융투자신탁money market mutual fund, MMF이었던 리저브프라이머리펀드Reserve Primary fund의 순자산 가치가 순식간에 원금 기준인 1달러 미만으로 떨어졌다. 이 또한 전례가 없는 일이었다. 이제 국채 말고는 안전하다고 여길 만한 자산이 없게 되었다.

당시 연방준비제도이사회와 재무부는 심각한 혼란에 빠졌다. 두 정부 기관은 줄도산을 막기 위해 세계 최대 보험회사인 AIG에 대한 구제 방안을 급히 만들어냈다. AIG는 비우량subprime 모기지 증권에 대해 수천억 달러의 신용부도스와프credit default swaps, CDS—이 보험 형태에 대한 규제는 전혀 없었다—를 발행함으로서 스스로를 파산의 벼랑 끝까지 몰고 갔다. 그리고 이 모기지 증권의 가치가 바닥까지 떨어지면서 AIG는 자산 규모를 훨씬 초과하는 수준의 지급 요청에 직면하게 되었다.

재무부는 대기업들의 단기 자금 주요 출처였던 단기금융투자신탁에서 자금이 이탈하는 것을 막기 위해 이러한 펀드들의 자산을 보장해주겠다고 발표했다. 연방예금보험공사는 은행의 안정성 확보를 위해 예금 보장 한도를 두 배로 늘려 25만 달러까지 보장하고, 이자 미지급 계좌에 대해서는 무제한 보장해줄 것을 약속했다.

이러한 조치에 덧붙여 연방준비제도이사회 의장 벤 버냉키Ben Bernanke, 재무장관 헨리 폴슨Henry Paulson, 뉴욕연방준비은행 총재 티모시 가이트너Timothy Geithner는 부실 은행들을 위한 7천억 달러의 구제금융자금을 승인해줄 것을 의회에 요구했다. 부실자산구제계획Troubled Asset Relief Program, TARP이라 불린 이 구제금융 법안은 부실 주택담보대출 채권 및 기타 대출 채권을 매입함으로써 은행들을 구제하는 것이 목적이었다.

당시 미국의 지도부는 이 구제금융 법안을 통과시키기 위해 온 힘을 다했다. 구제금융 법안의 정확한 목적과 의미는 불분명했다. 재무부가 제시한 세 장의 제안서는 법적인 제한 없이 재무부가 원하는 대로 자금을 집행할 수 있도록 하는 내용이 대부분이었다. 이러한 내용에도 불구하고 엘리트 집단 내에서는 이 구제금융 법안이 통과되지 않으면 제2의 대공황을 맞게 될 것이라는 통념이 지배적이었다.

이 구제금융 법안은 미국 대중을 들끓게 했다. 미국 전역에서 수십만 명이 자기 지역 의원에게 전화를 걸어 이 법안에 반대할 것을 촉구했다. 이 구제금융 법안은 특정 집단의 이익만을 고려한 최악의 법안으로 여겨졌다. 주택 시장 거품을 주도하고 금융위기를 초래한 그 은행들이 이제 와서 정부를 향해 자신들이 저질러놓은 대출 채권을 매입해달라고, 자신들이 낳은 재앙으로부터 구제해달라고 요구하는 것이기 때문이었다.

구제금융 법안에 거세게 반대하는 사람들 한편에는 금융 제도가 작동하기 위해서는 은행들을 구제하는 것이 중요하다고 주장하는 사람들도 많이 있었다. 하지만 구제에 찬성하는 미국인들도 구제금융에 대한 엄격한 조건, 이를 테면 경영진이 관행을 개선할 수 있도록 그들의 연봉을 제한하는 것 등의 조건을 요구했다. 이들은 또한 집을 잃을 위기에 처한 수백만 주택 구입자들에 대한 지원도 요청했다. 당시 주목을 받았던 한 가지 제안은 파산법을 개정해 파산 시 주택담보대출의 약정조건을 수정할 수 있도록 하자는 것이었다. (법률상으로 파산법원 판사가 주택담보대출의 조항을 수정할 수 없었기 때문이다.)

구제금융 법안을 둘러싼 논쟁은 매우 뜨거웠다. 공화·민주 양당의 당원들은 이 법안에 강하게 반발했고, 양당 지도부는 이 법안을 지지하고 있는 상황이기 때문이었다. 당시 민주당의 대통령 후보였던 오바마Barack Obama 상원의원은 민심에 흔들리는 여러 민주당 의원들에게 직접 전화를 걸어 찬성을 촉구하기도 했다.

놀랍게도 이 법안은 1차 투표에서 부결되었다. 공화당 지도부는 법안 통과 정족수만큼 의원들을 설득하는 데 실패했다. 구제금융 법안이 부결되자 지도층은 사활을 걸고 법안 통과를 더욱 압박해 나갔다. 주요 언론사는 대공황에 대한 이야기들을 내보내며 대중에게 공포감을 형성했다. 구제금융 법안이 부결되던 날 주식시장이 10퍼센트 가까이 폭락했다는 사실도 여기에 한몫했다. (이 낙폭은 이후 이틀 동안 대부분 회복되었다.)

수정된 법안은 경영진의 연봉에 대한 조정window dressing(수익률을 높이기 위해 포트폴리오를 조정하는 것. 주요 언론사들은 구제법안이 통과된 이후 뉴스에서 이 표현을 사용했다)을 포함했다. 또한 최종 법안은 의원들이 자기 지역구의 표를 의식해 예산을 낭비하는 지역 개발 관례에 대한 내용도 일부 다뤘다. 이번 표결을 주도한 상원은 커다란 표차로 수정된 구제금융 법안을 승인했다. 이에 커다란 부담을 느낀 하원은 또다시 법안을 거부할 수 없었다. 다수의 공화당 의원이 찬성으로 돌아서 법안은 여유 있게 통과되었다.

흥미로운 사실은, 정치 지도자들이 급박하게 법안을 통과시켰음에도 불구하고 법안 승인 후 두 주가 지나도록 집행된 금액이 전혀 없었다는 점이다. 게다가 구제자금이 실제 지출될 때에도 부실 대출 채권을 매입하기보다는 (영국의 선례를 따라) 부실 은행들의 자본금으로 직접 사용되었다. 또 하나 주목할 만한 사실은, 연방준비제도이사회가 구제금융 법안에서 허용한 것보다 훨씬 많은 융자금을 금융위기 동안 특별 대출 기관을 이용해 은행들에 지원해 줬다는 점이다. 연방준비제도이사회의 거의 무제한적인 대출 능력을 고려해볼 때, 구제금융 법안은 은행 파산을 막는 자금을 제공하기 위한 것이라기보다는 구제금융 절차에 의회를 개입시키기 위한 것처럼 보였다. 사실 연방준비제도이사회는 의회 승인 여부와 상관없이 구제 계획을 시행할 수 있었다.

연방준비제도이사회와 재무부 그리고 연방예금보험공사가 총력을 다해 대형 은행의 연쇄 도산을 막았음에도 미국 경제는 2008년 9월부터 2009년 6월까지 사실상 자유 낙하했다. 이 기간 동안 매달 평균 거의 70만 개씩, 총 6백만여 개의 일자리가 사라졌다. 건설과 제조업 분야는 특히 큰 타격을 받았는데, 이 분야에서만 각각 1백만 개가 넘는 일자리가 사라졌다. 실업률은 6.1퍼센트에서 9.5퍼센트로 증가했다.

이러한 경제 위기 가운데 2008년 11월 미국 대통령 선거가 치러졌다. 경제 상황에 대한 우려가 오바마 대통령의 당선에 기여했음은 의심할 여지가 없다. (공화당 후보였던 존 매케인은 자신이 경제 지식이 부족하다는 점을 공공연하게 드러낸 바 있었다.) 오바마 대통령 취임 당시 미국 전역에는 경제 상황에 대한 커다란 공포,

그리고 첫 번째 흑인 대통령에 대한 기대와 소망의 정서가 교차하고 있었다.

오바마 지지자들 중에는 과거 루스벨트 대통령이 대공황을 극복했던 것처럼 오바마 대통령이 새로운 방향의 경제 정책을 펼치길 기대한 사람들이 많았을 것이다. 하지만 이러한 기대는 금세 부질없는 것이 되고 말았다. 대통령 선거 후 채 한 달이 지나지 않았을 때(대통령 취임까지는 아직 두 달이 남았을 때) 오바마는 새 정부의 경제 각료 명단을 발표했는데, 이들은 모두 클린턴 정부의 내각 인사들이었다. 재무장관에는 클린턴 정부 시절 로버트 루빈과 래리 서머스Larry Summers 재무장관 아래서 일했던 티모시 가이트너가 임명되었다. 그리고 래리 서머스는 국가경제위원회National Economic Council, NEC 위원장으로 다시 내각에 복귀했다. 그의 임무는 정책 사안에 대한 행정부 내의 여러 의견을 수렴해 대통령에게 보고하는 것이었다. 이외에도 클린턴 정부 출신 인사들이 고위직에 대거 포진한 오바마 행정부가 경제 영역에서 과감하고 새로운 돌파구를 찾을 거라고 기대하기는 매우 어려웠다.

이는 오바마 대통령이 취임하기 전인 2009년 1월에 발표했던 경기부양책에서 여실히 드러났다. 이 경기부양책은 그 규모에서나 범위에서나 대단할 게 없었다. 이 계획이 경기부양을 위해 요청한 금액은 8천억 달러에 불과했으며 그 대부분은 차후 2년 동안 집행하기로 되어 있었다. 이후에 밝혀진 사실이지만, 이 금액은 오바마의 경제자문위원회 위원장이었던 크리스티나 로머Christina Romer가 제안한 금액의 3분의 2에 불과했다. 로머의 제안 역시 범위 면에서는 대단할 게 없었지만 말이다. 뉴딜 정책은 공공사업촉진국<sub>Works</sub> Progress Administration, 민간자원보존단<sub>Civilian Conservation Corps</sub>, 그리고 기타 여러 프로그램 하에 새로운 대형 공공사업을 시행했다. 하지만 오바마 대통령은 의식적으로 눈에 띄는 대형 부양책을 내놓지 않았다. 다시 말해, 국가 주요 기반시설에 대한 추진이나 대규모 고용 계획 또는 과감한 부양책, 이를 테면 기존의 고용주 중심의 의료보험을 통해 사실상 전 국민이 의료보험 혜택을 받을 수 있도록 고용주의 세액 감면을 확장하는 등의 노력을 보이지 않았다.

밝혀진 바와 같이 오바마 대통령은 그가 의회에 요구했던 것보다 적은 경기부양책을 얻어냈다. 게다가 그중 많은 부분이 세금 감면 형태의 부양책이었는데, 이는 재정 지출에 비해 경기부양 효과가 상당히 덜했다. 더욱이 미국 경제는 예상보다 훨씬 급격히 악화되었는데, 매달 70만 개의 일자리가 사라지는 현상이 계속되리라고는 예상치 못했었다. 하지만 의회가 승인한 경기부양책이 별로 도움이 되지 못했다는 것을 인정하는 대신 오바마 대통령은 서둘러 '회복의 청신호'를 내세우며 재정 적자 감소의 필요성을 언급했다.

경기침체에 대한 이 섣부른 승리 선언은 오바마 대통령을 곤란한 상황으로 몰고 갔다. 오바마는 경기부양책의 장점을 지나치게 내세웠다. 비록 이 부양책이 오바마 행정부가 예측한 만큼 많은 일자리를 창출해냈다는 조사 결과가 나왔지만, 미국 경제를 회복시키기에는 그 효과가 턱없이 부족했다. 이러한 결과는 공화당에게 부실한 부양책을 조롱할 빌미를 충분히 제공했다. 더욱이 오바마의 경기부양책에는 명확한 계획이나 특전보다는 여러 가지 재정 지출과 감세 계획이 뒤섞여 있었기 때문에 사람들이 부양책의 효과가 무엇인지 파악하기조차 어려웠다.

오바마 대통령은 금융 영역에 있어서는 극도로 신중한 행보를 보였다. 그가 대통령에 취임할 당시 미국은 경제 위기의 한가운데에 있었다. 미국에서 가장 큰 은행 네 곳 중 뱅크오브아메리카Bank of America와 씨티그룹Citigroup은 정부의 특별 지원 덕에 가까스로 파산을 면했다. 이 두 은행의 경우 오바마 대통령은 자신이 원하는 방식대로 구조 조정을 명령할 수 있었다. 해결 과정에서 두 은행의 문을 닫아버릴 수도 있었고, 계열사를 모두 해체해 '망하기엔 너무 큰' 규모를 줄일 수도 있었다.

하지만 오바마 대통령은 이 두 은행과 다른 주요 금융기관들을 보호해주는 입장에 섰다. 오바마는 재무부와 연방준비제도이사회를 통해 미국의 금융체계가 현재의 형태를 유지할 수 있도록 필요한 모든 지원을 제공했다. 2009년 여름, 오바마는 금융 개혁을 추진했지만 의회가 승인한 최종 법안의 내용은 매우 소극적이었다. 이 개혁안에 포함된 내용보다 포함되지 않은 내용이 더 눈에 띌 정도였다. 가장 중요한 점은 이 개혁안이 대형 은행을 분할하지 않았다는 것이다. 오바마 행정부는 미국의 여섯 개 대형 은행에 계열사 분할을 요구하는 수정안에 대해 어떠한 공식적 입장도 취하지 않았고, 상원은 커다란 표차로 이를 부결시켰다. 또한 정부가 예금을 보호해주는 상업은행과 투자은행을 엄격히 분리하기 위해 뉴딜 정책 때 발의되었던 글라스 스티걸법Glass-Steagall Act을 복원하려는 노력 역시 찾아볼 수 없었다. 이 금융 개혁안에는 몇 가지 개선된 규제 조항도 포함되었는데, 특히 금융업계의 무분별한 관행으로부터 소비자를 보호하기 위해 금융소비자보호국이 신설된 것은 주목할 만한 점이었다. 하지만 금융업계의 행태는 개혁안 이전에 비해 별로 변한 것이 없어 보인다. 실제로 금융위기가 절정에 치달았을 때 성급하게 합병한 회사들이 많이 있었기 때문에 금융 개혁 이후 금융업계는 금융위기 이전보다 오히려 더욱 집중화되었다.


## 의료보험 개혁과 2010년 선거

오바마 행정부는 집권 첫해에 의료보험 개혁에 대해 중대 결정을 내렸다. 하지만 그 개혁의 구조가 본질적으로 매우 보수적인 수준이 될 것임은 진작부터 결정돼 있었다. 당시 오바마 행정부가 내놓은 계획은, 2012년 대통령 선거에서 오바마의 상대 후보가 될 수도 있는 공화당의 미트 롬니Mitt Romney가 주지사로 있을 때 매사추세츠 주에서 통과된 모델이었다. 그러자 롬니는 보수파 싱크탱크인 헤리티지 재단Heritage Foundation이 1990년대 초반에 제시했던 계획을 수정해 내놓았다.

이 계획의 요지는 저소득층 노동자들이 보험에 가입할 수 있도록 지원금을 제공함으로써 다수의 의료보험 미가입자에게까지 보장을 확대하자는 것이었다. 이 계획은 더 많은 고용주들에게 노동자를 위한 보험을 제공하거나 보험료에 대한 지원금을 납부하도록 요구했다. 또한 보험에 가입하지 않을 경우 약간의 벌금을 물림으로써 개인들의 보험 가입을 의무화했다. 이 계획에는 보험사가 사전 건강 상태를 근거로 개인을 차별하는 것을 금지하도록 하는 중요한 보험 시장 개혁 방안도 포함돼 있었다. 또한 이 계획은 개인이 가격과 보장 조건에 따라 보험사를 선택할 수 있도록 해주는 의료보험 교체 체계도 수립했다.

의료보험 부문의 기본 구조에 거의 변화를 주지 않은 원만한 계획이었음에도 공화당 의원들은 이 개혁안이 의료보험 가입을 강제한다는 점에 초점을 맞춰 이것이 개인의 자유를 부당하게 침해한다고 비판했다. 미국 전역에서는 이 개혁안에 찬성한 의원들을 겨냥한 시위가 나타났다. 시위대는 개혁안 찬성 의원들은 사회주의자이며 "사망선고위원회death panel(개혁안 중 불치 환자들이 사망 상담을 받을 수 있도록 자금을 지원하는 조항을 일컫는 말로, 이 조항은 결국 삭제되었다)"를 바라고 있다고 주장했다.

개혁안은 결국 상원과 하원에서 아슬아슬하게 통과되었다. 하지만 이에 반대하는 대중 운동은 계속 커져갔다. 이 운동은 '티파티Tea Party'라는 이름을 가지게 되었는데, 이는 차에 대한 세금을 영국에 지불하는 대신 보스턴 항에 차를 내다버림으로써 영국의 식민 지배에 대한 저항을 이끌었던 사건에서 따온 이름이었다. 티파티는 2009년 내내 세력을 확장했고 2010년에는 극우 성향의 공화당 의원들이 당선되는 데 결정적인 역할을 했다.

2008년 대통령 선거에서 확실한 승리를 거두었던 오바마 대통령과 민주당 의원들의 지지도가 급격히 떨어지고 2010년 선거에서 공화당이 압승을 거둘 수 있었던 것은 경제 회복 정도가 미약하고 높은 실업률이 계속 유지되었기 때문이었다. 경기부양책은 거의 예상한 대로의 결과를 낳았다. 첫 번째로 시행했던 감세 정책과 재정 지출이 2009년 늦은 봄과 여름이 되어 효과를 내기 시작하자 경제는 침체 국면에서 벗어났다. 이후 미국 경제는 2009년 하반기와 2010년 상반기까지 꽤 건강한 속도로 회복세를 보였다. 기업들은 일자리를 늘려가기 시작했지만 노동 인구 증가에 보조를 맞추기에는 역부족이었다.

하지만 경기부양 지출이 2010년 하반기 들어 줄어들기 시작하자 경제 회복세 역시 둔화되기 시작했다. 2011년 상반기에 미국의 경제 성장은 거의 멈춰 섰다. 고용 성장률이 둔화된 것은 선거 무렵 실업률 감소 노력이 최소한으로 축소되었다는 것을 의미했다. 사실 2009년 정점에 올랐던 실업률이 떨어졌던 유일한 이유는 노동자들이 구직을 포기해 노동 인구에서 빠져 나갔기 때문이었다. (실업률 조사 기간 동안 적극적으로 구직 활동을 하는 자만이 실업자로 계산된다.)

미국인들은 경기부양책을 통해 경제가 회복되는 모습은 거의 보지 못한 반면, 재정 적자에 관한 이야기는 엄청나게 들었다. 2008년 경제 위기에 뒤따른 미국의 재정 적자 증가는 어떤 기준에서 보더라도 막대한 규모였다. 그러나 혹독한 경기침체 앞에서 국가 재정의 고갈이나 이율 상승, 혹은 인플레이션에 대한 위험을 무릅쓰기를 주저하지 않았다. 재정 적자의 유해성에 대한 고전적 설명은 재정 적자 시 새로운 공장이나 설비에 투자될 민간 자본을 정부가 빌려 쓰게 된다는 것이다. 이렇게 자본이 전용되면 투자가 줄어들게 되어 생산성 증가율이 감소하고, 경제는 한층 열악해진다.

하지만 경제 위기 때에는 민간 자본을 전용하는 것이 문제가 되지 않았다. 민간 부문에서는 마땅한 투자 기회가 없었기 때문에 대출을 하지 않고 있었다. 이런 상황에서 정부는 가용할 수 있는 자원과 노동력, 자본을 사용하기 시작했다. 이것은 장기 이율의 변동 추이에서 분명하게 드러난다. 리먼브라더스가 무너지기 전 10년 만기 국고채의 이자율은 약 4.0퍼센트였다. 리먼브라더스 파산 직후 전 세계 투자자들이 안전한 미국 국고채를 찾기 시작하면서 10년 만기 국고채의 이자율은 2.0퍼센트로 떨어졌다. 금융 시장이 어느 정도 진정세를 보이자 국고채 이자율은 약 3.0퍼센트로 상승했고, 때로는 4.0퍼센트에 근접하기도 했다. 하지만 유로존의 부채 위기로 미국 국고채의 이자율은 다시 떨어졌고, 2011년 여름에는 2.0퍼센트 밑으로 내려갔다.

간단히 말해, 이자율의 변동 패턴은 재정 적자가 민간 부문 지출을 잠식한다는 설명과 일치하지 않았다. 심지어 4.0퍼센트의 이자율은 역대 기준으로 볼 때 낮은 수준일 수도 있었다. 미국의 재정이 계속 흑자를 내던 1990년대에도 10년 만기 국고채의 이자율이 4.0퍼센트 이하로 떨어진 적은 없었으며, 거의 5.0퍼센트 넘는 이자율을 유지했다.

재정 적자가 인플레이션을 유발한다는 설명 또한 빗나갔다. 2008년 이후로 미국의 물가 상승률은 여러 차례 증가했지만, 각각의 경우는 물품 가격 인상, 특히 유가 상승에 기인한 것이었다. 물품 가격의 일시적인 상승세가 하향세로 돌아설 경우 물가 상승률

역시 다시 감소했다. 에너지와 식품 가격의 영향을 배제한 핵심 물가지수는 이 기간 동안 거의 2.0퍼센트를 유지했다. 굳이 변동 추이를 말하자면 약간의 감소가 있었을 뿐이었다.

민간 부문의 수요가 없는 상황에서 정부 재정 적자가 미국 경제를 부양하기 위한 필수적 지원책이었다는 증거에도 불구하고, 양당의 보수적 정치인들은 많은 언론의 지원에 힘입어 재정 적자에 대해 극도로 민감한 반응을 내보였다. 이러한 반감은 티파티의 주요 의제이기도 했다. 이들은 정부의 과다한 지출을 막아설 것을 다짐하며, 경기침체에 대응하기 위한 정부 지출이 경기침체의 원인이었던 것인 양 호도했다. 이러한 관점은 사회보장제도와 노인의료보험의 축소를 원하는 정치적 영향력이 막강한 단체들의 이익에 부합하는 것이어서, 이들은 재정 적자에 대한 반감을 손쉽게 증폭해나갔다.

재정 적자에 대한 반감은 오바마 대통령과 공화당 의원들이 부채상한선 인상을 놓고 설전을 벌이던 6월 말에 최고조에 달했다. 정부는 8월 초 정도면 부채상한선을 초과하게 될 상황에 직면했다. 당시 미국의 국채가 더 이상 안전하지 않게 될 것이라는 비관적 전망들이 회자되었다. 이는 미국과 전 세계에 또 한 번 금융위기가 닥칠 수 있음을 암시하는 것이었다.

이러한 시나리오가 현실성이 있는 것인지 여부를 떠나서, 이 문제는 순전히 정치적인 것이었다. 즉, 부채상한선 인상 조건에 대한 대통령과 의회 사이의 대립이었다. 미국 정부의 신용도에 대한 문제는 사실상 전혀 없었다. 결국 공화당 지도부와 오바마 대통령은 이틀 정도를 남기고 합의를 도출해냈다. 놀랍게도, 대통령과 의회가 합의를 이루자 3대 신용평가기관 중 하나인 스탠더드앤드푸어스Standard & Poor's는 미국 국채의 신용등급을 최고 단계에서 한 단계 떨어뜨렸다. 이러한 신용 강등에 대한 해명은 아주 분명치 않았다. 스탠더드앤드푸어스의 분석팀은 미국의 향후 10년간의 재정 적자 전망에서 2조 달러의 오류를 나타냈다. 하지만 이러한 오류를 수정해 적자 규모가 줄어들었을 때에도 스탠더드앤드푸어스는 여전히 미국 국채에 대한 신용등급을 강등된 채로 유지했다. 스탠더드앤드푸어스의 분석 자료에서 언급된 요인 중 하나는 대통령과 의회의 정치적 갈등이었다. 스탠더드앤드푸어스는 이러한 갈등이 미국 정부가 채무를 변제할 수 있는 법적 권한을 상실하게 만들 수 있다고 평가했다.

스탠더드앤드푸어스의 주장에 설득력이 있었음에도 시장은 별 반응을 보이지 않았다. 오히려 미국 채권 가격은 신용등급 강등과 함께 치솟았다. 이탈리아와 스페인의 채무가 금융 시장에서 공격을 받으면서 유로존의 부채 위기가 재점화됐기 때문이었다. 이탈리아나 스페인의 채무불이행default 가능성이 떠오르는 상황에서 미국 국채가 안전한 자금 피난처로 다시 주목받게 된 것이다. 그러나 미국의 주식시장 또한 유로존 위기와 함께 곤두박질쳤다. 유로존의 붕괴는 미국의 성장률을 깎아내릴 수 있었고, 리먼브라더스가 무너진 후에 나타났던 것과 같은 금융 시장 경색을 불러올 수도 있었다.

유로존 붕괴에 대한 공포감이 고조됨에 따라 미국 주식시장이 요동하는 것은 너무도 당연한 일이었다. 하지만 미국의 정치인들과 언론은 주식시장의 급락이 재정 적자에 대한 공포심을 확산하기 위한 호기라고 여기고 이를 알리는 데 열을 올렸다. 실제로는 스탠더드앤드푸어스가 신용등급을 하락시켰음에도 미국 국채의 가치가 올라갔지만, 이들은 주식시장의 급락이 이러한 신용등급 하락에서 비롯되었다는 인식을 대중에게 심어주는 데 성공했다. 그리고 그러한 인식은 미국의 재정 적자 규모가 한계점에 다다랐다는 시각을 강화했다.

## 월스트리트 점령 운동

2011년 가을이 되자 경제 논의의 초점은 재정 적자에서 '월스트리트 점령 운동Occupy Wall Street'으로 옮겨갔다. 원래 이 운동은 뉴욕 시의 금융지구에서 몇 블록 떨어진 주코티 공원Zuccotti Park을 점령했던 소수로부터 시작되었다. 당시 처음 모였던 사람들은 조직적이지 못했고 분명한 요구사항을 내놓지도 않았다. 하지만 이들은 미국의 경제가 월스트리트에 있는 상위층의 이익을 위해 왜곡되고 있다는 데 동의했다.

　이러한 시각은 "우리는 99퍼센트다"라는 시위 구호 속에서 잘 드러났는데, 이는 지난 30년 동안 경제 성장의 혜택을 거의 누리지 못한 99퍼센트의 인구와 대부분의 이익을 독차지한 상위 1퍼센트를 구별했다. 뉴욕에 모인 이 소수의 시위대가 여러 차례 경찰의

과잉진압을 받는 장면이 퍼지면서 이 운동은 미국 전역에서 주목
받게 되었다. 이러한 '점령 운동'은 미국 전역의 크고 작은 도시로
번져 사람들은 공원이나 시내 중심가로 몰려나왔으며, 그곳에서
무기한 머무를 채비를 했다. 이들의 공통된 주장은 부유한 1퍼센
트가 나머지 대다수 인구를 희생시키며 이익을 누리고 있다는 것
이었다.

이러한 메시지는 워싱턴 정가에도 퍼졌다. 갑자기 정치인들과
언론은 지난 30년 동안 커져왔던 경제적 불평등을 언급하기 시작
했고 이에 대해 논의하느라, 오바마 대통령 취임 이후 끈질기게 이
어져온 재정 적자에 대한 논쟁은 잠시나마 미룰 수밖에 없었다. 월
스트리트 점령 운동은 사회보장제도와 노인의료보험 축소를 골자
로 하는 재정 적자에 대한 '대협상grand bargain'의 실현 가능성을 무력
화시켰다. 오바마 대통령과 민주당 지도부는 그러한 사회보장 혜
택 감축에 따르겠다는 의지를 분명히 표명하긴 했지만, 불평등에
대한 사회적 관심이 새롭게 등장하면서 이러한 정책 방향에 제동
이 걸리게 되었다. 중저소득층에게 꼭 필요한 지원을 제공하는 핵
심적인 사회복지제도를 감축하는 것은 분명 99퍼센트를 위한 정
책이 아니었다. 물론 공화당이 재정 적자 관련 협상에서 세금 인상
문제에 관해 양보할 가능성은 없다. 하지만 월스트리트 점령 운동
은 2011년에 어떠한 재정 적자 협상안도 통과되지 못하게 만드는
결과를 이뤄냈다.

## 세계 속의 미국

오바마 대통령이 백악관에 입성할 당시 미국은 이라크와 아프가니스탄에서 내란에 맞서 싸우고 있었으며, 그 의미가 모호한 테러와의 전쟁도 지속하고 있었다. 오바마 대통령은 이라크 전쟁을 끝내고, 아프가니스탄 전쟁을 본격화하며, 테러를 소탕하겠다고 공약했다. 오바마 대통령은 이라크 전쟁과 아프가니스탄 전쟁에 대해서는 어느 정도 약속을 이행했으나 테러와의 전쟁에서는 별로 확실한 진전이 없었다.

대선 당시 오바마가 내건 주요 공약 중에는 2011년 말까지 이라크 주둔 미군을 철수시키겠다는 공약이 있었다. 취임 첫 주에 오바마는 군사 지도부와 철군 계획을 마련했다. (군사 지도부 중 다수는 공공연히 이러한 계획에 반대했다.) 철군까지 걸린 3년의 시간 동안 반군의 공격은 계속 이어졌고, 많은 민간인과 군인들이 사망했다. 이라크에서의 무기한 군사 주둔에 대한 정치적 지지는 거의 없었고, 그 결과 예정된 대로 철군이 이뤄졌다.

하지만 실제로 보면, 미국의 이라크 주둔은 완전히 끝나지 않았다. 미국은 이라크에 엄청나게 큰 규모의 대사관을 두고 있으며 이곳의 보안 병력만 6천 명이 넘는다. 또한 표면상으로 여러 이라크 정부 기관과 계약을 맺고 월급을 받는 수천 명의 미국 보안요원들이 있다. 지난 30년 동안 미국 정부는 점차적으로 민간 군사업체와 계약을 맺으며 군사 인력을 대체해왔다. 그 결과 의회나 국민에 대한 군대의 책임은 더욱 불분명해졌다. 이러한 미국 민간 군사업체들이 앞으로 이라크에서 어떠한 역할을 수행할 것인지는 지켜봐야 할 과제로 남아 있다.

대선 당시 오바마는 부시 행정부가 이라크 전쟁에 치중한 나머지 아프가니스탄이 혼란 상태가 되도록 방치했다고 비판했다. 오바마는 아프가니스탄 상황에 다시 관심을 집중할 것을 약속했다. 취임 첫해에 오바마 대통령은 이 약속을 이행했다. 오바마는 2010년 내에 아프가니스탄 주둔 미군을 3만 명 증원해 주둔 병력을 총 10만 명으로 늘리겠다는 계획을 발표했다. 이러한 군사력 강화는 2007년 초 시작된 이라크의 미군 병력 증원과 비슷한 모양새였다. 외견상으로는 병력 증원이 친미 정부에 대항하는 반군의 세력을 약화시키는 데 성공한 듯 보였다. 증원된 미군 병력이 이라크 내의 폭력 수준을 감소시키는 데 어느 정도 기여한 것은 사실이었다. 하지만 미국이 반군 지지자들과 협상하려는 외교적 노력을 키워나간 것도 그에 못지않게 중요한 요인이었다. 반군지지 세력에 일자리를 제공하거나 갖가지 회유책을 사용하는 방식으로 미군은 잠시나마 반정부 세력이 무기를 내려놓도록 설득할 수 있었다. 오바마 대통령이 아프가니스탄에서 기대했던 결과도 바로 이러한 것이었다.

오바마 대통령이 중동에서의 전쟁을 종식시키기를 바라며 그를 지지했던 많은 미국 시민들은 아프가니스탄에 대한 군사 증원을 보며 심한 분노를 느꼈다. 그러한 시도는 이라크 전쟁을 계속하는 것과 다를 바가 없어 보였는데 많은 미국인들은 이를 무의미한 군사력 사용이라고 보았다. 하지만 오바마 대통령은 아프가니스탄에 대한 군사 개입을 마무리 짓겠다는 결심을 보이며 2014년 말까지 모든 미군을 철수시키겠다는 계획을 세웠다. 이에 대한 상징적 의미로 오바마 대통령은 2011년 7월경 아프가니스탄 주둔 병력의 감축을 시작하겠다고 선언했다. 오바마 대통령의 진보적 지지자들은 그의 군사 정책에 반발했지만, 전반적으로 미국 대중은 이를 문제 삼지 않았다.

아마도 오바마의 진보적 지지 세력이 오바마에게 가장 실망한 부분은 그가 부시 행정부의 실체가 불분명한 '테러와의 전쟁'을 계속 이어나갔다는 사실이었을 것이다. 부시 대통령은 테러와의 전쟁을 통해 미국의 적으로 간주되면 세계 어느 국가든 공격할 수 있는 명분을 만들었다. 또한 테러와의 전쟁이라는 명분은 수감자 처우에 관한 제네바 협약과 미국 국내법을 무시하는 구실로 악용되기도 했다. 미군 포로에게 가해졌더라면 의심할 바 없이 고문이라고 여겼을 심문 기법이 부시 행정부 시절에는 관행처럼 되었다. 또한 부시 행정부는 수감자들을 법적 절차 없이 무기한 구금할 수 있는 권리를 주장했다.

오바마는 대선 운동 당시 이러한 관행을 철폐하겠다고 공약했지만 취임 이후 오바마는 이러한 관행을 대부분 그대로 내버려뒀다. 오바마는 가장 가학적인 심문 기법은 중지시켰지만, 적 전투원으로 간주된 외국인을 정부가 무기한 구금할 수 있도록 하는 규정은 존속시켰다. 쿠바의 관타나모 수용소를 폐쇄하겠다던 대선 공약에도 불구하고 그대로 존치시킨 것이 이에 대한 상징적 예다. 나아가 오바마는 구금자 문제에서 대통령의 영향력을 강화하는 법에 동의했다. 2011년 가을 의회를 통과한 법안은 적 전투원으로 의심되는 자들을 재판 없이 무기한 구금할 수 있는 권한을 대통령에게 주었을 뿐 아니라 미국 시민을 대상으로까지 이 권한을 확대했다.

같은 맥락에서 오바마 대통령은 적 전투원으로 추정되는 특정 인물을 겨냥한 무기로서 무인정찰기를 사용하는 것을 큰 폭으로 확대했다. 이러한 조치에는 두 가지 문제점이 제기되었다. 첫째는 무인정찰기의 공격이 종종 목표 인물이 아닌 다른 사람들을 다치거나 죽게 만든다는 점이었다. 제아무리 극악무도한 일을 저지른 범법자들을 직접 겨냥하는 것이라 하더라도 살인을 목적으로 대도시에 무인정찰기가 날아다니는 것을 미국인들은 기꺼워하지 않을 것임이 분명했다.

또 다른 문제는 이러한 무인정찰기 공격이 본질적으로 사법 절차에 의하지 않은 사형 선고와 같다는 점이다. (법원에서도 인정한) 오바마 행정부의 입장은 미국 바깥의 세계 어디에서든 목표 인물을 대상으로 무인정찰기 공격을 실행할 수 있는 권한이 대통령에게 있다는 것이었다. 이 공격 가능 대상에는 미국 밖에 있는 미국 시민도 포함된다. 이 문제가 미국 전역에서 커다란 주목을 받지는 못했지만, 오바마가 이러한 관행을 중단시킬 것이라고 믿으며 2008년 대선에서 그를 지지했던 많은 미국인들은 커다란 실망과 분노를 느꼈다.

2011년 4월 말, 미군 특수부대가 오사마 빈 라덴의 은신처를 공격해 그를 사살하면서 오바마 대통령은 테러와의 전쟁에서 큰 성과를 거뒀다. 오바마 자신과 미국의 주요 언론들은 이를 위대한 승리라고 평가했지만, 이 작전에는 몇 가지 문제점들이 있었다. 첫째로, 빈 라덴 사살 상황에 관해 미군이 내놓은 이야기들은 여러 모로 엇갈렸다. 한편에서는 빈 라덴이 총격전 가운데 사살되었다는 주장이 나왔고, 다른 한편에서는 그가 총격을 피하기 위해 자신의 아내 중 한 명을 방패로 삼았다는 이야기도 나왔다. 두 진술은 이후 모두 철회되었다. 최종 설명에 따르면 빈 라덴이 비무장 상태에서 사살된 것으로 드러났는데, 이는 애초부터 빈 라덴을 생포해 재판에 세우는 게 아니라 사살하는 것이 목적이었음을 암시한다.

문제가 되었던 또 다른 점은 빈 라덴이 군사 기지에서 멀지 않은 파키스탄 대도시의 저택에서 지내고 있었다는 사실이었다. 그렇다면 파키스탄 정부가 빈 라덴의 자국 체류 사실을 알고 있었을 가능성이 상당히 높다. 외견상 미국의 우방국인 파키스탄이 이 사실을 알았다면 빈 라덴을 체포해 미국에 넘겼을 것이라고 생각하는 게 당연하다. 주목할 만한 사실은, 공식 발표에 따르면 미국이 파키스탄 정부에 이 작전을 사전 통보하지 않았다는 점이다. 이 사실은 미국 정부가 파키스탄 정부를 신뢰하지 못하고 있다는 점을 여실히 보여준다.

이러한 파키스탄과의 상황은 미국이 아프가니스탄 전쟁을 지속해야 하는 이유에 대해 더욱 의문을 갖게 한다. 미국은 아프가니스탄에 계속해서 군사적으로 개입하는 목적이 아프가니스탄을 미국에 대한 공격 기지로 삼고 있는 테러 집단을 소탕하고, 테러 집단을 막아내는 방벽 역할을 할 수 있도록 아프가니스탄 정부를 보호하고 튼튼하게 만드는 것이라고 밝히고 있다. 하지만 테러범들이 그저 국경만 넘어 파키스탄에 안전한 새 은신처를 마련할 수 있는 거라면, 아프가니스탄에서 아무리 성공을 거둬봤자 별 소용이 없게 되기 때문이다.


## 2012년의 불확실한 상황들

현재로서 2012년의 미국을 아주 희망적으로 바라보기는 힘들다. 지난 4년 동안 미국은 경기침체를 겪었다. 게다가 공식 전망치에 따르면 앞으로 적어도 5~6년간은 실업률이 평균 수준을 상회할 것이다. 미국처럼 복지 기반이 약한 나라에서 오랜 기간 높은 실업률이 지속된다는 것은 수백만 가구가 심각한 위기에 처하게 될 것임을 암시한다. 실업수당을 모두 소진한 실업자들에게 제공되는 공공 부문의 지원이 최소화된 상황에서 빈곤층으로의 몰락은 정해진 수순이 될 것이다.

같은 맥락에서 앞으로도 수백만 명이 압류나 출혈 투매distress sale로 집을 잃게 될 것이다. 최근 압류를 늦추는 방향으로 정책 변화가 있었지만, 그럼에도 2011년 말 미국의 주택 압류 비율은 경제 위기 이전에 비해 여전히 서너 배 높은 수준이었다.

수천만 베이비붐 세대들은 턱없이 부족한 수입을 가지고 은퇴를 앞두고 있다. 현재 55세에서 64세 사이의 미국인들이 가장으로 있는 가구의 평균 재산은 16만 달러 정도다. 이는 미국 내 보통 수준의 주택 가격에 맞먹는 액수다. 다시 말해, 이 연령대의 미국인

평균 가구는 자기 주택에 대한 담보대출을 갚을 정도의 재산만 가진 셈이다. 그리고 은퇴 이후에 그들이 기댈 것이라곤 사회보장제도 말고는 없게 될 것이다. 매달 평균 약 1200달러 정도 되는 사회보장 혜택은 빈곤에서 벗어나기엔 충분하지만, 중산층의 생활수준을 유지하기에는 턱없이 부족하다. 물론 이들 세대 중 절반은 평균보다 재산이 더 적기 때문에 이들의 생활은 더욱 열악해질 것이다.

올 한 해 대중의 관심을 한 몸에 받게 될 대통령 선거가 미국에 새로운 대안과 희망을 안겨줄 것 같지는 않다. 공화당 후보들은 과거 부시 대통령이 경제 위기에 이르기까지 추진했던 감세와 규제 완화 정책을 제시하고 있다. 과연 이러한 공약이 얼마나 유권자들의 호응을 이끌어낼 수 있을는지는 미지수다.

2008년에 희망과 변화를 약속하며 많은 미국인들의 기대를 높였던 오바마 대통령은 지난 4년간 경제 회복에 별다른 진전을 보여주지 못하고서도 앞으로 훨씬 더 온건한 의제를 추진하려 할 것이다. 아마도 오바마가 2012년 대선 유세에서 내걸 슬로건은 "더 나빠질 수도 있었다" 정도가 되지 않을까? 물론 이것이 틀린 말은 아니지만, 그 자신이 지난 2008년에 약속했던 희망과 변화에는 한참 동떨어진 것이다.

**참고문헌**

Alvarez, M., and Hall, T. *Point, Click and Vote: The Future of Internet Voting*. Washington, DC: Brookings Institution, 2004.

American Association of Medical Colleges. *Women in U.S. Academic Medicine Statistics, 2002–2003*. Washington, DC: American Association of Medical Colleges, 2005. http://www.aamc.org/members/wim/statistics/stats03/table1.pdf.

American Bar Association, Commission on Women in the Profession. *A Current Glance at Women in the Law*. Washington, DC: American Bar Association, 2005. http://www.abanet.org/women/ataglance.pdf.

Andrews, R. *Managing the Environment, Managing Ourselves: A History of Environmental Policy in America*. New Haven, CT: Yale University Press, 1999.

Andriote, J. *Victory Deferred: How AIDS Changed Gay Life in America*. Chicago: University of Chicago Press, 1999.

Arnett, P. *Live from the Battlefield: From Vietnam to Baghdad, 35 Years in the World's War Zones*. New York: Touchstone, 1995.

Atkinson, R. *Crusade: The Untold Story of the Persian Gulf War*. New York: Houghton Mifflin Books, 1994.

Bagdikian, B. *The New Media Monopoly*. Boston: Beacon Press, 2004.

Baily, N., and Gordon, R. "The Productivity Slowdown, Measurement Issues, and the Explosion of Computer Power." *Brookings Papers on Economic Activity* 2 (1998): 465–521.

Baker, D. "Bull Market Keynesianism." *American Prospect*, January-

February, 1999.

______. *Double Bubble: The Implications of the Over-valuation of the Stock Market and the Dollar*. Washington, DC: Center for Economic and Policy Research, 2000.

______. *The Effect of Mis-measured Inflation on Wage Growth*. Washington, DC: Economic Policy Institute, 1998.

______. *The Run-up in Home Prices: Is It Real, or Is It Another Bubble?* Washington, DC: Center for Economic and Policy Research, 2002. http://www.cepr.net/publications/housing_2002_08.pdf.

Baker, D., and Rosnick, D. *Will a Bursting Bubble Bother Bernanke?* Washington, DC: Center for Economic and Policy Research, 2005. http://www.cepr.net/publications/housing-bubble_2005_11.pdf.

Baker, D., and Weisbrot, M. *Social Security: The Phony Crisis*. Chicago: University of Chicago Press, 1999.

______. *Fool's Gold: Projections of the U.S. Import Market*. Washington, DC: Center for Economic and Policy Research, 2004. http://www.cepr.net/publications/trade_2004_01_08.pdf.

Basu, S., Fernald, J., Oulton, N., and Srinivasan, S. "The Case of the Missing Productivity Growth, or Does Information Technology Explain Why Productivity Accelerated in the United States but Not in the United Kingdom?" In *NBER Macroeconomics Annual 2003*, edited by M. Getler and K. Rogoff, 9–63. Cambridge, MA: MIT Press, 2003.

Bell, C. *The Reagan Paradox: American Foreign Policy in the 1980s*. New Brunswick, NJ: Rutgers University Press, 1989.

Bennet, W., and Paletz, D., eds. *Taken by Storm: The Media, Public Opinion, and U.S. Foreign Policy in the Gulf War*. Chicago: University of Chicago Press, 1994.

Bernstein, J., and Baker, D. *The Benefits of Full Employment.* Washington, DC: Economic Policy Institute, 2004.

Bertram, E. *Drug War Politics.* Berkeley, CA: University of California Press, 1996.

Birdsall, N., Rodrick, D., and Subramaman, A. "How to Help Poor Countries?" *Foreign Affairs* 84, no. 4 (2005): 136–52.

Blank, R., Dabady, M., and Citro, C., eds. *Measuring Racial Discrimination.* Washington, DC: National Academies Press, 2004.

Blinder, A. *Economic Policy and the Great Stagflation.* New York: Academic Press, 1981.

Blinder, A., and Baumol, W. *Macroeconomics: Principles and Policies.* Mason, OH: Thomson South-Western, 2005.

Blinder, A., and Yellen, J. *The Fabulous Decade: Macroeconomic Lessons from the 1990s.* New York: Century Foundation, 2001.

______. "The Fabulous Decade: Macroeconomic Lessons from the 1990s" In *The Roaring Nineties,* edited by A. Krueger and R. Solow, 91–156. New York: Russell Sage Foundation and Century Foundation, 2002.

Blix, H. *Disarming Iraq: The Search for Weapons of Mass Destruction.* London: Reed Elsevier, 2004.

Bosworth, B., and Burtless, G. "Effects of Tax Reform on Labor Supply, Savings, and Investment." *Journal of Economic Perspectives* (Winter 1992): 3–25.

Boushey, H. *Are Women Opting Out: Debunking the Myth.* Washington, DC: Center for Economic and Policy Research, 2005. http://www.cepr.net/publications/opt_out_2005_11.pdf.

Boushey, H., Rosnick, D., and Baker, D. *Gender Bias in the Recovery? Declining Employment Rates for Women in the 21st*

*Century*. Washington, DC: Center for Economic and Policy Research, 2005. http://www.cepr.net/publications/labor_markets_2005_08_29.pdf.

Bowles, S., Gordon, D., Bell, D., and Kristol, I., eds. *The Crisis in Economic Theory*. New York: Basic Books, 1981.

Bronfebrenner, K. "Employer Behavior in Certification Elections and First Contract Campaigns: Implications for Labor Law Reform." In *Restoring the Promise of American Labor Law*, edited by S. Friedman, 75–89. Ithaca, NY: ILR Press, 1994.

Brzoska, M., and Pearson, F. *Arms and Warfare: Escalation, De-escalation, and Negotiation*. Columbia, SC: University of South Carolina Press, 1994.

Buckley, K. *Panama*. New York: Touchstone, 1992.

Bureau of Economic Analysis. *2005 Annual Revision of the National Income and Product Accounts*. Washington, DC: U.S. Government Printing Office, 2005.

Buzawa, E., and Buzawa, C. *Domestic Violence: The Criminal Justice Response*. Thousand Oaks, CA: Sage Publications, 2003.

Canon, L. *President Reagan: The Role of a Lifetime*. New York: Public Affairs Press, 2000.

Chambliss, J. *Power, Politics, and Crime*. Boulder, CO: Westview Press, 2000.

Chernick, H. *Wide Cast for Safety Net: Over Time Middle Class, as Well as Poor, Rely on Entitlement Help*. Washington, DC: Economic Policy Institute, 1995.

Clinton, W. *My Life*. New York: Knopf, 2004.

Coll, S. *Ghost Wars: The Secret History of the CIA, Afghanistan, and Bin Laden, from the Soviet Invasion to September 10, 2001*. New York: Penguin Books, 2004.

Conte, A. *Sexual Harassment in the Workplace: Law and Practice.* New York: Panel Publishers, 2000.

Cooley, J. *Unholy Wars: Afghanistan, America, and International Terrorism.* London: Pluto Press, 2002.

Crowley, J. *The Politics of Child Support in America.* Cambridge: Cambridge University Press, 2003.

Currie, E. *Crime and Punishment in America.* New York: Owl Books, 1998.

D'Emillo, J. *Making Trouble: Essays on Gay History, Politics, and the University.* London: Routledge, 1992.

DeNavas-Walt, C., Proctor, B., and Lee, C. *Income, Poverty and Health Insurance Coverage in the United States: 2004.* U.S. Census Bureau Current Population Reports P60–229. Washington, DC: U.S. Government Printing Office, 2005. http://www.census.gov/prod/2005pubs/p60-229.pdf.

Denison, E. *Accounting for Slower Economic Growth.* Washington, DC: Brook ings Institution, 1979.

Donner, F. *Protectors of Privilege: Red Squads and Police Repression in Urban America.* Berkeley, CA: University of California Press, 1992.

Eekhoff, J. *Competition Policy in Europe.* Berlin: Springer-Verlag, 2004.

Ehrlich, R. *Waging Nuclear Peace: The Technology and Politics of Nuclear Weapons.* Albany, NY: SUNY Press, 1985.

Epstein, C. *Women in Law.* Champaign, IL: University of Illinois, 1993.

Epstein, S. *Impure Science: AIDS, Activism, and Politics of Knowledge.* Berkeley, CA: University of California Press, 1992.

European Union. *Activities of the European Union, Summaries of*

*Legislation: Social Charter.* 2005. http://europa.eu.int/scadplus/
leg/en/cha/c10107.htm.

Feagin, J., Vera, H., and Batur, P. *White Racism.* London: Routledge,
2001.

Federation of European Employers. *Industrial Relations Across
Europe,* 2004. London: Federation of European Employers,
2004. http://www.fedee.com/condits.html.

Ferree, M., and Hess, B. *Controversy and Coalition: The New
Feminist Movement Across Four Decades of Change.* New York:
Routledge and Kegan Paul, 2000.

Freeman, R., Katz, L., and Borjas, G. "How Much Do Immigration
and Trade Affect Labor Market Outcomes?" *Brookings Papers on
Economic Activity* 1 (1997): 1–90.

Friedman, N. Desert Victory: *The War for Kuwait.* Annapolis, MD:
Naval Institute Press, 1991.

Galbraith, J., *Created Unequal: The Crisis in American Pay.* Chicago:
University of Chicago Press, 2000.

Gale, W., and Porter, S. *An Economic Evaluation of the Economic
Growth and Tax Reconciliation Act of 2001.* Washington, DC:
Brookings Institution, 2002. http://www.brookings.edu/views/
articles/gale/200203.pdf.

Garthoff, R. *Detente and Confrontation: American-Soviet Relations
from Nixon to Reagan.* Rev. ed. Washington, DC: Brookings
Institute, 1994.

Gelbspan, R. *Break-ins, Death Threats and the FBI: The Covert War
Against the Central America Movement.* Boston: South End
Press, 1991.

Gill, I., Packard, T., and Yermo, J. *Keeping the Promise of Social
Security in Latin America.* Washington, DC: Stanford University

Press and the World Bank, 2005.

Glaze, L., and Palla, S. "Probation and Parole in the United States, 2004." *Bureau of Justice Statistics Bulletin*, November 2005. http://www.ojp.usdoj.gov/ bjs/pub/pdf/ppus04.pdf.

Goldfield, M. *The Decline of Organized Labor in the United States*. Chicago: University of Chicago Press, 1989.

Goldman Sachs. "Dreaming with the BRICS: The Path to 2050." New York: Goldman Sachs, 2004. http://www.gs.com/insight/ research/reports/report6.html.

Green, J., Rozell, M., and Wilcox, W. *The Christian Right in American Politics: Marching to the Millennium*. Washington, DC: Georgetown University Press, 2003.

Greenspan, A. *Outlook for the Federal Budget and Implications for Fiscal Policy*. Committee on the Budget, U.S. Senate, January 25, 2001.

Greider, W. *Secrets of the Temple: How the Federal Reserve Runs the Country*. New York: Simon and Schuster, 1987.

Guatemala's Historical Clarification Commission. *Guatemala: Memory of Silence*. New York: United Nations, 1999. http:// shr.aaas.org/guatemala/ceh/report/english/.

Hacker, J. *The Great Risk Shift: The New Economic Insecurity and What Can Be Done About It*. Oxford: Oxford University Press, 2005.

Hague, R. "The United States." In *Power and Policy in Liberal Democracies*, edited by M. Harrop, 95–119. Cambridge: Cambridge University Press, 1992.

Harris, D. *The Crisis: The President, the Prophet, and the Shah 1979 and the Coming of Militant Islam*. New York: Little, Brown and Company, 2004.

Harrison, P., and Beck, A. "Prisoners in 2004," *Bureau of Justice Statistics Bulletin*, October 2005. http://www.ojp.usdoj.gov/bjs/pub/pdf/p04.pdf.

Heston, A., Summers, R., and Aten, B. *Penn World Table Version 6.1*. Philadelphia: Center for International Comparisons at the University of Pennsylvania (CICUP), 2002.

Hill, A., and Jordon, E., eds. *Race, Gender, and Power in America: The Legacy of the Hill-Thomas Hearings*. New York: Oxford University Press, 2005.

Hoge, J. "A Global Power Shift in the Making." *Foreign Affairs* 83, no. 4 (2004): 2–7. http://www.foreignaffairs.org/20040701facomment83401-p0/james-f- hoge-jr/a-global-power-shift-in-the-making.html.

Horne, G. *From the Barrel of a Gun: The United States and the War Against Zimbabwe, 1965–1980*. Chapel Hill, NC: University of North Carolina Press, 2001.

Howell, D., ed. *Fighting Unemployment: The Limits of Free Market Orthodoxy*. New York: Oxford University Press, 2004.

Hufbauer, G., and Schott, J., eds. *NAFTA Revisited: Achievements and Challenges*. Washington, DC: Institute for International Economics, 2005.

Human Rights Watch, Americas, El Salvador. *El Salvador's Decade of Terror, 1981–1991: Human Rights Since the Assassination of Archbishop Romero*. New York: Human Rights Watch, 1991.

Hunt, D. *O. J. Simpson Facts and Fictions: News Rituals in the Construction of Reality*. New York: Cambridge University Press, 1999.

Inouye, D., and Hamilton, L., eds. *Iran-Contra Affair: Report of the Congressional Committees*. New York: Three Rivers Press, 1998.

International Lesbian and Gay Association-Europe. "Same-Sex Marriage and Partnership, Country-by-Country." 2005. http://www.ilga-europe.org/europe/issues/ marriage_and_partnership/same_sex_marriage_and_partnership_country_by_country.

Jacobsen, A., and Rosenfeld, M., eds. *The Longest Night: Perspective on Election 2000.* Berkeley, CA: University of California Press, 2002.

Johnson, H. *Sleepwalking Through History: America in the Reagan Years.* New York: W. W. Norton and Company, 2003.

Judah, T. *Kosovo: War and Revenge.* New Haven, CT: Yale University Press, 2002.

Kakar, M. *Afghanistan: The Soviet Invasion and the Afghan Response 1979–82.* Berkeley, CA: University of California Press, 1997.

Keating, D., and Hertzman, C., eds. *Developmental Health and the Wealth of Nations: Social, Biological, and Educational Dynamics.* New York: Guilford Press, 1999.

Keddie, N. *Modern Iran: Roots and Results of Revolution.* New Haven, CT: Yale University Press, 1993.

Keeble, J. *Out of the Channel: The Exxon Valdez Oil Spill in Prince William Sound.* Spokane, WA: Eastern Washington University Press, 1999.

Keen, L., and Goldberg, S. *Strangers to the Law: Gay People on Trial.* Ann Arbor, MI: University of Michigan Press, 2003.

Kellner, D. *Media Culture: Cultural Studies, Identity and Politics Between the Modern and the Postmodern.* London: Routledge, 1995.

Kennickell, A., Starr-McCluer, M., and Surette, B. "Recent Changes in U.S. Family Finances: Results from the 1998 Survey of Consumer Finances." *Federal Reserve Bulletin* (January 2000):

1–29.

Kenworthy, L. *Egalitarian Capitalism: Jobs, Incomes, and Growth in Affluent Countries*. New York: Russell Sage Foundation, 2004.

Khadduri, M., and Ghareeb, E. *War in the Gulf, 1990–91: The Iraq-Kuwait Conflict and Its Implications*. Oxford: Oxford University Press, 1997.

Kirkpatrick, J. *Legitimacy and Force: National and International Dimensions*. Somerset, NJ: Transactions Publishers, 1988.

Kornbluh, P., and Byrne, M., eds. *The Iran-Contra Scandal: The Declassified History*. New York: New Press, 1993.

Kryzanek, M. "The Grenada Invasion: Approaches to Understanding." In *United States Policy in Latin America: A Decade of Crisis and Challenge*, edited by J. Martz, 58–79. Omaha, NE: University of Nebraska Press, 1995.

LaFeber, W. *Inevitable Revolutions: The United States in Central America*. New York: W. W. Norton and Company, 1993.

LaLonde, R., Meltzer, B., and Weiler, P. "Hard Times for Unions: Another Look at the Significance of Employer Illegalities." *University of Chicago Law Review* 58 (1991): 953–1014.

MacArthur, J. *Second Front: Censorship and Propaganda in the 1991 Gulf War*. Berkeley, CA: University of California Press, 2004.

______. *The Selling of "Free Trade": NAFTA, Washington, and the Subversion of American Democracy*. Berkeley, CA: University of California Press, 2001.

Magnus, R., Naby, E., and Rather, D. *Afghanistan: Mullah, Marx, and Mujahid*. Boulder, CO: Westview Press, 2002.

Maraniss, D. *First in His Class: A Biography of Bill Clinton*. New York: Touchstone, 1996.

Marmot, M. *The Status Syndrome: How Social Standing Affects Our*

*Health and Longevity.* New York: Times Books, 2004.

McChesney, R. *The Problem of the Media: U.S. Communication Politics in the Twenty-First Century.* New York: Monthly Review Press, 2004.

Meerepol, M. *Surrender: How the Clinton Administration Completed the Reagan Revolution.* Ann Arbor, MI: University of Michigan Press, 2000.

Mishel, L., Bernstein, J., and Allegretto, S. *The State of Working America 2004/2005.* Ithaca, NY: Cornell University Press, 2005. http://www.bls.gov/ news.release/pdf/union2.pdf.

National Research Council. *Evaluating Welfare Reform in an Era of Transition.* Washington, DC: National Academies Press, 2001.

Newspaper Association of America. *Daily Newspaper Readership Trend: Total Adults (1964–1997).* Vienna, VA: Newspaper Association of America, 2006. http://www.naa.org/marketscope/ pdfs/Daily_National_Top50_64-97.pdf.

Nguyen, E. "The International Investment Position of the United States at Yearend 2004." *Survey of Current Business,* July 2005, 30-9. http://bea.gov/bea/ ARTICLES/2005/07July/0705_IIP_ WEB.pdf.

Olmstead, K. *Challenging the Secret Government: The Post-Watergate Investigations of the CIA and FBI.* Chapel Hill, NC: University of North Carolina Press, 1996.

Organisation for Economic Co-operation and Development. *Economic Policy Reforms: Going for Growth; Annex A: Structural Policy Indicators.* Paris: OECD, 2006. http://www. oecd.org/dataoecd/40/56/36014946.pdf.

______. *Female Labor Force Participation: Past Trends and Main Determinants in OECD Countries.* Paris: OECD, 2004. http:// www.oecd.org/dataoecd/25/5/ 31743836.pdf.

______. *Trends in International Migration: 2001*. Paris: OECD, 2001. http://www.oecd.org/dataoecd/23/41/2508596.pdf.

Organisation for Economic Co-operation and Development. Development Center. *OECD Health Data, 1998*. Paris: OECD, 1998.

Oxley, H., and Martin, J. *Controlling Government Spending and Deficits: Trends in the 1980s and Prospects for the 1990s*. OECD Economic Studies no. 17. Paris, OECD, 1991. http://www.oecd.org/dataoecd/33/12/34259242.pdf.

Parsa, M. *Social Origins of the Iranian Revolution*. New Brunswick, NJ: Rutgers University Press, 1989.

Pastor, R. *Exiting the Whirlpool: U.S. Foreign Policy Toward Latin America and the Caribbean*. Boulder, CO: Westview Press, 2001.

Peoples, J. "Deregulation and the Labor Market." *Journal of Economic Perspectives* (Summer 1998): 111–30.

Peterson, P. *Gray Dawn: How the Coming Age Wave Will Transform American and the World*. New York: Crown, 1999.

______. *Running on Empty: How the Democratic and Republican Parties Are Bankrupting Our Future and What Americans Can Do About It*. New York: Farrar, Straus and Giroux, 2004.

______. *Will America Grow Up Before It Grows Old: How the Coming Social Security Crisis Threatens You, Your Family and Your Country*. New York: Random House, 1996.

Pew Research Center for the People and the Press. *Among Wealthy Nations... U.S. Stands Alone in Its Embrace of Religion*. Washington, DC: Pew Research Center, 2002. http://pewglobal.org/reports/pdf/167.pdf.

Physicians for Human Rights. *"Operation Just Cause": The Human*

*Cost of Military Action in Panama.* Boston: Physicians for Human Rights, 1991.

Project for Excellence in Journalism. *The State of the News Media 2004.* Washington, DC: Journalism.org, 2004. http://www.stateofthenewsmedia.org/2004/index.asp.

Project for the New American Century. "How to Attack Iraq." Editorial. *Weekly Standard*, November, 16, 1998, 17–18.

Remnick, D. *Lenin's Tomb: The Last Days of the Soviet Empire.* New York: Vintage, 1994.

Riccucci, M. *Managing Diversity in Public Sector Workforces.* Boulder, CO: Westview Press, 2002.

Rochon, T., and Meyer, D., eds. *Coalitions and Political Movements: The Lessons of the Nuclear Freeze.* Boulder, CO: Lynne Rienner Publishers, 1997.

Rubin, R., and Weisberg, J. *In an Uncertain World: Tough Choices from Wall Street to Washington.* New York: Random House, 2003.

Sawhill, I., Haskins, R., and Weaver, R., eds. *Welfare Reform and Beyond: The Future of the safety Net.* Washington, DC: Brookings Institution, 2003.

Sayigh, Y. *Armed Struggle and the Search for State: The Palestinian National Movement, 1949–1993.* Oxford: Oxford University Press, 2000.

Schaller, M. *Reckoning with Reagan: America and Its President in the 1980s.* Oxford: Oxford University Press, 1994.

Scott, P., and Marshall, J. *Cocaine Politics: Drugs, Armies and the CIA in Central America.* Berkeley, CA: University of California Press, 1991.

Shiller, R. *Irrational Exuberance.* Princeton, NJ: Princeton University

Press, 2000.

______. *Irrational Exuberance.* 2nd ed. Princeton, NJ: Princeton University Press, 2005.

Smith, D. A. *Tax Crusaders and the Politics of Direct Democracy.* London: Routledge, 1998.

Smith, J. *The Cold War 1945–1991.* 2nd ed. Oxford: Blackwell Publishers, 1997.

Social Security Administration. *2005 Annual Report of the Board of Trustees of the Federal Old-Age and Survivors Insurance and Disability Insurance Trust Funds.* Washington, DC: U.S. Government Printing Office, 2005.

Solinger, R., ed. *Abortion Wars: A Half Century of Struggle 1950–2000.* Berkeley, CA: University of California Press, 1998.

Stahl, L. *Reporting Live.* New York: Touchstone Press, 1999.

Stephanopoulos, G. *All Too Human.* Boston: Back Bay Books, 2000.

Stiglitz, J. *Globalization and Its Discontents.* New York: Norton, 1990.

Sullivan, A., Sexton, T., and Sheffrin, F. *Property Taxes and Tax Revolts: The Legacy of Proposition 13.* Cambridge: Cambridge University Press, 1995.

Suny, G. *The Revenge of the Past: Nationalism, Revolution, and the Collapse of the Soviet Union.* Stanford, CA: Stanford University Press, 1993.

United Kingdom Pensions Commission. *Challenges and Choices: The First Report of the Pensions Commission.* London: Stationary Office, 2004. http://www.pensionscommission.org.uk/publications/2004/annrep/index.asp.

United Nations Commission on the Truth for El Salvador. *The Report of the United Nations Commission on the Truth for El Salvador.*

New York: United Nations, 1993. http://www.hrw.org/reports/
pdfs/e/elsalvdr/elsalv938.pdf.

U.S. Bureau of Economic Analysis. *2005 Annual Revision of the
National Income and Product Accounts.* Washington, DC: U.S.
Government Printing Office, 2005.

U.S. Census Bureau. *Historical Income Tables-Families.* Washington,
DC: U.S. Government Printing Office, 2005, http://www.census.
gov/hhes/www/income/ histinc/f06w.html.

______. *Profile of General Demographic Characteristics for
California.* Washington, DC: U.S. Government Printing Office,
2001. http://www.census.gov/Press-Release/www/2001/tables/
dp_ca_2000.PDF.

______. *Statistical Abstract of the United States 1982.* Washington,
DC: U.S. Government Printing Office, 1982.

______. *Statistical Abstract of the United States 1984.* Washington,
DC: U.S. Government Printing Office, 1984.

______. *Statistical Abstract of the United States 1989.* Washington,
DC: U.S. Government Printing Office, 1989.

______. *Statistical Abstract of the United States 1993.* Washington,
DC: U.S. Government Printing Office, 1993.

______. *Statistical Abstract of the United States 2004.* Washington,
DC: U.S. Government Printing Office, 2004.

______. *Statistical Abstract of the United States 2005.* Washington,
DC: U.S. Government Printing Office, 2005.

U.S. Congress. House. Committee on Education and Labor.
Subcommittee on Labor-Management Relations. *Oversight
Hearings on the Subject "Has Labor Law Failed."* 98th Cong., 2d
sess., June 1984.

U.S. Congressional Budget Office. *The Budget and Economic*

*Outlook 2006–2015*. Washington, DC: U.S. Government Printing Office, 2005.

______. *The Challenges Facing Federal Rental Assistance Programs*. Washington, DC: U.S. Government Printing Office, 1994. http://www.cbo.gov/ftpdocs/48xx/doc4850/doc54.pdf.

______. *Changes in Participation in Means-Tested Programs*. Washington, DC: U.S. Government Printing Office, 2005. http://www.cbo.gov/showdoc.cfm?index=6302&sequence=0.

______. "Effects on the 1981 Tax Act on the Distribution of Income and Taxes Paid." Staff working paper, Congressional Budget Office, Washington, DC, 1986. http://www.cbo.gov/ftpdocs/61xx/doc6173/doc20a-Entire.pdf.

______. *Historical Effective Federal Tax Rates: 1979 to 2002*. Washington, DC: Congressional Budget Office, 2005. http://www.cbo.gov/Spreadsheet/6133_Tables.xls.

______. *The Long-Term Budget Outlook*. Washington, DC: Congressional Budget Office, 2005. http://www.cbo.gov/ftpdocs/69xx/doc6982/12-15-LongTermOutlook.pdf.

U.S. Council of Economic Advisors. *1994 Economic Report of the President*. Washington, DC: U.S. Government Printing Office, 1994.

______. *2005 Economic Report of the President*. Washington, DC: U.S. Government Printing Office, 2005.

U.S. Department of Commerce. *National Income and Product Accounts*. Washington, DC: U.S. Government Printing Office, 2005.

U.S. Department of justice. Immigration and Naturalization Service. *Statistical Yearbook of the Immigration and Naturalization Service* (Fiscal Years 1980–2000). Washington, DC: U.S. Government Printing Office, 1981–2001.

U.S. Federal Reserve. Board of Governors. *Flow of Funds Accounts of the United States, 1995–2005*. Washington, DC: U.S. Government Printing Office, 2005.

U.S. Office of Management and Budget. *The Budget for the Fiscal Year 2006*, Historical Tables. Washington, DC: U.S. Government Printing Office, 2005.

U.S. Treasury Department. Social Security Trustees. *2005 Annual Report of the Board of Trustees of the Federal Old-Age and Survivors Insurance and Disability Insurance Trust Funds*. Washington, DC: U.S. Government Printing Office, 2005.

______. *2006 Annual Report of the Board of Trustees of the Federal Old-Age and Survivors Insurance and Disability Insurance Trust Funds*. Washington, DC: U.S. Government Printing Office, 2006.

Vanden, H., and Prevost, G. *Democracy and Socialism in Sandinista Nicaragua*. Boulder, CO: Lynne Rienner Publishers, 1992.

Vogel, D. *Fluctuating Fortunes: The Political Power of Business in America*. New York: Basic Books, 1989.

Walker, T. *Nicaragua: Living in the Shadow of the Eagle*. Boulder, CO: Westview Press, 2003.

Waller, D. *Congress and the Nuclear Freeze: An Inside Look at the Politics of a Mass Movement*. Amherst, MA: University of Massachusetts Press, 1986.

Walsh, L. *Final Report of the Independent Counsel for the Iran/Contra Matters*. Vol. 1, Investigations and Prosecutions. Washington, DC: United States Court of Appeals for the District of Columbia Circuit, 1993. http://www.fas.org/irp/offdocs/walsh/.

______. *Firewall: The Iran-Contra Conspiracy and Cover-up*. New York W. W. Norton and Company, 1998.

Wanniski, J. *The Way the World Works*. Parsippany, NJ: Polyconomics,

1989.

Weil, D. "OSHA: Beyond the Politics." *Frontline*, 2003. http://www. pbs.org/wgbh/pages/frontline/shows/workplace/osha/weil.html.

Weiner, R. *Live from Baghdad: Making Journalism History Behind the Lines*. New York: St. Martin's Press, 2002.

Weisskopf, T. *Beyond the Wasteland: A Democratic Alternative to Economic Decline*. New York: Anchor Press/Doubleday, 1983.

Weisskopf, T., Bowles, S., and Gordon, D. "Hearts and Minds: A Social Model of U.S. Productivity Growth." *Brookings Papers on Economic Activity* 2 (1983): 381–441.

Wilcox, C. *Onward Christian Soldiers*. Boulder, CO: Westview Press, 1995.

Wilkinson, A., and Belli, M. *Everybody's Guide to the Law*. New York: Harper Collins, 2003.

Williamson, J. "What Washington Means by Policy Reform." In *Latin American Adjustment: How Much Has Happened?*, edited by J. Williamson, 5–20. Washington, DC: Institute for International Economics, 1990.

Woodward, R. *Central America: A Nation Divided*. New York: Oxford University Press, 1999.

______. *The Agenda: Inside the Clinton White House*. New York: Simon and Schuster, 1994.

World Bank. *Global Development Finance*. Washington, DC: World Bank, 2001.

참고문헌

**사진 출처**

**19쪽** 기후변화협약 제3차 당사국 총회
일본 기후네트워크(http://kikonet.org/)
http://www.city.maibara.lg.jp/index.php?oid=3733&dtype=1000&pid=754

**64쪽** 1981년 미국 항공관제사노조(PATCO)의 파업
http://newstalgia.crooksandliars.com/gordonskene/patco-saga-august-3-4-1981

**66쪽** 연방준비제도이사회 의장을 역임한 폴 볼커(2010년 한국 방문 당시)
뉴시스

**88쪽** 이란 내 급진세력의 미국 대사관 점거에 항의하며 "모든 이란인을 추방하라"고 시위하는 미국 시민
the United States Library of Congress's Prints and Photographs division(public domain)
http://en.wikipedia.org/wiki/File:Man_holding_sign_during_Iranian_hostage_crisis_protest,_1979.jpg

**89쪽** 옛 테헤란 주재 미국 대사관 건물 벽화(2008년 9월)
Phillip Maiwald(Nikopol) at en.wikipedia.
http://en.wikipedia.org/wiki/File:Teheran_US_embassy_propaganda_statue_of_liberty.jpg

**94쪽** 1979년 아프가니스탄을 침공한 소련군

http://englishrussia.com/2011/01/01/russian-afghanistan/#more-31342

**127쪽** 1970년대 초의 낙태 합법화 시위

Sara Krulwich/American Journal of Public Health

http://ajph.aphapublications.org/doi/full/10.2105/AJPH.93.11.1810

**128쪽** 백악관 앞에서 양성평등헌법수정안 반대 시위를 이끄는 필리스 슐래플리(1977년 2월 4일)

Warren K. Leffler/미 의회 도서관(U.S. News & World Report Magazine Photograph Collection, Prints and Photographs Division, Library of Congress)

http://tomclarkblog.blogspot.com/2011_07_01_archive.html

**139쪽** 트라이던트 II 미사일

U.S. Department of Defense(public domain)

http://en.wikipedia.org/wiki/File:Trident_II_missile_image.jpg

**143쪽** 1979년 산디니스타 민족해방전선(FSLN)의 포스터

http://en.wikipedia.org/wiki/File:Literacy2.jpg

**153쪽** 1983년 그레나다를 침공한 미군

http://www.welt.de/politik/article896696/Morgen_hoere_ich_auf_Praesident_zu_sein.htm

**167쪽** 이란-콘트라 사건 논평을 위해 토의 중인 각료들과 레이건 대통령(1986년 11월 25일)

로널드 레이건 대통령 기념 도서관(Ronald Reagan Presidential Foundation and Library)

http://www.reagan.utexas.edu/archives/photographs/irancontra.html

**192쪽** '죽음의 고속도로'로 알려진, 쿠웨이트와 이라크를 잇는 80번 고속도로(1991년 4월 18일)

U.S. federal government(public domain)

http://www.dodmedia.osd.mil/DVIC_View/Still_Details.cfm?SDAN=DFST9209592&JPGPath=/Assets/1992/Air_Force/DF-ST-92-09592.JPG

**207쪽** 로스앤젤레스 경찰의 로드니 킹 폭행 영상

http://forums.bharat-rakshak.com/viewtopic.php?f=2&t=1930&start=800

**266쪽** 코소보 전쟁 때 파괴된 세르비아 정부 기관 건물

임용환

http://blog.naver.com/PostView.nhn?blogId=yhlim112&logNo=30107673078

**272쪽** 2000년 대선 때 논란이 되었던 플로리다 주의 나비 투표지

Anthony at en.wikipedia(public domain)

http://en.wikipedia.org/wiki/File:Butterfly_large.jpg

**281쪽** 자유훈장을 받는 앨런 그린스펀

Executive Office of the President of the United States(public domain)

http://en.wikipedia.org/wiki/File:Greenspan,_Alan_(Whitehouse).jpg

**296쪽** 이라크의 대량살상무기에 관한 《뉴욕타임스》 주디스 밀러(Judith Miller) 기자의 오보

http://www.nytimes.com/2003/04/21/international/worldspecial/21CHEM.html

**300쪽** 2003년 4월 9일 사담 후세인의 동상을 철거하는 미군
http://www.answers.com/topic/saddam-hussein-statue

**300쪽** 철거 당시 후세인 동상이 서 있던 광장 전체 항공 사진
http://www.informationclearinghouse.info/article2838.htm

**327쪽** 허리케인 카트리나가 습격한 다음 날 뉴올리언스의 주택가(2005년 8월 30일)
Jocelyn Augustino/미 연방재난관리본부(the Federal Emergency Management Agency)
http://www.boston.com/bigpicture/2010/08/remembering_katrina_five_years.html

**361쪽** 동성 결혼 합법화를 기념하는 시민 활동가들(매사추세츠 주 의사당)
Tom Lang/KnowThyNeighbor
http://knowthyneighbor.blogs.com/home/2010/05/can-there-be-equality-without-transgender-people.html

**391쪽** '기후 정의'를 주장하는 미국의 시민 활동가들
Mobilization for Climate Justice WEST
http://west.actforclimatejustice.org/2009/09/actions-spreading-across-the-u-s-against-corporate-driven-climate-policy/



**사진 출처**